Hispanoamérica en su literatura

SECOND EDITION

edited by

NICHOLSON B. ADAMS

JOHN E. KELLER

JOHN M. FEIN

ELIZABETH R. DANIEL

revised by

JOHN E. KELLER

RAFAEL A. AGUIRRE

W. W. NORTON & COMPANY

NEW YORK   LONDON

The text of this book is composed in Garamond Light
Composition by ComCom
Manufacturing by Courier Corp

Library of Congress Cataloging-in-Publication Data
Hispanoamérica en su literatura / edited by Nicholson B. Adams . . . [et
   al.]; revised by John E. Keller, Rafael A. Aguirre.—2nd ed.
      p.   cm.
   First ed. published in 1965.
      1. Spanish American literature. 2. Spanish language—Readers.
   I. Adams, Nicholson B. (Nicholson Barney), 1895-1970. II. Keller,
John Esten. III. Aguirre, Rafael A.
   PQ7083.H5   1993
   860.9'98—dc20   92-26671
                                                                        CIP

ISBN 0-393-96061-7

W. W. Norton & Company, Inc., 500 Fifth Avenue, New York, N.Y. 10110
W. W. Norton & Company Ltd., 10 Coptic Street, London WC1A 1PU

1 2 3 4 5 6 7 8 9 0

Índice

iii

SIGLO XX: 1900–1960

SIGLO XX: DESPUÉS DE 1960

Prefacio a la segunda edición

Animados por la excelente acogida recibida por *España en su literatura,* tercera edición, ofrecemos aquí la segunda edición de *Hispanoamérica en su literatura,* obra paralela a la anterior, dedicada a la literatura hispanoamericana.

Hispanoamérica en su literatura, segunda edición, es una introducción al estudio de la literatura hispanoamericana para ser usada, aunque no exclusivamente, en cursos intermedios universitarios. Teniendo siempre presente esa finalidad, los autores-editores se han esforzado en crear una obra que sirva de guía al estudiante que por primera vez se adentra en el estudio de una literatura tan rica y variada como la hispanoamericana. Por razón de espacio hemos prescindido del teatro, que será tratado en su totalidad en una obra posterior.

Hemos seleccionado autores y obras que abarcan desde la época del descubrimiento hasta nuestros días, incluyendo selecciones de los más importantes géneros, subgéneros y tendencias literarias. No habiendo simplificado los textos, hemos incorporado a los mismos abundantes notas. Y cuando los originales pudieran ser difíciles al estudiante, hemos añadido sinónimos y expresiones equivalentes para facilitar la comprensión del texto. Aunque reteniendo los mismos objetivos y la misma estructura de la edición anterior, en esta edición hemos hecho algunos cambios y añadiduras que creemos serán de gran interés a los profesores:

1. Se ha corregido y puesto al día todo el material que había en la edición anterior. Se han añadido once nuevos autores con las correspondientes reseñas biográficas y selecciones de sus obras.

2. Se ha ampliado sustancialmente la representación femenina con los trabajos de Gertrudis Gómez de Avellaneda, Isabel Allende e Hilda Perera.

3. Se ha hecho una introducción a la novela después de 1960 con énfasis en el *boom,* señalándose sus principales autores y los antecedentes que le dieron origen.

4. Autores y obras aparecen agrupados ahora en el índice bajo los correspondientes títulos en orden cronológico y por géneros y subgéneros. Creemos que estos títulos, en combinación con el nuevo apéndice en el que se relacionan los distintos períodos de la literatura hispanoamericana, ayudarán grandemente al estudiante a obtener una visión general de la misma.

5. Con el objeto de aumentar la participación hablada del estudiante en la clase, hemos añadido *Debates* y *Comparaciones,* que no aparecían en la edición anterior, así como nuevas *preguntas* y *temas.* Se ha aumentado considerablemente el número de ilustraciones y fotos de autores, grabados, estatuas, localidades, fiestas, mapas, etc.

6. Como *Hispanoamérica en su literatura* es un libro que ha sido escrito teniendo en cuenta primeramente las necesidades del estudiante, se han añadido dos apéndices, uno explicando los diferentes períodos en que se divide la literatura hispanoamericana, y el otro con definiciones de términos literarios, que creemos serán de gran utilidad. Y con excepción de la tercera edición de *España en su literatura,* creemos que esto no ha sido hecho antes en ninguna obra del nivel de la nuestra.

No queremos terminar sin expresar nuestro profundo agradecimiento a Susan M. Brekka y en especial a Julia A. Reidhead, Editor, W. W. Norton y Compañía, por sus valiosas sugerencias y constante ayuda durante la preparación de esta segunda edición de *Hispanoamérica en su literatura*. Y por último, aunque no menos importante, deseamos expresar nuestro más sentido agradecimiento a Dinsmore D. Keller y a Olga R. Aguirre por su comprensión y paciencia durante este largo proceso.

J. E. K.
R. A. A.

Lexington, Kentucky
Johnson City, Tennessee

Visión renacentista de las Americas, 1570, 1587, de Abraham Ortelius
THE BRITISH LIBRARY

. . .

EL PERÍODO
COLONIAL

Cristóbal Colón
(c. 1451 o 1466–1506)

Según las más autorizadas investigaciones historiográficas, Cristóbal Colón era genovés. Siendo aún muy joven, viajó a Portugal y allí residió y contrajo nupcias con una dama portuguesa. Ni su lengua materna, ni sus conocimientos del portugués afectaron la naturalidad de su prosa castellana. Todo parece indicar que prefirió el castellano, tanto al hablar como al empuñar la pluma.

Es sumamente interesante que en los escritos de Colón se notan los primeros americanismos que encontramos en castellano, o en cualquier otra lengua europea. Al incorporar nuevos vocablos al castellano, Colón se convirtió en el primer escritor americano. Fue "el descubridor" quien por primera vez recogió las palabras *cacique, hamaca y tiburón,* por ejemplo.

Los relatos de sus viajes y expediciones nos hablan de la gente, de los hechos, del paisaje y de la flora y fauna del Nuevo Mundo. Es lógico que fuese Colón el primero en dejar constan-

Cristóbal Colón (1451–1506). Pintura por Sebastiano del Piombo,
propiedad del Metropolitan Museum, Nueva York dona de J. Pierpont
Morgan, 1900
THE BETTMANN ARCHIVE

cia de términos indoamericanos. Al leer de su puño y letra las descripciones de sus exploraciones, nos resulta difícil creer que Colón nunca llegara a saber que había tropezado con el Nuevo Mundo. Para el descubridor aquellas ricas tierras y aquella gente que las habitaban eran los dominios y súbditos del Gran Kan.

Al ocuparnos del estilo literario de Colón, tendremos que hacerlo utilizando copias de sus cartas personales y de su "Diario de a bordo." En estos documentos se observa que el interés primordial de Colón fue dar a la corona española detallados y minuciosos informes acerca de sus viajes y exploraciones.

El estilo claro y sencillo es toda una revelación capaz de emocionarnos. Sus limitados conocimientos de geografía, botánica y otras ciencias no le impidieron hacer vívidas y agudas observaciones que nos otorgan una visión clara de la belleza natural que se ofrecía ante sus ojos. Aquellas certeras y detalladas descripciones convencieron a Fernando e Isabel de que ante España se abría un inconmensurable caudal de riquezas en especias, piedras preciosas y metales, así como la necesaria mano de obra.

La piedad religiosa de Colón le hizo interesarse en la conversión de almas y el bienestar de los indígenas de aquellas primitivas regiones. Su ejemplo noble y bondadoso no fue celosamente imitado por las fuerzas pujantes y a veces crueles de la conquista que abrían nuevos cauces a la civilización europea.

El trozo que hemos escogido se ha extraído de una de sus memorables epístolas. En estos pliegos se alza el telón de la historia de América y se articulan por primera vez los eslabones de las culturas indoamericanas y los de una civilización europea que supera el medioevo.

CARTA AL ESCRIBANO DE RACIÓN DE LOS SEÑORES REYES CATÓLICOS

Señor: Porque sé que habréis[1] placer de la grande victoria que Nuestro Señor me ha dado en mi viaje vos[2] escribo ésta, por la cual sabréis como en veinte días pasé las Indias con la armada que los ilustrísimos Rey y Reina nuestros Señores me dieron, donde yo hallé muy muchas islas pobladas con gente sin número, y dellas[3] todas he tomado posesión por sus Altezas, con pregón y bandera Real extendida, y no

5

1. **habréis** = **tendréis** en el español moderno
2. **vos** forma antigua de **os** y también de **vosotros** modernos
3. **dellas:** contracción de **de** y **ellas** empleada en la lengua antigua

me fue contradicho. A la primera que yo hallé puse nombre *San
Salvador,* a conmemoración de su Alta Majestad, el cual maravillosa-
mente todo esto ha dado: los indios la llaman *Guanahaní*.⁴ * * * A la
segunda puse nombre la isla de *Santa María de Concepción:* a la   10
tercera *Fernandina:* a la cuarta la *Isabela:* a la quinta isla *Juana,* y así
cada una nombre nuevo. La *Española*⁵ es maravilla: las sierras y las
montañas y las vegas y las campiñas y las tierras tan hermosas y
gruesas para plantar y sembrar, para criar ganados de todas suertes,
para edificios de villas y lugares. Los puertos de la mar, aquí no habría   15
creencia sin vista,⁶ y de los ríos muchos y grandes y buenas aguas: los
más de los cuales traen oro. En los árboles y frutos y yerbas hay
grandes diferencias de aquéllas de la *Juana:* en ésta hay muchas
especies, y grandes minas de oro y de otros metales. La gente desta
isla y de todas las otras que he hallado y he habido noticia, andan   20
todos desnudos, hombres y mujeres, así como sus madres los paren,
aunque algunas mujeres se cobijan un solo lugar con una hoja de
yerba o una cosa de algodón que para ello hacen ellas. No tienen
hierro ni acero: armas, ni son para ello: no porque no sea gente bien
dispuesta y de hermosa estatura, salvo que son muy temerosos a   25
maravilla. No tienen otras armas salvo las armas de las cañas cuando
están con la simiente, a la cual ponen al cabo un palillo agudo, y no
osan usar de aquí ellas:⁷ que muchas veces me acaeció enviar a tierra
dos o tres hombres a alguna villa para haber habla, y salir a ellos de
ellos sin número,⁸ y después que los veían llegar huían a no aguardar 30
padre a hijo,⁹ y esto no porque a ninguno se haya hecho mal, antes
a todo cabo adonde yo haya estado y podido haber habla,¹⁰ les he
dado de todo lo que tenía así paño como otras cosas muchas, sin
recibir por ello cosa alguna, mas son así temerosos sin remedio.
Verdad es que después que se aseguran y pierden este miedo ellos   35

4. **San Salvador** o Watling Island en
las Bahamas era probablemente la Isla de
Guanahaní que descubrió Colón, el 12 de
octubre de 1492. Colón, en honor de la
familia real de España, dio a las islas los
nombres de la reina Isabel, del rey Fernando y de sus hijas María y Juana.
5. **Española** nombre que dio Colón a
Santo Domingo de hoy día
6. **aquí... vista** *here cannot be believed
without being seen*
7. **cañas... ellas** *cane when it is in*

*seed, to which they fasten a little sharp-
ened stick, and do not dare to make use
of them here*
8. **y salir... número** *and they* (los indios) *without number came out to them*
(los españoles)
9. **a no... hijo** *a father not even waiting for his son*
10. **antes... habla** *on the contrary,
wherever I have been and have been able
to have speech* (with them)

son tanto sin engaño y tan liberales de lo que tienen, que no lo creerán sino el que lo viese.[11] Ellos de cosa que tengan pidiéndosela jamás dicen de no; antes convidan a la persona con ello y muestran tanto amor que darían los corazones,[12] y quier sea cosa de valor, quier sea de poco precio, luego por cualquiera cosa de cualquier manera que sea que se les dé por ello son contentos.[13] Yo defendí que no se les diesen cosas tan civiles como pedazos de escudillas rotas[14] e pedazos de vidrio roto y cabos de agujetas;[15] aunque cuando ellos esto podían llegar[16] les parescía haber la mejor joya del mundo; que se acertó haber un marinero por una agujeta, de oro peso de dos castellanos y medio,[17] y otros de otras cosas, que muy menos valían, mucho más. Ya por blancas[18] nuevas daban por ellas todo cuanto tenían aunque fuesen dos ni tres castellanos de oro, o una o dos de algodón filado. Hasta los pedazos de los arcos rotos de las pipas tomaban y daban lo que tenían como bestias;[19] así que me pareció mal e yo lo defendí. Y daba yo graciosas mil cosas buenas que yo llevaba por que tomen amor;[20] y allende desto se harán cristianos,[21] que se inclinan al amor y servicio de sus Altezas y de toda la nación castellana; y procuran de ayudar y nos dar de las cosas que tienen en abundancia que nos son necesarias. Y no conocían ninguna secta ni idolatría, salvo que todos creen que las fuerzas y el bien es en el cielo; y creían muy firme que yo con estos navíos y gente venía del cielo y en tal acatamiento me reciben en todo cabo[22] después de haber perdido el miedo. Y esto no procede porque sean ignorantes, salvo[23] de muy sutil ingenio, y hombres que navegan todas aquellas mares,

40

45

50

55

60

11. **que... viese** (people) *will not believe it without seeing it*
12. **muestran... corazones** *and display as much love as if they would give their hearts*
13. **y quier... contentos** *they are content with whatever thing given in whatever way, whether it be of value or of little worth*
14. **tan... rotas** *as worthless as pieces of broken bowls*
15. **agujetas** *shoestrings;* significa tambien **agujas**
16. **aunque... llegar** *although when they could obtain this*
17. **que se acertó... medio** *for a sailor succeeded in getting for a shoestring the*

weight in gold of two **castellanos** [coin] *and a half*
18. **blanca** *small coin*
19. **Hasta... bestias** *They even accepted the pieces of broken hoops from wine barrels and like dumb animals gave what they had*
20. **graciosas... amor** *a thousand fine things which I brought so that they would love (us).* Nótese cómo puede colocarse el adjetivo **graciosas.**
21. **y allende... cristianos** *and besides this they would become Christians*
22. **en tal... cabo** *in such respect they receive me everywhere*
23. **salvo** *but*

que es maravilla la buena cuenta que ellos dan de todo, salvo porque
nunca vieron[24] gente vestida ni semejantes navíos. Y luego que llegué
a las Indias, en la primera isla que hallé, tomé por fuerza algunos de
ellos para que deprendiesen[25] y me diesen noticia de lo que había en
aquellas partes; y así fue que luego entendieron y nos a ellos cuando   65
por lenguas o señas, y estos han aprovechado mucho;[26] hoy en día
los traigo que siempre están de propósito que vengo del cielo por
mucha conversación[27] que hayan habido conmigo. Y estos eran los
primeros a pronunciarlo adonde yo llegaba, y los otros andaban
corriendo de casa en casa, y a las villas cercanas con voces altas: 70
"Venid a ver la gente del cielo." Y así todos, hombres como mujeres,
después de haber el corazón seguro de nos, vinieron que no quedaba
grande ni pequeño que todos traían algo de comer y de beber, que
daban con un amor maravilloso. Ellos tienen en todas las islas muy
muchas[28] canoas, de manera de fustas de remo: dellas mayores, dellas   75
menores,[29] y algunas y muchas son mayores que una fusta de diez y
ocho bancos: no son tan anchas, porque son de un solo madero;[30]
mas una fusta no tendrá con ellas al remo,[31] porque van que no es
cosa de creer, y con estas navegan todas aquellas islas, que son
innumerables, y traen sus mercaderías. Algunas destas canoas he   80
visto sesenta y ochenta hombres en ellas, y cada uno con su remo.
En todas estas islas non vide[32] mucha diversidad de la hechura de la
gente, ni en las costumbres, ni en la lengua, salvo que[33] todos se
entienden, que es cosa muy singular; para lo que espero que deter-
minarán sus Altezas para la conversión[34] dellas a nuestra Santa Fe, a   85
la cual son muy dispuestos. Ya dije como yo había andado ciento
siete leguas por la costa de la mar, por la derecha línea de Occidente
a Oriente, por la Isla *Juana:* según el cual camino puedo decir que
esta isla es mayor que Inglaterra y Escocia juntas: porque allende de

24. **maravilla... vieron** *a marvel the account which they give of everything, since they had never seen*
25. **deprendiesen** *learn*
26. **cuando... mucho** *either by speech or signs, and these have been very helpful*
27. **están... conversación** *are of the belief that I come from heaven in spite of the frequent contact*
28. **muy muchas** forma que podía emplearse en aquellos tiempos
29. **fustas... menores** *wooden rowboats, some larger, some smaller*
30. **madero** *log, beam*
31. **no tendrá... remo** *will not keep up with them in rowing*
32. **vide** = **ví**
33. **salvo que** *but, on the contrary*
34. **para... conversión** *on account of which I hope that your Highnesses will decide upon their conversion*

estas ciento siete leguas me quedan de la parte de Poniente dos 90
provincias que yo no he andado, la una de las cuales llaman Aván,[35]
adonde nace la gente con cola las cuales provincias non pueden tener
en longura menos de cincuenta o sesenta leguas, según puedo entender destos indios que yo tengo, los cuales saben todas las islas.
Esta otra Española en cerco tiene más que la España toda desde 95
Colunia por costa de mar, hasta Fuenterabía, en Vizcaya,[36] pues en
una cuadra anduve ciento treinta y ocho grandes leguas por recta
línea de Occidente a Oriente. Esta es para desear, e vista es para
nunca dejar,[37] en la cual, puesto que de todas tenga tomada posesión
por sus Altezas, y todas sean más abastadas de lo que yo sé y puedo 100
decir, y todas las tengo por de sus Altezas, cual de ellas pueden
disponer como y tan cumplidamente como de los Reinos de Castilla,
en esta Española en lugar más convenible y mejor comarca[38] para las
minas del oro y de todo trato así de la tierra firme de acá como de
aquella de allá del Gran Can,[39] adonde habrá gran trato y ganancia, 105
he tomado posesión de una villa grande a la cual puse nombre la Villa
de *Navidad,* y en ella he hecho fuerza y fortaleza, que ya a estas horas
estará del todo acabada, y he dejado en ella gente que basta para
semejante hecho con armas y artillerías y vituallas para más de un
año, y fusta y maestro de la mar en todas artes para hacer,[40] y grande 110
amistad con el Rey de aquella tierra, en tanto grado que se preciaba
de me llamar y tener por hermano: y aunque le mudasen la voluntad
a ofender esta gente, él ni los suyos no saben qué son armas, y andan
desnudos como ya he dicho, y son los más temerosos que hay en el
mundo. Así que solamente la gente que allá quedó es para destruir 115
toda aquella tierra; y es isla sin peligro de sus personas sabiéndose
regir.[41] En todas estas islas me parece que todos los hombres son
contentos con una mujer, y a su mayoral[42] o Rey dan hasta veinte. Las

---

35. Se llama **Aván** la parte norteña de
Cuba, y de **Aván** se deriva **Havana.**
36. **Colunia** es La Coruña; **Fuenterabía**
es Fuenterrabía, cerca de Santander en
Vizcaya (Biscay).
37. **Esta... dejar** *This is (a land) to be
desired, and (once seen), never to be left*
38. **lugar... comarca** *the situation
most convenient and in the best position*
39. **El Gran Can** (inglés *Khan*) era emperador de la China a quien querían man-

dar cartas los Reyes Católicos, Fernando e
Isabel.
40. **y fusta... hacer** *and a boat and a
master of all nautical arts to build* (boats)
41. **Así... regir** *So that only the people*
[Columbus' men] *who stayed on there are
sufficient to destroy that entire land, and
the island is without danger to their per-
sons* [Columbus' men] *if they know how to
control themselves*
42. **mayoral** *leader*

Partida de las carabelas de Colón − la Niña, La Pinta y la Santa María. A la derecha se ven los Reyes Católicos, Fernando e Isabel, haciendo señas de despedida. Detalle de un grabado de 1621

mujeres me parece que trabajan más que los hombres, ni he podido entender si tienen bienes propios, que me pareció ver que[43] aquello 120 que uno tenía todos hacían parte, en especial de las cosas comederas. En estas islas hasta aquí no he hallado hombres mostrudos[44] como muchos pensaban; mas antes es toda gente de muy lindo acatamiento,[45] ni son negros como en Guinea, salvo con sus cabellos correndios, y no se crían adonde hay espeto demasiado de los rayos 125 solares:[46] es verdad que el sol tiene allí gran fuerza puesto que es distante de la línea equinoccial veinte y seis grados: en estas islas adonde hay montañas grandes ahí tenía fuerza el frío este invierno; mas ellos lo sufren por la costumbre y con la ayuda de las viandas, como son especias muchas y muy calientes en demasía:[47] así que 130 monstruos no he hallado ni noticia, salvo de una isla que es aquí en la segunda cala,[48] entrada de las Indias, que es poblada de una gente que tienen en todas las islas por muy feroces,[49] los cuales comen carne viva. Estos tienen muchas canoas con las cuales corren todas las islas de India y roban y toman cuanto pueden. Ellos no son más 135 disformes que los otros; salvo que tienen costumbres de traer los cabellos largos como mujeres, y usan arcos y flechas de las mismas armas de cañas, con un palillo al cabo por defecto de hierro que no tienen. Son feroces entre estos otros pueblos que son en demasiado grado cobardes; mas yo no los tengo en nada más que a los otros. 140 Estos son aquellos que trocaban las mujeres de Matinino,[50] que es la primera isla partiendo de España para las Indias que se halla, en la cual no hay hombre ninguno. Ellas no usan ejercicio femenil, salvo arcos y flechas, como los sobredichos de cañas, y se arman y cobijan con láminas de alambre, de que tienen mucho. Otra isla me aseguran 145 mayor que la Española en que las personas no tienen ningún cabello. En ésta hay oro sin cuento, y de éstas y de otras traigo conmigo indios para testimonio.

---

43. **que... que** *for it seemed to me that*
44. forma antigua de **monstruos** que según los escritores de aquellos tiempos existían en China y la India—hombres con cabezas de animales o con la cara colocada en el pecho, por ejemplo
45. **acatamiento** *appearance*
46. **salvo... solares** *but with their hair*
flowing, and they do not live where there is too much penetration of the sun's rays
47. **en demasía** *excessively*
48. **cala** *inlet*
49. **que tienen... feroces** *whom they consider very ferocious in all the islands*
50. **trocaban... Matinino** *have dealings with the women of Matinino*

Preguntas

1. ¿Qué halló Colón navegando en su armada?
2. ¿De qué valor, según Colón, sería la Isla de Española?
3. ¿De qué manera luchaba la gente de las islas?
4. ¿Qué hicieron los indios al ver a los españoles?
5. ¿Por qué sentían tanto miedo y tan gran respeto?
6. ¿Qué darían los indios por blancas nuevas?
7. ¿Qué les dio Colón y por qué?
8. ¿Qué hizo Colón luego que había llegado a las Indias?
9. ¿Qué clase de gente, según creía Colón, vivía en la isla llamada Aván?
10. ¿Cómo eran los indios?
11. ¿De qué tamaño era la Isla Española, según creía Colón?
12. ¿Qué hizo construir Colón en la Villa de Navidad?
13. ¿Podrían mantenerse los españoles en sus fortalezas? ¿Cómo?
14. ¿Con cuántas mujeres o esposas se contentaban los indios?
15. ¿Cómo vivían las indias?
16. ¿Por qué temían los indios de Española a los indios feroces?
17. ¿Se interesaba Colón por la vida espiritual de los indios? ¿Cómo?
18. ¿Cuáles son las obras de Colón que tratan de la vida americana primitiva?

Temas

1. La gente de Española y su vida.
2. El interés que los indios tenían por los españoles.
3. La religión de los indios.
4. La riqueza de las Indias.
5. La navegación de los indios.

Hernán Cortés (1485–1547)

Hernán Cortés estudió leyes en la Universidad de Salamanca, mas no era la abogacía, profesión sedentaria, la indicada para una personalidad que encontraba en la acción su modo ideal de expresión. Por eso salió para América y participó en la conquista de Cuba (1511), acompañando al capitán Diego Velázquez y por sus méritos se le encomendó la alcaldía de Santiago. Durante su estancia en aquella villa tuvo noticias del descubrimiento de México llevado a cabo por Juan de Grijalva. Casi inmediatamente una ansiedad incontrolable por conquistar aquellas nuevas tierras se apoderó de Cortés, y con aquel ímpetu típico de su dinámica personalidad decidió embarcarse hacia tierras mexicanas.

A partir de entonces la historia de la conquista parece una fantástica narración novelesca y no los relatos de hechos de indudable veracidad histórica. Al mando de una fuerza que constaba de 400 soldados españoles, 18 caballos y algunas deficientes piezas de artillería, Cortés desembarcó en México y se apoderó de Tabasco en el sur del país. Una vez fundada la villa de Veracruz, alentado por el encanto de su extraordinaria empresa, mandó quemar sus naves, para destruir toda tentación de un regreso a Cuba. Entonces sin el más ligero ademán de duda se adentró en aquel territorio y descubrió que los indios de la República de Tlaxcala hacían la guerra a los aztecas. Cortés supo aprovechar aquel momento de confusión y debilidad por parte de los indios, atacando a los tlaxcaltecas, venciéndolos sin gran esfuerzo, haciéndolos sus aliados.

Otra aliada fue una antigua leyenda existente entre los in-

Hernán Cortés (1485–1547)

dígenas de aquel país que predecía el regreso de un dios que
había sido expulsado por oponerse a los sacrificios humanos
de los ritos aztecas. Los indios creyeron ver en Cortés y sus
compañeros a aquel dios y sus parientes que regresaban ávidos
de venganza; y convencidos de que la profecía se cumplía, no
se atrevieron a negarle acceso a la capital.

Tenochtitlán, ciudad que Cortés llamó Temixtitán, estaba
situada sobre varias islas contenidas en una espaciosa laguna.
Estaban aquellas islas unidas a la tierra firme por calzadas de
roca, ofreciendo a los ojos de los españoles un espectáculo de
indudable encanto que algunos compararon con Venecia.

El gran capitán fue recibido con grandes honores e invitado
a residir en el antiguo palacio que había sido morada del padre

de Moctezuma (Cortés escribe *Muteczuma*). Durante su estancia en la capital azteca Cortés despertó la ira de los sacerdotes al destruir las imágenes de aquellos dioses frente a los cuales eran sacrificadas miles de personas. Más tarde en un gesto audaz y atrevido Cortés y los suyos prepararon un plan para hacer prisionero a Moctezuma y luego exigir un rescate costoso en oro y piedras preciosas. Los españoles vieron logrado su empeño, y Moctezuma consciente de la habilidad y el firme prepósito de sus enemigos, trató de calmar su pueblo. En aquel gesto conciliador el gran jefe indio recibió heridas mortales inferidas por una muchedumbre ofendida y furiosa.

Cortés finalmente fue atacado por los indios y tuvo que fugarse, perdiendo en su retirada muchos de sus hombres y aliados. Pero su ausencia no fue definitiva, porque el 13 de agosto de 1521 el gran capitán regresó a Tenochtitlán para enfrentarse con una población azteca que sufría hambre, enfermedades y todas las miserias de la guerra.

Las *Cinco Cartas* (1519–26) son magníficos documentos que con un estilo viril explicaban a Carlos V la importancia de la conquista y el potencial económico de aquellas tierras. Sus acertados informes a la corona lo abarcaban todo—las cosechas indígenas, los minerales y otras riquezas del subsuelo, el clima y los demás recursos naturales de aquellas regiones. Su prosa formal y correcta no constituye una revelación de lo subjetivo; sin embargo, sus observaciones son de gran interés para nosotros, porque en esas páginas parece palpitar la profecía del porvenir de América.

Cortés respetó a Moctezuma y a los nobles aztecas, y especialmente a sus aliados tlaxcaltecas, y se dio cuenta de la excelencia de los adelantos de aquella civilización; pero frente a la religión pagana de los indígenas su actitud fue intolerante y fanática, y llevó a cabo una explotación avara del pueblo. Sin embargo el resultado de la conquista fue una dichosa simbiosis étnica, mezcla de españoles e indios, que produjo la nación mexicana moderna.

CARTA AL REY CARLOS I DE ESPAÑA

Esta gran ciudad de Temixtitán[1] está fundada en esta laguna salada, y desde la Tierra Firme hasta el cuerpo de la dicha ciudad, por cualquiera parte que quisieren entrar a ella, hay dos leguas. Tiene cuatro entradas, todas de calzada hecha a mano, tan ancha como dos lanzas jinetas. Es tan grande la ciudad como Sevilla y Córdoba.[2]   5
Son las calles della, digo las principales, muy anchas y muy derechas, y algunas destas y todas las demás son la mitad de tierra, y por la otra mitad es agua,[3] por la cual andan en sus canoas, y todas las calles, de trecho en trecho,[4] están abiertas, por do atraviesa el agua de las unas a las otras,[5] e en todas estas aberturas, que algunas son   10
muy anchas, hay sus puentes, de muy anchas y muy grandes vigas juntas y recias y bien labradas, y tales, que por muchas dellas pueden pasar diez de caballo juntos a la par.[6] E viendo que si los naturales desta ciudad quisiesen hacer alguna traición tenían para ello mucho aparejo, por ser la dicha ciudad edificada de la manera que digo, y   15
que quitadas las puentes de las entradas y salidas nos podrían dejar morir de hambre sin que pudiésemos salir a la tierra, luego que entré en la dicha ciudad di mucha priesa[7] a hacer cuatro bergantines, y los hice en muy breve tiempo, tales que podían echar trescientos hombres en la tierra[8] y llevar los caballos cada vez que quisiésemos.   20
Tiene esta ciudad muchas plazas, donde hay continuos mercados y trato de comprar y vender.

---

1. **Temixtitán,** a veces llamada **Tenochtitlán,** ocupaba una isla en la laguna. Hoy día la Ciudad de México ocupa esta área.
2. **Sevilla y Córdoba;** ciudades en aquellos tiempos de cien mil almas
3. **todas... aguas**   *all the rest are half of earth and the other half is water*
4. **de trecho... trecho**   *at certain in-*

tervals
5. **por... otras**   *where the water flows from one to the other*
6. **pasar... par**   *pass ten mounted men riding side by side*
7. **luego... priesa**   *as soon as I entered the aforementioned city I hastened*
8. **echar... tierra**   *land three hundred men*

Hay en esta gran ciudad muchas mezquitas o casas de sus ídolos, de muy hermosos edificios, por las colaciones y barrios della, y en las principales della hay personas religiosas de su secta, que residen continuamente en ellas; para los cuales, demás de las casas donde tienen sus ídolos, hay muy buenos aposentos. Todos estos religiosos visten de negro y nunca cortan el cabello, ni lo peinan desque entran en la religión hasta que salen, y todos los hijos de las personas principales, así señores como ciudadanos honrados, están en aquellas religiones y hábito desde edad de siete u ocho años hasta que los sacan para los casar, y esto más acaece en los primogénitos que han de heredar las casas que en los otros. No tienen acceso a mujer ni entra ninguna en las dichas casas de religión. Tienen abstinencia en no comer ciertos manjares, y más en algunos tiempos del año que no en los otros; y entre estas mezquitas hay una, que es la principal, que no hay lengua humana que sepa explicar la grandeza y particularidades della;[9] porque es tan grande, que dentro del circuito della, que es todo cercado de muro muy alto, se podía muy bien hacer una villa de quinientos vecinos. Tiene dentro deste circuito, toda a la redonda, muy gentiles aposentos, en que hay muy grandes salas y corredores, donde se aposentan los religiosos que allí están. Hay bien cuarenta torres muy altas y bien obradas, que la mayor tiene cincuenta escalones para subir al cuerpo de la torre; la más principal es más alta que la torre de la iglesia mayor de Sevilla.[10] Son tan bien labradas, así de cantería como de madera, que no pueden ser mejor hechas ni labradas en ninguna parte, porque toda la cantería[11] de dentro de las capillas donde tienen los ídolos es de imaginería y zaquizamíes, y el maderamiento es todo de mazonería[12] y muy picado de cosas de monstruos y otras figuras y labores. Todas estas torres son enterramiento de señores, y las capillas que en ellas tienen son dedicadas cada una a su ídolo, a que tienen devoción.

Hay tres salas dentro desta gran mezquita, donde están los principales ídolos, de maravillosa grandeza y altura, y de muchas labores

9. En la antigua Ciudad de México había templos (Cortés los llama mezquitas) de todos los dioses de los aztecas. El más grande era una pirámide muy alta y grande y en este edificio sacrificaban sus víctimas los sacerdotes paganos.
10. La torre de la iglesia mayor de Sevilla es la Giralda que forma parte de la catedral
11. **cantería** *stonework*
12. **imaginería... mazonería** *stonework and stucco ceilings, and the woodwork is entirely of carved relief*

Un sacrificio humano azteca. Detalle de una antigua pintura mexicana de
fecha desconocida

y figuras esculpidas,[13] así en la cantería como en el maderamiento,   55
y dentro destas salas están otras capillas que las puertas por do
entran a ellas son muy pequeñas, y ellas asimismo no tienen claridad
alguna, y allí no están sino aquellos religiosos, y no todos;[14] y dentro
destas están los bultos y figuras de los ídolos, aunque, como he
dicho, de fuera hay también muchos. Los más principales destos   60
ídolos, y en quien ellos más fe y creencia tenían, derroqué de sus
sillas y los hice echar por las escaleras abajo,[15] e hice limpiar aquellas
capillas donde los tenían, porque todas estaban llenas de sangre,
que sacrifican, y puse en ellas imágenes de nuestra Señora y de otros
santos,[16] que no poco el dicho Muteczuma y los naturales sintieron;   65

13. **muchas... esculpidas** *many de-*
signs and carved figures
14. **y allí... todos** *and there are only*
those priests, and not all of them
15. **derroqué... abajo** *I cast down*
from their thrones and had them thrown
down the stairway. (Parece que esto hizo

Cortés unos meses después de su entrada
en la ciudad y no en presencia de Moctezuma.)
16. Cortés estableció en el templo imágenes de la Santa Virgen y de San Cristóbal, según leemos en la obra de Bernal
Díaz del Castillo.

los cuales primero me dijeron que no lo hiciese, porque si se sabía
por las comunidades se levantarían contra mí, porque tenían que
aquellos ídolos les daban todos los bienes temporales, y que deján-
doles maltratar se enojarían y no les darían nada,[17] y les sacarían los
frutos de la tierra, y moriría la gente de hambre. Yo les hice entender   70
con las lenguas[18] cuán engañados estaban en tener su esperanza en
aquellos ídolos, que eran hechos por sus manos, de cosas no
limpias, e que habían de saber que había un solo Dios, universal
Señor de todos, el cual había creado el cielo y la tierra y todas las
cosas, e hizo a ellos y a nosotros, y que éste era sin principio e   75
inmortal, y que a él habían de adorar y creer, y no a otra criatura ni
cosa alguna; y les dije todo lo demás que yo en este caso supe,[19] para
los desviar de sus idolatrías y atraer al conocimiento de Dios nuestro
Señor; y todos, en especial el dicho Muteczuma, me respondieron
que ya me habían dicho que ellos no eran naturales desta tierra,[20] y   80
que había muchos tiempos que sus predecesores habían venido a
ella, y que bien creían que podrían estar errados en algo de aquello
que tenían, por haber tanto tiempo que salieron de su naturaleza,[21]
y que yo, como más nuevamente venido, sabría mejor las cosas que
debían tener y creer, que no ellos; que se las dijese y hiciese en-   85
tender; que ellos harían lo que yo les dijese que era lo mejor. Y el
dicho Muteczuma y muchos de los principales de la ciudad estuvieron conmigo hasta quitar los ídolos y limpiar las capillas y poner las
imágenes, y todo con alegre semblante, y les defendí que no
matasen criaturas a los ídolos,[22] como acostumbraban; porque,   90
demás de ser muy aborrecible a Dios, Vuestra Sacra Majestad por sus
leyes lo prohibe y manda que el que matare lo maten.[23] E de ahí

---

17. **y que... nada** *and that by permit-
ting them to be mistreated they (the gods)
would become angry and would not give
them (the Indians) anything*
18. Cortés les hizo entender por sus intér-
pretes, doña Marina y otros indios
amigos. Llamaba **"lenguas"** a éstos.
19. **y les... supe** *and I told them the
rest (of the things) that I knew about the
matter*
20. Probablemente ocupaban el área
hacía dos o tres milenios. En el siglo doce
habían conquistado a los toltecas, raza
más avanzada en la cultura, y heredaron

su civilización.
21. **y que... naturaleza** *and that it
had been many years since their ances-
tors had come to it, and that they surely
believed that they could be in error in
something having so long ago departed
from their native land*
22. **defendí... ídolos** *I forbade them to
sacrifice living beings to the idols*
23. **Vuestra... maten** *Your Sacred
Majesty* (Cortés escribe a Carlos I, rey de
España) *forbids it by his laws and commands that those who kill be killed*

adelante se apartaron dello, y en todo el tiempo que yo estuve en la dicha ciudad nunca se vio matar ni sacrificar alguna criatura.

Los bultos y cuerpos de los ídolos en quien estas gentes creen son   95 de muy mayores estaturas que el cuerpo de un gran hombre. Son hechos de masa de todas las semillas y legumbres que ellos comen, molidas y mezcladas unas con otras,[24] y amásanlas con sangre de corazones de cuerpos humanos, los cuales abren por los pechos vivos y les sacan el corazón,[25] y de aquella sangre que sale dél   100 amasan aquella harina, y así hacen tanta cantidad cuanta basta para hacer aquellas estatuas grandes. E también después de hechas les ofrecían más corazones,[26] que asimismo les sacrificaban, y les untan las caras con la sangre. A cada cosa tienen su ídolo dedicado, al uso de los gentiles,[27] que antiguamente honraban sus dioses. Por manera   105 que para pedir favor para la guerra tienen un ídolo, y para sus labranzas otro; y así, para cada cosa de las que ellos quieren o desean que se hagan bien,[28] tienen sus ídolos, a quien[29] honran y sirven.

Preguntas

1. ¿Dónde fundaron su ciudad principal los aztecas?
2. ¿Por qué la fundaron ahí?
3. ¿Cómo eran las entradas de la ciudad?
4. ¿Cómo podrían hacer traición los aztecas?
5. ¿Quiénes habitaban las mezquitas?
6. ¿Cómo se vestían los religiosos?
7. ¿Cuándo entraban en las mezquitas los hijos de los aztecas?
8. ¿Cuántas personas podrían vivir en la mezquita principal?
9. ¿Quiénes estaban enterrados en las torres?
10. ¿Por qué derrocó Cortés los ídolos?
11. ¿Qué puso él en lugar de los ídolos?
12. ¿Por qué hizo limpiar las capillas?
13. ¿Por qué sintieron todo esto Moctezuma y los aztecas?

24. **molidas... otras** *ground up and mixed one with the other*
25. Los sacrificios humanos que ofrecían a sus terribles dioses eran casi increíbles para los cristianos.
26. **después... corazones** *after they have made them they offer them more*
hearts
27. **al... gentiles** *according to the customs of pagans*
28. **quieren... bien** *they wish or desire to have done favorably*
29. **quien** hasta el siglo XVII podía ser pronombre singular o plural

14. Según los indios, ¿qué les daban sus dioses?
15. ¿Qué hizo entender Cortés a los aztecas?

Temas

1. La ciudad de Temixtitán.
2. La enseñanza religiosa de los hijos de los aztecas principales.
3. Los ídolos y dioses de los aztecas.
4. Lo que hizo Cortés en los templos o mezquitas de Temixtitán.
5. La estrategia de Cortés frente a la traición que pudiesen emplear los aztecas.

Comparación

Compárense las cartas de Colón con las de Cortés, observando detenidamente las detalladas descripciones de las bellezas naturales del descubridor, en contraste con las del conquistador en las que sobresale la importancia de la conquista.

Bernal Díaz del Castillo
(1492–1584)

Las páginas que acabamos de leer escritas por Cortés ofrecen al Emperador Carlos V una magnífica descripción de la Conquista de México. Sin embargo fue un soldado raso de la tropa de Cortés quien logró los más preciados galardones literarios en aquellas narraciones de la conquista. Nos referimos, naturalmente, a la *Verdadera historia de la conquista de la Nueva España* de Bernal Díaz del Castillo. La obra fue impresa cuando su autor contaba sesenta años de edad. Pero el intervalo que se extiende entre los días de la conquista y la fecha en que la obra se publicó no disminuyó la vitalidad ni el realismo de la narración. Es imposible concebir que un ser humano pudiera olvidar aquellas hazañas que fluctuaban entre lo grandioso y lo fantástico.

Bernal Díaz del Castillo viajó por aquellas tierras descubiertas por Colón poseído por un afán de aventura y lucro personal. La conquista del imperio azteca le ofreció las más amplias oportunidades para satisfacer su ambición y su objetivo.

Al emprender la retirada de la capital azteca acompañando a Cortés, Bernal Díaz fue herido por las lanzas y flechas de los indios que atacaban en una lucha sin cuartel. Que aquel soldado escapase con vida fue sin duda un hecho afortunado para la historia de América. Años más tarde, después de haberse casado con una india de noble estirpe, volvió a España llevando consigo toda la riqueza material que apetecía y en su memoria varios de los más brillantes capítulos de la historia de la conquista.

La prosa de Bernal Díaz está dotada de una impresionante naturalidad que abunda en giros fuertes que se producen sin la vacilación de un proceso cuidadoso. Si hoy nos complacen la sencillez y lo directo de su estilo, en su época se le consideró prosa árida y sin el lustre que acusaban otras crónicas y escritos de la época.

En las páginas de Bernal Díaz se nota una personalidad robusta, dedicada enteramente a las empresas que le ocupan. Sus observaciones y comentarios revelan la perspectiva de un hombre cuya visión se concentraba en la realidad inmediata. Su descripción de los hechos, el ambiente y la gente del nuevo mundo nos revelan el interés en el análisis y la observación profunda de que eran capaces Las Casas y Cortés. Para Bernal Díaz la conquista fue fruto de los hechos heróicos de la soldadesca que todo lo arriesgaba, y sus narraciones se fijan poco en el mérito de los capitanes. Su memoria, que todo lo retenía, abunda en infinidad de detalles, porque era su deseo ofrecernos un cuadro minucioso de todo cuanto observaba y hacía. En las páginas de su obra aparecen paralelamente los hechos humanos de la conquista y mezclada con éstos la descripción de las plantas, los animales y de todo lo que encontraba a su paso.

Las selecciones que hemos escogido son de partes de los Capítulos I y CXXVIII de la *Verdadera historia*. Este trozo narra en detalle el desesperado esfuerzo de Cortés y su reducido contingente de tropas que en cruel batalla luchaban por abandonar la capital azteca. Aquella feroz lucha que se llevaba a cabo en las calzadas que unían la capital con tierra firme se hizo aún más cruel cuando los indios quitaron los puentes, haciendo más lenta y costosa la retirada de los españoles. Las tropas de Cortés habían construido un puente portátil que a duras penas les permitía cruzar las aberturas de aquellas calzadas. Allí, en aquellas vías se defendían los españoles contra los incesantes ataques de un enemigo numeroso e iracundo.

Parece increíble que algunos de los guerreros españoles escaparan con vida de aquella "Noche Triste," como la llamó Cortés. Bernal Díaz del Castillo nos describe aquellos acontecimientos con todos los detalles necesarios para relatar un soberbio ejemplo de valentía y de determinación.

VERDADERA HISTORIA DE LA CONQUISTA DE LA NUEVA ESPAÑA

Muchas veces, ahora que soy viejo, me paro a considerar las cosas heroicas que en aquel tiempo pasamos, que me parece las veo presentes, y digo que nuestros hechos que no los hacíamos nosotros, sino que venían todos encaminados por Dios; porque ¿qué hombres ha habido en el mundo que osasen entrar cuatrocientos soldados—y aún no llegábamos a ellos—en una fuerte ciudad como es México, que es mayor que Venecia, estando apartados de nuestra Castilla sobre más de mil quinientas leguas, y prender a un tan gran señor y hacer justicia de sus capitanes delante de él? Porque hay mucho que ponderar en ello, y no así secamente como yo lo digo.

* * *

CÓMO ACORDAMOS DE IRNOS HUYENDO DE MÉXICO, Y LO QUE SOBRE ELLO SE HIZO

Como veíamos que cada día menguaban nuestras fuerzas y las de los mexicanos crecían, y veíamos muchos de los nuestros muertos y todos los más heridos, y que aunque peleábamos muy como varones no podíamos hacer retirar ni que se apartasen los muchos escuadrones que de día y de noche nos daban guerra. Y la pólvora apocada, y la comida y agua por el consiguiente,[1] y el gran Montezuma muerto, las paces y treguas[2] que les enviamos a demandar

1. **por... consiguiente** *consequently, for the same reason*   2. **treguas** *truces*

no las querían aceptar. En fin, veíamos nuestras muertes a los ojos,[3] y las puentes que estaban alzadas, y fue acordado por Cortés y por   20 todos nuestros capitanes y soldados que de noche nos fuésemos, cuando viésemos que los escuadrones guerreros estaban más descuidados. Y para más descuidarles aquella tarde les envíamos a decir con un *papa* de los que estaban presos,[4] que era muy principal entre ellos, y con otros prisioneros, que nos dejen ir en paz de ahí a ocho   25 días, y que les daríamos todo el oro, y esto por descuidarlos y salirnos aquella noche.[5] Y además de esto estaba con nosotros un soldado que se decía Botello, al parecer muy hombre de bien y latino, y había estado en Roma; y decían que era nigromántico,[6] otros decían que tenía familiar,[7] algunos le llamaban astrólogo. Y   30 este Botello había dicho cuatro días había que hallaba por sus suertes o astrologías[8] que si aquella noche que venía no salíamos de México, que si más aguardábamos, que ninguno saldría con la vida; y aun había dicho otras veces que Cortés había de tener muchos trabajos o había de ser desposeído de[9] su ser y honra, y que después   35 había de volver a ser gran señor, e ilustre, de muchas rentas, y decía otras muchas cosas.

Dejemos a Botello, que después tornaré a hablar en él, y diré cómo se dio luego orden que se hiciese de maderos y tablas muy recias una puente, que llevásemos para poner en las puentes que   40 tenían quebradas.[10] Y para ponerlas y llevarlas y guardar el paso hasta que pasase todo el fardaje[11] y el ejército señalaron cuatrocientos indios tlaxcaltecas[12] y ciento cincuenta soldados. Para llevar la artillería señalaron asimismo doscientos indios de Tlaxcala y cincuenta soldados, y para que fuesen en la delantera,[13] peleando,   45 señalaron a Gonzalo de Sandoval y a Diego de Ordaz; y a Francisco

---

3. **veíamos... ojos** *we were looking Death in the eye*
4. **papa... presos** *(native) priest among those captured.* (De veras, **papa** en español significa *pope* en inglés)
5. **esto... noche** *this to lull them and to get us out that night*
6. **nigromántico** *necromancer, magician*
7. **familiar,** animal o cosa que acompaña a un brujo, dándole poder
8. **había dicho... astrologías** *had said four days ago that he found through*

his magic or astrological computations
9. **desposeído de** *dispossesed of*
10. **maderos... quebradas** *timbers and very heavy planks which we would place over the bridge which they had destroyed*
11. **fardaje** *piles of bundles*
12. **los tlaxcaltecas** eran indios amigos de los españoles y enemigos de los aztecas. Se llamaba Tlaxcala la tierra que habitaban.
13. **delantera** *vanguard, advance troops*

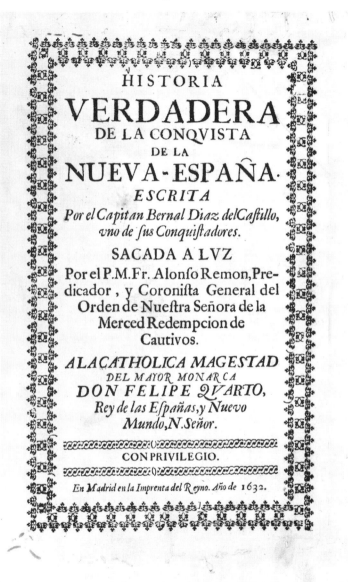

Portada de la edición de 1632 de la *Historia verdadera de la conquista de la Nueva España*

de Saucedo y a Francisco de Lugo,[14] y una capitanía de cien soldados mancebos, sueltos, para que fuesen entre medias y acudiesen a la parte que más conviniese pelear. Señalaron al mismo Cortés y Alonso de Avila y Cristóbal de Olid y a otros capitanes que fuesen en medio; en la retaguardia[15] a Pedro de Alvarado y a Juan Velázquez de León, y entremetidos en medio de[16] los capitanes y soldados de Narváez, y para que llevasen a cargo los prisioneros y a doña Marina y doña Luisa,[17] señalaron trescientos tlaxcaltecas y treinta soldados.

Pues hecho este concierto, ya era noche, para sacar el oro y llevarlo o repartirlo, mandó Cortés a su camarero, que se decía Cristóbal de Guzmán, y a otros soldados sus criados, que todo el oro y joyas y plata lo sacasen con muchos indios de Tlaxcala que para ello les dio. Y lo pusieron en la sala, y dijo a los oficiales del rey que se decían Alonso de Avila y Gonzalo Mexía que pusiesen cobro en el oro de Su Majestad.[18] Y les dio siete caballos heridos y cojos y una yegua y muchos amigos tlaxcaltecas, que fueron más de ochenta, y cargaron de ello a bulto[19] lo que más pudieron llevar, que estaban hechas barras[20] muy anchas, como otras veces he dicho en el capítulo que de ello habla, y quedaba mucho oro en la sala y hecho montones.[21]

Entonces Cortés llamó a su secretario y a otros escribanos del rey y dijo: "Dadme por testimonio que no puedo más hacer sobre este oro; aquí teníamos en este aposento y sala sobre setecientos mil pesos de oro, y como habéis visto que no se puede pesar ni poner más en cobro, los soldados que quisiesen sacar de ello, desde aquí se lo doy, como ha de quedar perdido entre estos perros."[22]

Y desde que aquello oyeron, muchos soldados de los de Narváez y algunos de los nuestros, cargaron de ello. Yo digo que no tuve

---

14. **de Sandoval, de Ordaz, de Saucedo** y **de Lugo** fueron capitanes de Cortés como fueron los españoles cuyos nombres siguen.
15. **retaguardia** *rearguard*
16. **en medio de** *in the midst of*
17. **Doña Marina** era la manceba india o la querida de Cortés. Por bodas indígenas se había casado con ella, y sin su ayuda y dirección es posible que no hubiese ganado la victoria. **Doña Luisa** era otra

india amiga de los españoles.
18. **Pusiesen... Majestad** *to put his Majesty's gold in a safe place* (quiere decir el oro asignado al rey de España)
19. **a bulto** *at random, haphazardly*
20. **barras** *bars (of gold)*
21. **y quedaba... montones** *and much gold remained in the room piled up in heaps*
22. Cortés llama **perros** a sus enemigos indios.

codicia sino procurar de salvar la vida;[23] mas no dejé de apañar de
unas cazuelas que allí estaban unos cuatro *chalchihuis,*[24] que son
piedras entre los indios muy preciadas, que de presto me eché en los
pechos entre las armas, que me fueron después buenas para curar
mis heridas y comer el valor de ellas.

Pues de que supimos el concierto que Cortés había hecho de la
manera que habíamos de salir e ir aquella noche a las puentes, y
como hacía algo obscuro y había niebla y lloviznaba,[25] antes de
medianoche se comenzó a traer la puente y caminar el fardaje y los
caballos y la yegua y los tlaxcaltecas cargados con el oro. Y de presto
se puso la puente y pasó Cortés y los demás que consigo traía
primero, y muchos de a caballo. Y estando en esto, suenan las voces
y cornetas y gritas y silbos de los mexicanos,[26] y decían en su lengua
a los del Tatelulco: "Salid presto con vuestras canoas, que se van los
teules,[27] y atajadlos que no quede ninguno a vida."

Y cuando no me cato,[28] vimos tantos escuadrones de guerreros
sobre nosotros, y toda la laguna cuajada de canoas que no nos
podíamos valer,[29] y muchos de nuestros soldados ya habían pasado.
* * * Y como la desdicha es mala en tales tiempos, ocurre un mal
sobre otro; como llovía resbalaron[30] dos caballos y caen en el agua,
y como aquello vimos yo y otros de los de Cortés, nos pusimos en
salvo de esa parte de la puente;[31] y cargaron tanto guerrero, que por
bien que peleábamos[32] no se pudo más aprovechar de la puente. De
manera que en aquel paso y abertura del agua de presto se hinchó
de caballos muertos y de indios e indias y fardaje y petacas; y
temiendo no nos acabasen de matar, tiramos por nuestra calzada
adelante[33] y hallamos muchos escuadrones que estaban aguardán-

---

23. **no tuve... vida** *I had no desire but
to try to save my life*
24. **no dejé... chalchihuis** *I did not
fail to pick out from some earthen pots
which were there a few chalchihuis (jewels said by the Indians to possess curative
powers)*
25. **lloviznaba** *it was drizzling*
26. **suenan... mexicanos** *the cries
and bugles and shouts and whistling of
the Mexicans are sounding*
27. **teules** o dioses, nombre de los españoles en boca de los indios. Primero
creían los aztecas que eran divinos los
españoles, pero más tarde descubrieron

el error.
28. **y cuando... cato** *and when I was
not looking*
29. **la laguna... valer** *the lake filled up
with canoes so that we could not protect
ourselves*
30. **resbalaron** *slipped*
31. **nos... puente** *we sought safety in
that part of the bridge*
32. **que... peleábamos** *that no matter
how hard we fought*
33. **y temiendo... adelante** *and fearing that they would wipe us out, we
pushed forward along our causeway*

El rey Moctezuma (1480?–1520). Detalle de un grabado de la *Historia de la conquista de México* por Antonio de Solís, escritor del siglo XVI

donos con lanzas grandes, y nos decían palabras vituperiosas, y entre ellas decían: "¡Oh *cuilones,* y aún vivos quedáis!"[34] Y a estocadas y cuchilladas que les dábamos pasamos, aunque hirieron allí a seis de los que íbamos. Pues quizá había algún concierto cómo lo habíamos concertado, maldito aquél;[35] porque Cortés y los capitanes y soldados que pasaron primero a caballo por salvarse y llegar a tierra firme y asegurar sus vidas aguijaron[36] por la calzada adelante, y no la erraron. También salieron en salvo los caballos con el oro y los tlaxcaltecas, y digo que si aguardáramos,

105

110

---

34. "**¡Oh... quedáis!**" *"Oh wretches, and are you still alive!"*
35. **Pues... aquél** *Since perhaps there*
36. **aguijaron** *spurred*

had been some betrayal of what we had planned, curses on the betrayer

así los de a caballo como los soldados, unos a otros en las puentes,
todos feneciéramos,[37] que no quedara ninguno a vida. Y la causa es
esta: porque yendo por la calzada, ya que arremetíamos a los escuadrones mexicanos,[38] de la una parte es agua y de la otra parte   115
azoteas, y la laguna llena de canoas, no podíamos hacer cosa ninguna, pues escopetas y ballestas todas quedaban en la puente. Y
siendo de noche, qué podíamos hacer sino lo que hacíamos, que era
arremeter y dar algunas cuchilladas a los que nos venían a echar
mano,[39] y andar y pasar adelante hasta salir de las calzadas. Y si fuera   120
de día muy peor fuera,[40] y aun los que escapamos fue Nuestro Señor
servido de ello.[41] Y para quien no vio aquella noche la multitud de
guerreros que sobre nosotros estaban y las canoas que de ellos
andaban a rebatar[42] nuestros soldados, es cosa de espanto.[43]

Preguntas

1. ¿Cómo se titula la obra de Bernal Díaz y cuándo se publicó?
2. ¿Por qué salió de España para el Nuevo Mundo?
3. ¿Cuál era el plan de Cortés para salir de la capital de los aztecas?
4. ¿Qué había dicho el astrólogo Botello?
5. ¿Quiénes eran los tlaxcaltecas?
6. ¿Por qué era tan importante el puente que Cortés hizo construir?
7. ¿Cómo repartió Cortés el oro de los aztecas?
8. ¿Era codicioso Bernal Díaz?
9. ¿Qué tiempo hacía al salir los españoles?
10. ¿Qué decían los aztecas cuando vieron salir a sus enemigos cristianos?
11. ¿De qué se hinchó la abertura de agua?
12. ¿Qué hicieron Cortés y los capitanes durante la batalla de la calzada?
13. ¿Quiénes lograron ponerse en salvo?
14. ¿Qué les habría pasado a Bernal Díaz y los soldados si hubiesen aguardado?
15. ¿Qué hicieron los soldados y Bernal Díaz?

37. **si... feneciéramos** *if we had waited, those on horseback and the foot-soldiers, all of us would have been killed*
38. **porque... mexicanos** *because going along the causeway, as soon as we attacked the Mexican squadrons*
39. **a los... echar mano** *those who came to lay hands on us*
40. **Y si... fuera** *And if it had been day it would have been much worse*
41. **y aun... ello** *and even those of us who escaped, did so with the help of our Lord*
42. **rebatar** *repel, strike*
43. **es... espanto** *it is a frightful thing*

Temas

1. Aspectos de la vida de Bernal Díaz.
2. El estilo y el arte literario de Bernal Díaz.
3. Su obra como el ejemplo más perfecto de la historia popular en lengua castellana.
4. El plan de Cortés y sus capitanes para escapar.
5. El ataque de los indios contra los españoles que trataban de huir.

Bartolomé de las Casas (1475–1566)

Con razón fue conocido este gran hombre como "Apóstol de los Indios." Nació en Sevilla en cuna de noble estirpe[1] y se educó en la prestigiosa Universidad de Salamanca. Años más tarde, unido al contigente de Diego Velázquez, marchó hacia la colonización de Cuba (1511). Las Casas fue el primer religioso ordenado en el Nuevo Mundo y también el primero en reaccionar abiertamente contra las injusticias y abusos de que eran víctimas los indígenas. Regresó a España para denunciar las crueldades cometidas por sus compatriotas, y para pedir ante los Reyes Católicos, Fernando e Isabel, que aquel sistema de "repartimiento"[2] fuese prohibido, ya que dicho sistema permitía y excusaba la esclavitud de los indios. Durante el reinado de Carlos V, Las Casas ofreció un plan para trasladar a los esclavos indios a islas inhabitadas y sustituirlos con esclavos negros importados de Africa, plan que fracasó.

En otro noble esfuerzo en favor de los indios Las Casas trató de liberar a los incas conquistados por sus compatriotas. Justo es apuntar que no todos sus proyectos fracasaron. En la América Central logró la conversión de la tribu salvaje de Tuzutlán e inauguró entre ellos un sistema educativo que luego fue continuado por los jesuitas.

Durante los primeros años del siglo diez y seis escribió su conocida obra, *Brevísima relación de la destrucción de las Indias Occidentales.* En su segunda obra, *Veinte razones*

1. **estirpe**   *lineage*
2. **repartimiento**   *distribution of lands* (to Spanish overlords)

Bartolomé de Las Casas (1474–1566). Varón apostólico, el más celoso de
la felicidad de los Indios. Un grabado sacado de los *Retratos de los
españoles ilustres,* Madrid, 1791
COURTESY OF THE HISPANIC SOCIETY OF AMERICA, NEW YORK

(1542), articuló sus ideas y conceptos en defensa de la libertad
de los indios. Debido a su pluma valiente y sagaz se diseminó
la "leyenda negra" que otras potencias europeas usaron para
denigrar la conquista española de América. Esta leyenda pues
está basada en la actitud generosa de un español compasivo.
Para algunos el ataque de Las Casas contra la crueldad española estuvo dominado por cierto fanatismo y favoritismo. En
general es justo concluir que sus relatos describen mucho de
lo que ocurrió en tierras de América bajo la dominación española. En sus obras están recogidos con lujo de detalles los
hechos de aquel período equívoco de la conquista y colonización.

Su estilo claro y directo rechazó[3] la sintaxis compleja y pomposa tan de moda en su época. Sus denuncias y relatos requerían un tono viril y acusador en que no encajaban la verbosidad ni los alardes de erudición.

La selección que ofrecemos (parte del Capítulo XXV) relata el trato injusto e inhumano que recibió el cacique Hatuey cuando quiso escapar las cadenas de la esclavitud. El tono de Las Casas, rebosante de indignación, condena de manera áspera y severa los excesos de su propia nación y a la vez anuncia los primeros destellos[4] de la lucha americana por la libertad.

HISTORIA DE LAS INDIAS

QUE TRATA DE LA PASADA DE LOS ESPAÑOLES A LA ISLA DE CUBA

Explanado queda lo que tuvimos entendido de la isla de Cuba y de lo que en ella hallamos y de las gentes que la moraban o habitaban; resta ya referir de la pasada que a ella hicimos los cristianos (puesto que yo no pasé con él, sino después, desde a cuatro o cinco meses, en otro viaje).   5

Partió, pues, Diego Velázquez[1] con sus trescientos hombres de la villa de la Zabana,[2] desta isla Española, en fin, a lo que creo, del año de mil y quinientos y once, y creo que fue, si no me he olvidado, a desembarcar a un puerto llamado de Palmas, que era en la tierra o cerca della, donde reinaba el señor que dije haberse huído de esta   10
isla y llamarse Hatuey, y que había juntado a su gente y mostrádoles[3] lo que amaban los cristianos como a señor proprio, que era el oro, como pareció en el cap. 21.

Sabida la llegada de los nuestros, y entendido que de su venida no podía resultarles sino la servidumbre y tormentos y perdición, que   15

3. **rechazó** *rejected*
4. **destellos** *flashes*
1. **Diego Velázquez:** conquistador y más tarde gobernador de Cuba también
2. **Zabana, Palmas:** pueblos de la isla de

Española, hoy día Santo Domingo
3. **y... mostrádoles** *and had gathered his people and had showed them.* Nótese que en estos siglos el pronombre podía unírsele al participio: **mostrádoles**

en esta Española habían ya muchos dellos visto y experimentado,
acordaron de tomar el remedio,[4] que la misma razón dicta en los
hombres que deben tomar; y la Naturaleza aun a los animales y a las
cosas insensibles que no tienen conocimiento alguno enseña, que,
contra lo que corrompe y deshace su ser, deban tomar, y éste es la   20
defensión. Pusiéronse, pues, en defensa con sus barrigas desnudas
y pocas y débiles armas, que eran los arcos y flechas, que poco más
son que arcos de niños, donde no hay hierba ponzoñosa como allí
no la hay, o no las tiran de cerca, a cincuenta o sesenta pasos, lo que
pocas veces se les ofrece hacer, sino de lejos, porque la mayor arma   25
que ellos tienen es huir de los españoles, y así conviéneles siempre
no pelear de cerca con ellos. Los españoles, los que alcanzaban, no
era menester animallos ni mostralles[5] lo que habían de hacer.

Guarecióles mucho a los indios ser toda la provincia montes y por
allí sierras,[6] donde no podían servirse de los caballos, y porque   30
luego que los indios hacen una vez cara con una gran grita y son de
los españoles lastimados con las espadas y peor cuando de los
arcabuces,[7] y alcanzados de los caballos, su remedio no está sino en
huir y desparcirse por los montes donde se pueden esconder, así lo
hicieron éstos, los cuales, hecha cara en algunos pasos malos, es-   35
perando a los españoles algunas veces, y tiradas sus flechas sin fruto,
porque ni mataron ni creo que hirieron jamás alguno, pasados en
esto dos o tres meses, acordaron de se esconder. Siguióse luego,
como siempre se suele seguir, andar los españoles a cazallos por los
montes, que llaman ellos ranchear, vocablo muy famoso y entre   40
ellos muy usado y celebrado; y dondequiera que hallaban manada
de indios, luego como daban en ellos,[8] mataban hombres y mujeres
y aun niños a estocadas y cuchilladas, los que se les antojaba, y los
demás ataban, y llevados ante Diego Velázquez, repartíaselos a uno
tantos y a otro tantos, según él juzgaba, no por esclavos, sino para   45
que le sirviesen perpetuamente como esclavos y aun peor que esclavos; sólo era que no los podían vender, al menos a la clara,[9] que

---

4. **acordaron... remedio** *they agreed
to have the recourse*
5. forma antigua de **animarlos** y **mos-
trarles**
6. **Guarecióles... sierras** *It was of
great advantage to the Indians that all the
province was mountains and ranges*
7. **porque... arcabuces** *because when*

once the Indians make an appearance
(face) *with great shouting when wounded
with the swords of the Spaniards and
worse when wounded by their blunder-
busses*
8. **luego... ellos** *as soon as they came
upon them*
9. **a la clara** *openly*

de secreto y con sus cambalaches hartas veces se ha en estas tierras usado.[10] Estos indios así dados, llamaban piezas por común vocablo, diciendo: "Yo no tengo sino tantas piezas, y he menester para que 50 me sirvan tantas," de la misma manera que si fueran ganado.

Viendo el cacique Hatuey que pelear contra los españoles era en vano, como ya tenía larga experiencia en esta isla por sus pecados,[11] acordó de ponerse en recaudo huyendo y escondiéndose por las breñas, con hartas angustias y hambres, como las suelen padecer los 55 indios cuando de aquella manera andan, si pudiera escaparse. Y sabido de los indios que tomaban quién era[12] (porque lo primero que se pregunta es por los señores y principales para despachallos, porque, aquéllos muertos, fácil cosa es a los demás sojuzgallos[13]), dándose cuanta priesa y diligencia pudieron en andar tras él muchas 60 cuadrillas para tomallo,[14] por mandado de Diego Velázquez, anduvieron muchos días en esta demanda, y a cuantos indios tomaban a vida interrogaban con amenazas y tormentos, que dijesen del cacique Hatuey dónde estaba; dellos, decían que no sabían; dellos, sufriendo los tormentos, negaban; dellos, finalmente, descubrieron 65 por dónde andaba, y al cabo lo hallaron.

El cual, preso como a hombre que había cometido crimen *lesae maiestatis*,[15] yéndose huyendo desta isla a aquélla por salvar la vida de muerte y persecución tan horrible, cruel y tiránica, siendo rey y señor en su tierra sin ofender a nadie, despojado de su señorío, 70 dignidad y estado, y de sus súbditos y vasallos, sentenciáronlo a que vivo lo quemasen.[16] Y para que su injusta muerte la divina justicia no vengase sino que la olvidase,[17] acaeció en ella una señalada y lamentable circunstancia: cuando lo querían quemar, estando atado al palo, un religioso de San Francisco le dijo, como mejor pudo, que 75 muriese cristiano y se baptizase; respondió que "para qué había de ser como los cristianos, que eran malos." Replicó el padre: "Porque

---

10. **que... usado**   *but secretly and with their bartering which has been used excessively in these lands*
11. **por... pecados**   *unfortunately*
12. **Y sabido... era**   *and having found out who he was from the Indians they* (the Spaniards) *captured*
13. antigua forma de **subyugar**   *subjugate*
14. **dándose... tomallo**   *going with as much haste and diligence as they could in pursuing him with many troops in order to seize him*
15. **lesae maiestatis**   *disrespect to the king, lèse-majesté*
16. **sentenciáronlo... quemasen**   *they sentenced him to be burned alive*
17. **Y para... olvidase**   *and so that divine Justice would not avenge it, but would forget it*

los que mueren cristianos van al cielo y allí están viendo siempre a
Dios y holgándose." Tornó a preguntar si iban al cielo cristianos;[18]
dijo el padre que sí iban los que eran buenos; concluyó diciendo que   80
no quería ir allá, pues ellos allá iban y estaban. Esto acaeció al
tiempo que lo querían quemar, y así luego pusieron a la leña fuego
y lo quemaron.

Esta fue la justicia que hicieron de quien tanta contra los españoles
tenía para destruíllos y matallos como a injustísimos y crueles enemi-   85
gos capitales, no por más de porque huía de sus inicuas e inhumanas
crueldades.[19] Y ésta fue también la honra que a Dios se dio y la
estima de su bienaventuranza que tiene para sus predestinados, que
con su sangre redimió, que sembraron en aquel infiel, que pudiera
quizá salvarse, los que se llamaban y arreaban de llamarse cris-   90
tianos.[20] ¿Qué otra cosa fue decir que no quería ir al cielo, pues allá
iban cristianos, sino argüir que no podía ser buen lugar, pues a tan
malos hombres se les daba por eterna morada? En esto paró el
Hatuey, que, cuando supo que para pasar desta isla a aquélla los
españoles se aparejaban, juntó su gente para la avisar por qué causa   95
les eran tan crueles y malos, conviene a saber, por haber oro, que era
el Dios que mucho amaban y adoraban. Bien parece que los
conocía, y que con prudencia y buena razón de hombre temía venir
a sus manos, y que no le podía venir dellos otra utilidad,[21] otro bien,
ni otro consuelo, al cabo, sino el que le vino.   100

Preguntas

1. ¿Dónde nació Las Casas y dónde recibió su enseñanza universitaria?
2. ¿Qué significa el vocablo *repartimiento* en relación al tratamiento de los
   indios?
3. ¿Cuál era la obra más importante de Las Casas?

18. **Tornó... cristianos** *He asked again if Christians went to heaven*
19. **Esta... crueldades** *This was the justice they rendered to one who had so much reason for destroying and killing Spaniards as unjust and cruel arch-enemies simply because he fled from their evil and inhuman cruelties*
20. **la estima... cristianos** *the rever-*ence *for the blessing which He has for his predestined ones whom He redeemed with his blood, which they who are called and insist upon being called Christians planted in that infidel who perhaps could have been saved*
21. **y que... utilidad** *and that there could come from them* (their hands) *no other profit*

4. ¿Por qué es importante esta obra?
5. ¿Cómo es su estilo?
6. ¿Cuál era el único crimen de Hatuey?
7. ¿Por qué había juntado Hatuey a su gente?
8. ¿Qué resultaría, según Hatuey, de la venida de los cristianos?
9. ¿Qué remedio acordaron de tomar los indios de Hatuey?
10. ¿Por qué entraron los indios en los montes y sierras?
11. ¿Qué hizo Diego Velázquez con los cautivos?
12. ¿Por qué descubrieron finalmente los indios donde andaba Hatuey?
13. ¿Qué promesa le dio el padre a Hatuey?
14. ¿Por qué no quería ir al cielo cristiano Hatuey?
15. ¿Cómo murió Hatuey?

Temas

1. Las Casas como "apóstol de los indios."
2. Las armas y maneras de pelear de los indios.
3. La servidumbre de los indios y su vida triste.
4. Las maneras de capturar a los indios empleadas por los españoles.
5. La muerte de Hatuey.

Comparación

Después de leer las páginas de Bernal Díaz del Castillo y las de fray Bartolomé de las Casas, señálense las diferencias con que ellos ven los hechos de la conquista.

Garcilaso de la Vega, El Inca
(1539–1615)

Cuando Pizarro y los suyos hicieron prisionero al Inca Ata-
hualpa (1533), el imperio incaico había entrado en franca decadencia. Un estado general de guerra civil y un desuso de los
grandes adelantos legales y científicos de la cultura incaica
indicaban que el péndulo histórico se movía hacia un ciclo de
pobreza cultural. La civilización traída por los hispanos correspondía a los más altos niveles de la cultura europea de aquella
época. Cierto es que el saber de los incas había logrado impre-
sionantes conquistas, pero no es difícil comprender que la más
refinada cultura hispana lograse imponerse por sus obvios
méritos.

Todo el saber de los incas pudo haberse perdido ya que no
poseían ningún sistema de escritura que diese testimonio de
sus adelantos y conocimientos. Aquel vacío del saber incaico
fue superado por un hombre de singular talento, Garcilaso de
la Vega, "El Inca," de la misma familia que el famoso poeta
Garcilaso. Era hijo del Capitán Garcilaso de la Vega, hombre de
rancia nobleza española y de una princesa incaica llamada
Isabel Chimpa Ocllo. El niño fruto de aquella unión, nació
durante los años de la conquista del Perú. El ambiente de sus
días pueriles fue la decadente corte incaica a que pertenecía su
madre. Aun en plena niñez dio muestras de sus agudos
poderes de observación. Captó todo el vibrar de la vida
cotidiana, fijándose en las costumbres típicas y en todo el
colorido de su ambiente para luego relatarnos detalladamente

las funciones e importancia de los personajes cortesanos. Desde niño se deleitó en conversaciones con consejeros de la corte y otros funcionarios que guardaban en su memoria todo el proceso histórico de la nación inca. Aquellos personajes que hacían papel de archivo se ayudaban con el "quipu" —artículo mnemónico hecho de cuerdas y nudos de varios colores que tenían valores y significados especiales.

Después de una vida intensa, tal y como fue la época en que vivía, decidió escribir las obras que le hicieron famoso. Vivía en España cuando se publicó la Parte I de sus *Comentarios Reales* (1609), y es precisamente de esta obra que hemos escogido la selección que sigue. En esta primera parte con clara y concisa prosa Garcilaso relata los orígenes de la raza incaica y nos ofrece todo el maravilloso conjunto de leyendas y hechos que componen la historia del imperio. La segunda parte (1617) narra la conquista hispánica y las guerras del Cuzco en que su padre participó como figura de gran relieve. Aunque dudemos de la veracidad histórica de los *Comentarios Reales,* no podemos negar que en ellos se nos otorga la más completa descripción de aquel Perú conmovido por el brío de la avasalladora gente hispana.

En estas páginas de estilo simple, siempre dominado por los cánones del buen gusto, encontramos los únicos ejemplos del folklore, costumbres, mitos y leyendas de los antiguos incas. Es indudable que su obra contiene elementos ficticios, y es precisamente por esa razón que Menéndez Pelayo califica la obra del inca Garcilaso como la primera obra de ficción americana. Para los lingüistas también la obra posee gran interés ya que el autor hace amplios comentarios sobre la pronunciación, estructura y vocablos de la lengua quechua. Por las razones antes mencionadas podemos concluir que en el terreno literario Garcilaso es único. Como sus antecesores, Colón, Cortés y Las Casas, Garcilaso representa quizá con mucha más intensidad, los comienzos de un sentir y de una vivencia de lo auténticamente americano. Pero desemejante de ellos no se conmovió frente al aspecto exótico del medio americano. De su actitud están ausentes la intensa piedad de Bartolomé de Las Casas, la admiración ingenua de Colón o el ánimo agresivo de Cortés y Bernal Díaz del Castillo para con los indios. En su punto de vista hay una ambivalencia que oscila entre lo europeo y lo americano. La selección que aquí presentamos —parte de los Capítulos XV–XVI— nos muestra a Garcilaso en plena juventud escuchando y preguntando acerca del pasado inca y los orígenes de aquella augusta raza.

COMENTARIOS REALES DE LOS INCAS

En estas pláticas yo como muchacho, entraba y salía muchas veces donde ellos estaban, y me holgaba de las oír, como huelgan los tales de oír fábulas. Pasando, pues, días, meses y años, siendo ya yo de dieciséis o diecisiete años, acaeció que estando mis parientes un día en esta su conversación hablando de sus reyes y antiguallas,[1] al más anciano de ellos, que era el que daba cuenta de ellas, le dije: "Inca, tío, pues no hay escritura entre vosotros, que es la que guarda la memoria de las cosas pasadas, ¿qué noticias tenéis del origen y principio de nuestros reyes? Porque allá los españoles, y las otras naciones sus comarcanas,[2] como tienen historias divinas y humanas, saben por ellas cuándo empezaron a reinar sus reyes y los ajenos, y el trocarse unos imperios en otros,[3] hasta saber cuántos mil años ha que Dios crió el cielo y la tierra, que todo esto y mucho más saben por sus libros. Empero vosotros que carecéis de ellos, ¿qué memoria tenéis de vuestras antiguallas? ¿Quién fue el primero de nuestros Incas? ¿Cómo se llamó? ¿Qué origen tuvo su linaje? ¿De qué manera empezó a reinar? ¿Con qué gente y armas conquistó este grande Imperio? ¿Qué origen tuvieron nuestras hazañas?"[4]

El Inca, como que holgándose[5] de haber oído las preguntas, por el gusto que recibía de dar cuenta de ellas,[6] se volvió a mí, que ya

---

1. **antiguallas** *ancient customs*
2. **comarcanas** *neighbors*
3. **trocarse... otros** *the mingling of one empire with others*
4. **hazañas** *deeds*

5. **como... holgándose** *as though taking delight*
6. **de... ellas** *from giving an account (i.e., telling) of them*

Machu Picchu, la ciudad perdida de los incas. Fortaleza incaica del Perú
COURTESY OF J. DAVID BOWEN

otras muchas veces le había oído, mas ninguna con la atención que entonces, y me dijo: "Sobrino, yo te las diré de muy buena gana, a ti te conviene oírlas y guardarlas en el corazón; es frase de ellos por decir en la memoria.[7] Sabrás que en los siglos antiguos toda esta región de tierra que ves, eran unos grandes montes y breñales,[8] y las gentes en aquellos tiempos vivían como fieras y animales brutos, sin religión ni policía, sin pueblo ni casa, sin cultivar ni sembrar la tierra, sin vestir ni cubrir sus carnes, porque no sabían labrar algodón ni lana para hacer de vestir.[9] Vivían de dos en dos, y de tres en tres, como acertaban a juntarse[10] en las cuevas y resquicios[11] de peñas y cavernas de la tierra; comían como bestias yerbas del campo y raíces de árboles, y la fruta inculta que ellos daban de suyo, y carne humana.[12] Cubrían sus carnes con hojas y cortezas de árboles, y pieles de animales; otros andaban en cueros.[13] En suma vivían como venados y salvajinas, y aun en las mujeres se habían como los brutos, porque no supieron tenerlas propias y conocidas."[14]

Adviértase, porque no enfade,[15] el repetir tantas veces estas palabras; *nuestro padre el sol,* que era lenguaje de los Incas, y manera de veneración y acatamiento decirlas siempre que nombraban al sol, porque se preciaban descender de él; y al que no era Inca, no le era lícito tomarlas en la boca, que fuera blasfemia, y lo apedrearan.

Dijo el Inca: Nuestro padre el sol, viendo los hombres tales, como te he dicho, se apiadó y hubo lástima de ellos, y envió del cielo a la tierra un hijo y una hija de los suyos para que los doctrinasen en el conocimiento de nuestro padre el sol, para que lo adorasen y tuviesen por su dios, y para que les diesen preceptos y leyes en que viviesen como hombres en razón y urbanidad;[16] para que habitasen en casas y pueblos poblados, supiesen labrar las tierras, cultivar las plantas y mieses, criar los ganados y gozar de ellos y de los frutos de la tierra, como hombres racionales, y no como bestias.

7. **es frase... memoria** *it is a subject to be kept in your mind*
8. **breñales** *rough and brambly areas*
9. **para... vestir** *for making clothing*
10. **como... juntarse** *as they happened to meet*
11. **resquicios** *cracks in the rocks, fissures*
12. Parece que los antecesores primitivos de los incas fueron caníbales así como los

caribes descubiertos por Colón.
13. **en cueros** *stark naked*
14. **venados... conocidas** *game and wild animals and even as regards women they [the men] were like wild animals because they could not treat them as their own.*
15. **Adviértase... enfade** *let it be noted so that there will be no annoyance*
16. **urbanidad** *civilization*

Con esta orden y mandato puso nuestro padre el sol estos dos hijos suyos en la laguna Titicaca,[17] que está ochenta leguas de aquí, y les dijo que fuesen por do quisiesen, y do quiera[18] que parasen a comer o a dormir, procurasen hincar en el suelo una barrilla de oro, de media vara en largo[19] y dos dedos en grueso, que les dio para señal y muestra que donde aquella barra se les hundiese, con sólo un golpe que con ella diesen en tierra, allí quería el sol nuestro padre, que parasen e hiciesen su asiento y corte. A lo último les dijo: "Cuando hayáis reducido esas gentes a nuestro servicio, los mantendréis en razón y justicia, con piedad, clemencia y mansedumbre,[20] haciendo en todo oficio de padre piadoso para con sus hijos tiernos y amados, a imitación y semejanza mía, que a todo el mundo hago bien, que les doy mi luz y claridad para que vean y hagan sus haciendas, y les caliento cuando han frío,[21] y crío sus pastos y sementeras; hago fructificar sus árboles y multiplico sus ganados; lluevo y sereno a sus tiempos,[22] y tengo cuidado de dar una vuelta cada día al mundo por ver las necesidades que en la tierra se ofrecen, para las proveer y socorrer, como sustentador y bienhechor de las gentes; quiero que vosotros imitéis este ejemplo como hijos míos, enviados a la tierra sólo para la doctrina y beneficio de esos hombres, que viven como bestias. Y desde luego os constituyo y nombro por reyes y señores de todas las gentes que así doctrinaréis con vuestras buenas razones, obras y gobierno." Habiendo declarado su voluntad nuestro padre el sol a sus dos hijos, los despidió de sí. Ellos salieron de Titicaca, y caminaron al septentrión,[23] y por todo el camino, do quiera que paraban, tentaban hincar la barra de oro y nunca se les hundió. Así entraron en una venta o dormitorio pequeño,[24] que está siete u ocho leguas al mediodía[25] de esta ciudad, que hoy llaman Pacarec Tampu, que quiere decir venta, o dormida, que amanece. Púsole este nombre el Inca, porque salió de aquella dormida al tiempo que amanecía. Es uno de los pueblos que este príncipe mandó poblar después, y sus moradores se jactan[26]

55

60

65

70

75

80

---

17. No existe en el mundo otro lago navegable colocado en tal altitud como Titicaca.
18. **do quiera** = **donde quiera**
19. **de... largo** *of one half-yard* (**vara** = 2.8 ft.) *in length*
20. **mansedumbre** *gentleness*

21. forma antigua de **tienen frío**
22. **lluevo... tiempos** *I send rain and evening dew at the proper times*
23. **septentrión** *north*
24. **venta... pequeño** *inn or lodging*
25. **mediodía** *south*
26. **se jactan** *boast*

hoy grandemente del nombre, porque lo impuso nuestro Inca. De allí llegaron él y su mujer, nuestra reina, a este valle del Cuzco, que entonces todo él estaba hecho montaña brava.

La primera parada que en este valle hicieron, dijo el Inca, fue en el cerro llamado Huanacauri, al mediodía de esta ciudad. Allí procuró hincar en tierra la barra de oro, la cual, con mucha facilidad, se les hundió al primer golpe que dieron con ella, que no la vieron más. Entonces dijo nuestro Inca a su hermana y mujer:[27] "En este valle manda nuestro padre el sol que paremos y hagamos nuestro asiento y morada, para cumplir su voluntad. Por tanto, reina y hermana, conviene que cada uno por su parte vamos a convocar y atraer esta gente, para los doctrinar y hacer el bien que nuestro padre el sol nos manda."

Del cerro Huanacauri salieron nuestros primeros reyes cada uno por su parte a convocar las gentes, y por ser aquel lugar el primero de que tenemos noticia que hubiesen hollado con sus pies,[28] y por haber salido de allí a bien hacer a los hombres, teníamos hecho en él, como es notorio, un templo para adorar a nuestro padre el sol, en memoria de esta merced y beneficio que hizo al mundo.

El príncipe fue al septentrión, y la princesa al mediodía. A todos los hombres y mujeres que hallaban por aquellos breñales les hablaban y decían cómo su padre el sol les había enviado del cielo para que fuesen maestros y bienhechores de los moradores de toda aquella tierra, sacándoles de la vida ferina[29] que tenían, y mostrándoles a vivir como hombres; y que en cumplimiento de lo que el sol su padre les había mandado iban a los convocar y sacar de aquellos montes y malezas, y reducirlos a morar en pueblos poblados, y a darles para comer manjares de hombres, y no de bestias. Estas cosas y otras semejantes dijeron nuestros reyes a los primeros salvajes que por estas sierras y montes hallaron; los cuales, viendo aquellas dos personas vestidas y adornadas con los ornamentos que nuestro padre el sol les había dado, hábito muy diferente del que ellos traían, y las orejas horadadas, y tan abiertas como sus descendientes las traemos, y que en sus palabras y rostro mostraban ser hijos del sol, y que venían a los hombres para darles pueblos en que viviesen, y

---

27. El primer inca se casó con su hermana así como lo hicieron otros incas, creyendo que no existían otras mujeres de igual nobleza.

28. **que... pies** *which they had trod with their feet*

29. **ferina** *savage*

mantenimientos[30] que comiesen; maravillados por una parte de lo que veían, y por otra aficionados de las promesas que les hacían, les dieron entero crédito a todo lo que les dijeron, y los adoraron y 120 reverenciaron como a hijos del sol, y obedecieron como a reyes. Y convocándose los mismos salvajes unos a otros, y refiriendo las maravillas que habían visto y oído, se juntaron en gran número hombres y mujeres, y salieron con nuestros reyes para los seguir donde ellos quisiesen llevarlos. 125

Nuestros príncipes, viendo la mucha gente que se les allegaba, dieron orden que unos se ocupasen en proveer de su comida campestre[31] para todos, porque el hambre no los volviese a derramar por los montes. Mandó que otros trabajasen en hacer chozas[32] y casas, dando el Inca la traza cómo las habían de hacer. De esta manera se 130 principió a poblar esta nuestra imperial ciudad dividida en dos medios que llamaron Hanan Cuzco, que, como sabes, quiere decir Cuzco el alto, y Hurin Cuzco, que es Cuzco el bajo. Los que atrajo el rey quiso que poblasen a Hanan Cuzco, y por esto le llamaron el alto; y los que convocó la reina, que poblasen a Hurin Cuzco, y por 135 eso le llamaron el bajo. Esta división de ciudad no fue para que los de la una mitad se aventajasen a los de la otra mitad en exenciones y preeminencias, sino que todos fuesen iguales como hermanos, hijos de un padre y de una madre.

Sólo quiso el Inca que hubiese esta división de pueblo y diferencia 140 de nombres alto y bajo, para que quedase perpetua memoria de que a los unos había convocado el rey, y a los otros la reina. Y mandó que entre ellos hubiese sola una diferencia y reconocimiento de superioridad: que los del Cuzco alto fuesen respetados y tenidos como primogénitos hermanos mayores; y los del bajo fuesen como 145 hijos segundos.

Y en suma, fuesen como el brazo derecho y el izquierdo en cualquiera preeminencia de lugar y oficio, por haber sido los del alto atraídos por el varón, y los del bajo por la hembra.

Preguntas

1. ¿Qué le preguntó Garcilaso un día al Inca su tío?
2. ¿Quién fue el primero de los incas?

30. **mantenimientos** *food*   32. **chozas** *huts*
31. **campestre** *country*

3. ¿Cómo se llamaba él? ¿Y cómo se llamaba su esposa y hermana?
4. ¿Cómo eran las gentes en los siglos antiguos?
5. ¿Cómo se vestían? ¿Qué comían?
6. ¿Por qué no era lícito decir la palabra "inca"?
7. ¿Por qué envió el padre sol a sus hijos a la tierra?
8. ¿Qué habían de hacer en la tierra?
9. ¿Por qué procuraban hincar la barrilla de oro en el suelo?
10. ¿Adónde caminaron los hijos del sol después de llegar a la tierra?
11. ¿Por qué se jactan hoy los pueblos de Pacarec Tampu?
12. ¿Qué pasó cuando los hijos del sol procuraron hincar en la tierra su barrilla de oro?
13. ¿Qué convinieron hacer los hijos del sol?
14. ¿Adónde fue el príncipe inca y adónde fue su hermana?
15. ¿Por qué dividieron los príncipes la ciudad en dos partes? ¿Cuáles' fueron las partes?

Temas

1. Lo que aprendió el joven Garcilaso en la corte incaica.
2. La vida primitiva de los indios antes de la llegada de los príncipes del sol.
3. El plan divino del padre Sol con respecto a los indios brutos.
4. Lo que enseñarían los príncipes a los indios salvajes.
5. Lo que hicieron la reina inca y su hermano.

Alonso de Ercilla y Zúñiga
(1533–1594)

Alonso de Ercilla, noble cortesano de Felipe II, intranquilo a pesar de su vida plácida y fácil, partió hacia el Nuevo Mundo en busca de gloria y fortuna. Viajó por Chile y luchó contra una de las naciones indias más indómitas, los araucos. El amor a la libertad y al individualismo de estos indios impresionaron al joven español. Movido por aquel espectáculo de digna rebeldía que ofrecían los araucos, Ercilla escribió la primera epopeya de América, basándose en los modelos literarios de las epopeyas europeas muy conocidas en aquella época. Sujeto a las normas literarias del género, el autor pasó por alto los aspectos de la vida cotidiana y el ambiente, para describirnos los araucos como nobles y valientes guerreros y sus mujeres como bellas y elegantes doncellas y damas.

Ercilla, inspirándose en las antiguas epopeyas, escribió con fervor acerca de las nobles virtudes de araucanos y españoles. Con singular destreza y línea clara y precisa, dibujó el magnífico espectáculo de las grandes luchas. El asunto fundamental del poema tiene gran interés para nosotros, ya que en sus estrofas se declara el amor a la libertad y la resistencia de aquellos indios que rehusaban el yugo odioso de la dominación española. En el fondo vital del poema se siente el espíritu pujante de la cruzada española, siempre ansiosa de ganar todo un mundo para Dios y para la corona.

Ercilla veía que el esfuerzo español no era una amenaza brutal sino la confluencia de dos corrientes étnicas que en el curso de la historia mezclarían su sangre viril para darnos una raza y

Alonso de Ercilla, (1533–1594) caballero de Santiago, por el grabador F. Selmo. De los *Retratos de los españoles ilustres,* Madrid, 1791
COURTESY OF THE HISPANIC SOCIETY OF AMERICA, NEW YORK

una cultura que representaría lo mejor de España y América. Los chilenos de hoy han inmortalizado la profecía de Ercilla, ya que en ellos tiene lugar la mezcla de lo español y lo arauco.

La Araucana (1569–89) se divide en tres partes. La primera describe a los araucanos antes de la llegada de los españoles y las primeras batallas que tuvieron efecto después del descubrimiento de Chile. Las partes segunda y tercera nos relatan el desarrollo de la guerra y los hechos y valentía de españoles y araucanos. La acción del poema es colectiva, sin que aparezca un protagonista único, porque la idealización de la libertad y la lucha por mantenerla es el tema central de esta epopeya.

El trozo que ofrecemos representa un solo incidente de

aquella guerra brutal y sangrienta. Dramática y angustiosa es la escena en que vemos a Caupolicán frente a sus verdugos.

En el canto que sigue (tercera parte, canto XXXIII) la esposa de Caupolicán pronuncia un soliloquio en el que nos declara que la cruel y traidora fortuna a todos nos mata. Sabemos que fue Caupolicán culpable de la muerte de Valdivia y quien derrotó muchas veces a los españoles. Si le perdonan la vida, el cacique ofrece llevar a sus araucos a la conversión y hacerlos vasallos de Felipe II. Sin embargo, Caupolicán fue ejecutado con toda crueldad frente a sus amigos y familiares. Tunconabala heredó el cacicazgo y llevó a su pueblo abatido hacia las lejanas montañas para evitar la presencia cruel y tiranizante de los españoles.

LA ARAUCANA

guerra

Por una senda angosta e intricada,
Subiendo grandes cuestas y bajando,
Del solícito bárbaro guiada[1]
Iba a paso tirado caminando;[2]
Mas la oscura tiniebla adelgazada[3]   5
Por la vecina aurora, reparando
Junto a un arroyo y pedregosa fuente,
Volvió el indio diciendo a nuestra gente:
"Yo no paso adelante, ni es posible
Seguir este camino comenzado,   10
Que el hecho es grande y el temor terrible
Que me detiene el paso acobardado,[4]
Imaginando aquel aspecto horrible
Del gran Caupolicán contra mí airado,[5]

1. **Del... guiada** *guided by the accommodating savage* (es la escuadra que es guiada por este bárbaro)
2. **Iba... camiando** *went traveling at a rapid rate*
3. **Mas... adelgazada** *but the dark twilight waning*
4. **Que... acobardado** *which holds back my cowardly step*
5. **Del... airado** *of great Caupolican wrathful against me*

Cuando venga a saber que solo he sido   15
El soldado traidor que le ha vendido.

"Por este arroyo arriba, que es la guía,
Aunque sin rastro alguno ni vereda
Daréis presto en el sitio y ranchería,[6]
Que está en medio de un bosque y arboleda;   20
Y antes que aclare el ya vecino día
Os dad priesa a llegar, por que no pueda
La centinela descubrir del cerro[7]
Vuestra venida oculta y mi gran yerro.

"Yo me vuelvo de aquí, pues he cumplido   25
Dejándoos, como os dejo, en este puesto,
Adonde salvamente os he traído,
Poniéndome a peligro manifiesto:
Y pues al punto justo habéis venido,
Os conviene dar priesa[8] y llegar presto,   30
Que es irrecuperable y peligrosa
La pérdida del tiempo en toda cosa.

"Y si sienten rumor desta[9] venida,
El sitio es ocupado y peñascoso,[10]
Fácil y sin peligro la huida   35
Por un derrumbadero[11] montuoso:
Mirad que os daña ya la detenida,
Seguid hoy vuestro hado[12] venturoso,
Que menos de una milla de camino
Tenéis al enemigo ya vecino."   40

No por caricia, oferta ni promesa
Quiso el indio mover el pie adelante,
Ni amenaza de muerte o vida o presa
A sacarle del tema fue bastante;
Y viendo el tiempo corto y que la priesa   45
Les era a la sazón tan importante,

---

6. **Daréis... ranchería** *you will quickly
come upon the site and the settlement*
7. **por que... cerro** *so that the sentinel
may not discover from the peak*
8. **Os... priesa** *it is necessary for you to*

hurry
9. **desta** forma antigua de **de esta**
10. **peñascoso** *craggy*
11. **derrumbadero** *precipice*
12. **hado** *fate*

Dejándole amarrado[13] a un grueso pino,
La relación siguieron y camino.
Al cabo de una milla, y a la entrada
De un arcabuco[14] lóbrego y sombrío,   50
Sobre una espesa y áspera quebrada[15]
Dieron en un pajizo y gran bohío,[16]
La plaza en derredor fortificada
Con un despeñadero[17] sobre un río,
Y cerca dél cubiertas de espadañas[18]   55
Chozas, casillas, ranchos y cabañas.

La centinela en esto, descubriendo
De la punta de un cerro nuestra gente,
Dió la voz y señal apercibiendo
Al descuido general valiente;   60
Pero los nuestros en tropel corriendo
Le cercaron la casa de repente,
Saltando el fiero bárbaro a la puerta,
Que ya a aquella sazón estaba abierta.

Mas, viendo el paso en torno embarazado[19]   65
Y el presente peligro de la vida,
Con un martillo fuerte y acerado
Quiso abrir a su modo la salida;
Y alzándole a dos manos, empinado,[20]
Por darle mayor fuerza a la caída,   70
Topó una viga arriba atravesada
Do la punta encarnó y quedó trabada;[21]

Pero un soldado a tiempo atravesando
Por delante, acercándose a la puerta,
Le dio un golpe en el brazo, penetrando   75
Los músculos y carne descubierta:
En esto el paso el indio retirando,
Visto el remedio y la defensa incierta,

---

13. **amarrado** *bound*
14. **arcabuco** *craggy thicket*
15. **quebrada** *gorge*
16. **Dieron... bohío** *they came upon a large straw hut*
17. **despeñadero** *cliff*

18. **espadañas** *bulrushes*
19. **embarazado** *blocked*
20. **empinado** *upraised*
21. **Do... trabada** *where the point sank in and was held fast*

Amonestó a los suyos que se diesen
Y en ninguna manera resistiesen.   80
Salió fuera sin armas, requiriendo
Que entrasen en la estancia asegurados,
Que eran pobres soldados que huyendo
Andaban de la guerra amedrentados;[22]
Y así, con priesa y turbación, temiendo   85
Ser de los forajidos salteados,[23]
A la ocupada puerta había salido,
De las usadas armas prevenido.

Entraron de tropel, donde hallaron
Ocho o nueve soldados de importancia,   90
Que rendidas las armas, se entregaron
Con muestras aparentes de ignorancia:
Todos atrás las manos los ataron,
Repartiendo el despojo y la ganancia,
Guardando al capitán disimulado[24]   95
Con dobladas prisiones y cuidado:

Que aseguraba con sereno gesto
Ser un bajo soldado de linaje;
Pero en su talle y cuerpo bien dispuesto
Daba muestra de ser gran personaje.   100
Gastóse algún espacio y tiempo en esto,
Tomando de los otros más lenguaje,
Que todos contestaban que era un hombre
De estimación común y poco nombre.

Ya entre los nuestros a gran furia andaba   105
El permitido robo y grita usada,
Que rancho, casa y choza no quedaba
Que no fuese deshecha y saqueada,
Cuando de un toldo,[25] que vecino estaba
Sobre la punta de la gran quebrada,[26]   110
Se arroja una mujer, huyendo apriesa
Por lo más agrio de la breña espesa.

Pero alcanzóla un negro a poco trecho,
Que tras ella se echó por la ladera,

---

22. **amedrentados** *fearful*
23. **temiendo... salteados** *fearing to be ambushed by the outlaws*
24. **disimulado** *feigned*
25. **toldo** *tent*
26. **quebrada** *precipice*

Que era intricado el paso y muy estrecho, 115
Y ella no bien usada en la carrera:
Llevaba un mal envuelto niño al pecho
De edad de quince meses, el cual era
Prenda del preso padre desdichado,
Con grande extremo dél y della amado. 120
Trújola el negro suelta, no entendiendo
Que era presa y mujer tan importante:
En esto ya la gente iba saliendo
Al tino del arroyo resonante,
Cuando la triste Palla,[27] descubriendo 125
Al marido que preso iba adelante,
De sus insignias y armas despojado
En el montón de la canalla atado.

No reventó con llanto la gran pena,
Ni de flaca mujer dio allí la muestra, 130
Antes de furia y viva rabia llena,
Con el hijo delante se le muestra
Diciendo: "La robusta mano ajena
Que así ligó tu afeminada diestra
Más clemencia y piedad contigo usara 135
Si ese cobarde pecho atravesara.

"¿Eres tú aquel varón que en pocos días
Hinchó la redondez de sus hazañas,[28]
Que con sólo la voz temblar hacías
Las remotas naciones más extrañas? 140
¿Eres tú el capitán que prometías
De conquistar en breve las Españas,
Y someter el ártico hemisferio
Al yugo y ley del araucano[29] imperio?

"¡Ay de mí, como andaba yo engañada 145
Con mi altiveza y pensamiento ufano,
Viendo que en todo el mundo era llamada
Fresia mujer del gran Caupolicano![30]

---

27. **Palla:** Fresia, mujer de Caupolicán, era de la tribu de los indios pallos, de la familia de los araucos.
28. **Hinchó... hazañas** *completed the fullness of his deeds*
29. **araucano** *Araucanian*
30. A Caupolicán se le agrega aquí una **o** para que rime con *ufano* y *vano*.

Y agora, miserable y desdichada,
Todo en un punto me ha salido vano,   150
Viéndote prisionero en un desierto,
Pudiendo haber honradamente muerto.
   "¿Qué son de aquellas pruebas peligrosas,
Que así costaron tanta sangre y vidas?
¿Las empresas difíciles dudosas   155
Por ti con tanto esfuerzo acometidas?
¿Qué es de aquellas victorias gloriosas
De esos atados brazos adquiridas?
¿Todo, al fin, ha parado y se ha resuelto
En ir con esa gente infame envuelto?   160
   "Dime: ¿faltóte esfuerzo, faltó espada
Para triunfar de la mudable diosa?
¿No sabes que una breve muerte honrada
Hace inmortal la vida y gloriosa?
Miraras a esta prenda[31] desdichada,   165
Pues que de ti no queda ya otra cosa,
Que yo, apenas la nueva me viniera,
Cuando muriendo alegre te siguiera."
   "Toma, toma tu hijo, que era el nudo
Con que el lícito amor me había ligado;   170
Que el sensible[32] dolor y golpe agudo
Estos fértiles pechos han secado:
Cría, críale tú, que ese membrudo
Cuerpo, en sexo de hembra se ha trocado:
Que yo no quiero título de madre   175
Del hijo infame del infame padre."
   Diciendo esto, colérica y rabiosa
El tierno niño le arrojó delante,
Y con ira frenética y furiosa
Se fue por otra parte en el instante: 180
En fin, por abreviar, ninguna cosa
(De ruegos ni amenazas) fue bastante
A que la madre ya cruel volviese,
Y el inocente hijo recibiese.
   Diéronle nueva madre, y comenzaron   185

---

31. **prenda** *darling*   32. **sensible** *grievous*

A dar la vuelta y a seguir la vía,
Por la cual a gran priesa caminaron,
Recobrando al pasar la fida[33] guía,
Que atada al tronco por temor dejaron;
Y en larga escuadra al declinar del día   190
Entraron en la plaza embanderada,
Con gran aplauso y alardosa entrada.
   Hízose con los indios diligencia
Porque con más certeza se supiese
Si era Caupolicán, que su aparencia   195
Daba claros indicios que lo fuese;
Pero ni ausente dél ni en su presencia
Hubo entre tantos uno que dijese
Que era más que un incógnito soldado,
De baja estofa[34] y sueldo moderado;   200
   Aunque algunos después más animados,
Cuando en particular los apretaban,
De su cercana muerte asegurados,
El sospechado engaño declaraban;
Pero luego delante dél llevados,   205
Con medroso temblor se retrataban,
Negando la verdad ya comprobada,
Por ellos en ausencia confesada.
   Mas, viéndose apretado y peligroso,
Y que encubrirse al cabo no podía,   210
Dejando aquel remedio infructuoso
Quiso tentar el último que había;
Y así, llamando al capitán Reinoso,[35]
Que luego vino a ver lo que quería,
Le dijo con sereno y buen semblante   215
Lo que dirán mis versos adelante.

Preguntas

1. ¿Por qué no quería pasar más adelante el joven indio?
2. ¿Dónde se hallaba la ranchería de Caupolicán?

33. **fida** *faithful*
34. **estofa** *class, origin*

35. **Reinoso:** uno de los capitanes españoles de la guerra contra los araucanos

3. ¿Qué haría el traidor cuando los españoles atacaran a Caupolicán?
4. ¿Qué le hicieron a Caupolicán antes de capturarle?
5. ¿Por qué no pudo escapar Caupolicán?
6. ¿Qué hizo el jefe indio cuando trató de escapar?
7. Después de recibir una herida ¿qué dijo Caupolicán?
8. ¿Cómo explicaron los indios su presencia en la ranchería?
9. ¿Cómo se portaron los soldados españoles en la ranchería de Caupolicán?
10. ¿Quién capturó a la india Fresia, mujer de Caupolicán?
11. ¿Por qué se quejaba tanto la india frente a su marido?
12. ¿Qué debía hacer su marido, según ella?
13. ¿Por qué arrojó Fresia al niño a los pies de Caupolicán?
14. ¿A quién dieron al niño, hijo de Caupolicán y Fresia?
15. ¿Qué dijeron los compañeros de Caupolicán cuando los apretaron los españoles?
16. Al fin y al cabo ¿quiénes confesaron a los españoles que el cautivo era Caupolicán?

Temas

1. La captura de Caupolicán.
2. Ercilla como poeta épico español.
3. El heroísmo de Caupolicán capturado.
4. La personalidad de Fresia.
5. La actitud de los españoles frente a sus enemigos araucos.

Debate

En *La araucana,* la única epopeya de la conquista de América por los españoles, escrita por un español, el héroe de la misma es el indio Caupolicán y no un español. Ello puede representar dos actitudes distintas del autor: Engrandeciendo al indio vencido el poeta engrandece al español vencedor, o por el contrario, el poeta siente sincera admiración por el valiente Caupolicán y le repugnan la injusticia y crueldad con que fue tratado por los españoles.

Sor Juana Inés de la Cruz
(1651–1695)

Una de las más esclarecidas hijas del Nuevo Mundo, Sor Juana Inés de la Cruz nació en San Miguel de Nepantla, un pueblecito cerca de la ciudad de México. Antes de profesar como monja jerónima, se llamaba Juana de Asbaje y Ramírez, y era de humilde cuna.

Esta poetisa lírica, la más alta figura literaria de todo el período colonial, mostró su precocidad a muy tierna edad. Después de aprender a leer a la edad de tres años, se dedicó a leer con avidez, aprovechando siempre toda oportunidad de satisfacer su intensa curiosidad intelectual. Su talento lírico se ve en una loa que compuso cuando apenas contaba ocho años.

Juana obtuvo un puesto de dama de la corte de la Marquesa de Mancera, la esposa del Virrey de Nueva España. Allí en el ambiente intelectual y cultural de la corte, continuó sus estudios. Una prueba pública de su talento se manifestó en un examen oral público que sustentó Juana a la edad de diez y siete años. El Virrey quería averiguar su sabiduría y convocó muchos intelectuales notables de ese tiempo: hombres de ciencia, teólogos, filósofos, humanistas, etc. La joven los asombró a todos por la penetración y exactitud de sus respuestas.

En la persona de esta mujer se reunió la belleza con la sabiduría, y es natural que sus encantos eran el objeto del interés amoroso de varios nobles. En aquella época cuando las únicas dos carreras que se ofrecían a la mujer eran el matrimonio o el convento, una joven hermosa no podía tardar en seleccionar su camino. Juana optó por el convento, impulsada por su amor a los libros y sus deseos de vivir y estudiar en reclusión. Durante sus veinte y siete años de vida conventual, Sor Juana pasó la mayor parte de su tiempo en una celda rodeada de más de cuatro mil volúmenes y de sus instrumentos musicales y matemáticos. A pesar de la crítica pública y también de la de algunos oficiales religiosos, no dejó de escribir hasta dos años antes de su muerte. Recibió ella visitas de muchas personas distinguidas de la corte y creció su reputación a causa de sus actividades piadosas e intelectuales. Murió de una epidemia que invadió la ciudad de México en 1695.

Además de poesías Sor Juana escribió cartas, comedias y autos. Parece haber nacido con un don especial para versificar. La época literaria en que vivió fue dominada por el gusto literario llamado gongorismo, un estilo elaborado, lleno de imágenes y conceptos. Sus mejores versos muestran menos de esta tendencia general, y en ellos podemos ver el estilo claro y directo de esta mujer.

Sor Juana fue una feminista ardiente. Le indignaban las costumbres y los prejuicios que colocaban a la mujer en un plano inferior. Protestó siempre contra el criterio injusto con que los hombres juzgaban a la mujer. La más conocida de sus obras poéticas, entre las redondillas más populares de la lírica española, son sus observaciones astutas "Contra las injustias de los hombres al hablar de las mujeres," que insertamos aquí. Sus sonetos "A su retrato" y "A una rosa" muestran sus reflexiones sobre lo fugaz de la vida mundana, y "Vale más amar" trata del tema eterno de querer sin ser correspondido. Su romance, "Sobre el efecto del amor divino" muestra su preocupación por no poder consagrarse por completo a la vida espiritual. De su prosa ponemos un extracto de una carta famosa que escribió ella en su defensa, explicando su inclinación y su educación. La naturalidad y la sinceridad de su prosa son notables.

A través de todas las obras de esta mujer prodigiosa se destacan su curiosidad investigadora y su habilidad poderosa para observar. Esta ilustre poetisa, que ostenta el título de "La

Sor Juana Inés de la Cruz (1651–1695), por Miguel Cabrera
COURTESY OF THE INSTITUTO NACIONAL DE ANTROPOLOGÍA E HISTORIA, CNCA., MÉXICO

Décima Musa," representa el apogeo de la vida intelectual
americana a fines del siglo diez y siete.

REDONDILLAS[1]

CONTRA LAS INJUSTICIAS DE LOS HOMBRES AL HABLAR DE LAS MUJERES

Hombres necios[2] que acusáis
a la mujer sin razón,
sin ver que sois la ocasión
de lo mismo que culpáis:
si con ansia sin igual   5
solicitáis su desdén,
¿por qué queréis que obren bien[3]
si las incitáis al mal?
    Combatís su resistencia
y luego, con gravedad   10
decís que fue liviandad[4]
lo que hizo la diligencia.[5]
    Parecer quiere el denuedo
de vuestro parecer loco,
al niño que pone el coco   15
y luego le tiene miedo.[6]
    Queréis, con presunción necia,
hallar a la que buscáis,
para pretendida,[7] Thais,[8]
y en la posesión, Lucrecia.[9]   20

---

1. **Redondilla:** una forma corriente y característica de la métrica española. Emplea una estrofa de cuatro versos octosílabos, de los cuales riman el primero con el último y el segundo con el tercero, *abba.*
2. **necios** *foolish*
3. **que obren bien** *them to act virtuously*
4. **liviandad** *licentiousness*
5. **lo... diligencia** *what persistence accomplished*

6. **Parecer... miedo** *The audacity of your foolish attitude seems to resemble the child who "makes up" the bogeyman and then is afraid of him*
7. **pretendida** *girl friend*
8. **Thais** fue una cortesana griega de mucha fama.
9. **Lucrecia** fue una dama romana que se mató después de un ataque de Tarquino contra su honor. Queda como un símbolo de la virtud.

¿Qué humor puede ser más raro
que el que, falto de consejo,
el mismo empaña[10] el espejo,
y siente que no esté claro?

Con el favor y el desdén 25
tenéis condición igual,
quejándoos, si os tratan mal,
burlándoos, si os quieren bien.

Opinión, ninguna gana;
pues la que más se recata,[11] 30
si no os admite, es ingrata,
y si os admite, es liviana.

Siempre tan necios andáis
que, con desigual nivel,[12]
a una culpáis por cruel 35
y a otra por fácil culpáis.

¿Pues cómo ha de estar templada
la que vuestro amor pretende,[13]
si la que es ingrata, ofende,
y la que es fácil, enfada? 40

Mas, entre el enfado y pena
que vuestro gusto refiere,
bien haya la que no os quiere
y quejáos enhorabuena.[14]

Dan vuestras amantes penas 45
a sus libertades alas,
y después de hacerlas malas
las queréis hallar muy buenas.

¿Cuál mayor culpa ha tenido
en una pasión errada: 50
la que cae de rogada,
o el que ruega de caído?[15]

¿O cuál es más de culpar,
aunque cualquiera mal haga:

---

10. **empaña** *blurs, soils*
11. **se recata** *acts modestly*
12. **con desigual nivel** *with inconsistent judgment*
13. **cómo... pretende** *how is the one whom your love seeks to be careful*

14. **bien... enhorabuena** *blessings on the one who does not love you and you are welcome to complain*
15. **la que... de caído?** *she who falls because she is begged or he who, having fallen, begs her?*

la que peca por la paga,[16]   55
o el que paga por pecar?
    Pues, ¿para qué os espantáis
de la culpa que tenéis?
Queredlas cual[17] las hacéis
o hacedlas cual las buscáis.   60
    Dejad de solicitar
y después, con más razón,
acusaréis la afición
de la que os fuere a rogar.[18]
    Bien con muchas armas fundo[19]   65
que lidia vuestra arrogancia,
pues en promesa e instancia
juntáis diablo, carne y mundo.

SONETOS

A SU RETRATO

Este, que ves, engaño colorido,
que del arte ostentando los primores,[1]
con falsos silogismos[2] de colores
es cauteloso[3] engaño del sentido;
    éste, en quien la lisonja[4] ha pretendido   5
excusar de los años los horrores,
y venciendo del tiempo los rigores
triunfar de la vejez y del olvido,
    es un vano artificio del cuidado,
es una flor al viento dedicada,   10
es un resguardo[5] inútil para el hado:[6]

16. **la paga** *payment*   2. **silogismos** *syllogisms*
17. **cual** *just as*   3. **cauteloso** *wary*
18. **de la que... rogar** *of the one who*   4. **lisonja** *flattery*
might go to woo (seek) *you*   5. **resguardo** *defense*
19. **fundo** *I maintain*   6. **hado** *fate*
1. **primores** *beauties*

es una necia diligencia[7] errada,
es un afán caduco[8] y, bien mirado,
es cadáver, es polvo, es sombra, es nada.

A UNA ROSA

Rosa divina que en gentil cultura
eres, con tu fragante sutileza,
magisterio purpúreo en la belleza,
enseñanza nevada a la hermosura.
Amago[1] de la humana arquitectura,   5
ejemplo de la vana gentileza,
en cuyo ser unió naturaleza
la cuna alegre y triste sepultura.
¡Cuán altiva[2] en tu pompa, presumida,
soberbia, el riesgo de morir desdeñas,   10
y luego desmayada y encogida[3]
de tu caduco ser das mustias[4] señas,
con que con docta[5] muerte y necia vida,
viviendo engañas y muriendo enseñas!

ENTRE ENCONTRADAS CORRESPONDENCIAS[1] VALE MAS AMAR QUE ABORRECER

Al que ingrato me deja, busco amante;
al que amante me sigue, dejo ingrata;
constante adoro a quien mi amor maltrata;
maltrato a quien mi amor busca constante.
Al que trato de amor, hallo diamante,   5
y soy diamante al que de amor me trata;
triunfante quiero ver al que me mata,
y mato al que me quiere ver triunfante.
Si a éste pago,[2] padece mi deseo;

7. **diligencia** *effort*
8. **afán caduco** *frail desire*
1. **Amago** *empty promise, hint*
2. **altiva** *haughty*
3. **encogida** *timid*

4. **mustias** *withered*
5. **docta** *learned*
1. **correspondencias** *relationships*
2. **Si... pago** *If I give pleasure to the latter*

si ruego a aquél,[3] mi pundonor enojo: 10
de entrambos modos infeliz me veo.
Pero yo, por mejor partido, escojo
de quien no quiero, ser violento empleo,[4]
que,[5] de quien no me quiere, vil despojo.[6]

ROMANCE[1]

EN QUE EXPRESA LOS EFECTOS DEL AMOR DIVINO

Mientras la gracia[2] me excita
por elevarme a la esfera,
más me abate[3] hasta el profundo
el peso de mis miserias.
La virtud y la costumbre[4]   5
en el corazón pelean;
y el corazón agoniza,
en tanto que lidian ellas.
Y, aunque es la virtud tan fuerte,
temo que tal vez la venzan;   10
que es muy grande la costumbre
y está la virtud muy tierna.
Obscurécese el discurso[5]
entre confusas tinieblas;
pues ¿quién podrá darme luz,   15
si está la razón a ciegas?
De mí misma soy verdugo,[6]
y soy cárcel de mi misma,

3. **si... aquél** *if I beseech* (seek after) *the former*
4. **empleo** *object of his desire*
5. **que** *rather than*
6. **despojo** *castoff*
1. **Romance:** forma octosilábica tradicional de la métrica española, que repite al fin de todos los versos pares una misma asonancia y no da a los impares rima de ninguna especie
2. **gracia** *divine grace*
3. **abate** *discourages*
4. **costumbre** *worldly habits*
5. **Obscurécese el discurso** *reasoning is obscured*
6. **verdugo** *executioner*

¿quién vio que pena y penante
una propia cosa sean?[7]   20
Hago disgusto[8] a lo mismo
que más agradar quisiera;
y del disgusto que doy,
en mí resulta la pena.
Amo a Dios, y siento[9] en Dios;   25
y hace mi voluntud misma
de lo que es alivio,[10] cruz,
del mismo puerto,[11] tormenta.
Padezca,[12] pues Dios lo manda;
mas de tal manera sea,   30
que si son penas mis culpas
que no sean culpas las penas.[13]

CARTA AL OBISPO DE PUEBLA

RESPUESTA A SOR FILOTEA DE LA CRUZ

Prosiguiendo en la narración de mi inclinación[1] (de que os quiero
dar entera noticia), digo que no había cumplido los tres años de mi
edad cuando enviando mi madre a una hermana mía, mayor que yo,
a que se enseñase a leer en una de las que llaman *Amigas,*[2] me llevó
a mí tras ella el cariño y la travesura;[3] y viendo que la daban lección,   5
me encendí yo de manera en el deseo de saber leer, que engañando,
a mi parecer, a la maestra, la dije que mi madre ordenaba me diese
lección. Ella no lo creyó, porque no era creíble; pero, por complacer
al donaire,[4] me la dio. Proseguí yo en ir y ella prosiguió en en-
señarme, ya no de burlas, porque la desengañó la experiencia; y   10

supe leer en tan breve tiempo, que ya sabía cuando lo supo mi
madre, a quien la maestra lo ocultó por darle el gusto por entero y
recibir el galardón[5] por junto; y yo lo callé creyendo que me
azotarían por haberlo hecho sin orden. Aún vive la que me enseñó
(Dios la guarde), y puede testificarlo.   15

Acuérdome que en estos tiempos, siendo mi golosina[6] la que es
ordinaria en aquella edad, me abstenía de comer queso, porque oí
decir que hacía rudos,[7] y podía conmigo más el deseo de saber que
el de comer, siendo éste tan poderoso en los niños. Teniendo yo
después como seis o siete años, y sabiendo ya leer y escribir, con   20
todas la sotras habilidades de labores[8] y costuras que aprenden las
mujeres, oí decir que había Universidad y Escuelas en que se es-
tudiaban las ciencias, en México; y apenas lo oí cuando empecé a
matar a mi madre con instantes e importunos ruegos sobre que,
mudándome el traje,[9] me enviase a México, en casa de unos deudos   25
que tenía, para estudiar y cursar la Universidad. Ella no lo quiso
hacer, e hizo muy bien, pero yo despiqué[10] el deseo en leer muchos
libros varios que tenía mi abuelo, sin que bastasen castigos ni re-
prensiones a estorbarlo;[11] de manera que cuando vine a México, se
admiraban, no tanto del ingenio, cuanto de la memoria y noticias   30
que tenía en edad que parecía que apenas había tenido tiempo para
aprender a hablar.

Empecé a aprender gramática, en que creo no llegaron a veinte las
lecciones que tomé; y era tan intenso mi cuidado, que siendo así que
en las mujeres (y más en tan florida juventud) es tan apreciable el   35
adorno natural del cabello, yo me cortaba de él cuatro o seis dedos,
midiendo hasta dónde llegaba antes, e imponiéndome ley[12] de que
si cuando volviese a crecer hasta allí no sabía tal o tal cosa que me
había propuesto aprender en tanto que crecía, me lo había de volver
a cortar en pena de la rudeza.[13] Sucedía así que él crecía y yo no   40
sabía lo propuesto, porque el pelo crece aprisa y yo aprendía despa-

5. **galardón**   *reward, surprise*
6. **golosina**   *favorite food*
7. **rudos**   *stupid*
8. **labores**   *needlework*
9. **mudándome el traje**   *dressing me
in boy's clothing*
10. **despiqué**   *I satisfied*

11. **sin que... estorbarlo**   *without
punishments or scoldings being enough
to hinder it (the desire)*
12. **ley**   *rule*
13. **en tanto... rudeza**   *as soon as it
grew, I was to cut it again as a penalty for
my stupidity*

cio, y con efecto le cortaba en pena de la rudeza: que no me parecía razón que estuviese vestida de cabellos cabeza que estaba tan desnuda de noticias, que era más apetecible adorno.

Entréme religiosa, porque aunque conocía que tenía el estado cosas (de las accesorias hablo, no de las formales)[14] muchas repugnantes a mi genio, con todo para la total negación que tenía al matrimonio,[15] era lo menos desproporcionado y lo más decente que podía elegir en materia de la seguridad que deseaba de mi salvación; a cuyo primer respeto (como al fin más importante) cedieron y sujetaron la cerviz todas las impertinencillas de mi genio,[16] que eran: de querer vivir sola; de no querer tener ocupación obligatoria que embarazase la libertad de mi estudio, ni rumor de comunidad que impidiese el sosegado silencio de mis libros. Esto me hizo vacilar algo en la determinación, hasta que alumbrándome personas doctas de que era tentación, la vencí con el favor divino, y tomé el estado que tan indignamente tengo.

Preguntas

1. ¿Por qué llama Sor Juana "necios" a los hombres?
2. ¿Quién era Lucrecia?
3. ¿Qué opinión muestra Sor Juana de su retrato?
4. ¿Por qué compara Sor Juana la rosa a la "arquitectura humana"?
5. ¿Qué desdeña la rosa?
6. ¿Qué peso pone triste a Sor Juana?
7. ¿Qué lidia contra la virtud en el corazón?
8. ¿Adónde fue la hermana mayor de Sor Juana?
9. ¿Por qué siguió la pequeñita a su hermana?
10. ¿Qué le dijo Sor Juana a la maestra?
11. ¿Por qué no le dijo la maestra nada a la madre de Sor Juana?
12. ¿Por qué no reveló el secreto Sor Juana?
13. ¿Por qué dejó de comer queso Sor Juana?

14. **de las accesorias... formales** *I speak of some of the rules, not of the ideas*
15. **con todo... matrimonio** *in view of everything, considering the complete* opposition which I had toward marriage
16. **a cuyo primer... mi genio** *for whose prime concern (as, finally, the most important) all the little follies of my nature gave in and bent down*

14. ¿Qué había aprendido ella a la edad de seis o siete años?
15. ¿Por qué se cortaba el cabello Sor Juana?

Temas

1. Las diferencias entre la actitud hacia la mujer en la sociedad hoy día y en la época de Sor Juana.
2. Lo fugaz de la vida humana.
3. La educación de Sor Juana.
4. Lo que puede un fuerte deseo por educarse.
5. El estilo poético de Sor Juana.

Comparación

Compárense las costumbre y prejuicios contra la mujer que existían en el tiempo de Sor Juan Inés, con la actitud que existe hacia la mujer en la época actual.

Debate

Hágase un debate en que se defienda y se ataque el razonamiento de Sor Juana Inés en el sentido de que los hombres son responsables de los errores cometidos por las mujeres por haber sido precisamente ellos, quienes las alentaron a cometerlos.

EL SIGLO XIX

José Joaquín Fernández de Lizardi
(1774–1827)

Fernández de Lizardi, conocido en su época como "El Pensador Mexicano," fue el primer novelista mexicano y a la vez el primero de Hispanoamérica. Hoy se le conoce como el autor de *El Periquillo Sarniento* (1816), en inglés *The Mangy Parrot*, que es indudablemente su obra maestra; pero Fernández de Lizardi es también autor de *La Quijotita y su prima* (1819), que es un comentario novelístico sobre las teorías de la enseñanza del famoso Jean-Jacques Rousseau; y *Noches tristes y día alegre* (1818), obra que relata lo que sufrió durante la Revolución. Sus obras incluyen también folletos de matiz político que son fruto del México en vísperas de la Guerra de Independencia. *El Periquillo sarniento* nos describe la sociedad mexicana en los días convulsivos de la revolución, pero el interés fundamental de la obra radica en su fórmula picaresca y en el profundo contenido humano que encierran sus páginas. La novela sigue la tradición picaresca española que logró su más acabada forma en el *Lazarillo de Tormes* (1554). *El Periquillo* nos otorga páginas repletas del vivir angustioso, cínico y cruel del pícaro que aunque a veces nos parece criminal, inmoral o mezquino,

José Joaquín Fernández de Lizardi (1774–1827)

no por eso pierde el encanto que heredó de los pícaros que le preceden en las letras españolas.

Fernández de Lizardi poseía el don de la pluma. Su estilo incisivo y animado cautiva; su tono está impregnado de esa dualidad picaresca que mezcla el cinismo y la alegría en rara alquimia literaria.

La selección que presentamos a continuación está tomada del Capítulo XXV de *El Periquillo* cuando el protagonista aparece como aprendiz de barbero. El trozo escogido representa con gran fidelidad lo más vibrante y característico de esta obra.

El Periquillo, como sus antecesores en el género picaresco, fue sirviente de muchos amos, y en aquel vivir equívoco y precario aprendió las múltiples ocupaciones de sus amos. En las páginas que ofrecemos encontramos al Periquillo en medio de sus aventuras en su lucha por la vida.

EL PERIQUILLO SARNIENTO

Embebecido estaba en tan melancólicos pensamientos sin poder dar
con el hilo que me sacara de tan confuso laberinto,[1] cuando Dios,
que no desampara a los mismos que le ofenden, hizo que pasara
junto a mí un venerable viejo, que con un muchacho se entretenía
en sacar sanguijuelas con un *chiquihuite* en aquellas zanjitas;[2] y   5
estando en esta diligencia[3] me saludó y yo le respondí cortésmente.
El viejo, al oír mi voz, me miró con atención, y después de haberse
detenido un momento, salta la zanja, me echa los brazos al cuello
con la mayor expresión,[4] y me dice:
"¡Pedrito de mi alma! ¿Es posible que te vuelva a ver? ¿Qué es esto?   10
¿Qué traje, qué sangre es ésa? ¿Cómo está tu madre? ¿Dónde vives?"
A tantas preguntas yo no respondía palabra, sorprendido al ver a
un hombre a quien no conocía que me hablaba por mi nombre y
con una confianza no esperada; mas él, advirtiendo la causa de mi
turbación, me dijo: 15
"¿Qué, no me conoces?"
"No, señor, la verdad," le respondí, "si no es para servirle."
"Pues yo sí te conozco, y conocí a tus padres y les debí mil favores.
Yo me llamo Agustín Rapamentas: afeité al difunto señor don Manuel Sarmiento, tu padrecito, muchos años, sí, muchos años, sobre   20
que te conocí tamañito,[5] hijo, tamañito. Puedo decir que te vi nacer,
y no pienses que no. Te quería mucho y jugaba contigo mientras que
tu señor padre salía a afeitarse."
"Pues, señor don Agustín," le dije, "ahora voy recordando especies,[6] y en efecto, es así como usted lo dice."   25
"¿Pues qué haces aquí, hijo, y en este estado?" me preguntó.
"¡Ay, señor!", le respondí remedando el llanto de las viudas;[7] "mi

---

1. **dar... laberinto** *to find the thread
which would lead me out of such a con-
fusing labyrinth*
2. **se entretenía... zanjitas** *was enter-
taining himself by catching leeches with a
basket in that ditch*
3. **diligencia** *occupation*

4. **expresión** *enthusiasm*
5. **sobre... tamañito** *in addition I
knew you when you were a tiny boy*
6. **ahora... especies** *I now remember
a few episodes*
7. **remedando... viudas** *mimicking
the weeping of widows*

suerte es la más desgraciada: mi madre murió dos años hace: los
acreedores de mi padre me echaron a la calle y embargaron cuanto
había en mi casa;[8] yo me he mantenido sirviendo a éste y al otro; y   30
hoy el amo que tenía, porque la cocinera echó el caldo frío y yo lo
llevé así a la mesa, me tiró con él y con el plato me rompió la cabeza,
y no parando en esto su cólera, agarró el cuchillo y corrió tras de mí,
que a no tomarle yo la delantera,[9] no le cuento a usted mi desgracia.

* * *

Y fue que el barbero, condolido de mí, me llevó a su casa, y su   35
familia, que se componía de una buena vieja llamada tía Casilda y
del muchacho aprendiz, me recibió con el extremo más dulce de
hospitalidad."
Cené aquella noche mejor de lo que pensaba, y al día siguiente me
dijo el maestro: 40
"Hijo, aunque ya eres grande para aprendiz (tendría yo dieci-
nueve o veinte años; decía bien), si quieres, puedes aprender mi
oficio, que si no es de los muy aventajados, a lo menos da que
comer; y así aplícate que yo te daré la casa y el bocadito,[10] que es
lo que puedo."   45
Yo le dije que sí, porque por entonces me pareció conveniente; y
según esto, me comedía a limpiar los paños, a tener la bacía y a
hacer algo de lo que veía hacer al aprendiz.
Una ocasión que el maestro no estaba en casa, por ver si estaba
algo adelantado,[11] cogí un perro, a cuya fajina[12] me ayudó el apren-   50
diz, y atándole los pies, las manos y el hocico, lo sentamos en la silla
amarrado en ella, le pusimos un trapito para limpiar las navajas, y
comencé la operación de la rasura. El miserable perro ponía sus
gemidos en el Cielo.[13] ¡Tales eran las cuchilladas que solía llevar de
cuando en cuando!   55
Por fin, se acabó la operación y quedó el pobre animal retratable,
y luego que se vio libre, salió para la calle como alma que se llevan

---

8. **embargaron... casa** *seized every-*
thing that was in the house
9. **a no... delantera** *if I hadn't got*
ahead of him
10. **bocadito** *mouthful, food*
11. **si... adelantado** *if I was getting*

ahead in my trade
12. **fajina** *capture*
13. **El miserable... Cielo** *The wretched*
dog raised his moans to heaven. (Con la
boca atada no podía ladrar.)

La Catedral de la Ciudad de México construida en el siglo XVI
COURTESY OF THE MEXICAN NATIONAL TOURIST OFFICE

los demonios, y yo, engreído con esta primera prueba, me determiné a hacer otra con un pobre indio que se fue a rasurar de a medio.[14] Con mucho garbo[15] le puse los paños, hice al aprendiz   60
trajera la bacía con el agua caliente, asenté las navajas y le di una zurra de raspadas y tajos, que el infeliz, no pudiendo sufrir mi áspera mano, se levantó diciendo:

"*¡Amoquale, quistiano, amoquale!*"
Que fue como decirme en castellano: 65
"No me cuadra tu modo, señor, no me cuadra."
Ello es que él dio el medio real y se fue también medio rapado.

Todavía no contento con estas tan malas pruebas, me atreví a sacarle una muela a una vieja que entró a la tienda rabiando de un fuerte dolor y en solicitud de mi maestro; pero como era resuelto, la   70
hice sentar y que entregara la cabeza al aprendiz para que se la tuviera.

Hizo éste muy bien su oficio: abrió la cuitada vieja su desierta

14. **rasurar... medio** *to be shaved at*   15. **garbo** *elegance*
half price

boca después de haberme mostrado la muela que le dolía, tomé el descarnador[16] y comencé a cortarla trozos de encía[17] alegremente. [75]
La miserable, al verse tasajear[18] tan seguido y con una porcelana[19] de sangre delante, me decía:
"Maestrito, por Dios, ¿hasta cuándo acaba usted de descarnar?"[20]
"No tenga usted cuidado, señora," le decía yo, "haga una poca de paciencia; ya le falta poco de la quijada." [80]
En fin, así que le corté tanta carne cuanta bastó para que almorzara el gato de casa; le afiancé[21] el hueso con el respectivo instrumento, y di un estirón tan fuerte y mal dado, que le quebré la muela, lastimándole terriblemente la quijada.
"¡Ay, Jesús!", exclamó la triste vieja; "ya me arrancó usted las [85] quijadas, maestro del diablo."
"No hable usted, señora," le dije, "que se le meterá el aire y le corromperá la mandíbula."
"¡Qué *malíbula*[22] ni qué demonios!" decía la pobre. "¡Ay, Jesús! ¡ay! ¡ay! ¡ay!...." [90]
"Ya está señora," decía yo; "abra usted la boca, acabaremos de sacar el raigón,[23] ¿no ve que es muela matriculada?"[24]
"Matriculado esté usted en el infierno, *chambón*,[25] indigno, condenado," decía la pobre.
Yo, sin hacer caso de sus injurias, le decía: [95]
"Ande, nanita,[26] siéntese y abra la boca, acabaremos de sacar ese hueso maldito; vea usted que un dolor quita muchos. Ande usted, aunque no me pague."
"Vaya usted mucho noramala," dijo la anciana, "y sáquele otra muela o cuantas tenga a la grandísima borracha que lo parió.[27] No [100] tienen la culpa estos raspadores cochinos,[28] sino quien se pone en sus manos."

16. **descarnador** *scraper*
17. **encía** *gum (of mouth)*
18. **tasajear** *cut*
19. **porcelana** *porcelain bowl*
20. **hasta... descarnar** *young master, when do you finish scraping?*
21. **afiancé** *I grasped*
22. **malíbula = mandíbula** (La pobre pronuncia mal la palabra debido a su lengua india o puede ser porque no puede hablar con la boca tan herida.)

23. **raigón** *root*
24. **¿no ve... matriculada?** *don't you see that the molar is firmly imbedded?*
25. **chambón** *clumsy ox*
26. **nanita** *granny*
27. **y sáquele... parió** *and pull out of that drunken woman who bore you another molar or all the molars she may have*
28. **cochinos** *filthy*

Prosiguiendo en estos elogios se salió para la calle sin querer ni
volver a ver el lugar del sacrificio.

Yo algo me compadecí de su dolor, y el muchacho no dejó de   105
reprenderme mi determinación atolondrada,[29] porque cada rato
decía:

"¡Pobre señora! ¡qué dolor tendría! y lo peor que si se lo dice al
maestro ¿qué dirá?"

"Diga lo que dijere," le respondí, "yo lo hago por ayudarle a   110
buscar el pan; fuera de que así se aprende,[30] haciendo pruebas y
ensayándose."

A la maestra le dije que habían sido monadas de la vieja, que tenía
la muela matriculada y no se la pude arrancar al primer tirón, cosa
que al mejor le sucede.   115

Con esto se dieron todos por satisfechos y yo seguí haciendo mis
diabluras, las que me pagaban o con dinero o con desvergüenzas.

Cuatro meses y medio permanecí con don Agustín, y fue mucho,
según lo variable de mi genio. Es verdad que en esta dilación tuvo
parte el miedo que tenía a Chanfaina,[31] y el no encontrar mejor asilo,   120
pues en aquella casa comía, bebía y era tratado con una estimación
respetuosa de parte del maestro. De suerte que yo ni hacía man-
dados ni cosa más útil que estar cuidando la barbería y haciendo mis
fechorías[32] cada vez que tenía proporción; porque yo era un aprendiz de honor, y tan consentido y bobachón,[33] que, aunque sin   125
camisa, no me faltaba quién envidiara mi fortuna.

Preguntas

1. ¿A quién hizo pasar Dios junto a Periquillo?
2. ¿Qué estaban haciendo el viejo y el muchacho?
3. ¿Por qué saludó a Periquillo con tanta alegría el viejo?
4. ¿Quién era don Manuel Sarmiento?
5. ¿Cuántos años hacía que el viejo conocía a Periquillo?
6. ¿Por qué era Periquillo grande para aprendiz?
7. ¿Cuántos años tenía?

29. **atolondrada** *stupid*
30. **fuera... aprende** *besides, this is the way you learn*
31. **Chanfaina** era escribano y amo de Periquillo antes de servir al barbero.
32. **fechorías** *mischief*
33. **tan... bobachón** *so spoiled and stupid*

8. ¿Qué le daría a Periquillo el barbero?
9. ¿Qué hizo el miserable perro cuando le ataron?
10. ¿Qué hizo el perro cuando se vio libre?
11. ¿Por qué dijo el indio "No me cuadra tu modo, señor"?
12. ¿Qué tenía la vieja que entró en la tienda?
13. ¿De qué manera lastimó Periquillo a la pobre?
14. ¿Cómo resultó la visita de la vieja?
15. ¿Por qué se quedó Periquillo los cuatro meses en la casa del barbero?

Temas

1. La bondad del barbero para con Periquillo.
2. Lo que hicieron los dos aprendices.
3. El sufrimiento de la vieja en la tienda.
4. El cruel realismo de la descripción de lo que le pasó a la vieja.
5. La personalidad de Periquillo.

Romanticismo
José María Heredia (1803–1839)

Cubano joven de temperamento sensible, bien versado en los clásicos, José María Heredia se revela como el verdadero cantor de la naturaleza americana cuando en el destierro, lejos de su amada isla, canta su nostalgia. En el poema, escrito en México, *En el Teocalli de Cholula* (1820), ofrece Heredia un temprano y nítido ejemplo de la vena romántica en las letras hispanoamericanas. Algunos dirían que es la primera manifestación del romanticismo porque fue escrito diez años antes de que en España apareciera el romanticismo y porque contiene muchas características fundamentales de la poesía romántica: la intimidad melancólica, el tono inflamado de sentimiento y pasión, y la reflexión sobre la hermosura y la grandeza de la naturaleza y de la historia. El tema esencial de este poema es el misterio del tiempo efímero. Más tarde cuando floreció el romanticismo, la literatura hispanoamericana se hizo verdaderamente romántica y siguió la pauta[1] estética de Europa.

Heredia, seducido por los grandes e impetuosos espectáculos de la naturaleza, logró su mejor poema en "Niágara," escrito en los Estados Unidos (1824). Su talento poético, pleno de todo el ardor romántico, canta la tumultuosa belleza del imponente y majestuoso Niágara. Es éste el más conocido de sus poemas y el que sus compatriotas cubanos recitan con gran deleite y viva admiración.

El fluir altisonante[2] del poema imita el ruido de aquel torbellino[3] de agua y espuma. Y en aquel momento impresionante el poeta nos revela la melancolía y la soledad en el destierro.

---

1. **pauta** *guidelines*
2. **fluir altisonante** *high-sounding flow*
3. **torbellino** *whirlpool*

José María Heredia (1803–1839)

Heredia, hijo de un magistrado cubano, conspiró contra el gobierno español de la isla y fue condenado al destierro a los veinte años. Durante varios años de exilio residió en Boston, New York y finalmente en México, adquiriendo allí la ciudadanía para luego intervenir en la vida política de ese país al que también sirvió como juez de la Corte Suprema. Murió joven y triste, revelándonos un poeta cuya alma, según dice el literato y crítico contemporáneo, Enrique Anderson-Imbert, lleva la cicatriz[4] de Cuba. Heredia representa la suerte común de los intelectuales cubanos quienes sufrieron la persecución del despotismo español a través del siglo XIX.

4. **cicatriz**   *scar*

NIÁGARA[1]

Templad mi lira, dádmela, que siento
En mi alma estremecida y agitada
Arder la inspiración. ¡Oh! ¡cuánto tiempo
En tinieblas pasó, sin que mi frente
Brillase con su luz...! Niágara undoso,   5
Tu sublime terror solo podría
Tornarme el don divino que ensañada[2]
Me robó del dolor la mano impía.

Torrente prodigioso, calma, calla
Tu trueno aterrador: disipa un tanto   10
Las tinieblas que en torno te circundan;[3]
Déjame contemplar tu faz serena,
Y de entusiasmo ardiente mi alma llena.
Yo digno soy de contemplarte: siempre
Lo común y mezquino desdeñando,   15
Ansié[4] por lo terrífico y sublime.
Al despeñarse el huracán furioso,[5]
Al retumbar[6] sobre mi frente el rayo,
Palpitando gocé: vi al Océano,
Azotado por austro[7] proceloso,   20
Combatir mi bajel, y ante mis plantas
Vórtice hirviente abrir, y amé el peligro.
Mas del mar la fiereza
En mi alma no produjo
La profunda impresión que tu grandeza.   25

1. Los versos de este poema son de 11 y
de 7 sílabas.
2. **el don divino** *the divine gift* (don
de la inspiración poética); **ensañada**
angry (concuerda con "mano")
3. **que... circundan** *which surround*

you
4. **ansié** *I longed*
5. **al... furioso** *when the furious hurricane flung itself downward*
6. **retumbar** *to rumble*
7. **austro** *south wind*

Las famosas Cataratas de Niágara como aparecían en el siglo XIX

Sereno corres, majestoso; y luego
En ásperos peñascos[8] quebrantado,
Te abalanzas violento, arrebatado,
Como el destino irresistible y ciego.
¿Qué voz humana describir podría   30
De la sirte rugiente[9]
La aterradora faz? El alma mía
En vago pensamiento se confunde
Al mirar esa férvida corriente,
Que en vano quiere la turbada vista   35

8. **peñascos** *crags*   9. **sirte rugiente** *roaring rocky shoal*

En su vuelo seguir[10] al borde oscuro
Del precipicio altísimo: mil olas,
Cual pensamiento rápidas pasando,
Chocan, y se enfurecen,
Y otras mil y otras mil ya las alcanzan,   40
Y entre espuma y fragor desaparecen.

¡Ved! ¡llegan, saltan! El abismo horrendo
Devora los torrentes despeñados:
Crúzanse en él mil iris,[11] y asordados
Vuelven los bosques el fragor tremendo.[12]   45
En las rígidas peñas
Rómpese el agua: vaporosa nube
Con elástica fuerza
Llena el abismo en torbellino, sube,
Gira en torno, y al éter   50
Luminosa pirámide levanta,[13]
Y por sobre los montes que le cercan
Al solitario cazador espanta.

Mas ¿qué en ti busca mi anhelante vista
Con inútil afán?[14] ¿Por qué no miro   55
Alrededor de tu caverna inmensa
Las palmas ¡ay! las palmas deliciosas,
Que en las llanuras de mi ardiente patria
Nacen del sol a la sonrisa,[15] y crecen,
Y al soplo de las brisas del Océano,   60
Bajo un cielo purísimo se mecen?[16]

Este recuerdo a mi pesar[17] me viene...
Nada ¡oh Niágara! falta a tu destino,[18]
Ni otra corona que el agreste[19] pino
A tu terrible majestad conviene.   65

10. **que... seguir** *which in vain the
confused sight wishes to follow*
11. **mil iris** *a thousand rainbows*
12. **asordados... tremendo** *the deaf-
ened forests return the din*
13. **al éter... levanta** *raises a lumi-
nous pyramid to the heavens*
14. **afán** *longing*

15. **Nacen... sonrisa** *are born at the
smile of the sun*
16. **se mecen** *sway*
17. **a mi pesar** *in spite of myself*
18. **Nada... destino** *Nothing is lacking
to your destiny, oh Niagara*
19. **agreste** *wild*

La palma, y mirto, y delicada rosa,
Muelle placer inspiren y ocio blando
En frívolo jardín:[20] a ti la suerte[21]
Guardó más digno objeto, más sublime.
El alma libre, generosa, fuerte,   70
Viene, te ve, se asombra,
El mezquino deleite menosprecia,[22]
Y aun se siente elevar cuando te nombra.

¡Omnipotente Dios! En otros climas
Vi monstruos execrables,[23]   75
Blasfemando tu nombre sacrosanto,
Sembrar error y fanatismo impío,[24]
Los campos inundar en sangre y llanto,
De hermanos atizar la infanda[25] guerra,
Y desolar frenéticos la tierra.   80
Vílos, y el pecho se inflamó a su vista
En grave indignación. Por otra parte
Vi mentidos[26] filósofos, que osaban
Escrutar tus misterios, ultrajarte,
Y de impiedad al lamentable abismo   85
A los míseros hombres arrastraban.[27]
Por eso te buscó mi débil mente
En la sublime soledad: ahora
Entera se abre a ti; tu mano siente[28]
En esta inmensidad que me circunda,   90
Y tu profunda voz hiere mi seno
De este raudal[29] en el eterno trueno.

¡Asombroso torrente!
¡Cómo tu vista el ánimo enajena,[30]

20. **Muelle… jardín** *inspire soft plea-*
sure and exquisite leisure in a gay garden
21. **suerte** *fate*
22. **El mezquino… menosprecia**
scorns the wretched pleasure (el sujeto de
menosprecia es "el alma")
23. **execrables** *execrable, detestable*
24. **sembrar… impío** *spread error*
and unholy fanaticism (los enemigos de
América personificados en Niágara la

menosprecian)
25. **infanda** *frightful*
26. **mentidos** *false*
27. **de impiedad… arrastraban** *with*
impiety were dragging wretched men into
the gruesome abyss of wretchedness
28. **siente** *it* (my mind) *feels*
29. **raudal** *torrent*
30. **enajena** *enraptures*

Y de terror y admiración me llena!   95
¿Dó tu origen está?[31] ¿Quién fertiliza
Por tantos siglos tu inexhausta fuente?
¿Qué poderosa mano
Hace que al recibirte
No rebose en la tierra el Océano?[32]   100

Abrió el Señor su mano omnipotente;
Cubrió tu faz de nubes agitadas,
Dio su voz a tus aguas despeñadas,
Y ornó[33] con su arco tu terrible frente.
¡Ciego, profundo, infatigable corres,   105
Como el torrente oscuro de los siglos
En insondable eternidad... ! ¡Al hombre
Huyen así las ilusiones gratas,
Los florecientes días,
Y despierta al dolor... ! ¡Ay! agostada   110
Yace mi juventud; mi faz, marchita;[34]
Y la profunda pena que me agita
Ruga[35] mi frente, de dolor nublada.

Nunca tanto sentí como este día
Mi soledad y mísero abandono
Y lamentable desamor... ¿Podría   115
En edad borrascosa
Sin amor ser feliz? ¡Oh! ¡si una hermosa
Mi cariño fijase,
Y de este abismo al borde turbulento   120
Mi vago pensamiento
Y ardiente admiración acompañase![36]
¡Cómo gozara, viéndola cubrirse
De leve palidez, y ser más bella
En su dulce terror, y sonreirse   125
Al sostenerla mis amantes brazos... !

---

31. **¿Dó... está?** *Where is your source?*
32. **Hace... Océano?** *makes it so that the Ocean, upon receiving you, does not overflow the land?*
33. **ornó** *decorated*
34. **marchita** *faded*
35. **ruga** *furrows*
36. **si... acompañase** *if some beautiful woman should charm my soul and share my wandering thought and burning admiration!*

¡Delirios de virtud...! ¡Ay! ¡Desterrado,[37]
Sin patria, sin amores,
Sólo miro ante mí llanto y dolores!

¡Niágara poderoso!   130
¡Adiós! ¡adiós! Dentro de pocos años
Ya devorado habrá la tumba fría
A tu débil cantor.[38] ¡Duren mis versos
Cual tu gloria inmortal![39] ¡Pueda piadoso
Viéndote algún viajero,   135
Dar un suspiro a la memoria mía!
Y al abismarse Febo en occidente,[40]
Feliz yo vuele do el Señor me llama,[41]
Y al escuchar los ecos de mi fama,
Alce en las nubes la radiosa frente.[42]   140

Preguntas

1. ¿Por qué, en la opinión de algunos, es *En el Teocalli de Cholula* la primera
   manifestación del romanticismo?
2. ¿De qué canta Heredia en "Niágara"?
3. ¿Qué imita el fluir altisonante del poema?
4. ¿Qué podría tornar al poeta Heredia el don divino?
5. ¿Qué vio hacer al Océano el poeta?
6. ¿Qué corona conviene a la majestad de Niágara?

Temas

1. La vida política de Heredia.
2. Unas características de la poesía romántica en las obras de Heredia.
3. La influencia de la naturaleza violenta sobre este poema.
4. La subjetividad romántica de Heredia.

37. **Desterrado** *exiled* (Heredia fue desterrado de Cuba)
38. **Ya devorado... cantor** *the grave will have swallowed your feeble poet*
39. **¡Duren... immortal!** *Let my verses last as long as your deathless glory!*
40. **y al... occidente** *and as Phoebus*

sinks in the West (Febo, dios del sol, y por eso el sol mismo)
41. **Feliz... llama** *Happy let me fly where God calls me*
42. **alce... frente** *may I raise my shining head*

Gertrudis Gómez de Avellaneda
(1814–1873)

Nació en Camagüey, Cuba, hija de madre cubana y padre español, y desde niña fue considerada un genio. Su vida fue la historia real de una heroína romántica. A los nueve años, la muerte de su padre le inspira el soneto "A la muerte del Licenciado Don Manuel Gómez de Avellaneda." Poco tiempo después la madre vuelve a casarse,[1] pero la niña nunca acepta al hombre que ha venido a ocupar el lugar del padre muerto. Para escapar a su dolor, Tula, como la llamaban su familia y amigos, se dedica a la lectura, familiarizándose tanto con los trabajos de los escritores románticos lord Byron, José Quintana, George Sand y otros, que podía recitarlos de memoria. Esas lecturas, y la presencia de José María Heredia, que fue su tutor, influyen decisivamente en su vocación por la lírica romántica.

Cuando Tula tenía 22 años de edad, la familia se establece definitivamente en España, y Tula se va a vivir a Sevilla, con la familia de su padre. En Sevilla rápidamente alcanza prestigio literario bajo el seudónimo de "La Peregrina."[2] Cree haber encontrado su "Gran Amor" romántico cuando se enamora[3] de Ignacio de Cepeda y Alcaide, quien habría de ser para ella fuente de inspiración, pero también de grandes amarguras. Las cartas que durante muchos años escribió a Cepeda son verdadero ejemplo de literatura romántica, al volcar apasionadamente en las mismas los sentimientos que le salían del

1. **casarse**   *to marry*   3. **se enamora**   *to fall in love*
2. **"La Peregrina"**   *"The Pilgrim"*

87

Gertrudis Gómez de Avellaneda (1814–1873)

corazón. Desencantada, se va a Madrid, donde conoce a los mejores escritores de la época y prosiguen sus triunfos literarios. Tiene amores con el joven poeta Gabriel Tassara, y fruto de esos amores nace una hija que muere pocos meses después. Ya famosa y respetada como escritora se casa en 1846 con el gobernador militar de Madrid, don Pedro Sabater, y el matrimonio dura solamente tres meses por la muerte del esposo. En 1855, se casa de nuevo con el coronel don Domingo Verdugo. Son muy felices, pero en 1858 ocurre un incidente en el teatro durante la representación de la obra de la Avellaneda *Baltasar,* y don Domingo es herido gravemente defendiendo el honor de su esposa. Convaleciente de su herida, don Domingo es nombrado gobernador de Cuba. En la Isla, son recibidos con grandes pruebas de afecto, y viven cinco años de paz y tranquilidad, pero el esposo nunca logra recuperarse de su herida y muere en 1863. Unos meses después La Avellaneda regresa a España.

A la muerte de su amigo Nicasio Gallego, la poetisa intenta sucederle como miembro de la Real Academia,[4] pero es rechazada aplicándosele los Estatutos de la Academia que prohibían la admisión de mujeres. Después de este fracaso, la poetisa se dedica a escribir poesía religiosa, llevando una vida ejemplar. Durante ese tiempo escribe el libro *Semana Santa,* considerado por muchos como "el mejor libro de devoción que han producido la piedad y la musa castellanas." Murió en Madrid en 1873.

La Avellaneda cultivó la poesía, el teatro, la novela y la prosa epistolar, habiéndose distinguido en todos esos géneros. Como poeta se inició en el neoclasicismo, pero pronto se entregó totalmente al romanticismo. En sus versos, que brotan del corazón hondamente femeninos y llenos de sinceridad, siempre habla la mujer. En ellos se refleja la pasión amorosa, en todas sus formas, esperanza, dolor, tristeza, hastío, alegría. Tres son sus fuentes de inspiración: el amor humano, el amor divino y el amor por la poesía.

En pleno período romántico, en 1841 publica *Poesías,* con una nueva edición, muy aumentada en 1851; y en 1853 publica *El héroe de Bailén,* en la Habana. Su poema "Amor y orgullo" fue incluido por Marcelino Menéndez y Pelayo entre *Las cien poesías mejores de la lengua castellana.* También sobresalen "Al partir" "A la poesía," "A la muerte del poeta José María Heredia," "A Dios" y otros.

Como dramaturgo,[5] se le considera entre los mejores de su época caracterizándose su teatro por la fusión del drama romántico y la tragedia griega; y por la hondura sicológica, el dominio del verso, la habilidad técnica y la corrección formal.

---

4. **Real Academia** *the Spanish Royal Academy of the Language*   5. **dramaturgo** *playwright*

Entre sus obras dramáticas más importantes podemos citar: *Leoncia* (1840), que se distingue por la fuerza expresiva de los sentimientos; *Alfonso Munio* (1844), en la que se trata un tema medieval; *Saúl* (1849), obra en la que el libre albedrío es llevado a límites extremos;[6] y *Baltazar* (1858), obra en la cual la intuición sicológica alcanza alturas muy elevadas.

La novela puede considerarse el género más débil de la autora, denotando influencias extrañas, especialmente francesas. Entre las novelas que publicó citaremos: *Sab* (1841), *Espatolino* (1844), *Guatimozín, último emperador de Méjico* (1846), *Dolores* (1851), y *El artista barquero* (1861).

La mejor de ellas es *Sab.* Aunque algunos han querido compararla con *La cabaña del tío Tom* otros afirman que en *Sab* no se tratan ideas abolicionistas. Pero lo que sí es cierto es que la obra posee excelente ambientación y descripciones. En ella se narra la vida de un esclavo mulato que habiéndose enamorado de la hija de su amo se sacrifica por ella, renunciando a su favor a una fortuna que en justicia le pertenece. Y después se va a vivir a la choza de una vieja esclava a la que considera su madre.

La Avellaneda también escribió varias biografías, entre ellas *Isabel la Católica* y *Santa Teresa;* y un largo Epistolario en el que se destacan las *cartas,* dirigidas a don Ignacio de Cepeda.

A continuación reproducimos el soneto "Al partir" y "Amor y orgullo".

AL PARTIR

¡Perla del mar! ¡Estrella de Occidente!
¡Hermosa Cuba! tu brillante cielo,
la noche cubre con su opaco[1] velo
como cubre el dolor mi triste frente.

Voy a partir... La chusma[2] diligente   5
para arrancarme del nativo suelo

---

6. **libre albedrío** *free will*   2. **chusma** *crew*
1. **opaco** *opaque*

las velas iza y pronta a su desvelo
la brisa acude de tu zona ardiente.

¡Adios, patria feliz!, ¡Edén querido!
Doquier[3] que el hado[4] en su furor me impela[5]   10
tu dulce nombre halagará mi oído.

Ah, que ya cruje la turgente[6] vela,
el ancla se alza, el buque estremecido
las olas corta y silencioso vuela.

AMOR Y ORGULLO

Un tiempo hollaba por alfombra rosas;
y nobles vates,[7] de mentidas diosas
    prodigábanme nombres;
más yo, altanera, con orgullo vano,
cual aguila real al vil gusano   5
    contemplaba a los hombres.

Mi pensamiento—en temario vuelo—.
Ardiente osaba demandar al cielo
    objeto a mis amores:
y si a la tierra con desdén volvía   10
triste mirada, mi soberbia impía[8]
    marchitaba sus flores.

Tal vez por un momento caprichosa
entre ellas revolé,[9] cual mariposa,
    sin fijarme en ninguna;   15
pues de místico bien siempre anhelante,
clamaba en vano, como tierno infante
    quiere abrzar la luna.

Hoy, despeñada de la excelsa cumbre,
do osé[10] mirar del sol la ardiente lumbre   20
    que fascinó mis ojos,

3. **doquier** *anywhere*
4. **hado** *fate, destiny*
5. **me impela** *push me*
6. **turgente** *swollen*

7. **vates** *poets*
8. **impía** *irreligious*
9. **revolé** *fluttered*
10. **osé** *dared*

cual hoja seca al raudo[11] torbellino,
cedo el poder del áspero destino...
    ¡Me entrego a sus antojos![12]

    Cobarde corazón, que el nudo estrecho   25
    gimiendo sufres, dime: ¿qué se ha hecho
        tu presunción altiva?
    ¿Qué mágico poder, en tal bajeza
    trocando ya tu indómita fiereza,
        de libertad te priva?   30

    ¡Mísero esclavo de tirano dueño;
    tu gloria fue cual mentiroso sueño,
        que con las sombras huye!
    Di ¿que se hicieron ilusiones tantas
    de necia vanidad, débiles plantas   35
        que el aquilón destruye?

    En hora infausta[13] a mi feliz reposo,
    ¿No dijiste, soberbio y orgulloso:
        —Quién domará mi brío?
    ¡Con mi solo poder haré, si quiero,   40
    mudar de rumbo al céfiro ligero
        y arder al marmol frío!—

    ¡Funesta ceguedad! ¡Delirio insano!
    Te gritó la razón... Mas ¡cuán en vano
        te adevirtió tu locura!   45
    Tú misma te forjaste[14] la cadena,
    que a servidumbre eterna te condena,
        y a duelo y amargura.

    Los lazos caprichosos que otros días
    —Por pasatiempo—a tu placer tejías,   50
        fueron de seda y oro:
    Los que hora rinden tu valor primero
    son eslabones de pesado acero,
        templados con tu lloro.

---

11. **raudo** *impetuous*   13. **infausta** *unlucky, accursed*
12. **antojos** *fancy, capricious desire*   14. **forjaste** *deluded yourself*

¿Qué esperaste, ¡ay de ti!, de un pecho helado,   55
de inmenso orgullo y presunción[15] hinchado,
    de víboras nutrido?
Tú—que anhelabas tan sublime objeto—
¿Cómo al capricho de un mortal sujeto
    te arrastras abatido?   60

¿Con qué velo tu amor cubrió mis ojos,
que por flores tomé duros abrojos[16]
    y por oro la arcilla?...
¡Del torpe engaño mis rivales ríen,
y mis amantes, ¡ay! tal vez se engríen   65
    del yugo que me humilla!

¿Y tu lo sufres, corazón cobarde?
¿Y de tu servidumbre haciendo alarde,
    quieres ver en mi frente
el sello del amor que te devora?...   70
¡Ah! vélo, pues, y búrlese en buen hora
    de mi baldón la gente.

¡Salga del pecho—requemando el labio—
el caro nombre, de mi orgullo agravio,
    de mi dolor sustento!   75
¿Escrito no lo ves en las estrellas
Y en la luna apacible, que con ellas
    alumbra el firmamento?

¿No lo oyes, de las auras al murmullo?
¿No le pronuncia—en gemidor arrullo—   80
    la tórtola amorosa?
¿No resuena en los árboles, que el viento
halaga con pausado movimiento
    en esa selva hojosa?

De aquella fuente entre las claras linfas,   85
¿No le articulan invisibles ninfas
    con eco lisonjero?...
¿Por qué callar el nombre que te inflama,

15. **presunción** *conceit*   16. **abrojos** *thorn*

si aún el silencio tiene voz, que aclama
    ese nombre que quiero?   90

Nombre que un alma lleva por despojo;
nombre que excita con placer enojo,
    y con ira ternura;
nombre más dulce que el primer cariño
de joven madre al inocente niño,   95
    copia de su hermosura;

Y más amargo que el adiós postrero
que al suelo damos, donde el sol primero
    alumbró nuestra vida.
Nombre que halaga, y halagando mata;   100
nombre que hiere, como sierpe ingrata,
    al pecho que le anida...
No, no lo envíes, corazón, al labio...
¡Guarda tu mengua[17] con silencio sabio!
    ¡Guarda, guarda tu mengua!   105
¡Callad también vosotras, aura fuente,
trémulas hojas, tórtola doliente,
    como calla mi lengua!

Preguntas

1. ¿Cómo fue la vida de la autora?
2. ¿Qué escribió la niña cuando tenía solamente nueve años de edad y por qué lo hizo?
3. ¿A qué se dedica Tula y con los trabajos de que autores se familiariza?
4. ¿Por qué tuvo vocación la joven?
5. ¿En quién cree la poetisa haber encontrado su "Gran Amor?
6. ¿De qué son verdadero ejemplo las cartas que la Avellaneda le escribió a Cepeda?
7. ¿Qué intenta Gertrudis Gómez de Avellaneda a la muerte de su protector y amigo Nicasio Gallego, y qué le pasa?
8. Cite algunas de las obras de la escritora.

AL PARTIR

9. ¿Qué nombres da a Cuba la poetisa?
10. ¿Qué cubre la triste frente de la autora?

17. **mengua** *disgrace*

11. ¿Quiénes y de dónde van a arrancarla?
12. ¿Qué pasa cuando se alza el ancla?

AMOR Y ORGULLO

13. ¿Cómo contemplaba la poetisa a los hombres?
14. ¿Qué osó mirar la autora
15. ¿Qué le gritó la razón y por qué fue en vano?
16. ¿De que ríen sus rivales y de que se engríen sus amantes?
13. ¿Qué tiene el silencio?
14. ¿Qué lleva por espejo un alma?
15. ¿Cómo excita el nombre?
16. ¿Cómo es el nombre?
17. ¿Qué hace el nombre al pecho que le anida?
18. ¿Con qué debe guardar su mengua el corazón?
19. ¿A quiénes pide la poetisa que se callen?

Temas

1. Diferencias entre los elementos integrantes del neoclasicismo y del romanticismo.
2. Expique los sentimientos que Ud. siente al leer los poemas "Al partir" y "Amor y orgullo."

Comparación

Compárense los sonetos "Al partir" de Gertrudis Gómez de Avellaneda y "A una rosa" de Sor Juana Inés de la Cruz, usando como objeto de la comparación las diferencias entre el tema, la fuerza de expresión de las emociones, el tono, y el estilo que los mismos expresan.

Jorge Isaacs (1837–1895)

María, de Jorge Isaacs, obra maestra de la escuela romántica sentimental, es una de las novelas más leídas en Hispanoamérica. Aunque esta novela colombiana no carece del defecto de un sentimentalismo exagerado, su tratamiento de los temas humanos universales, el amor y la muerte, sigue deleitando y conmoviendo a los lectores de cada generación. Única novela de Isaacs, pues no escribió más que ésta y un volumen de *Poemas, María* sola basta para justificarle la fama. La aparición de *María* en Bogotá en 1867 hace de este año una fecha capital en la historia de la novelística hispanoamericana. La fama de esta novela llegó a ser tan grande que incitó copiosas imitaciones, todas inferiores al modelo. Lo importante de *María* para las novelas que siguieron era su tratamiento de temas americanos, temas que alcanzaron su pleno desarrollo en la novela realista del siglo XX.

Podemos ver las raíces nativas del romanticismo en diversas regiones de Hispanoamérica; por ejemplo los gauchos o los indios se idealizaron. La naturaleza, tema de inspiración en el poeta cubano Heredia, tiene un papel importante en esta obra colombiana. Tampoco faltaban formas románticas de inspiración extranjera. La novela *Atala* del escritor francés Chateaubriand tuvo bastante influencia en Isaacs, y en esta época novelistas románticos como Sir Walter Scott y James Fenimore Cooper tampoco carecieron de discípulos.

Dos características salientes del romanticismo se destacan en *María:* el idilio de un amor puro entre dos jóvenes, y el ambiente tan en armonía con su amor—un hogar patriarcal campestre de Colombia en el valle del Cauca. El encanto de la novela estriba en parte en la interpretación romántica del paisaje. Lo americano abunda en sus páginas, no sólo en el escenario sino también en episodios de color local.

El argumento de *María* es sencillo: el héroe, Efraín, vuelve de la escuela de Bogotá a su casa en el valle del Cauca. Allí se enamora de su prima huérfana, María. Después de algunas cortas horas de mutuo amor, el lector se da cuenta de que María sufre de epilepsia. El padre de Efraín le envía a Europa para que termine sus estudios de medicina y para que la emoción no agrave la enfermedad de la joven. Mientras que está Efraín en Europa, María empeora; llaman a Efraín, pero al llegar encuentra a María muerta.

El estilo de esta novela es sumamente poético. Se caracteriza por una suave nostalgia y por su tono subjetivo. Además de las descripciones de la naturaleza y de los habitantes rústicos del valle, hay un sentimentalismo profundo, presentimientos tristes, y agüeros fatales aun en medio de los momentos de felicidad. Frecuentemente las frases del autor tienen cadencias delicadas que nos hacen recordar que es poeta. En la selección que tenemos aquí se notan bien estas características.

MARÍA

CAPÍTULO XIII

Las páginas de Chateaubriand[1] iban lentamente dando tintas[2] a la imaginación de María. Ella, tan cristiana y tan llena de fe, se regocijaba al encontrar bellezas por ella presentidas en el culto católico. Su alma tomaba de la paleta[3] que yo le ofrecía, los más

---

1. **François-René de Chateaubriand** (1768–1848): famoso autor francés. Entre sus obras se destacan *El genio del Cristianismo (Le génie du christianisme)*, una defensa de la cristiandad, y las novelas,

Atala y René. Este autor inspiró mucho a Isaacs.

2. **dando tintas** *coloring*
3. **paleta** *artist's palette*

preciosos colores para hermosearlo todo; y el fuego poético, don del   5
cielo, que hace admirable a los hombres que lo poseen y diviniza a
las mujeres que a su pesar lo revelan, daba a su semblante encantos
desconocidos para mí hasta entonces en el rostro humano. Los
pensamientos del poeta, acogidos[4] en el alma de aquella mujer tan
seductora, en medio de su inocencia, volvían a mí como eco de una   10
armonía lejana y conocida, cuyas notas apaga la distancia y se
pierden en la soledad.

Una tarde, tarde como las de mi país, engalanada[5] con nubes de
color de violeta y lampos[6] de oro pálido, bella como María, bella y
transitoria[7] como fue ésta para mí, ella, mi hermana y yo, sentados   15
sobre la ancha piedra de la pendiente,[8] desde donde veíamos a la
derecha, en la honda vega rodar las corrientes bulliciosas del río, y
teniendo a nuestros pies el valle majestuoso y callado, leía yo el
episodio de *Atala,*[9] y las dos, admirables en su inmovilidad y abandono, oían brotar de mis labios toda aquella melancolía   20
aglomerada[10] por el poeta para "hacer llorar al mundo."[11] Mi hermana, apoyado el brazo derecho en uno de mis hombros,[12] la
cabeza casi unida a la mía, seguía con los ojos las líneas que yo iba
leyendo. María, medio arrodillada cerca de mí, no separaba sus
miradas de mi rostro, miradas húmedas ya.   25

El sol se había ocultado cuando con voz alterada leí las últimas
páginas del poema. La cabeza pálida de Emma descansaba sobre mi
hombro. María se ocultaba el rostro con entrambas manos. Luego
que leí aquella desgarradora[13] despedida, que tantas veces ha arrancado sollozos a mi pecho: "Duerme en paz en extranjera tierra, hija   30
desventurada! En recompensa de tu amor, de tu destierro y de tu
muerte, quedas abandonada hasta del mismo Chactas."[14] María,
dejando de oír mi voz, se descubrió[15] la faz, y por ella rodaron

---

4. **acogidos** *gathered*
5. **engalanada** *adorned*
6. **lampos** *flashes*
7. Hay que notar que aquí con la palabra **transitoria**, empieza el autor su presentimiento de tristezas—de un futuro negro que va llegando.
8. **pendiente** *slope*
9. *Atala* (véase nota I), novela trágica que tiene lugar en las selvas de norteamérica, y trata del amor de un indio noble, Chactas, hacia una india, Atala, que había sido

bautizada cristiana.
10. **aglomerada** *accumulated*
11. Esta cita que emplea Isaacs no es exacta; había dicho Chateaubriand que no quería hacer llorar a sus lectores.
12. **apoyado... hombros** *her right arm resting on one of my shoulders*
13. **desgarradora** *heartrending*
14. Esta es la despedida que pronuncia Chactas sobre el sepulcro de Atala.
15. **se descubrió** *uncovered*

gruesas lágrimas. Era tan bella como la creación del poeta, y yo la
amaba con el amor que él imaginó. Nos dirigimos en silencio y   35
lentamente hacia casa. ¡Ay, mi alma y la de María no sólo estaban
conmovidos por esa lectura: estaban abrumadas[16] por el presentimiento!

CAPÍTULO XIV

Pasados tres días, una tarde que bajaba yo de la montaña, me
pareció notar alguna alarma en los semblantes de los criados, con   40
quienes tropecé en los corredores interiores. Mi hermana me refirió,
luego, que María había sufrido un ataque nervioso; y al agregar que
estaba aún sin sentido, procuró calmar cuanto le fue posible mi
dolorosa ansiedad.

Olvidando de toda precaución, entré a la alcoba donde estaba   45
María, y dominando el frenesí que me hubiera hecho estrecharla
contra mi corazón para volverla a la vida, me acerqué desconcertado
a su lecho. A los pies de éste se hallaba sentado mi padre; fijó en mí
una de sus miradas intensas, y volviéndola después sobre María,
parecía quererme hacer una reconvención[17] al mostrármela. Mi   50
madre estaba allí; pero no levantó la vista para buscarme, porque,
sabedora de mi amor, me compadecía, como sabe compadecer una
buena madre en la mujer amada por su hijo, a su hijo mismo.[18]

Permanecí inmóvil contemplando a María, sin atreverme a averiguar cuál era su mal. Estaba como dormida: su rostro, cubierto de   55
una palidez mortal, se veía medio oculto por la cabellera descom-
puesta, en la cual se descubrían, estrujadas[19] las flores que yo le
había dado en la mañana; la frente contraída revelaba un sufrimiento
insoportable, y un ligero sudor le humedecía las sienes;[20] de los ojos
cerrados habían tratado de brotar lágrimas que brillaban detenidas   60
en las pestañas.[21]

Comprendiendo mi padre todo mi sufrimiento, se puso en pie
para retirarse; mas, antes de salir, se acercó al lecho, y tomando el
pulso a María, dijo:

16. **abrumadas** *overwhelmed*   *woman he loves*
17. **reconvención** *reproach*   19. **estrujadas** *crushed*
18. **me compadecía... hijo mismo** 20. **sienes** *temples*
she pitted me as a good mother knows 21. **pestañas** *eyelashes*
how to pity her son in the person of the

El famoso monumento que representa la heroína de la novela de Isaacs.
Se llama La María y se halla en Cali, Colombia
COURTESY OF THE COLOMBIA NATIONAL TOURIST BOARD

—Todo ha pasado. ¡Pobre niña! Es exactamente el mismo mal   65
que sufría su madre.
   El pecho de María se elevó lentamente como para formar un
sollozo; pero al volver a su natural estado, exhaló sólo un suspiro.
Salido que hubo mi padre,[22] coloquéme a la cabecera del lecho, y
olvidando de mi madre y de Emma, que permanecían silenciosas,   70
tomé de sobre el almohadón una de las manos de María, y la bañé
en el torrente de mis lágrimas, hasta entonces contenido. Había yo
medido[23] toda mi desgracia: era el mismo mal de su madre; y su

22. **Salido... padre** *As soon as my fa-*   23. **medido**   *measured out, realized*
ther had gone out

madre había muerto muy joven, atacada de una epilepsia incurable. Esta idea se adueñó[24] de todo mi ser para quebrantarlo. 75 Sentí algún movimiento en esa mano yerta, a la que mi aliento[25] no podía volver el calor. María empezaba ya a respirar con más libertad, y sus labios parecían esforzarse en pronunciar alguna palabra. Movió la cabeza de un lado a otro, cual si tratara de deshacerse de un peso abrumador.[26] Pasado un momento de reposo, exhaló 80 palabras ininteligibles, pero al fin se advirtió entre ellas, claramente mi nombre. En pie yo, devorándola mis miradas, tal vez oprimí demasiado entre mis manos las suyas, quizá mis labios la llamaron. Abrió lentamente los ojos, como heridos por una luz intensa, y los fijó en mí haciendo un esfuerzo para reconocerme. Medio incor- 85 porándose un instante después:

—¿Qué es? —me dijo, apartándome. —¿Qué ha sucedido? —continuó, dirigiéndose a mi madre.

Tratamos de tranquilizarla, y con un acento en que había algo de reconvención, que por entonces no pude explicarme, agregó: 90

—Ya ves, yo lo temía.

Quedó después del acceso[27] adolorida y profundamente triste. Volví por la noche a verla, cuando y como la etiqueta establecida en tales casos por mi padre lo permitió. Al despedirme de ella, y rete- niéndome un instante la mano: 95

—Hasta mañana —me dijo, y acentuó esta última palabra, como solía hacerlo siempre que, interrumpida nuestra conversación en alguna velada, quedaba deseando el día siguiente para que la con- cluyésemos.[28]

CAPÍTULO XV

Cuando salí al corredor que conducía a mi cuarto, un cierzo[29] 100 impetuoso columpiaba[30] los sauces[31] del patio; y al acercarme al huerto, lo oí rasgarse[32] en los sotos de naranjos, de donde se lanza-

---

24. **se adueñó** *seized*
25. **aliento** *breath*
26. **cual si... abrumador** *as if she were trying to get rid of an oppressive weight*
27. **acceso** *attack*
28. **como solía... concluyésemos** *as she was always accustomed to do after*

our conversation in a family gathering was interrupted, and she wanted the following day to come in order to finish it
29. **cierzo** *north wind*
30. **columpiaba** *swayed*
31. **sauces** *willows*
32. **rasgarse** *whistle*

ban las aves asustadas. Relámpagos[33] débiles, semejantes al reflejo
instantáneo de un broquel[34] herido por el resplandor de una hoguera, parecían querer iluminar el fondo tenebroso del valle.   105
Recostado en una de las columnas del corredor, sin sentir la lluvia
que azotaba mis sienes, pensaba en la enfermedad de María, sobre
la cual había pronunciado mi padre tan terribles palabras. Mis ojos
querían volver a verla, como en las noches silenciosas y serenas, que
acaso no volverían ya más.   110
No sé qué tiempo había pasado, cuando algo como el ala vibrante
de un ave vino a rozar[35] mi frente. Miré hacia los bosques inmediatos
para seguirla: era un ave negra.[36]
Mi cuarto estaba frío; las rosas de mi ventana temblaban como si
temiesen ser abandonadas a los rigores del viento de invierno; el   115
florero contenía ya marchitos y desmayados los lirios que en la
mañana había colocado en él María. En esto una ráfaga[37] de viento
apagó la lámpara, y un trueno dejó oír por largo rato su creciente
retumbo,[38] como si fuese un carro gigante despeñado de las cumbres rocallosas[39] de las sierras. En medio de aquella naturaleza sollo-   120
zante,[40] mi alma tenía una triste serenidad. Acababa de dar las doce
el reloj del salón. Sentí pasos cerca de mi puerta y luego la voz de
mi padre que me llamaba.
"Levántate," me dijo, tan pronto como le respondí. "María sigue
mal."   125
El acceso se había repetido. Después de un cuarto de hora, estaba
yo preparado para marchar. Mi padre me hacía las últimas indicaciones sobre los nuevos síntomas de la enfermedad, mientras el negrito
Juan Ángel aquietaba mi caballo retinto,[41] impaciente y asustadizo.
Monté; sus cascos herrados crujieron sobre el empedrado,[42] y un   130
instante después bajaba yo hacia las llanuras del valle, buscando el
sendero a la luz de algunos relámpagos lívidos. Iba en solicitud del
doctor Mayn, que pasaba, a la sazón, una temporada de campo a tres
leguas de nuestra hacienda.

---

33. **relámpagos** *dashes of lightning*
34. **broquel** *shield*
35. **rozan** *graze*
36. Esta **ave negra** es un símbolo de la
fatalidad, un agüero de la tragedia que
nos recuerda a Edgar Allan Poe y su
"Raven."
37. **ráfaga** *gust*

38. **retumbo** *rumble*
39. **rocallosas** *rocky*
40. **naturaleza   sollozante** *robbing
nature*
41. **retinto** *dark*
42. **empedrado** *pavement of cobble-
stones*

La imagen de María, tal como la había visto en el lecho aquella   135
tarde, al decirme ese "hasta mañana," que tal vez no llegaría, iba
conmigo avivando mi impaciencia, y me hacía medir incesantemente la distancia que la velocidad del caballo no alcanzaba a
aminorar.[43]

Las llanuras empezaban a desaparecer, huyendo en sentido con-   140
trario a mi carrera, semejantes a mantos inmensos arrollados por el
huracán. Los bosques, que más cercanos creía, parecían alejarse
cuando avanzaba hacia ellos. Sólo algún gemido del viento entre los
higuerones y chiminangos[44] sombríos, sólo el resuello[45] fatigoso del
caballo y el choque de sus cascos en los pedernales[46] que chispea-   145
ban, interrumpían el silencio de la noche.

Algunas cabañas de Santa Elena quedaron a mi derecha, y poco
después dejé de oír los ladridos de sus perros. Vacadas[47] dormidas
sobre el camino empezaban a hacerme moderar el paso.

La hermosa casa de los señores de M——, con su capilla blanca   150
y sus bosques de ceibas,[48] se divisaba[49] a lo lejos, a los primeros
rayos de la luna naciente, cual castillo cuyas torres y techumbres
hubiese desmoronado el tiempo.[50]

El Amaime[51] bajaba crecido con las lluvias de la noche, y su
estruendo me lo anunció mucho antes de que llegase yo a la orilla.   155
A la luz de la luna, que, atravesando los follajes de las riberas, iba a
platear las ondas,[52] pude ver cuánto había aumentado su raudal.[53]
Pero no era posible esperar: había hecho dos leguas en una hora y
aún era poco. Puse las espuelas en los ijares[54] del caballo, que, con
las orejas tendidas hacia el fondo del río y resoplando sordamente,   160
parecía calcular la impetuosidad de las aguas que se azotaban a sus
pies; sumergió en ellas las manos,[55] pero, como sobrecogido[56] por
un terror invencible, retrocedió veloz, girando sobre las patas.[57] Le
acaricié las crines[58] humedecidas y el cuello aterciopelado[59] y lo

43. **aminorar** *diminish*
44. **higuerones y chiminangos** *tropical trees*
45. **resuello** *panting*
46. **pedernales** *flint stones*
47. **vacadas** *herds of cows*
48. **ceibas** *ceiba trees*
49. **se divisaba** *could be seen*
50. **cual castillo... tiempo** *like a castle whose towers and roofs time had gradually ruined*
51. **El Amaime:** un tributario del río del

Cauca
52. **iba... ondas** *was turning the waves
silver*
53. **raudal** *torrent*
54. **ijares** *flanks*
55. **manos** *fore feet*
56. **sobrecogido** *seized*
57. **girando sobre las patas** *turning
on his hind feet*
58. **crines** *mane*
59. **aterciopelado** *velvety*

aguijoneé[60] de nuevo para que se lanzase al río; entonces levantó las 165
manos, impacientado, pidiendo al mismo tiempo toda la rienda, la
que le abandoné, temeroso de haber errado el botadero de las
crecientes.[61] El subió por la ribera unas veinte varas, tomando la
ladera de un peñasco;[62] acercó la nariz a las espumas, y levantándola
en seguida, se precipitó en la corriente. El agua lo cubrió casi todo, 170
llegándome hasta las rodillas. Las olas se encresparon[63] poco después alrededor de mi cintura. Con una mano le palmeaba el cuello
al animal, única parte visible ya de su cuerpo, mientras con la otra
trataba de hacerle describir más curva hacia arriba la línea de corte,
porque de otro modo, perdida la parte baja de la ladera, era inaccesi- 175
ble por su altura y por la fuerza de las aguas, que columpiaba los
graduales desgajados.[64] Había pasado el peligro. Me apeé para ex-
aminar las cinchas, de las cuales se había reventado una. El noble
bruto se sacudió, y un instante después continué la marcha.

Luego que anduve un cuarto de legua, atravesé las ondas del 180
Nima,[65] humildes, diáfanas y tersas,[66] que rodaban iluminadas hasta
perderse en las sombras de bosques silenciosos. Dejé a la izquierda
la pampa de Santa——, cuya casa, en medio de arboledas de ceibas
y bajo el grupo de palmeras que elevan los follajes sobre su techo,
semeja en las noches de luna la tienda de un rey oriental, colgada de 185
los árboles de un oasis.

Eran las dos de la madrugada cuando, después de atravesar la villa
de P——, me desmonté a la puerta de la casa en que vivía el
médico.

Preguntas

1. ¿Dónde se encontraban Efraín, su hermana, y María mientras que leían las
   páginas de Chateaubriand?
2. ¿Qué reacción tuvo María hacia la lectura?

60. **aguijoneé** *I spurred on*
61. **botadero de las crecientes** *ford over the swollen waters*
62. **tomando... peñasco** *taking the slope of a large rock*
63. **se encresparon** *swirled up*
64. **trataba... desgajados** *I tried to have him make the line of crossing more curved in the upstream direction, because*
otherwise, if the lower part of the slope were missing, it would be inaccessible on account of its height and the force of the waters which were swaying the uprooted bamboo clumps
65. **Nima**: otro río pequeño
66. **diáfanas y tersas** *clear and smooth*

3. ¿Por qué se preocuparon Efraín y María?
4. ¿Qué supo Efraín al bajar de la montaña una tarde?
5. ¿Quiénes estaban en la alcoba de María, y qué hicieron cuando entró Efraín?
6. Describa la apariencia de María.
7. Después de la salida de su padre ¿qué hizo Efraín?
8. ¿Cómo había muerto la madre de María?
9. ¿Qué nombre podía distinguirse entre las palabras de María?
10. ¿Qué tiempo hacía cuando se dirigió Efraín a su cuarto?
11. ¿Qué vino a rozarle la frente?
12. ¿Por qué tenía Efraín que prepararse para marchar?
13. ¿Por qué medía Efraín incesantemente la distancia que le separaba de la casa del médico?
14. ¿Por qué tuvo tanta dificultad Efraín en atravesar el río Amaime?
15. ¿Cuánto tiempo pasó Efraín en el viaje?

Temas

1. Algunas características del romanticismo en estos capítulos de *María*.
2. La naturaleza sollozante que compadece los sentimientos tristes de Efraín.
3. Las frases y comparaciones poéticas que utiliza el autor.
4. El significado del ave negra.
5. El peligro de atravesar el raudal del río.

Ricardo Palma (1833–1919)

Entre los años de 1875 a 1883 fueron publicados los diez volúmenes de las famosas *Tradiciones peruanas* de Palma. Su autor las consideró como pertenecientes a un género distinto y nuevo: es posible que lo sean. Pero lo que sí puede decirse con toda certeza es que son historias breves y bocetos—basados algunos en hechos verídicos o fantásticos, pero todos narrados con el gusto satírico y el vigor de uno de los más grandes maestros del cuento. El estilo de Palma es único. Emplea muchas palabras y expresiones arcaicas, así como también palabras y frases tomadas del léxico de la gente ordinaria. No faltan tampoco palabras indígenas. Aparte de estas expresiones su español es correcto y literario.

La mayoría de sus historias son picantes con una sátira chispeante que nos recuerda los escritos de Quevedo y el ingenio mordaz del siglo XVII. Gran número de ellas tratan de temas del pasado que Palma conocía muy bien y que fue capaz de evocar con habilidad y poder notables. No tuvo modelos que puedan ser señalados, no pertenecía a ninguna escuela de escritores, aunque fue muy imitado sin éxito, por muchos escritores sudamericanos.

Palma recibió una buena educación, viajó a Europa y conoció personalmente a muchos grandes escritores de España y de Francia, y antes de haber llegado a los cuarenta años era para sus compatriotas uno de los grandes poetas y escritores peruanos de todos los tiempos. Palma dedicó sus últimos años a la reconstrucción de la Biblioteca Nacional que

Ricardo Palma (1833–1919)

había sido saqueada por los soldados chilenos en la Guerra del
Pacífico, guerra entre el Perú y Chile (1879–1883). Este solo
servicio lo hubiera hecho acreedor al agradecimiento y memoria de su país.

El alacrán de Fray Gómez es una de las tradiciones típicas
de Palma: se desarrolla en el pasado del Perú que el autor sabe
evocar con mucha efectividad cuando menciona algunas calle-
jas o edificios conocidos de los lectores e íntimamente asociados con los personajes y hechos que el autor retrata. Además

está escrita con la acostumbrada vena irónica y satírica tan característica del autor de las *Tradiciones*.

Este cuento va dedicado a un amigo de Palma, que se llama Prieto, como se puede ver en la selección.

EL ALACRÁN DE FRAY GÓMEZ

Principio principiando;
principiar quiero,
por ver si principiando
principiar puedo.

In diebus illis,[1] digo, cuando yo era muchacho, oía con frecuencia   5
a las viejas exclamar, ponderando el mérito y precio de una alhaja:[2]
"¡Esto vale tanto como el alacrán de fray Gómez!"

Tengo una chica, remate[3] de lo bueno, flor de la gracia y espumita
de la sal,[4] con unos ojos más pícaros y trapisondistas[5] que un par de
escribanos: 10

chica que se parece
al lucero del alba
cuando amanece,

al cual pimpollo[6] he bautizado, en mi paternal chochera,[7] con el
mote de *alacrancito de fray Gómez*. Y explicar el dicho de las viejas,   15
y el sentido del piropo con que agasajo[8] a mi Angélica, es lo que me
propongo, amigo y camarada Prieto, con esta tradición.

El sastre paga deudas con puntadas, y yo no tengo otra manera
de satisfacer la literaria que con usted he contraído que dedicándole
estos cuatro palotes.[9]   20

1. **In diebus illis:** frase latina que significa "en esos días," famosa en obras romanas
2. **alhaja** *jewel*
3. **remate** *the last word, tops, ultimate*
4. **espumita... sal** *cream of charm*
5. **trapisondistas** *mischievous*
6. **pimpollo** *rosebud, child*
7. **chochera** *dotage*
8. **del piropo... agasajo** *of the compliment with which I regale*
9. **palotes** *scribblings*

Iglesia de los Descalzos *(barefoot monks)* de Lima, Perú
COURTESY OF THREE LIONS

I

Este era[10] un lego contemporáneo de don Juan de la Pipirindica,[11] el de la valiente pica, y de San Francisco Solano;[12] el cual lego desempeñaba en Lima, en el convento de los padres seráficos, las funciones de refitolero[13] en la enfermería u hospital de los devotos frailes. El pueblo lo llamaba fray Gómez, y fray Gómez lo llaman las   25

10. **Este era** *Once there was*
11. **Juan de la Pipirindica:** apodo de cierto famoso soldado de tiempos tempranos en el Perú

12. **San Francisco Solano:** clérigo de gran santidad del Perú
13. **refitolero** *refectioner* (hombre que prepara los alimentos)

crónicas conventuales, y la tradición lo conoce por fray Gómez. Creo que hasta en el expediente que para su beatificación y canonización existe en Roma no se le da otro nombre.

Fray Gómez hizo en mi tierra milagros a mantas,[14] sin darse cuenta de ellos y como quien no quiere la cosa.[15] Era de suyo milagrero, como aquél que hablaba en prosa sin sospecharlo.[16] Sucedió que un día iba el lego por el puente, cuando un caballo desbocado arrojó sobre las losas al jinete. El infeliz quedó patitieso,[17] con la cabeza hecha una criba[18] y arrojando sangre por boca y narices.

"¡Se descalabró, se descalabró!" gritaba la gente. "¡Que vayan a San Lázaro por el santo óleo!"

Y todo era bullicio y alharaca.[19]

Fray Gómez acercóse pausadamente al que yacía en la tierra, púsole sobre la boca el cordón de su hábito, echóle tres bendiciones, y sin más médico ni más botica el descalabrado se levantó tan fresco, como si golpe no hubiera recibido.

"¡Milagro, milagro! ¡Viva fray Gómez!," exclamaron los infinitos espectadores.

Y en su entusiasmo intentaron llevar en triunfo al lego. Éste, para substraerse a la popular ovación, echó a correr camino de su convento y se encerró en su celda.

La crónica franciscana cuenta esto último de manera distinta. Dice que fray Gómez, para escapar de sus aplaudidores, se elevó en los aires y voló desde el puente hasta la torre de su convento. Yo ni lo niego ni lo afirmo. Puede que sí y puede que no.[20] Tratándose de maravillas, no gasto tinta en defenderlas ni en refutarlas.

Aquel día estaba fray Gómez en vena de hacer[21] milagros, pues cuando salió de su celda se encaminó a la enfermería, donde encontró a San Francisco Solano acostado sobre una tarima,[22] victima de una furiosa jaqueca.[23] Pulsólo el lego y le dijo:

---

14. **milagros a mantas** *abundant miracles*
15. **como... cosa** *like one who does not want something*
16. **como... sospecharlo** *like the one who spoke in prose without suspecting it.* Se refiere a M. Jourdain, de *Le bourgeois gentilhomme* de Molière
17. **patitieso** *lifeless*
18. **con... criba** *with his head converted into a sieve* (open at every pore)
19. **alharaca** *outcry*
20. **Puede... no** *It may or may not have happened*
21. **en... hacer** *in the mood to work*
22. **tarima** *low bench*
23. **jaqueca** *sick headache*

"Su paternidad está muy débil, y haría bien en tomar algún alimento."

"Hermano," contestó el santo, "no tengo apetito."

"Haga un esfuerzo, reverendo padre, y pase siquiera un bocado." 60
Y tanto insistió el refitolero, que el enfermo, por librarse de exigencias que picaban ya en majadería,[24] ideó[25] pedirle lo que hasta para el virrey habría sido imposible conseguir, por no ser la estación propicia para satisfacer el antojo.

"Pues mire, hermanito, sólo comería con gusto un par de pejerre- 65
yes."[26]

Fray Gómez metió la mano derecha dentro de la manga izquierda, y sacó un par de pejerreyes tan fresquitos que parecían acabados de salir del mar.

"Aquí los tiene su paternidad, y que en salud se le conviertan. Voy 70
a guisarlos."

Y ello es que con los benditos pejerreyes quedó San Francisco curado como por ensalmo.[27]

Me parece que estos dos milagritos de que incidentalmente me he ocupado no son paja picada.[28] Dejo en mi tintero otros muchos de 75
nuestro lego, porque no me he propuesto relatar su vida y milagros.

Sin embargo, apuntaré, para satisfacer curiosidades exigentes, que sobre la puerta de la primera celda del pequeño claustro, que hasta hoy sirve de enfermería, hay un lienzo pintado al óleo representando estos dos milagros, con la siguiente inscripción: 80

El Venerable Fray Gómez. —Nació en Extremadura en 1560. Vistió el hábito en Chuquisaca en 1580.[29] Vino a Lima en 1587. —Enfermero fue cuarenta años, ejercitando todas las virtudes, dotado de favores y dones celestiales. Fue su vida un continuado milagro. Falleció en 2 de mayo de 1631, con fama de santidad. En el año 85
siguiente se colocó el cadáver en la capilla de Aranzazú, y en 13 de octubre de 1810 se pasó debajo del altar mayor, a la bóveda donde son sepultados los padres del convento. Presenció la traslación de

24. **exigencias... majadería** *demands which were annoying him to the point of folly*
25. **ideó**   *had the idea*
26. **pejerreyes**   *smelt* (especie de pez)
27. **ensalmo**   *incantation*
28. **paja picada**   *chopped straw* (es

decir, no son cosas ordinarias)
29. **Extremadura:** parte de España, cuya ciudad más importante es Badajoz; **Chuquisaca:** parte del sudeste de Bolivia cuyas ciudades principales son Sucre, Camarya, Padilla y Yotala.

los restos el señor doctor don Bartolomé María de las Heras. Se restauró este venerable retrato en 30 de noviembre de 1882, por M. Zamudio. ₉₀

II

Estaba una mañana fray Gómez en su celda entregado a la meditación, cuando dieron a la puerta unos discretos golpecitos, y una voz de quejumbroso[30] timbre dijo:

"*Deo gratias*[31]... ¡Alabado sea el Señor!"   95

"Por siempre jamás, amén. Entre, hermanito," contestó fray Gómez.

Y penetró en la humildísima celda un individuo algo desarrapado, *vera effigies* del hombre a quien acongojan pobrezas,[32] pero en cuyo rostro se dejaba adivinar la proverbial honradez del castellano viejo.   100

Todo el mobiliario de la celda se componía de cuatro sillones de vaqueta,[33] una mesa mugrienta,[34] y una tarima sin colchón, sábanas ni abrigo, y con una piedra por cabezal o almohada.[35]

"Tome asiento, hermano, y dígame sin rodeos[36] lo que por acá le trae," dijo fray Gómez.   105

"Es el caso, padre, que yo soy hombre de bien a carta cabal..."[37]

"Se le conoce y que persevere deseo,[38] que así merecerá en esta vida terrena la paz de la conciencia, y en la otra la bienaventuranza."

"Y es el caso que soy buhonero,[39] que vivo cargado de familia y que mi comercio no cunde por falta de medios, que no por holgazanería y escasez de industria en mí."   110

"Me alegro, hermano, que a quien honradamente trabaja Dios le acude."

"Pero es el caso, padre, que hasta ahora Dios se me hace el sordo,[40] y en acorrerme tarda... "   115

"No desespere, hermano, no desespere."

---

30. **quejumbroso** *whining*
31. **Deo gratias:** frase latina que significa *"gracias a Dios"*
32. **algo... pobrezas** *somewhat ragged vera effigies* (frase latina que significa "very image") *of the man whom poverty afflicts*
33. **vaqueta** *leather*
34. **mugrienta** *soiled*
35. **cabezal o almohada** *pillow or cushion*
36. **rodeos** *beatings around the bush*
37. **hombre... cabal** *a decent man through and through*
38. **Se le... deseo** *It is known and I desire that you continue to be*
39. **buhonero** *peddler*
40. **se me... sordo** *makes himself deaf to me (turns a deaf ear to me)*

"Pues es el caso que a muchas puertas he llegado en demanda de habilitación[41] por quinientos duros, y todas las he encontrado con cerrojo y cerrojillo.[42] Y es el caso que anoche, en mis cavilaciones, yo mismo me dije a mí mismo: '¡Ea!, Jeromo, buen ánimo y vete a   120 pedirle el dinero a fray Gómez, que si él lo quiere, mendicante y pobre como es, medio encontrará para sacarte del apuro.' Y es al caso que aquí estoy porque he venido, y a su paternidad le pido y ruego que me preste esa *puchuela*[43] por seis meses, seguro que no será por mí por quien se diga: 125

> En el mundo hay devotos
> de ciertos santos:
> la gratitud les dura
> lo que[44] el milagro;
> que un beneficio   130
> da siempre vida a ingratos
> desconocidos.

"¿Cómo ha podido imaginarse, hijo, que en esta triste celda encontraría ese caudal?"

"Es el caso, padre, que no acertaría[45] a responderle; pero tengo fe   135 en que no me dejará ir desconsolado."

"La fe lo salvará, hermano. Espere un momento."

Y paseando los ojos por las desnudas y blanqueadas paredes de la celda, vio un alacrán que caminaba tranquilamente sobre el marco de la ventana. Fray Gómez arrancó una página de un libro viejo,   140 dirigióse a la ventana, cogió con delicadeza a la sabandija,[46] la envolvió en el papel, y tornándose hacia el castellano viejo le dijo:

"Tome, buen hombre, y empeñe esta alhajita; no olvide, sí, devolvérmela dentro de seis meses."

El buhonero se deshizo[47] en frases de agradecimiento, se despidió   145 de fray Gómez y más que de prisa se encaminó a la tienda de un usurero.

La joya era espléndida, verdadera alhaja de reina morisca, por

---

41. **habilitación** *financing*
42. **cerrojo y cerrojillo** *locked and bolted*
43. **puchuela:** palabra popular que quiere decir "trifling sum"

44. **lo que** *as long as*
45. **no acertaría** *I would not know how to tell you*
46. **sabandija** *insect*
47. **se deshizo** *outdid himself*

decir lo menos. Era un prendedor[48] figurando un alacrán. El cuerpo
lo formaba una magnífica esmeralda engarzada sobre oro, y la   150
cabeza un grueso brillante con dos rubíes por ojos.
El usurero, que era hombre conocedor, vio la alhaja con codicia,
y ofreció al necesitado adelantarle dos mil duros por ella; pero
nuestro español se empeñó en no aceptar otro préstamo[49] que el de
quinientos duros por seis meses, y con un interés judaico, se en-   155
tiende. Extendiéronse y firmáronse los documentos o papeletas de
estilo,[50] acariciando el agiotista la esperanza[51] de que a la postre el
dueño de la prenda acudiría por más dinero, que con el recargo de
intereses lo convertiría en propietario de joya tan valiosa por su
mérito intrínseco y artístico.   160
Y con este capitalito fuele tan prósperamente en su comercio, que
a la terminación del plazo[52] pudo desempeñar la prenda, y, envuelta
en el mismo papel en que la recibiera, se la devolvió a fray Gómez.
Éste tomó el alacrán, lo puso sobre el alféizar[53] de la ventana, le
echó una bendición y dijo: 165
"Animalito de Dios, sigue tu camino."
Y el alacrán echó a andar libremente por las paredes de la celda.

Y vieja pelleja,
aquí dio fin la conseja.[54]   170

Preguntas

1. ¿Qué clase de trabajo hacía fray Gómez?
2. ¿Qué le sucedió al jinete cuando le arrojó su caballo?
3. ¿Qué hizo fray Gómez frente al jinete muerto?
4. ¿Qué hizo él para evitar la ovación popular?
5. ¿De qué era víctima San Francisco Solano?
6. ¿Por qué dijo San Francisco que comería con gusto un par de pejerreyes?
7. ¿De dónde sacó fray Gómez los pejerreyes?
8. ¿Quién llamó a la puerta de la celda de fray Gómez?

48. **prendedor** *brooch*
49. **préstamo** *loan*
50. **papeletas de estilo** *pawn ticket*
51. **acariciando... esperanza** *the usu-rer nourishing the hope*

52. **plazo** *assigned termination date*
53. **alféizar** *window embrasure*
54. Las estrofas de tipo folklórico que comienzan y terminan esta leyenda son de tono jocoso.

9. ¿Qué neccesitaba este buhonero?
10. ¿Por qué le pidió este dinero a fray Gómez?
11. Según fray Gómez, ¿qué salvó al buhonero?
12. ¿En qué se transformó el alacrán por milagro?
13. ¿Cuánto tiempo quedó la prenda en poder del usurero?
14. ¿Qué hizo con esta alhaja el buhonero?
15. ¿Qué hizo fray Gómez con la prenda al fin?

Temas

1. Las *tradiciones* de Palma como género literario.
2. Su manera de narrar los milagros de fray Gómez.
3. La vida de fray Gómez según los cronistas.
4. El poder de la fe del buhonero.
5. Una descripción de la joya.

Novela del gaucho
Domingo Faustino Sarmiento
(1811–1888)

El maestro de escuela que llegó a ser presidente de la Argentina, el luchador en contra de la opresión del tirano Rosas, el visionario que quería emular todo lo bueno de los Estados Unidos para su país—Domingo Faustino Sarmiento es uno de los gigantes del siglo XIX. Su anhelo de establecer el progreso y la democracia por medio de un sistema universal de educación es la base de la creación de la Argentina moderna. La literatura y la política no fueron para Sarmiento actividades distintas; era hombre de acción cuya pluma llenó 52 volúmenes de prosa de carácter educacional, sociológico y político. En esta época, el revolucionario de pluma era un tipo común.

De antecedentes pobres, nacido en la provincia de San Juan, Sarmiento adquirió la mayor parte de su educación por sus propios esfuerzos. Era un hombre de muchos talentos: comenzó a enseñar cuando sólo tenía quince años, trabajó en una tienda, sirvió de capitán en el ejército y trabajó en las minas durante su destierro en Chile. Según se cuenta, en aquella época Sarmiento llevaba al hombro un costal de enciclopedias, sobre el cual solía dormir.

Su reputación literaria empezó durante este destierro cuando en 1842 defendió el romanticismo en una polémica famosa con el notable clasicista don Andrés Bello. También en Chile se publicó por entregas en un periódico su obra maestra, *Civilización y barbarie: vida de Juan Facundo Quiroga* (1845). En Chile aparecieron otras obras importantes, entre ellos sus *Viajes por Europa, Africa y América* (1849) y su autobiografía, *Recuerdos de provincia* (1850), donde se ve mejor su prosa a la vez vigorosa y lírica.

Domingo F. Sarmiento, Presidente de la Argentina (1868–1874)

Durante toda su vida Sarmiento sintió una admiración profunda hacia los Estados Unidos, mientras que citaba a Franklin como su modelo. En 1847 hizo un viaje patrocinado por el gobierno de Chile para estudiar los métodos de la educación extranjera y pasó tres meses en los Estados Unidos. Notó el progreso que resultaba de la educación y de las instituciones democráticas y conoció al estimable educador Horace Mann. En 1865 cuando volvió a los Estados Unidos como embajador de su país, se lanzó a las actividades educacionales y culturales. Viajó, pronunció discursos, escribió constantemente; sus cartas y artículos aparecieron en los periódicos americanos. Su interés en la educación pública, su proyecto de enviar maestras normales a la Argentina, sus esfuerzos por diseminar datos sobre Hispanoamérica y por fomentar el estudio del español eran actividades que no eran parte de su oficio diplomático. Con-

taba entre sus amigos norteamericanos: a Emerson, a Longfellow, a Ticknor, a Gould, a Agassiz, a Barnard, notables en
literatura, ciencia, y educación. Su libro *Facundo* fue traducido
por Mrs. Horace Mann bajo el título, *Life in the Argentine
Republic in the Days of the Tyrants, or Civilization and Barba-
rism.* Su personalidad dinámica y sincera y su voluntad
poderosa le granjearon amigos por todas partes. Era un trabajador nombrado por sí mismo en la causa de las relaciones
culturales interamericanas. Volvió a su país en 1868, ya electo
como segundo presidente constitucional.

Nadie puede estudiar la civilización ni la cultura de Hispanoamérica sin conocer *Facundo.* Aunque escrita en forma
irregular, con explicaciones pedantes, lecciones de historia, y
numerosas anécdotas, esta obra monumental muestra la prosa
vigorosa de Sarmiento. Llamado a veces una biografía
novelada, el libro se compone de tres secciones distintas. Al
principio Sarmiento explica algo de la situación geográfica de
la Argentina y poco a poco va revelando la barbarie que existía.
Presenta a algunos tipos nacionales para dar idea de las costumbres y para mostrar el carácter, las causas y los efectos de
la guerra civil. En la segunda sección incluye una biografía del
gaucho caudillo, Facundo Quiroga, un ejemplo por excelencia
del barbarismo. Termina con una diatriba contra el régimen del
tirano Rosas.

Hemos seleccionado algo de la primera parte de *Facundo* y
también algunas anécdotas de su vida. Aquí se nota muy bien
la prosa robusta y pintoresca de Sarmiento.

FACUNDO

EL RASTREADOR

El más conspicuo de todos, el más extraordinario, es el rastreador.[1]
Todos los gauchos del interior son rastreadores. En llanuras tan

1. **rastreador** *tracker*

dilatadas, en donde las sendas y caminos se cruzan en todas direcc-
iones, y los campos en que pacen[2] o transitan las bestias son abiertos, es preciso saber seguir las huellas de un animal y distinguirlas   5
de entre mil, conocer si va despacio o ligero, suelto[3] o tirado,[4]
cargado o de vacío. Esta es una ciencia casera[5] y popular. Una vez
caía yo de un camino de encrucijada[6] al de Buenos Aires, y el peón
que me conducía echó, como de costumbre, la vista al suelo. "Aquí
va," dijo luego, "una mulita mora[7] muy buena..., ésta es la tropa de   10
don N. Zapata..., es de muy buena silla[8]..., va ensillada..., ha
pasado ayer...." Este hombre venía de la Sierra de San Luis; la tropa
volvía de Buenos Aires, y hacía un año que él había visto por última
vez la mulita mora, cuyo rastro estaba confundido con el de toda una
tropa en un sendero de dos pies de ancho. Pues esto, que parece   15
increíble, es, con todo, la ciencia vulgar; éste era un peón de arrea[9]
y no un rastreador de profesión.

El rastreador es un personaje grave, circunspecto, cuyas aseveraciones[10] hacen fe en los tribunales[11] inferiores. La conciencia del saber
que posee le da cierta dignidad reservada y misteriosa. Todos le   20
tratan con consideración: el pobre, porque puede hacerle mal,
calumniándolo o denunciándolo; el propietario, porque su testimonio puede fallarle.[12] Un robo se ha ejecutado durante la noche;
no bien se nota,[13] corren a buscar una pisada[14] del ladrón, y encontrada, se cubre con algo para que el viento no la disipe. Se llama en   25
seguida al rastreador, que ve el rastro y lo sigue sin mirar sino de
tarde en tarde el suelo, como si sus ojos vieran de relieve[15] esta
pisada, que para otro es imperceptible. Sigue el curso de las calles,
atraviesa los huertos, entre en una casa y, señalando un hombre que
encuentra, dice fríamente: "¡Éste es!" El delito[16] está probado, y raro   30
es el delincuente que resiste a esta acusación. Para él, más que para
el juez, la deposición del rastreador es la evidencia misma; negarla
sería ridículo, absurdo. Se somete, pues, a este testigo, que considera

2. **pacen** *graze*
3. **suelto** *loose*
4. **tirado** *drawn along*
5. **casera** *household*
6. **caía... encrucijada** *I was turning
from a crossroad*
7. **mulita mora** *Moorish mule*
8. **de... silla** *a good saddle horse*
9. **peón de arrea** *common herdsman,*

muleteer
10. **aseveraciones** *statements*
11. **tribunales** *courts*
12. **fallarle** *ruin him*
13. **no bien se nota** *as soon as it is
discovered*
14. **pisada** *footprint*
15. **de relieve** *in relief*
16. **delito** *crime*

como el dedo de Dios que lo señala. Yo mismo he conocido a
Calíbar, que ha ejercido en una provincia su oficio[17] durante cua-   35
renta años consecutivos. Tiene ahora cerca de ochenta años; encorvado por la edad, conserva, sin embargo, un aspecto venerable y
lleno de dignidad. Cuando le hablan de su reputación fabulosa,
contesta: "Ya no valgo nada; ahí están los niños." Los niños son sus
hijos, que han aprendido en la escuela de tan famoso maestro. Se   40
cuenta de él que durante un viaje a Buenos Aires le robaron una vez
su montura de gala.[18] Su mujer tapó el rastro con una artesa.[19] Dos
meses después Calíbar regresó, vió el rastro ya borrado e imperceptible para otros ojos, y no se habló más del caso. Año y medio después
Calíbar marchaba cabizbajo[20] por una calle de los suburbios, entra   45
en una casa y encuentra su montura, ennegrecida ya y casi
inutilizada por el uso. ¡Había encontrado el rastro de su raptor
después de dos años!

El año 1830 un reo condenado a muerte se había escapado de la
cárcel. Calíbar fue encargado de buscarlo. El infeliz, previendo[21] que   50
sería rastreado, había tomado todas las precauciones que la imagen
del cadalso[22] le sugirió. ¡Precauciones inútiles! Acaso sólo sirvieron
para perderle, porque conprometido Calíbar en su reputación, el
amor propio ofendido le hizo desempeñar con calor una tarea que
perdía a un hombre, pero que probaba su maravillosa vista. El   55
prófugo[23] aprovechaba todos los accidentes del suelo para no dejar
huellas; cuadras enteras había marchado pisando con la punta del
pie; trepábase[24] en seguida a las murallas bajas, cruzaba un sitio y
volvía para atrás. Calíbar lo seguía sin perder la pista; si le sucedía
momentáneamente extraviarse, al hallarla de nuevo exclamaba: 60
"¡Dónde te mi-as-dir!"[25] Al fin llegó a una acequia[26] de agua en los
suburbios, cuya corriente había seguido aquél para burlar al rastreador... ¡Inútil! Calíbar iba por las orillas sin inquietud, sin vacilar. Al
fin se detiene, examina unas hierbas, y dice: "¡Por aquí ha salido; no
hay rastro, pero estas gotas de agua en los pastos lo indican!" Entra   65
en una viña; Calíbar reconoció[27] las tapias que la rodeaban, y dijo:

17. **oficio** *profession*		23. **prófugo** *fugitive*	
18. **montura de gala** *very best saddle*		24. **trepábase** *he climbed*	
19. **artesa** *trough*		25. **mi-as-dir** = **me has de ir**	
20. **cabizbajo** *head down*		26. **acequia** *canal*	
21. **previendo** *foreseeing*		27. **reconoció** *examined*	
22. **cadalso** *scaffold, gallows*			

"Adentro está." La partida de soldados se cansó de buscar, y volvió a dar cuenta de la inutilidad de las pesquisas. "No ha salido" fue la breve respuesta que sin moverse, sin proceder a nuevo examen, dio el rastreador. No había salido en efecto, y al día siguiente fue   70
ejecutado.

En 1831 algunos presos políticos intentaban una evasión;[28] todo estaba preparado: los auxilios de fuera, prevenidos; en el momento de efectuarla, uno dijo: "¿Y Calíbar?"—"¡Cierto! —contestaron los otros anonadados,[29] aterrados— Calíbar!" Sus familias pudieron   75
conseguir de Calíbar que estuviese enfermo cuatro días, contados desde la evasión, y así pudo efectuarse sin inconveniente.

¿Qué misterio es éste del rastreador? ¿Qué poder microscópico se desenvuelve en el órgano de la vista de estos hombres? ¡Cuán sublime criatura es la que Dios hizo a su imagen y semejanza!   80

EL CANTOR

El cantor. Aquí tenéis la idealización de aquella vida de revueltas, de civilización, de barbarie y de peligros. El gaucho cantor es el mismo bardo, el vate,[30] el trovador de la Edad Media, que se mueve en la misma escena, entre las luchas de las ciudades y del feudalismo de los campos, entre la vida que se va y la vida que se acerca. El   85
cantor anda de pago en pago,[31] "de tapera en galpón,"[32] cantando sus héroes de la pampa perseguidos por la justicia, los llantos de la viuda a quien los indios robaron sus hijos en un malón[33] reciente, la derrota y la muerte del valiente Rauch,[34] la catástrofe de Facundo Quiroga y la suerte que cupo a Santos Pérez.[35] El cantor está ha-   90
ciendo candorosamente el mismo trabajo de crónica, costumbres, historia, biografía, que el bardo de la Edad Media, y sus versos serían recogidos más tarde como los documentos y datos en que habría de apoyarse[36] el historiador futuro, si a su lado no estuviese otra sociedad culta con superior inteligencia de los acontecimientos que la   95
que el infeliz despliega[37] en sus rapsodias ingenuas.

28. **evasión** *escape*
29. **anonadados** *overwhelmed*
30. **vate** *poet*
31. **de pago en pago** *from place to place, from ranch to ranch*
32. **de tapera en galpón** *from cabin to hut*
33. **malón** *raid*

34. **Rauch** fue un coronel que sirvió con el general Lavalle y lo mataron en 1829.
35. **Santos Pérez,** gaucho malo, fue el capitán de la partida que atacó la galera en que viajó Facundo y le mató (1835).
36. **apoyarse** *depend on*
37. **despliega** *displays*

En la República Argentina se ven a un tiempo dos civilizaciones distintas en un mismo suelo: una reciente, que sin conocimiento de lo que tiene sobre su cabeza, está remedando[38] los esfuerzos ingenuos y populares de la Edad Media; otra que sin cuidarse de lo que tiene a sus pies, intenta realizar los últimos resultados de la civilización europea. El siglo XIX y el siglo XII viven juntos: el uno dentro de las ciudades, el otro en las campañas.

El cantor no tiene residencia fija; su morada está donde la noche lo sorprende; su fortuna, en sus versos y en su voz. Dondequiera que *el cielito*[39] enreda sus parejas sin tasa;[40] dondequiera que se apure[41] una copa de vino, el cantor tiene su lugar preferente, su parte escogida en el festín. El gaucho argentino no bebe si la música y los versos no lo excitan, y cada pulpería[42] tiene su guitarra para poner en manos del cantor.

JUAN FACUNDO QUIROGA

También a él le llamaron *Tigre de los Llanos,* y no le sentaba mal esta denominación, a fe. La frenología[43] o la anatomía comparada han demostrado, en efecto, las relaciones que existen en las formas exteriores y las disposiciones morales entre la fisonomía del hombre y de algunos animales a quienes se asemeja en su carácter * * * Facundo, pues era de estatura baja y fornido; sus anchas espaldas sostenían sobre un cuello corto una cabeza bien formada, cubierta de pelo espesísimo, negro y ensortijado.[44] Su cara poco ovalada estaba hundida en medio de un bosque de pelo, a que correspondía una barba igualmente espesa, igualmente crespa[45] y negra, que subía hasta los pómulos,[46] bastante pronunciados, para descubrir una voluntad firme y tenaz.

Sus ojos negros, llenos de fuego y sombreados por pobladas cejas[47] causaban una sensación involuntaria de terror en aquellos a quienes alguna vez llegaban a fijarse, porque Facundo no miraba nunca de frente, y por hábito, por arte, por deseo de hacerse siempre

---

38. **remedando** *imitating*
39. **cielito** es un baile popular de la pampa.
40. **sin tasa** *numberless*
41. **se apure** *is drained*
42. **pulpería:** la tienda general y taberna en la pampa donde se reunen los gauchos.

43. **frenología** *phrenology* (the analysis of personality according to characteristics of the skull)
44. **ensortijado** *in ringlets*
45. **crespa** *curly*
46. **pómulos** *cheekbones*
47. **pobladas cejas** *thick brows*

temible, tenía de ordinario la cabeza inclinada y miraba por entre las cejas. * * *

Facundo es un tipo de la barbarie primitiva; no conoció sujeción de ningún género; su cólera era la de las fieras; la melena[48] de sus renegridos y ensortijados cabellos caía sobre su frente y sus ojos en guedejas,[49] como las serpientes de la cabeza de Medusa;[50] su voz se enronquecía[51] y sus miradas se convertían en puñaladas.[52]

Dominado por la cólera mataba a patadas,[53] estrellándole los sesos a N. por una disputa de juego; arrancaba ambas orejas a su querida porque le pedía una vez treinta pesos para celebrar un matrimonio consentido por él; abría a su hijo Juan la cabeza de un hachazo[54] porque no había forma de hacerlo callar; daba de bofetadas en Tucumán a una linda señorita a quien ni seducir ni forzar podía. En todos sus actos mostrábase el hombre bestia aún, sin ser por eso estúpido y sin carecer de elevación de miras. Incapaz de hacerse admirar o estimar, gustaba de ser temido; pero este gusto era exclusivo, dominante, hasta el punto de arreglar todas las acciones de su vida a producir el terror en torno suyo, sobre los pueblos como sobre los soldados, sobre la víctima que iba a ser ejecutada como sobre su mujer y sus hijos.

En la incapacidad de manejar los resortes del gobierno civil, ponía el terror como expediente para suplir el patriotismo y la abnegación; ignorante, rodeándose de una sagacidad natural, una capacidad de observación no común y de la credulidad del vulgo, fingía una presciencia[55] de los acontecimientos que le daba prestigio y reputación entre las gentes vulgares.

Es inagotable el repertorio de anécdotas de que está llena la memoria de los pueblos con respeto a Quiroga; sus dichos, sus expedientes, tienen un sello de originalidad que le daban ciertos visos[56] orientales, cierta tintura de sabiduría salomónica[57] en el concepto de la plebe.[58] ¿Qué diferencia hay, en efecto, entre aquel famoso expediente de mandar partir en dos el niño disputado, a fin

130

135

140

145

150

155

---

48. **melena**   *mane, locks*
49. **guedejas**   *long locks*
50. **Medusa:** una de las tres Gorgonas, mujeres mitológicas que llevaban serpientes en vez de cabellos
51. **se enronquecía**   *became hoarse*
52. **puñaladas**   *dagger thrusts*

53. **a patadas**   *by kicks*
54. **hachazo**   *hatchet blow*
55. **presciencia**   *foreknowledge*
56. **visos**   *aspects*
57. **salomónica**   ·*Solomon-like*
58. **plebe**   *common people*

de descubrir la verdadera madre, y este otro para encontrar un
ladrón? 160
Entre los individuos que formaban una compañía habíase robado
un objeto, y todas las diligencias[59] practicadas para descubrir el
raptor habían sido infructuosas. Quiroga forma la tropa, hace cortar
tantas varitas de igual tamaño cuantos soldados había;[60] hace en
seguida que se distribuyan a cada uno, y luego, con voz segura, dice: 165
"Aquél cuya varita aparezca mañana más grande que las demás, ése
es el ladrón." Al día siguiente formóse de nuevo la tropa, y Quiroga
procede a la verificación y comparación de las varitas. Un soldado
hay, empero, cuya varita aparece más corta que las otras. "¡Miserable! —le grita Facundo con voz aterrante—, ¡tú eres!..." Y, en 170
efecto, él era; su turbación lo dejaba conocer demasiado.[61] El expediente es sencillo: el crédulo gaucho, temiendo que, efectivamente, creciese su varita, le había cortado un pedazo. Pero se
necesita cierta superioridad y cierto conocimiento de la naturaleza
humana para valerse de estos medios. 175
Habíanse robado algunas prendas de la montura de un soldado,
y todas las pesquisas[62] habían sido inútiles para descubrir al raptor.
Facundo hace formar la tropa y que desfile por delante de él, que
está con los brazos cruzados, la mirada fija, escudriñadora, terrible.
Antes ha dicho: "Yo sé quién es," con una seguridad que nada 180
desmiente. Empiezan a desfilar, desfilan muchos, y Quiroga per-
manece inmóvil; es la estatua de Júpiter Tonante,[63] es la imagen del
Dios del Juicio Final. De repente, se abalanza[64] sobre uno, le agarra
del brazo y le dice con voz breve y seca: "¿Dónde está la montura?"
"Allí, señor" —contesta, señalando un bosquecillo. "Cuatro tira- 185
dores"[65] —grita entonces Quiroga. ¿Qué revelación era ésta? La del
terror y la del crimen hecha ante un hombre sagaz.
Estaba otra vez un gaucho respondiendo a los cargos que se le
hacían por un robo; Facundo le interrumpe diciendo: "Ya este
pícaro está mintiendo; ¡a ver... cien azotes...!" Cuando el reo hubo 190
salido, Quiroga dijo a alguno que se hallaba presente: "Vea, patrón;
cuando un gaucho al hablar está haciendo marcas con el pie, es

---

59. **diligencias** *efforts*
60. **hace cortar... había** *he orders as
many sticks cut as there are soldiers*
61. **su turbación... demasiado** *his
confusion revealed it too well*

62. **pesquisas** *investigations*
63. **Tonante** *thundering;* **Júpiter** era
el rey de los dioses clásicos.
64. **se abalanza** *he rushes impetuously*
65. **tiradores** *sharpshooters*

señal que está mintiendo." Con los azotes, el gaucho contó la historia como debía de ser, esto es, que se había robado una yunta de bueyes. 195
Necesitaba otra vez y había pedido un hombre resuelto, audaz, para confiarle una misión peligrosa. Escribía Quiroga cuando le trajeron el hombre; levanta la cara después de habérselo anunciado[66] varias veces, lo mira y dice continuando de escribir: "¡Eh! ... ¡Ése es un miserable! ¡Pido un hombre valiente y arrojado!"[67] 200
Averiguóse, en efecto, que era un patán.[68]
De estos hechos hay a centenares en la vida de Facundo, y que, al paso que descubren un hombre superior,[69] han servido eficazmente para labrarle una reputación misteriosa entre hombres groseros que llegaban a atribuirle poderes sobrenaturales. 205

Preguntas

1. ¿Por qué son rastreadores todos los gauchos?
2. ¿Por qué tratan al rastreador con consideración?
3. ¿Qué ocurrió cuando le robaron a Calíbar su montura de gala?
4. ¿Qué había hecho el prófugo para no dejar huellas?
5. ¿Por qué tenían miedo los presos políticos al momento de escapar?
6. ¿Cómo lograron la evasión?
7. ¿Con quién se puede comparar el cantor? ¿Por qué?
8. ¿Dónde vive el cantor? ¿Dónde trabaja?
9. ¿Cuál era el aspecto físico de Facundo?
10. ¿De qué manera inspiraba Facundo miedo con su mirada?
11. ¿Qué le dio a Facundo prestigio y reputación?
12. ¿Por qué se compara a Facundo con Salomón?
13. ¿Cómo se propone Facundo descubrir el ladrón?
14. ¿Cómo sabe Facundo que está mintiendo el gaucho?
15. ¿Cómo averiguó Facundo que el hombre que le trajeron no tenía valor?

---

66. **habérselo anunciado** *having announced him (the man) to him (to Quiroga)*
67. **arrojado** *fearless*
68. **patán** *simpleton*
69. **al paso... superior** *while they reveal a superior man*

Temas

1. El oficio del rastreador.
2. El cantor de la Pampa y el trovador de la Edad Media.
3. Las dos civilizaciones distintas en la República Argentina.
4. Facundo, representante de la barbarie.
5. El propósito de Sarmiento al escribir *Facundo*.

José Hernández (1834–1886)

La literatura del gaucho y especialmente la épica gauchesca alcanzó su apogeo en el *Martín Fierro* de José Hernández en 1872. Hernández fue un político ardiente y se rebeló contra el gobierno alieneándose con los gauchos en su insurrección. Estaba, durante toda su vida, interesado en la situación del gaucho en la Argentina y conspiró para proteger a esta gente de la opresión. Por haber vivido muchos años en el país de los gauchos Hernández comprendió la mente del gaucho, sus costumbres, su historia y pudo escribir por consiguiente su famoso poema épico que se considera como el clásico de la literatura gauchesca.

Martín Fierro representa la vida heroica de los gauchos en su lucha contra los feroces indios de la pampa, y más tarde contra la opresión del gobierno. Martín Fierro, héroe del poema, es la personificación de la independencia, la fuerza física y la fortaleza heroica de este grupo. Como Martín vive y respira estas virtudes ha sido considerado por los argentinos como el espírtu de la nación. La personalidad del héroe es la parte más viva del poema, pero las escenas de violencia, las aventuras de Martín y el notable retrato del paisaje sombrío y salvaje de la pampa añaden encanto y color a la obra.

Lo que impide que sea una epopeya verdadera es la condición intensamente humana de Martín. No hay nada divino, nada aristocrático y nada pulido en Martín Fierro quien aún a veces es un criminal, a veces un trabajador común o un soldado, pero siempre un hombre del pueblo sin vínculos familiares, sin nombre y sin más honor que el innato en su propio espíritu de independencia.

Martín cuenta su propia historia en verso como la hubiera contado un poeta popular, que entre los gauchos de la Argentina se llama *payador*. Empieza por recordar los felices y prósperos días cuando vivía con su familia en una gran estancia hasta que enviado a la frontera india tuvo que sufrir las desgracias y dificultades de un pobre soldado. Debido a la persecución, desertó y regresó al hogar donde encontró que su esposa y sus hijos habían desaparecido y que su casa estaba destruida. Se convirtió entonces en un vagabundo y pasaba los días entre la borrachera y el crimen vagando por la pampa.

Con Cruz, un viejo gaucho con quien hizo amistad, dejó la civilización y entró en territorio indio para unirse a los salvajes. En *La vuelta de Martín Fierro* (1879) Hernández continuó las aventuras de su héroe. Cruz murió de viruelas entre los indios, y Martín escapó trayendo consigo a una pobre mujer blanca que estaba cautiva y cuyo hijo había sido asesinado por un cruel guerrero indio. Es este episodio el que hemos seleccionado. Es una pieza brutal pero típica de Hernández, típica del realismo de la literatura gaucha y representativa de la vida y las costumbres de la pampa.

El poema termina cuando Martín, después de volver a lo civilazado y de vagar en busca de sus viejos amigos y su familia perdida, encuentra a dos de sus hijos.

Se nota que Hernández imita el lenguaje popular de la pampa. El poema está compuesto de estrofas, cada una de seis versos octosílabos. Prevalece la rima *abbccb*. El sonido de la -s final es muy débil o desaparece, de modo que pueden rimar palabras tales como "quiera-fieras," etc.

MARTÍN FIERRO

IX

De ella[1] fueron los lamentos
Que en mi soledá[2] escuché.
En cuanto al punto llegué,
Quedé enterado de todo.
Al mirarla de aquel modo   5
Ni un instante, tutubié.[3]

Toda cubierta de sangre
Aquella infeliz cautiva,
Tenía dende abajo arriba
La marca de los lazazos.[4]   10
Sus trapos hechos pedazos
Mostraban la carne viva.

Alzó los ojos al cielo,
En sus lágrimas bañada.
Tenía las manos atadas.   15
Su tormento estaba claro.
Y me clavó una mirada
Como pidiendomé amparo.

Yo no sé lo que pasó
En mi pecho en ese istante.[5]   20
Estaba el indio arrogante
Con una cara feroz:
Para entendernos los dos
La mirada fue bastante.

1. **ella** es la pobre mujer cautiva a cuyo
niño mató el cruel indio.
2. **soledá** = **soledad** en el habla popular

3. **tutubié:** forma popular del verbo **titubear** que significa *to hesitate*
4. **lazazo** *lasso marks*
5. **istante** = **instante**

Gauchos ovejeros de las pampas de Patagonia, Argentina
COURTESY OF THREE LIONS

Pegó un brinco como gato[6]   25
Y me ganó la distancia;
Aprovechó esa ganancia
Como fiera cazadora:
Desató las boliadoras[7]
Y aguardó con vigilancia.   30

Aunque yo iba de curioso
Y no por buscar contienda,
Al pingo[8] le até la rienda,
Eché mano, dende luego,

6. **Pegó... gato** *He made a leap like a cat*
7. **boliadoras** = **el par de bolas.** (Las bolas forman para los gauchos y los indios un arma formidable. Son dos bolas de hierro o de piedra unidas por una cuerda. Cuando las bolas se tiran enredan a un enemigo o un animal.)
8. **pingo** *swift horse* en lengua gauchesca

A éste, que no yerra fuego,[9]   35
Y ya se armó la tremenda.[10]

El peligro en que me hallaba
Al momento conocí.
Nos mantuvimos ansí,[11]
Me miraba y lo miraba;   40
Yo al indio le desconfiaba
Y él me desconfiaba a mí.

Se debe ser precavido[12]
Cuando el indio se agazape;[13]
En esa postura el tape[14]   45
Vale por cuatro o por cinco:
Como tigre es para el brinco
Y fácil que a uno lo atrape.[15]

Peligro era atropellar
Y era peligro el juir,[16]   50
Y más peligro seguir
Esperando de este modo,
Pues otros podían venir
Y carniarme[17] allí entre todos.

A juerza[18] de precaución   55
Muchas veces he salvao,[19]
Pues en un trance apurao[20]
Es mortal cualquier descuido.
Si Cruz hubiera vivido
No habría tenido cuidao.[21]   60

Un hombre junto con otro
En valor y en juerza crece;

9. **Eché... fuego** *I grabbed this weapon*
(el facón) *which never misfires*
10. **tremenda** *big fight*
11. **ansí** = **así**
12. **precavido** *cautious*
13. **agazape** *crouches*
14. **tape** *rogue*
15. **fácil... atrape** *easy for him to trick
one*

16. **juir,** palabra popular que equivale a
huir
17. **carniarme** *to butcher me*
18. **juerza** = **fuerza** en lengua popular
19. **salvao,** pronunciación popular de
salvado
20. **apurao** = **apurado** *hazardous*
21. **cuidao** = **cuidado**

El temor desaparece,
Escapa de cualquier trampa.
Entre dos, no digo a un pampa: 65
A la tribu, si se ofrece.²²

En tamaña incertidumbre,
En trance tan apurao,
No podía, por de contao,²³
Escaparme de otra suerte   70
Sino dando al indio muerte
O quedando allí estirao,²⁴

Y como el tiempo pasaba
Y aquel asunto me urgía,²⁵
Viendo que él no se movía.   75
Me jui²⁶ medio de soslayo
Como a agarrarle el caballo.
A ver si se me venía.

Ansí fue, no aguardó más,
Y me atropelló el salvaje.   80
Es preciso que se ataje
Quien con el indio pelée.²⁷
El miedo de verse a pie
Aumentaba su coraje.²⁸

En la dentrada²⁹ no más   85
Me largó un par de bolazos.³⁰
Uno me tocó en un brazo:
Si me da bien, me lo quiebra,
Pues las bolas son de piedra
Y vienen como balazo.   90

22. **Entre... ofrece** *Between the two (of us), I do not say (he escapes from) one Pampa Indian: from the whole tribe, if necessary*
23. **por de contao (contado)** *actually*
24. **estirao = estirado** *stretched out*
25. **me urgía** *was urgent to me*
26. **jui = fui**
27. **Es preciso... pelée** *It is necessary for one who fights with an Indian to get the jump on him*
28. **coraje** *courage*
29. **dentrada = entrada** (en lengua popular *outset* o *beginning*)
30. **Me largó... bolazos** *He hit me twice with the bolas*

A la primer puñalada
El pampa se hizo un ovillo:[31]
Era el salvaje más pillo[32]
Que he visto en mis correrías,
Y a más de las picardías,   95
Arisco[33] para el cuchillo.

Las bolas las manejaba
Aquel bruto con destreza,
Las recogía con presteza
Y me las volvía a largar,[34]   100
Haciendomelás silbar
Arriba de la cabeza.

* * *

Me sucedió una desgracia
En aquel percance amargo
En momentos que lo cargo[35]   105
Y que él reculando va,[36]
Me enredé en el chiripá
Y cai tirao largo a largo.[37]

Ni pa[38] encomendarme a Dios
Tiempo el salvaje me dio: 110
Cuanto en el suelo me vio
Me saltó con ligereza:
Juntito de la cabeza
El bolazo retumbó.[39]

Ni por respeto al cuchillo   115
Dejó el indio de apretarme.
Allí pretende ultimarme[40]

31. **El pampa... ovillo**   *The Pampa In-*
dian made himself into a ball
32. **pillo**   *crafty*
33. **Arisco**   *skillful*
34. **largar**   *to hurl*
35. **lo cargo**   *I attack him*
36. **reculando va**   *retreating*
37. **Me enredé... largo**   *I became en-*

tangled in my blanket and I fell full
length. (Llevaban los gauchos un **chiripá**
cuando iban a caballo)
38. **pa = para** en lengua popular
39. **Juntito... retumbó**   *Quite close to*
my head the bolas hummed
40. **ultimarme**   *to finish me*

Sin dejarme levantar.
Y no me daba lugar
Ni siquiera a enderezarme.   120

De balde quiero moverme:
Aquel indio no me suelta.
Como persona resuelta,
Toda mi juerza ejecuto;
Pero abajo de aquel bruto   125
No podía ni darme güelta.[41]

¡Bendito Dios poderoso!
Quién te puede comprender,
Cuando a una débil mujer
Le diste en esa ocasión   130
La juerza que en un varón
Tal vez no pudiera haber:

Esa infeliz tan llorosa,
Viendo el peligro se anima.
Como una flecha se arrima[42]   135
Y, olvidando su aflición,
Le pegó[43] al indio un tirón
Que me lo sacó de encima.

Ausilio[44] tan generoso
Me libertó del apuro.   140
Si no es ella, de siguro[45]
Que el indio me sacrifica.
Y mi valor se duplica
Con un ejemplo tan puro.

En cuanto me enderecé,   145
Nos volvimos a topar.[46]
No se podía descansar
Y me chorriaba[47] el sudor.

41. **güelta = vuelta**
42. **Como... arrima** *Like an arrow she approaches*
43. **pegó** *she gave*
44. **Ausilio = auxilio**
45. **siguro = seguro**
46. **Nos... topar** *we attacked each other again*
47. **chorriaba = chorreaba** *flowed*

En un apuro mayor
Jamás me he vuelto a encontrar.   150

Tampoco yo le daba alce,[48]
Como deben suponer.
Se había aumentao mi quehacer[49]
Para impedir que el brutazo
Le pegara algún bolazo,   155
De rabia, a aquella mujer.

La bola en manos del indio
Es terrible y muy ligera;
Hace de ella lo que quiera,
Saltando como una cabra.   160
Mudos, sin decir palabra,
Peliábamos como fieras.

Aquel duelo en el disierto,[50]
Nunca jamás se me olvida.
Iba jugando la vida   165
Con tan terrible enemigo,
Teniendo allí de testigo
A una mujer afligida.

Cuanto él más se enfurecía,
Yo más me empiezo a calmar.   170
Mientras no logra matar
El indio no se desfoga.[51]
Al fin le corté una soga[52]
Y lo empecé a aventajar.

Me hizo sonar las costillas   175
De un bolazo aquel maldito,
Y al tiempo que le di un grito
Y le dentro como bala,[53]
Pisa el indio y se refala[54]
En el cuerpo del chiquito.   180

48. **Tampoco... alce** *Nor did I give him any respite*
49. **quehacer** *duty, job*
50. **disierto = desierto**
51. **desfoga** *become calm*
52. **Al fin... soga** *Finally I cut one of his ropes* (parte de las bolas)
53. **dentro... bala** *I attack him like a shot*
54. **se refala** *slips*

Para esplicar[55] el misterio
Es muy escasa mi cencia:[56]
Lo castigó, en mi concencia,[57]
Su Divina Majestá:
Donde no hay casualidá[58]   185
Suele estar la Providencia.

En cuanto trastabilló,[59]
Más de firme lo cargué,
Y aunque de nuevo hizo pie
Lo perdió aquella pisada,   190
Pues en esta atropellada
En dos partes lo corté.[60]

Al sentirse lastimao[61]
Se puso medio afligido;
Pero era indio decidido,   195
Su valor no se quebranta.
Le salían de la garganta
Como una especie de aullidos.

Lastimao en la cabeza,
La sangre lo enceguecía;   200
De otra herida le salía,
Haciendo un charco ande[62] estaba;
Con los pies la chapaliaba[63]
Sin aflojar todavía.

Tres figuras imponentes   205
Formabamós aquel terno:[64]
Ella, en su dolor materno;
Yo, con la lengua dejuera,[65]
Y el salvaje, como fiera
Disparada del infierno.   210

---

55. **esplicar = explicar**
56. **cencia = ciencia** *knowledge*
57. **concencia = conciencia**
58. **casualidá = casualidad** *luck*
59. **trastabilló** *he staggered*
60. **En dos... corté** *I cut him in two*

61. **lastimao = lastimado** *wounded*
62. **ande,** forma popular de **donde**
63. **chapaliaba = chapaleaba** *he was splashing*
64. **terno = trío**
65. **dejuera = de fuera**

Iba conociendo el indio
Que tocaban a degüello.[66]
Se le erizaba el cabello
Y los ojos revolvía;
Los labios se le perdían   215
Cuando iba a tomar resuello.[67]

En una nueva dentrada
Le pegué un golpe sentido,[68]
Y al verse ya mal herido,
Aquel indio furibundo   220
Lanzó un terrible alarido
Que retumbó como un ruido
Si se sacudiera el mundo.

Al fin de tanto lidiar[69]
En el cuchillo lo alcé;[70]   225
En peso lo levanté[71]
A aquel hijo del disierto;
Ensartado lo llevé,[72]
Y allá recién[73] lo largué
Cuando ya lo sentí muerto.   230

Me persiné[74] dando gracias
De haber salvado la vida.
Aquella pobre afligida,
De rodillas en el suelo,
Alzó sus ojos al cielo   235
Sollozando dolorida.

Me hinqué[75] también a su lado
A dar gracias a mi santo.
En su dolor y quebranto,

66. **tocaban a degüello** *his end was near*
67. **Los labios... resuello** *His lips disappeared when he caught his breath*
68. **un golpe sentido** *a hard-felt blow*
69. **lidiar** *fighting*
70. **En... alcé** *I lifted him on the knife*
71. **En... levanté** *I raised him in the air*
72. **Ensartado... llevé** *I had him pierced through and through*
73. **recién,** en lengua popular quiere decir **pronto**
74. **persiné** = **persigné** *I made the sign of the Cross*
75. **me hinqué** *I knelt*

Ella, a la Madre de Dios,   240
Le pide en su triste llanto
Que nos ampare a los dos.

Se alzó con pausa[76] de leona
Cuando acabó de implorar,
Y sin dejar de llorar   245
Envolvió en unos trapitos
Los pedazos de su hijito,
Que yo le ayudé a juntar.

Dende ese punto era juerza[77]
Abandonar el disierto,   250
Pues me hubieran descubierto;
Y aunque lo maté en pelea,
De fijo que me lancean[78]
Por vengar al indio muerto.

A la afligida cautiva   255
Mi caballo le ofrecí.
Era un pingo que alquirí,[79]
Y dondequiera que estaba,
En cuanto yo lo silbaba
Venía a refregarse[80] en mí.   260

Yo me le senté al del pampa.[81]
Era un escuro tapao.[82]
Cuando me hallo bien montao,[83]
De mis casillas me salgo;[84]
Y era un pingo como galgo,   265
Que sabía correr boliao.[85]

Para correr en el campo
No hallaba ningún tropiezo.

76. **pausa** *ease, grace*
77. **Dende... juerza** *From this mo-ment it was necessary*
78. **De fijo... lancean** *surely they would kill me*
79. **alquiré = adquiré** *I acquired*
80. **refregarse** *to rub himself against me*
81. **Yo... pampa** *I mounted the Pampa Indian's horse*
82. **un escuro tapao:** lengua popular para **un oscuro tapado** *a beaten-up, inconspicuous one*
83. **montao = montado**
84. **De mis... salgo** *I let myself go*
85. **boliao = boleado** *hobbled* (eso es, aun enredado en bolas)

Los ejercitan en eso,[86]
Y los ponen como luz,   270
De dentrarle a un avestruz
Y boliar bajo el pescuezo.[87]

* * *

Preguntas

1. ¿Por qué lloraba la mujer?
2. ¿Por qué desató las bolas el indio?
3. ¿Por qué es tan peligroso el indio que se agazapa?
4. Si esperara Martín ¿qué podría pasar?
5. ¿Cómo podía escaparse Martín de su peligro?
6. ¿Por qué son tan duras y peligrosas las bolas?
7. ¿Cómo manejan las bolas los indios de la pampa?
8. ¿Qué desgracia le sucedió a Martín Fierro?
9. Después de esta desgracia ¿qué hizo el salvaje?
10. Al ver a Martín caído ¿qué hizo la mujer?
11. ¿Cuándo empieza a calmarse Martín?
12. ¿Por qué se cayó el indio?
13. ¿Qué herida le hizo Martín al indio?
14. Al verse ya mal herido ¿qué hizo el indio?
15. ¿Por qué les era necesario abandonar el desierto?

Temas

1. La lucha entre Martín Fierro y el salvaje.
2. La crueldad del indio.
3. El carácter de la mujer.
4. El caballo de Martín.
5. Las armas del indio.

86. **Los... eso** *They* (los indios) *train* *them* (los caballos) *in that* (galope sobre las pampas)
87. **Y los... pescuezo** *And they train* *them like a flash of light to attack an ostrich and to allow the rider to throw* las bolas *under the horse's neck*

Primera promoción modernista

En la segunda mitad del siglo XIX surgieron nuevas corrientes en el pensamiento y el arte europeos, que afectaron grandemente la poesía. Se manifestó una protesta contra el sujetivismo excesivo de los románticos, pero también contra el prosaísmo deplorable de los realistas. Las nuevas tendencias se manifestaron primero en Francia.

Después de lograda la independencia de la mayor parte de Hispanoamérica, muchos americanos desde México hasta Argentina miraban a Francia como a su segunda patria espiritual y artística. Algunos fueron a París a estudiar. Éstos y los que se quedaron en sus países llegaron a conocer a muchos autores franceses de varias épocas, sobre todo a los poetas: a románticos como Víctor Hugo, Alfredo de Musset; a Teófilo Gautier y a Baudelaire; aun más a los Parnasianos, que buscaban la perfección cincelada[1] de las estatuas griegas, es decir, poetas como Sully Prudhomme, Leconte de Lisle y otros; y a los simbolistas como Verlaine y Mallarmé, que insistían no en la forma marmórea y perfecta sino en la musicalidad y en el ritmo interior de los versos y en sus imágenes.

---

1. **cincelada** *chiseled*

José Martí (1853–1895)

José Martí, que logró fama como educador, orador, crítico, periodista y mártir de la causa de la libertad, era ante todo un hombre de acción. Se cuenta que una vez cuando alguien buscaba su autógrafo, Martí escribió: "El único autógrafo digno de un hombre es el que deja escrito con sus obras." El apóstol de la independencia de Cuba, Martí fue al mismo tiempo uno de los grandes iniciadores del modernismo literario en América. Su vida, consagrada a la liberación de su tierra natal; su tiempo, entregado a la tarea revolucionaria, Martí no pudo dedicarse a la literatura. Fue sin embargo poeta y fecundo prosista. Su prosa—discursos, crónicas, ensayos, cuentos, dramas y algunas novelas,—ocupa un lugar importante en sus *Obras completas*. Su poesía se considera como perteneciente a la primera generación del movimiento literario llamado modernismo. A ese efecto, en la obra *La poesía hispanoamericana desde el modernismo,* Eugenio Florit y José Olivio Jiménez dicen:

En la obra en poesía de Martí encontramos desde las formas breves y tradicionales de su primer libro impreso, *Ismaelillo,* hasta los firmes y poderosos endecasílabos de sus *Versos libres,* publicados póstumamente, o los cuidadosos y bien pulidos octasílabos de los *Versos sencillos.* En esa poesía coexisten, con las explosiones y arrebatos de quien respiraba en verso y en verso fue dejando todas sus angustias de hombre y de patriota, otros modos e instantes anotados con palabra exquisita y alada en los que se nos revela como artífice y como uno de los más señalados iniciadores del modernismo. Ello resulta evidente en su manera de hacer funcio-

Estatua ecuestre de José Martí, que se colocá en Central Park, Nueva York, por la escultora norteamericana Anna Hyatt Huntington

nar el color y el símbolo; en la presencia de lo "extra humano" o lo sobrenatural; en el modo cuidadoso con que usa las palabras más adecuadas para traducir un determinado estado de espíritu."[1]

Martí fue un verdadero ciudadano de las Américas. Después de algún tiempo en España (se graduó de licenciado en Leyes

1. **Florit, Eugenio y José Olivio Jiménez,** *La poesía hispanoamericana* *desde el redondilla modernismo* (New York: Appleton, 1968) 35.

en Zaragoza en 1875), vivió en Venezuela y en México, y por último llegó a Nueva York, desterrado como los revolucionarios cubanos a través de la historia. Allí pasó gran parte de su vida, escribiendo y haciendo discursos y viajes en busca de dinero y ayuda para la libertad de Cuba. Fue orador sin par y nunca se cansaba de emplear este poder suyo para levantar los ánimos en pro de su causa. Siempre activo en política, fundó desde el exilio el Partido Revolucionario Cubano, y habiendo vuelto a Cuba en 1895 para participar en la guerra de independencia, murió en Dos Ríos en mayo de ese mismo año, luchando "de cara al sol" por la libertad de Cuba, como había querido en sus versos,

Como periodista, Martí tiene la fama de interpretar mejor que cualquier otro los Estados Unidos al mundo hispanoamericano. Ningún hispanoamericano de su tiempo, con la excepción de Sarmiento, conoció tan profundamente los Estados Unidos. Escribió para *La Nación* de Buenos Aires entre los años 1882–1891 y ya antes había escrito para periódicos de Venezuela y México. Su influencia en formar la actitud hispanoamericana hacia los Estados Unidos fue muy importante.

Las selecciones de sus *Versos sencillos* (1891) que presentamos aquí muestran una sencillez y un tono musical que seducen al lector. En la época en que escribió estos versos, el estilo octosílabo y monorrimo era poco común. En "La niña de Guatemala" se puede apreciar como el tema serio de la muerte se convierte con gracia en una melodía. Notable es el intercambio de tiempos de los versos; unos vistos desde el punto de vista del presente, otros vistos dentro del pasado. Se ve la muerte, el cadáver, la procesión en el presente; la partida, la vuelta del recién casado y la tragedia del río en el pasado. Este poema es una composición artística que tiene gran fama popular en toda Hispanoamérica.

"Tres héroes" es un ejemplo de la prosa inspiradora de José Martí. En este ensayo presenta a grandes rasgos las siluetas de tres héroes americanos. En esta selección, escrita para la *Edad de Oro,* revista de cuatro números, consagrada a los niños y redactada íntegramente por Martí, vemos su esperanza para formar los ciudadanos del porvenir. Se nota aquí al orador público por las repeticiones y el uso de frases cortas. Da a sus prosa la estructura del sermón, del discurso, de la oración. En medio de sus palabras siempre se destaca su sinceridad. Prosa rítmica, concisa, exclamatoria, nos da la sensación de un cuadro impresionista.

VERSOS SENCILLOS

I

Yo soy un hombre sincero
de donde crece la palma;
y antes de morirme, quiero
echar mis versos del alma.

Yo vengo de todas partes,   5
y hacia todas partes voy:
arte soy entre las artes;
en los montes, monte soy.

Yo sé los nombres extraños
de las yerbas y las flores,   10
y de mortales engaños,
y de sublimes dolores.

Yo he visto en la noche oscura
llover sobre mi cabeza
los rayos de lumbre pura   15
de la divina belleza.

Alas nacer vi en los hombros
de las mujeres hermosas:
y salir de los escombros,[1]
volando, las mariposas.   20

1. **escombros** *rubbish heaps*

He visto vivir a un hombre
con el puñal[2] al costado,
sin decir jamás el nombre
de aquélla que lo ha matado.

Rápida como un reflejo,   25
dos veces vi el alma, dos:
cuando murió el pobre viejo,
cuando ella me dijo adiós.

Temblé una vez—en la reja,
a la entrada de la viña—,   30
cuando la bárbara abeja
picó en la frente a mi niña.

Gocé una vez, de tal suerte
que gocé cual nunca:[3]—cuando
la sentencia de mi muerte   35
leyó el alcaide llorando.

Oigo un suspiro, a través
de las tierras y la mar,
y no es un suspiro,—es
que mi hijo va a despertar.   40

Si dicen que del joyero
tome la joya mejor,
tomo a un amigo sincero
y pongo a un lado el amor.

Yo he visto al águila herida   45
Volar al azul sereno,
y morir en su guarida[4]
la víbora del veneno.

Yo sé bien que cuando el mundo
cede, lívido, al descanso,   50
sobre el silencio profundo
murmura el arroyo manso.

2. **puñal** *dagger*   *never felt pleasure before*
3. **de tal... nunca** *in a way that I had*   4. **guarida** *lair*

Yo he puesto la mano osada,
de horror y júbilo yerta,[5]
sobre la estrella apagada   55
que cayó frente a mi puerta.

Oculto en mi pecho bravo
la pena que me lo hiere:
el hijo de un pueblo esclavo
vive por él, calla y muere.   60

Todo es hermoso y constante,
todo es música y razón,
y todo, como el diamante,
antes que luz es carbón.

Yo sé que el necio se entierra   65
con gran lujo y con gran llanto,
y que no hay fruta en la tierra
como la del camposanto.[6]

Callo, y entiendo, y me quito
la pompa del rimador;   70
cuelgo de un árbol marchito[7]
mi muceta[8] de doctor.

IX

LA NIÑA DE GUATEMALA

Quiero, a la sombra de un ala,[9]
contar este cuento en flor:
la niña de Guatemala,   75
la que se murió de amor.

Eran de lirios los ramos,[10]
y las orlas[11] de reseda[12]

5. **yerta** *motionless*
6. **camposanto** *cemetery*
7. **marchito** *withered*
8. **muceta** *cape*
9. **ala** *a protecting wing, under cover.*
Se dice que la historia narrada aquí viene
de un episodio en la vida de Martí, mientras enseñaba en Guatemala. Una estudiante suya se enamoró de él, y murió
después de que Martí se casó con otra.
10. **ramos** *floral sprays*
11. **orlas** *borders*
12. **reseda** *mignonette*

y de jazmín; la enterramos
en una caja de seda. 80

* * *

Ella dio al desmemoriado[13]
una almohadilla de olor;[14]
él volvió, volvió casado;
ella se murió de amor.

Iban cargándola en andas[15] 85
obispos y embajadores;
detrás iba el pueblo en tandas,[16]
todo cargado de flores.

* * *

Ella, por volverlo a ver,
salió a verlo al mirador:[17] 90
él volvió con su mujer:
ella se murió de amor.

Como de bronce candente[18]
al beso de despedida,
era su frente: ¡la frente 95
que más he amado en mi vida!

* * *

Se entró de tarde en el río,
la sacó muerta el doctor:
dicen que murió de frío:
yo sé que murió de amor. 100

Allí, en la bóveda[19] helada
la pusieron en dos bancos:

---

13. **desmemoriado** *forgetful man*
14. **almohadilla de olor** *sachet bag*
15. **andas** *pier with shafts*
16. **tandas** *groups*
17. **mirador** *balcony*
18. **candente** *red-hot*
19. **bóveda** *vault*

besé su mano afilada,
besé sus zapatos blancos.

Callado, al oscurecer,   105
me llamó el enterrador:[20]
¡nunca más he vuelto a ver
a la que murió de amor!

XXXIX

Cultivo una rosa blanca,
en julio como en enero,   110
para el amigo sincero
que me da su mano franca.

Y para el cruel que me arranca
el corazón con que vivo,
cardo[21] ni ortiga[22] cultivo;   115
cultivo la rosa blanca.

TRES HÉROES

Cuentan que un viajero llegó un día a Caracas al anochecer, y sin
sacudirse[1] el polvo del camino, no preguntó dónde se comía ni se
dormía, sino cómo se iba adonde estaba la estatua de Bolívar. Y
cuentan que el viajero, solo con los árboles altos y olorosos de la
plaza, lloraba frente a la estatua, que parecía que se movía, como un   5
padre cuando se le acerca un hijo. El viajero hizo bien, porque todos
los americanos deben querer a Bolívar como a un padre. A Bolívar,
y a todos los que pelearon como él porque la América fuese[2] del
hombre americano. A todos: al héroe famoso, y al último soldado,
que es un héroe desconocido. Hasta hermosos de cuerpo se vuelven   10
los hombres que pelean por ver libre a su patria.

Libertad es el derecho que todo hombre tiene a ser honrado, y a

20. **enterrador** *sexton, gravedigger*   1. **sacudirse** *shaking off*
21. **cardo** *thistle*   2. **fuese** *might belong to*
22. **ortiga** *nettle, thorn*

pensar y a hablar sin hipocresía. En América no se podía ser honrado, ni pensar ni hablar. Un hombre que oculta lo que piensa, no es un hombre honrado. Un hombre que obedece a un mal gobierno, sin trabajar para que el gobierno sea bueno, no es un hombre honrado. Un hombre que se conforma con obedecer a leyes injustas, y permite que pisen[3] el país en que nació los hombres que se lo maltratan, no es un hombre honrado.... Hay hombres que son peores que las bestias, porque las bestias necesitan ser libres para vivir dichosas: el elefante no quiere tener hijos cuando vive preso: la llama del Perú se echa en la tierra y se muere, cuando el indio le habla con rudeza, o le pone más carga de la que puede soportar. El hombre debe ser, por lo menos, tan decoroso[4] como el elefante y como la llama. En la América se vivía antes de la libertad como la llama que tiene mucha carga encima. Era necesario quitarse la carga, o morir.

Hay hombres que viven contentos aunque viven sin decoro. Hay otros que padecen como en agonía cuando ven que los hombres viven sin decoro a su alrededor. En el mundo ha de haber cierta cantidad de decoro, como ha de haber cierta cantidad de luz. Cuando hay muchos hombres sin decoro, hay siempre otros que tienen en sí el decoro de muchos hombres. Esos son los que se rebelan con fuerza terrible contra los que roban a los pueblos la libertad, que es robarles a los hombres su decoro. En esos hombres van miles de hombres, va un pueblo entero, va la dignidad humana. Esos hombres son sagrados. Estos tres hombres son sagrados: Bolívar, de Venezuela; San Martín, del Río de la Plata; Hidalgo, de México. Se les debe perdonar sus errores, porque el bien que hicieron fue más que sus faltas. Los hombres no pueden ser más perfectos que el sol. El sol quema con la misma luz que calienta. El sol tiene manchas. Los desagradecidos no hablan más que de las manchas. Los agradecidos hablan de la luz.

BOLÍVAR

Bolívar era pequeño de cuerpo. Los ojos le relampagueaban,[5] y las palabras se le salían de los labios. Parecía como si estuviera es-

---

3. **pisen**   *walk on, trample on*
4. **decoroso**   *decent*

5. **relampagueaban**   *flashed*

perando siempre la hora de montar a caballo. Era su país, su país oprimido, que le pesaba en el corazón, y no le dejaba vivir en paz. La América entera estaba como despertando. Un hombre solo no vale nunca más que un pueblo entero; pero hay hombres que no se cansan cuando su pueblo se cansa, y que se deciden a la guerra antes que los pueblos, porque no tienen que consultar a nadie más que a sí mismos, y los pueblos tienen muchos hombres y no pueden consultarse tan pronto. Ese fue el mérito de Bolívar, que no se cansó de pelear por la libertad de Venezuela, cuando parecía que Venezuela se cansaba. Lo habían derrotado los españoles: lo habían echado del país. Él se fue a una isla, a ver su tierra de cerca, a pensar en su tierra. 50 55

Un negro generoso lo ayudó cuando ya no lo quería ayudar nadie. Volvió un día a pelear, con trescientos héroes, con los trescientos libertadores. Libertó a Venezuela. Libertó a la Nueva Granada. Libertó al Ecuador. Libertó al Perú. Fundó una nación nueva, la nación de Bolivia. Ganó batallas sublimes con soldados descalzos y medio desnudos. Todo se estremecía[6] y se llenaba de luz a su alrededor. Los generales peleaban a su lado con valor sobrenatural. Era un ejército de jóvenes. Jamás se peleó tanto, ni se peleó mejor en el mundo por la libertad. Bolívar no defendió con tanto fuego el derecho de los hombres a gobernarse por sí mismos, como el derecho de América a ser libre. Los envidiosos exageraron sus defectos. Bolívar murió de pesar del corazón, más que de mal del cuerpo, en la casa de un español en Santa Marta.[7] Murió pobre y dejó una familia de pueblos. 60 65 70

HIDALGO

México tenía mujeres y hombres valerosos, que no eran muchos, pero valían por muchos: media docena de hombres y una mujer preparaban el modo de hacer libre a su país. Eran unos cuantos jóvenes valientes, el esposo de una mujer liberal, y un cura de pueblo que quería mucho a los indios, un cura de sesenta años. Desde niño fue el cura Hidalgo de la raza buena, de los que quieren saber. Los que no quieren saber son de la raza mala. Hidalgo sabía francés, que entonces era cosa de mérito, porque lo sabían pocos. 75

---

6. **se estremecía** *shuddered*
7. **Santa Marta** está en la costa de Colombia.

Leyó los libros de los filósofos del siglo diez y ocho, que explicaron   80
el derecho del hombre a ser honrado, y a pensar y a hablar sin
hipocresía. Vio a los negros esclavos, y se llenó de horror. Vio
maltratar a los indios, que son tan mansos y generosos, y se sentó
entre ellos como un hermano viejo, a enseñarles las artes finas que
el indio aprende bien: la música que consuela; la cría[8] del gusano   85
que da la seda; la cría de la abeja que da miel. Tenía fuego en sí, y
le gustaba fabricar: creó hornos[9] para cocer los ladrillos. Le veían
lucir mucho de cuando en cuando los ojos verdes. Todos decían que
hablaba muy bien, que sabía mucho nuevo, que daba muchas limos-
nas el señor cura del pueblo de Dolores. Decían que iba a la ciudad   90
de Querétaro una que otra vez a hablar con unos cuantos valientes
y con el marido de una buena señora. Un traidor le dijo a un
comandante español que los amigos de Querétaro trataban de hacer
a México libre. El cura montó a caballo, con todo su pueblo, que lo
quería como a su corazón; se le fueron juntando los caporales[10] y los   95
sirvientes de las haciendas, que eran la caballería; los indios iban a
pie, con palos y flechas o con hondas[11] y lanzas.
     Se le unió un regimiento y tomó un convoy de pólvora que iba
para los españoles. Entró triunfante en Celaya, con músicas y vivas.
Al otro día juntó el Ayuntamiento,[12] lo hicieron general, y empezó   100
un pueblo a nacer. Él fabricó lanzas y granadas de mano. Él dijo
discursos que dan calor y echan chispas,[13] como decía un caporal de
las haciendas. Él declaró libres a los negros. Él les devolvió sus tierras
a los indios. Él publicó un periódico que llamó *El Despertador
Americano*. Ganó y perdió batallas. Un día se le juntaban siete mil   105
indios con flechas, y al otro día lo dejaban solo. La mala gente quería
ir con él para robar en los pueblos y para vengarse de los españoles.
Él les avisaba a los jefes españoles que si los vencía en la batalla que
iba a darles los recibiría en su casa como amigos. ¡Eso es ser grande!
Se atrevió a ser magnánimo, sin miedo a que lo abandonase la   110
soldadesca,[14] que quería que fuese cruel. Su compañero Allende
tuvo celos de él, y él le cedió el mando[15] a Allende. Iban juntos
buscando amparo en su derrota[16] cuando los españoles les cayeron

8. **cría** *breeding*	13. **chispas** *sparks*
9. **hornos** *ovens*	14. **soldadesca** *undisciplined troops*
10. **caporales** *cattle keepers*	15. **mando** *command*
11. **hondas** *slings*	16. **derrota** *defeat*
12. **Ayuntamiento** *municipal council*	

Miguel Hidalgo y Costilla (1753–1811)

José de San Martín (1778–1850)
CULVER PICTURES

encima. A Hidalgo le quitaron uno a uno, como para ofenderlo, los vestidos de sacerdote. Lo sacaron detrás de una tapia,[17] y le dispararon los tiros de muerte a la cabeza. Cayó vivo, revuelto en la sangre, y en el suelo lo acabaron de matar. Le cortaron la cabeza y la colgaron en una jaula, en la Alhóndiga misma de Granaditas, donde tuvo su gobierno. Enterraron los cadáveres descabezados.[18] Pero México es libre.

115

120

SAN MARTÍN

San Martín fue el libertador del Sur, el padre de la República Argentina, el padre de Chile. Sus padres eran españoles, y a él lo mandaron a España para que fuese militar del rey. Cuando Napoleón entró en España con su ejército, para quitarles a los españoles la libertad, los españoles todos pelearon contra Napoleón: pelearon los viejos, las mujeres, los niños; un niño valiente, un catalancito,[19] hizo huir una noche a una compañía, disparándoles tiros y más tiros desde un rincón del monte: al niño lo encontraron muerto, muerto de hambre y de frío; pero tenía en la cara como una luz, y sonreía, como si estuviese contento.

125

130

17. **tapia** *wall*
18. **descabezados** *beheaded*

19. **catalancito** un chico de la provincia de Cataluña

San Martín peleó muy bien en la batalla de Bailén,[20] y lo hicieron teniente coronel. Hablaba poco; parecía de acero;[21] miraba como un águila; nadie lo desobedecía; su caballo iba y venía por el campo de pelea, como el rayo por el aire. En cuanto supo que América peleaba para hacerse libre, vino a América; ¿qué le importaba perder su 135 carrera, si iba a cumplir con su deber? Llegó a Buenos Aires; no dijo discursos; levantó un escuadrón de caballería. En San Lorenzo fue su primera batalla; sable en mano se fue San Martín detrás de los españoles, que venían muy seguros, tocando el tambor, y se quedaron sin tambor, sin cañones y sin bandera. En los otros pueblos 140 de América los españoles iban venciendo; a Bolívar lo había echado Morillo[22] el cruel de Venezuela; Hidalgo estaba muerto; O'Higgins[23] salió huyendo de Chile; pero donde estaba San Martín siguió siendo libre la América. Hay hombres así, que no pueden ver esclavitud. San Martín no podía; y se fue a libertar a Chile y al Perú. En diez y 145 ocho días cruzó con su ejército los Andes altísimos y fríos; iban los hombres como por el cielo, hambrientos, sedientos. Abajo, muy abajo, los árboles parecían hierba, los torrentes rugían como leones. San Martín se encuentra al ejército español y lo deshace en la batalla de Maipú, lo derrota para siempre en la batalla de Chacabuco.[24] 150 Liberta a Chile. Se embarca con su tropa, y va a libertar al Perú. Pero en el Perú estaba Bolívar; San Martín le cede la gloria. Se fue a Europa triste y murió en brazos de su hija Mercedes. Escribió su testamento en una cuartilla de papel, como si fuera el parte[25] de una batalla. Le habían regalado el estandarte[26] que el conquistador 155 Pizarro trajo hace cuatro siglos, y él le regaló el estandarte en el testamento al Perú.

Un escultor es admirable, porque saca una figura de la piedra bruta;[27] pero esos hombres que hacen pueblos son más que hombres. Quisieron algunas veces lo que no debían querer; pero ¿qué no 160 le perdonará un hijo a su padre? El corazón se llena de ternura al pensar en esos gigantescos fundadores. Ésos son héroes: los que pelean para hacer a los pueblos libres, o los que padecen en pobreza y desgracia por defender una gran verdad. Los que pelean por la

---

20. **Bailén:** ciudad en el sur de España cerca del río Guadalquivir, donde ocurrió una batalla contra los invasores franceses
21. **acero** *steel*
22. **Morillo:** el jefe de los españoles en Venezuela
23. **Bernardo O'Higgins** (1776–1842):

el libertador de Chile y el primer presidente de su país
24. Las batallas decisivas de **Chacabuco** y **Maipú** ocurrieron en 1818.
25. **parte** *communication*
26. **estandarte** *banner*
27. **bruta** *rough*

ambición, por hacer esclavos a otros pueblos, por tener más man- 165
dato, por quitarle a otro pueblo sus tierras, no son héroes, sino
criminales.

Preguntas

VERSOS SENCILLOS

1. ¿Dónde crece la palma de que habla Martí?
2. ¿Qué dice Martí del diamante?
3. ¿Cómo era el entierro de la niña de Guatemala?
4. ¿Qué simboliza "la rosa blanca" en Verso XXIX?

TRES HÉROES

1. ¿Adónde quería ir el viajero al llegar a Caracas?
2. Según Martí, ¿qué es la libertad?
3. ¿Qué le pasa al elefante cuando no tiene libertad?
4. ¿Qué le pasa a la llama cuando le ponen demasiada carga?
5. ¿Qué actitud tienen hacia el sol los desagradecidos? ¿los agradecidos?
6. ¿Cómo era Bolívar física y moralmente?
7. ¿Qué reacción tenía Bolívar cuando su pueblo se cansaba?
8. ¿Qué hicieron Bolívar y los trescientos?
9. Según Martí, ¿de qué murió Bolívar?
10. ¿Qué les enseñó Hidalgo a los indios?
11. ¿Cuáles son las cosas que hizo Hidalgo para libertar a México?
12. ¿En qué consistía la grandeza de Hidalgo?
13. ¿Cómo murió Hidalgo?
14. ¿Dónde y bajo qué circunstancias aprendió San Martín a ser soldado?
15. ¿Cómo iba la causa de la libertad en los pueblos de América mientras San Martín luchaba en la Argentina?
16. ¿Qué hazaña importante realizó San Martín en diez y ocho días?
17. ¿Qué hizo San Martín en el Perú?
18. ¿Qué le regaló al Perú en su testamento?
19. ¿Por qué son héroes hombres como Bolívar, Hidalgo, y San Martín?

Temas

1. El tema de "Versos, I."
2. La técnica poética de "Versos, IX," "La niña de Guatemala."
3. Lo que es un "hombre honrado," según Martí.
4. Una comparación entre Bolívar y San Martín.
5. La lucha de Martí, héroe cubano, por la libertad de su país.

Manuel Gutiérrez Nájera
(1859–1895)

Nació y murió en México. Su fealdad[1] física contrastaba vivamente con la belleza de sus versos. Su labor periodística y poética marcó la transición entre el romanticismo y la nueva literatura, e influyó en sus contemporáneos y en los poetas más jóvenes. Conocía bien a poetas franceses tales como Musset, Gautier y Verlaine, cuya influencia asimiló a su propia tradición española y mexicana. Fundó en 1894 la *Revista azul,* la primera del Modernismo, y la editó hasta su prematura muerte. Su excesiva afición a la bebida no afectó la hermosura de su producción poética, que es siempre melodiosa, delicada, aristocrática, elegante y melancólica.

Dispersa en revistas y periódicos, su obra fue recopilada en México en 1896. Escribió también cuentos modernistas finamente elaborados.

Los modernistas buscaban constantemente la renovación de la métrica española, resucitando formas antiguas, imitando las extranjeras o inventando ellos mismos combinaciones nuevas. "De blanco" (1888), por ejemplo, está escrito en versos de 12 sílabas, forma muy popular en el siglo XV y poco frecuente después. Los versos 6 y 12 son de 6 sílabas (pie quebrado o verso corto). Las estrofas son de 6 versos cada una y riman *aabccb.* En esta composición de Gutiérrez Nájera se nota la influencia de la "Symphonie en blanc majeur" de Teófilo Gautier.

---

1. **fealdad** *ugliness*

Manuel Gutiérrez Nájera (1859–1895)

La forma del poema "Non omnis moriar" es más conven-
cional, siendo todas las estrofas redondillas, las que hemos
visto por primera vez en Sor Juana Inés de la Cruz. Algunas
estrofas riman *abab* en vez de *abba*.

DE BLANCO

¿Qué cosa más blanca que cándido[1] lirio?
¿Qué cosa más pura que místico cirio?[2]
¿Qué cosa más casta que tierno azahar?[3]
¿Qué cosa más virgen que leve neblina?[4]
¿Qué cosa más santa que el ara[5] divina   5
de gótico altar?

De blancas palomas el aire se puebla
con túnica blanca, tejida de niebla,[6]
se envuelve a lo lejos feudal torreón;
erguida en huerto la trémula acacia   10

1. **cándido**   *(gleaming) white*
2. **cirio**   *candle, taper*
3. **azahar**   *orange blossom*
4. **neblina**   *mist*
5. **ara**   *(altar) table, slab*
6. **tejida de niebla**   *woven of fog*

al soplo del viento sacude con gracia
su níveo[7] pompón.

¿No ves en el monte la nieve que albea?[8]
La torre muy blanca domina la aldea,
las tiernas ovejas triscando[9] se van,   15
de cisnes[10] intactos el lago se llena,
columpia su copa la enhiesta azucena,[11]
y su ánfora[12] inmensa levanta el volcán.

* * *

Ya salta del lecho la joven hermosa,
y el agua refresca sus hombros de diosa,   20
sus brazos ebúrneos,[13] su cuello gentil;
cantando y risueña se ciñe la enagua,[14]
y trémulas brillan las gotas de agua
en su árabe peine de blanco marfil.[15]

¡Oh mármol! ¡Oh nieves! ¡Oh inmensa blancura,   25
que esparces doquiera[16] tu casta hermosura!
¡Oh tímida virgen! ¡Oh casta vestal!
Tú estás en la estatua de eterna belleza;
de tu hábito blanco nació la pureza,
¡al ángel das alas, sudario[17] al mortal!   30

Tú cubres al niño que llega a la vida,
coronas las sienes de fiel prometida,
al paje revistes de rico tisú.[18]
¡Qué blancos son, reinas, los mantos de armiño![19]
¡Qué blanca es, ¡oh madres! la cuna del niño!   35
¡Qué blanca, mi amada, qué blanca eres tú!

7. **níveo**   *snow-white*
8. **albea**   *gleams white*
9. **triscando**   *frisking, gamboling*
10. **cisnes**   *swans.* La popularidad del cisne duró muchos años en la poesía modernista, como veremos más tarde.
11. **columpia... azucena**   *the erect lily sways its head*
12. **ánfora**   *vase, cup*

13. **ebúrneos**   *creamy white*
14. **enagua**   *petticoat*
15. **marfil**   *ivory*
16. **esparces doquiera**   *spread(est) everywhere*
17. **sudario**   *shroud*
18. **tisú**   *fine silver cloth*
19. **armiño**   *ermine*

En sueños ufanos de amores contemplo
alzarse muy blancas las torres del templo
y oculto entre lirios abrirse un hogar;
y el velo de novia prenderse a tu frente,   40
cual nube de gasa[20] que cae lentamente,
y viene a tus hombros su encaje[21] a posar.

NON OMNIS MORIAR[1]

¡No moriré del todo, amiga mía!
de mi ondulante espíritu disperso
algo, en la urna diáfana del verso,
piadosa guardará la Poesía.

    ¡No moriré del todo! Cuando herido   5
caiga a los golpes del dolor humano,
ligera tú, del campo entenebrido[2]
levantarás al moribundo hermano.

    Tal vez entonces por la boca inerme[3]
que muda aspira la infinita calma,   10
oigas la voz de todo lo que duerme
con los ojos abiertos en mi alma.

    Hondos recuerdos de fugaces días,
ternezas tristes que suspiran solas;
pálidas, enfermizas, alegrías   15
sollozando al compás de las violas...

    Todo lo que medroso oculta el hombre
se escapará, vibrante, del poeta,
en áureo ritmo de oración secreta
que invoque en cada cláusula tu nombre.   20

    Y acaso adviertas que de modo extraño
suenan mis versos en tu oído atento,

20. **gasa** *gauze*
21. **encaje** *lace*
1. El título viene de Horacio, Lib. III, Oda xxx, verso 6. Las cuatro primeras palabras de la composición española traducen el título latino.
2. **entenebrido** *darkened, shadowy*
3. **inerme** *defenseless*

y en el cristal, que con mi soplo empaño,
mires aparecer mi pensamiento.

Al ver entonces lo que yo soñaba, 25
dirás de mi errabunda poesía:
—Era triste, vulgar lo que cantaba...
mas, ¡que canción tan bella la que oía!

Y porque alzo en tu recuerdo notas
del coro universal, vívido y almo;[4] 30
y porque brillan lágrimas ignotas[5]
en el amargo cáliz de mi salmo;

porque existe la Santa Poesía
y en ella irradias tú, mientras disperso
átomo de mi ser esconda el verso,[6] 35
¡no moriré del todo, amiga mía!

4. **almo**   *life-giving*
5. **ignotas**   *unknown, unseen*
6. **mientras... verso**   *as long as the*   *verse conceals some scattered fragment of my being*

José Asunción Silva (1865–1896)

Nació en Bogotá, de familia acomodada. Abandonó pronto sus estudios. A los 31 años, pidió a su médico que le dibujara el sitio del corazón en su camiseta, y allí se dió el balazo. Silva compuso en su corta vida algunas de las poesías más famosas de la época. Fue un virtuoso del lenguaje poético y empleó en sus versos formas antiguas y nuevas con notables efectos rítmicos.

El "Nocturno III" fue escrito a raíz de la muerte de su muy querida hermana. Se nota la maestría técnica, pero aun más el profundo pesimismo del poeta. Muchos españoles e hispanoamericanos aprendieron de memoria ese poema. Es probable que Silva en muchas composiciones tratara de obtener efectos rítmicos como los de Edgar Allen Poe ("The Raven," "The Bells"). Este nocturno es extraordinariamente armonioso.

NOCTURNO III

Una noche,
una noche toda llena de murmullos, de perfumes y de músicas
de alas;
       una noche
en que ardían en la sombra nupcial y húmeda las luciérnagas[1]   5
fantásticas,
a mi lado lentamente, contra mí ceñida[2] toda, muda y pálida,
como si un presentimiento de amarguras infinitas

---

1. **luciérnagas** *fireflies*
2. **ceñida** *clinging.* El sujeto de esta

larga cláusula es **tú,** es decir, la hermana del poeta.

167

hasta el más secreto fondo de las fibras te agitara,
por la senda florecida que atraviesa la llanura   10
   caminabas;
   y la luna llena
por los cielos azulosos, infinitos y profundos esparcía su luz
blanca;
   y tu sombra   15
   fina y lánguida,
   y mi sombra,
por los rayos de la luna proyectadas,
sobre las arenas tristes
de la senda se juntaban;   20
   y eran una,
   y eran una,
   y eran una sola sombra larga,
   y eran una sola sombra larga,
   y eran una sola sombra larga...   25

   Esta noche
   solo; el alma
llena de las infinitas amarguras y agonías de tu muerte,
separado de ti misma por el tiempo, por la tumba y la distancia,
   por el infinito negro   30
   donde nuestra voz no alcanza,
   mudo y solo
   por la senda caminaba...
Y se oían los ladridos de los perros a la luna,
   a la luna pálida,   35
   y el chirrido[3]
   de las ranas...
Sentí frío. Era el frío que tenían en tu alcoba
tus mejillas y tus sienes y tus manos adoradas,
   entre las blancuras níveas   40
   de las mortuorias sábanas.
Era el frío del sepulcro, era el hielo de la muerte,
   era el frío de la nada.
   Y mi sombra,

---

3. **chirrido** *croaking*

por los rayos de la luna proyectada,   45
    iba sola,
    iba sola,
iba sola por la estepa[4] solitaria;
    y tu sombra esbelta[5] y ágil,
    fina y lánguida,   50
como en esa noche tibia[6] de la muerta primavera,
como en esa noche llena de murmullos, de perfumes y de
músicas de alas,
    se acercó y marchó con ella,
    se acercó y marchó con ella,   55
se acercó y marchó con ella... ¡Oh las sombras enlazadas![7]
¡Oh las sombras de los cuerpos que se juntan con las sombras de
las almas!
¡Oh las sombras que se buscan en las noches de tristezas y de
lágrimas!   60

---

4. **estepa** *arid plain, steppe*   6. **tibia** *mild*
5. **esbelta** *graceful, svelte*   7. **enlazadas** *entwined*

4. Mencione Vd. algunas cualidades de su poesía.
5. ¿Qué significan en español las palabras de Horacio "Non omnis moriar"?

JOSÉ ASUNCIÓN SILVA

1. ¿Dónde y en qué año nació José Asunción Silva?
2. ¿Cómo murió el poeta?
3. ¿A quién conmemora el "Nocturno III"?
4. ¿Le recuerda a Vd. el ritmo del "Nocturno" a algún poeta norteamericano?

JULIÁN DEL CASAL

1. ¿Cuántos años duró la vida de Julián del Casal?
2. ¿A quién conoció Casal en 1892?
3. ¿Qué opinión tenían ellos el uno del otro?
4. ¿A cuál de estos poetas prefiere Vd.? ¿Por qué?

Temas

1. Las principales características de estos tres poetas.
2. Comparaciones que hace Gutiérrez Nájera para demostrar el predominio del blanco.
3. El ritmo del "Nocturno" de Silva.
4. Compare Vd. cualquiera de estas poesías con alguna poesía favorita de Vd.
5. La tristeza, la melancolía como tema poético.

Julián del Casal (1863–1893)

Víctima de constantes sufrimientos físicos, este cubano llevó una vida interior llena de tristeza, de amargura. Rubén Darío le conoció al pasar por la Habana en 1892. Los dos poetas habían llegado independientemente a modos muy semejantes de escribir poesía y se admiraban mutuamente. También Casal aprovechó y asimiló la poesía extranjera; en su caso sobre todo la del melancólico poeta italiano Leopardi, y la de Baudelaire. En muchos aspectos de su obra, Casal está muy cerca de la nueva poesía modernista. Como se verá en el poema que sigue, el poeta cubano gustaba de las imágenes exóticas, sobre todo orientales.

El "Sourimono" ilustra el interés de los modernistas por lo chino y lo japonés, lo exótico, inspirado en Teófilo Gautier, Leconte de Lisle y otros. Este poema consta de tres estrofas de 12 sílabas cada uno, y los versos pares (2, 4, etcétera) son asonantes, tipo *é-o*. Los versos de "Neurosis" son de 10 sílabas, y las estrofas de 6 versos riman *aabccb*. Los versos de 10 sílabas (decasílabos) se habían usado poco. Los dos poemas son de *Bustos y rimas* (1893).

Julián del Casal (1863–1893)

SOURIMONO[1]

Como rosadas flechas de aljabas[2] de oro
vuelan de los bambúes finos flamencos,[3]
poblando de graznidos[4] el bosque mudo,
rompiendo de la atmósfera los níveos velos.

1. **Sourimono** podría traducirse *Japanese color print.* Los sourimonos pueden llevar también algo escrito, y los japoneses solían enviarlos unos a otros como regalos de Año Nuevo. Casal era muy amigo del cónsul chino en La Habana, el cual poseía muchos objetos artísticos chinos y japoneses, y fue sin duda por él que Casal conocía los sourimonos, dando origen a esta interpretación poética. Casal había amueblado y decorado su pequeño cuarto completamente al estilo japonés.

2. **aljabas** *quivers* (of arrows)
3. **flamencos** *flamingos*
4. **graznidos** *squawks*

El disco anaranjado[5] del sol poniente   5
que sube tras la copa de arbusto seco,
finge un nimbo de oro que se desprende
del cráneo amarfilado de un bonzo yerto.[6]

Y las ramas erguidas de los juncales[7]
cabecean[8] al borde de los riachuelos,   10
como al soplo del aura sobre la playa
los mástiles sin vela de esquifes[9] viejos.

NEUROSIS

Neomí, la pálida pecadora
de los cabellos color de aurora
y las pupilas de verde mar,
entre cojines de raso lila,[1]
con el espíritu de Dalila,   5
deshoja el cáliz de un azahar.

Arde a sus plantas la chimenea
donde la leña chisporrotea[2]
lanzando en torno seco rumor,
y alzada tiene su tapa el piano   10
en que vagaba su blanca mano
cual mariposa de flor en flor.

Un biombo[3] rojo de seda china
abre sus hojas en una esquina
con grullas[4] de oro volando en cruz,   15
y en curva mesa de fina laca
ardiente lámpara se destaca
de la que surge rosada luz.

Blanco abanico y azul sombrilla,[5]
con unos guantes de cabritilla[6]   20

5. **anaranjado** *orange*
6. **finge... yerto** *simulates a golden halo which comes from the ivory skull of a rigid Buddhist monk*
7. **juncales** *beds of rushes*
8. **cabecean** *nod*
9. **esquifes** *skiffs*

1. **raso lila** *lilac satin*
2. **chisporrotea** *sputters*
3. **biombo** *screen*
4. **grullas** *cranes*
5. **sombrilla** *parasol*
6. **cabritilla** *kid*

yacen encima del canapé,
mientras en taza de porcelana,
hecha con tintes de la mañana,
humea el alma verde del té.

Pero ¿qué piensa la hermosa dama?   25
¿Es que su príncipe ya no la ama
como en los días de amor feliz,
o que en los cofres del gabinete[7]
ya no conserva ningún billete
de los que obtuvo por un desliz?[8]   30

¿Es que la rinde cruel anemia?
¿Es que en sus búcaros[9] de Bohemia
rayos de luna quiere encerrar,
o que, con suave mano de seda,
del blanco cisne que amaba Leda[10]   35
ansía las plumas acariciar?

¡Ay!, es que en horas de desvarío[11]
para consuelo del regio hastío[12]
que en su alma esparce quietud mortal,
un sueño antiguo le ha aconsejado   40
beber en copa de ónix labrado[13]
la roja sangre de un tigre real.

Preguntas

INTRODUCCIÓN

1. ¿Contra qué surgió una protesta en la segunda mitad del siglo XIX?
2. ¿En qué insistían poetas como Verlaine y Mallarmé?

GUTIÉRREZ NÁJERA

1. ¿Con qué contrasta la fealdad física de Gutiérrez Nájera?
2. ¿Qué transición marca este poeta?
3. ¿Qué revista fundó y editó?

7. **gabinete** *boudoir*
8. **desliz** *slip, misbehavior*
9. **búcaros** *vases*
10. Para enamorar a Leda, Júpiter se dis-

frazó en forma de cisne.
11. **desvarío** *wildness*
12. **hastío** *bored dissatisfaction*
13. **labrado** *carved*

4. Mencione Vd. algunas cualidades de su poesía.
5. ¿Qué significan en español las palabras de Horacio "Non omnis moriar"?

JOSÉ ASUNCIÓN SILVA

1. ¿Dónde y en qué año nació José Asunción Silva?
2. ¿Cómo murió el poeta?
3. ¿A quién conmemora el "Nocturno III"?
4. ¿Le recuerda a Vd. el ritmo del "Nocturno" a algún poeta norteamericano?

JULIÁN DEL CASAL

1. ¿Cuántos años duró la vida de Julián del Casal?
2. ¿A quién conoció Casal en 1892?
3. ¿Qué opinión tenían ellos el uno del otro?
4. ¿A cuál de estos poetas prefiere Vd.? ¿Por qué?

Temas

1. Las principales características de estos tres poetas.
2. Comparaciones que hace Gutiérrez Nájera para demostrar el predominio del blanco.
3. El ritmo del "Nocturno" de Silva.
4. Compare Vd. cualquiera de estas poesías con alguna poesía favorita de Vd.
5. La tristeza, la melancolía como tema poético.

Segunda Promoción Modernista
Rubén Darío (1867–1916)

La lírica más armoniosa que jamás haya salido de América
—Norte o Sur— es la del extraordinario poeta Rubén Darío,
gloria no sólo de su nativa Nicaragua, sino también de todo el
mundo hispánico. Su vida personal fue azarosa, agitada e irregular, y sus últimos años fueron bastante tristes, pero su conciencia artística quedó siempre incólume,[1] impecable. Viajó
mucho por América y Europa, y pasó varios años en España,
donde influyó grandemente en los poetas jóvenes.
Lector voraz, Darío conoció bien la literatura española,
desde Gonzalo de Berceo (siglo XIII) en adelante. También
conoció y siempre admiró a los poetas franceses, hasta los
parnasianos y simbolistas, sobre todo a Paul Verlaine.[2]
Aunque Darío escribió mucho en prosa y en verso (se dice
que hizo versos apenas salido de la niñez), su primer libro
importante, prosa y verso, fue *Azul,* publicado en Chile en
1888. Victor Hugo había dicho: "L'Art, c'est l'azur," y Darío
había escogido el color como símbolo de su arte fino y aristocrático. Fue elogiado y favorablemente reseñado por el consa-
grado y fino novelista y crítico español Juan Valera,[3] quien notó
que el joven nicaragüense parecía casi más francés que español. Sí, Darío sintió siempre la influencia de Francia, pero su
obra total marca una asimilación perfecta de influencias extranjeras y españolas, y toda su obra queda muy dariana, muy
suya. Su segundo libro importante, *Prosas profanas* (aquí
"prosas" quiere decir "poesías") fue publicado en Buenos

---

1. **incólume** *intact*
2. **Paul Verlaine** (1844–1896): poeta
francés

3. **Juan Valera** (1824–1905): famoso
como crítico, novelista y diplomático

Rubén Darío (1867–1916)
P. RULLER

Aires en 1896. El tercer gran libro, *Cantos de vida y esperanza* (Madrid, 1905), marca la plenitud de su obra poética. Dice el poeta en su prefacio: "El movimiento de libertad que me tocó iniciar en América se propagó hasta España, y tanto aquí como allá el triunfo está logrado." Este movimiento se llama Modernismo y su penetración en España bajo la influencia de Darío es el primer ejemplo de la madre patria influida por la literatura de sus antiguas colonias. La poesía española después de los románticos había llegado a un estado lamentable de prosaísmo, y hacía falta una renovación total. Los modernistas crearon en España y en Hispanoamérica una poesía antiprosaica, elegante, de gran perfección formal, con imágenes muy sugestivas, de fina sensualidad y sobretodo de gran musicalidad. Tal poesía fue producto de la torre de marfil, cuyas armonías podían gozar todos. La *Sonatina* de Darío, que se lee a continuación se ha llamado la poesía más melodiosa en lengua española. Las dotes poéticas del nicaragüense eran verdaderamente excepcionales y su habilidad métrica sin par. La escuela poética de Darío pasó de moda, pero no se olvidarán nunca sus mejores poesías como modelos de belleza formal y musicalidad perfecta.

WALT WHITMAN[1]

En su país de hierro vive el gran viejo,
bello como un patriarca, sereno y santo.
Tiene en la arruga[2] olímpica de su entrecejo[3]
algo que impera[4] y vence con noble encanto.
Su alma del infinito parece espejo;   5
son sus cansados hombros dignos del manto;
y con arpa labrada de un roble añejo,[5]
como un profeta nuevo canta su canto.
Sacerdote[6] que alienta[7] soplo divino,
anuncia en el futuro tiempo mejor.   10
Dice al águila: "¡Vuela!" "¡Boga!",[8] al marino,
y "Trabaja!", al robusto trabajador.
¡Así va ese poeta por su camino
con su soberbio rostro de emperador!

SONATINA[1]

La princesa está triste... ¿qué tendrá la princesa?
Los suspiros se escapan de su boca de fresa,

1. De *Azul* (1888). Por esta composición de catorce versos, podría parecer soneto; pero los versos son de 12 sílabas, y riman *ababababcdcdcd*. Los versos del soneto italiano son de 11 sílabas y riman *abbaabba cdecde* (o *cdcdcd*, etcétera). Whitman, un poeta norteamericano muy diferente de su admirador nicaragüense, vivió de 1819–1892.
2. **arruga** *furrow*
3. **entrecejo** *brow*
4. **impera** *commands, holds sway*
5. **añejo** *ancient*

6. **sacerdote** *priest*
7. **alienta** *inspires*
8. **¡Boga!** *Row!*
1. De *Prosas profanas* (1896). Las estrofas de este melodiosísimo poema son de seis versos bastante largos, de 14 sílabas y riman *aabccb*. Muchas palabras han sido escogidas por su musicalidad innata así como por su fuerza sugestiva. Se nota también el uso de palabras esdrújulas (pálida, crisálida, libélula, unánime, príncipe) y el predominio de los sonidos líquidos de la *l* y la *r*.

que ha perdido la risa, que ha perdido el color.
La princesa está pálida en su silla de oro,
está mudo el teclado de su clave[2] sonoro;   5
y en un vaso olvidada se desmaya una flor.

El jardín puebla[3] el triunfo de los pavos reales.
Parlanchina,[4] la dueña dice cosas banales,
y vestido de rojo piruetea el bufón.
La princesa no ríe, la princesa no siente;   10
la princesa persigue por el cielo de Oriente
la libélula[5] vaga de una vaga ilusión.

¿Piensa acaso en el príncipe de Golconda[6] o de China,
o en el que ha detenido su carroza argentina[7]
para ver de sus ojos la dulzura de luz,   15
o en el rey de las islas de las rosas fragantes,
o en el que es soberano de los claros diamantes,
o en el dueño orgulloso de las perlas de Ormuz?[8]

¡Ay! la pobre princesa de la boca de rosa
quiere ser golondrina, quiere ser mariposa,   20
tener alas ligeras, bajo el cielo volar;
ir al sol por la escala luminosa de un rayo,
saludar a los lirios con los versos de Mayo,
o perderse en el viento sobre el trueno del mar.

Ya no quiere el palacio, ni la rueca[9] de plata,   25
ni el halcón encantado, ni el bufón escarlata,
ni los cisnes[10] unánimes en el lago de azur.
Y están tristes las flores por la flor de la corte;
los jazmines de Oriente, los nelumbos[11] del Norte,
de Occidente las dalias y las rosas del Sur.   30

¡Pobrecita princesa de los ojos azules!
Está presa en sus oros, está presa en sus tules,

---

2. **teclado... clave** *keyboard of her clavichord*
3. **puebla** *fills*
4. **Parlanchina** *Chattering (on)*
5. **libélula** *dragonfly*
6. **Golconda:** ciudad de la India famosa por sus diamantes y su gran lujo
7. **carroza argentina** *silvery carriage*

8. **Ormuz:** ciudad persa notable por su riqueza
9. **rueca** *spinning wheel*
10. **cisnes** *swans*. Se comentará más la popularidad de esta ave en las notas de la poesía *El cisne.*
11. **nelumbos** *lotuses*

en la jaula[12] de mármol del palacio real;
el palacio soberbio que vigilan los guardas,
que custodian cien negros con sus cien alabardas,[13]   35
un lebrel[14] que no duerme y un dragón colosal.

¡Oh, quién fuera hipsipila que dejó la crisálida![15]
(La princesa está triste. La princesa está pálida.)
¡Oh, visión adorada de oro, rosa y marfil!
¡Quién volara a la tierra donde un príncipe existe   40
(La princesa está pálida. La princesa está triste.)
más brillante que el alba, más hermoso que Abril!

—¡Calla, calla, princesa, —dice el hada madrina—,[16]
en caballo con alas hacia acá se encamina,
en el cinto la espada y en la mano el azor,[17]   45
el feliz caballero que te adora sin verte,
y que llega de lejos, vencedor de la Muerte,
a encenderte los labios con su beso de amor!

EL CISNE[1]

Fue en una hora divina para el género humano.
El Cisne antes cantaba sólo para morir.
Cuando se oyó el acento del Cisne wagneriano[2]
fue en medio de una aurora, fue para revivir.
Sobre las tempestades del humano oceano   5
se oye el canto del Cisne; no se cesa de oír,
dominando el martillo del viejo Thor[3] germano

12. **jaula** *cage*
13. **alabardas** *halberds*
14. **lebrel** *greyhound*
15. **¡Oh... crisálida!** *If one could only be a butterfly that has left its cocoon!*
16. **hada madrina** *fairy godmother*
17. **en el... azor** *with a sword in his belt and a goshawk (falcon) on his hand*
1. Se nota que esta composición también podría considerarse como un soneto, por ser de 14 versos, pero los versos son de 14 sílabas en vez de 11. Para los modernistas, su símbolo favorito era el cisne, por sus hermosas líneas clásicas, su blancura, su gracia, y la elegancia de sus movimientos; también por la leyenda que dice que el cisne canta sólo una vez su bello canto, en el momento de morir.
2. En la famosa ópera de Wagner, *Lohengrin*, el Caballero del Cisne, desaparece de los ojos del espectador; parte en el bote del Cisne. Darío menciona a Wagner como renovador de la música y de poesía.
3. **Thor:** en la mitología escandinava, el dios del trueno y de la guerra. Su arma, el martillo, era irresistible.

o las trompas que cantan la espada de Argantir.⁴
¡Oh Cisne! ¡Oh sacro pájaro! Si antes la blanca Helena⁵
del huevo azul de Leda brotó de gracia llena,   10
siendo de la Hermosura la princesa inmortal,
bajo tus blancas alas la nueva Poesía
concibe en una gloria de luz y armonía
la Helena eterna y pura que encarna el ideal.

A ROOSEVELT¹

¡Es con voz de la Biblia, o verso de Walt Whitman,
que habría que llegar hasta ti, cazador!
¡Primitivo y moderno, sencillo y complicado,
con un algo de Wáshington y cuatro de Nemrod!²
Eres los Estados Unidos,   5
eres el futuro invasor
de la América ingenua que tiene sangre indígena,
que aún reza a Jesucristo y aún habla en español.

Eres soberbio y fuerte ejemplar de tu raza;
eres culto, eres hábil; te opones a Tolstoy.³   10
Y domando caballos, o asesinando tigres,
eres un Alejandro-Nabucodonosor.⁴
(Eres un profesor de Energía,
como dicen los locos de hoy).

4. **Argantir:** esta referencia viene sin duda de la poesía *L'Épée d'Argantyr,* de Leconte de Lisle (*Poèmes barbares,* 1859). En la mitología teutónica, el héroe Argantyr tenía una espada centelleante, forjada por los Enanos, de gran poder, heredada de padre a hijo.
5. **Helena de Troya** era hija de Leda, a quien había enamorado Júpiter en forma de cisne, de modo que se consideraba a Helena como de origen divino y modelo de la hermosura pura y perfecta, cuya esencia buscaban los modernistas.
1. Se nota la irregularidad métrica de este poema, pero se nota al mismo tiempo la entonación vigorosa y enérgica, en armonía con el asunto. La mayoría de los versos son de 14 sílabas.
2. **Nemrod:** un gran cazador y "poderoso en la tierra." Véase Génesis 10 y Crónicas 1:1. La afición a la caza de Teodoro Roosevelt era bien conocida.
3. El conde **León Tolstoy** (1828–1910): gran novelista ruso, predicó constantemente la no-violencia.
4. **Alejandro Magno** (356–323 A. de J.C.) conquistó en su corta vida la mayor parte del mundo conocido. **Nabucodonosor** (Nebuchadnezzar), rey de Babilonia (605–562 A. de J.C.), destruyó Jerusalén y esclavizó a los judíos. Claro está que Darío protesta contra el imperialismo yanqui.

Crees que la vida es incendio,   15
que el progreso es erupción;
que en donde pones la bala
el porvenir pones.
                    No.

Los Estados Unidos son potentes y grandes.   20
Cuando ellos se estremecen hay un hondo temblor
que pasa por las vértebras enormes de los Andes.
Si clamáis, se oye el rugir del león.
Ya Hugo a Grant lo dijo: "Las estrellas son vuestras."[5]
(Apenas brilla, alzándose, el argentino sol   25
y la estrella chilena[6] se levanta…) Sois ricos.
Juntáis al culto de Hércules el culto de Mammón;[7]
y alumbrando el camino de la fácil conquista,
la Libertad levanta su antorcha en Nueva York.

Mas la América nuestra que tenía poetas   30
desde los tiempos viejos de Netzahualcoyotl,[8]
que ha guardado las huellas de los pies del gran Baco;[9]
que el alfabeto pánico en un tiempo aprendió;
que consultó los astros, que conoció a Atlántida;
cuyo nombre nos llega resonando en Platón;[10]   35
que desde los remotos momentos de su vida
vive de luz, de fuego, de perfume, de amor;
la América del grande Moctezuma, del Inca,[11]
la América fragante de Cristóbal Colón,
la América católica, la América española,   40

5. El presidente U. S. Grant visitó al presidente MacMahon de Francia en 1877, y Hugo habrá pronunciado en esta ocasión las palabras citadas.
6. **El Sol** está en la bandera de la Argentina y **la Estrella** en la de Chile.
7. **Mammón:** el dios sirio de la riqueza. Véase San Matías 6:24.
8. **Netzahualcoyotl** (1403–1470): emperador azteca, el primer poeta azteca de nombre conocido.
9. Se creía que el dios Pan le había enseñado el alfabeto a **Baco,** dios del vino.
10. El gran filósofo **Platón** (429–327 A. de J.C.), en el *Timeo* y en el *Critias* mencionó el continente Atlántida como una república ideal. Parece que Darío y otros creían que se refería a la civilización maya.
11. **Moctezuma** (Montezuma, 1466–1520): emperador de los aztecas, vencido por Cortés. El imperio de los incas fue conquistado por Pizarro en 1533.

la América en que dijo el noble Guatemoc:[12]
"Yo no estoy en un lecho de rosas"; esa América
que tiembla de huracanes y que vive de amor;
hombres de ojos sajones y alma bárbara, vive.
Y sueña. Y ama y vibra; y es la hija del Sol.   45
Tened cuidado. ¡Vive la América española!
Hay mil cachorros sueltos del León español.[13]
Se necesitaría, Roosevelt, ser, por Dios mismo,
el Riflero terrible y el fuerte Cazador
para poder tenernos en vuestras férreas garras.   50

Y, pues contáis con todo, falta una cosa: ¡Dios!

NOCTURNO II

Los que auscultasteis[1] el corazón de la noche;
los que por el insomnio tenaz habéis oído
el cerrar de una puerta, el resonar de un coche
lejano, un eco vago, un ligero ruido...

En los instantes del silencio misterioso,   5
cuando surgen de su prisión los olvidados,
en la hora de los muertos, en la hora del reposo,
¡sabréis leer estos versos de amargor[2] impregnados!...

Como en un vaso vierto en ellos mis dolores
de lejanos recuerdos y desgracias funestas,[3]   10
y las tristes nostalgias de mi alma, ebria[4] de flores
y el duelo de mi corazón, triste de fiestas.

Y el pesar[5] de no ser lo que yo hubiera sido,
la pérdida del reino que estaba para mí,

12. **Guatemoc** (su nombre se escribe de varios modos) fue el último emperador azteca de México. Se dice que profirió las palabras citadas mientras los españoles le daban tormento para forzarle a revelar dónde estaba escondido su tesoro.
13. **cachorros... español** *cubs let*

loose of the Spanish lion. Hay un león en el escudo de armas español.
1. **auscultasteis** *listened to*
2. **amargor** *bitterness*
3. **funestas** *dreadful*
4. **ebria** *drunk*
5. **pesar** *grief*

el pensar que un instante pude no haber nacido,   15
y el sueño que es mi vida desde que yo nací.

Todo esto viene del silencio profundo
en que la noche envuelve la terrena[6] ilusión,
y siento como un eco del corazón del mundo
que penetra y conmueve mi propio corazón.   20

Don Quixote por la escultora norteamericana Anna Hyatt Huntington
COURTESY OF THE HISPANIC SOCIETY OF AMERICA, NEW YORK

UN SONETO A CERVANTES[1]

Horas de pesadumbre y de tristeza
paso en mi soledad. Pero Cervantes

6. **terrena** *earthly*
1. Un verdadero soneto contiene 14 versos de 11 sílabas cada uno. Se nota que en esta composición los versos 7, 11 y 12 son de 7 sílabas. Darío consagró otro poema al gran genio español, la *Letanía de Nuestro Señor Don Quijote*.

es buen amigo. Endulza mis instantes
ásperos, y reposa mi cabeza.
Él es la vida y la naturaleza,   5
regala un yelmo[2] de oros y diamantes
a mis sueños errantes.
Es para mí: suspira, ríe y reza.
Cristiano y amoroso y caballero
parla[3] como un arroyo cristalino.   10
¡Así le admiro y quiero,
viendo cómo el destino
hace que regocije al mundo entero
la tristeza inmortal de ser divino!

CANCIÓN DE OTOÑO EN PRIMAVERA[1]

Juventud, divino tesoro,
¡ya te vas para no volver!
Cuando quiero llorar, no lloro,
y a veces lloro sin querer...

Plural ha sido la celeste   5
historia de mi corazón.
Era una dulce niña, en este
mundo de duelo y de aflicción.

Miraba como el alba pura;
sonreía como una flor.   10
Era su cabellera obscura
hecha de noche y de dolor.

Yo era tímido como un niño.
Ella, naturalmente, fue,

2. Se trata del **yelmo** (*helmet*) descrito en el Capítulo XXI de la Primera Parte del *Quijote*.
3. habla constante y rápidamente

1. La canción se compone de cuartetos de versos de 9 sílabas, con rima *abab*. Los versos impares (1, 3, etc.) tienen rima femenina; los pares, masculina.

para mi amor hecho de armiño,[2]   15
Herodías y Salomé...[3]

Juventud, divino tesoro,
¡ya te vas para no volver!
Cuando quiero llorar, no lloro,
y a veces lloro sin querer...   20

La otra fue más sensitiva
y más consoladora y más
halagadora y expresiva,[4]
cual no pensé encontrar jamás.

Pues a su continua ternura   25
una pasión violenta unía.
En un peplo[5] de gasa pura
Una bacante[6] se envolvía...

En sus brazos tomó mi ensueño
y lo arrulló[7] como a un bebé...   30
Y le mató, triste y pequeño,
falto de luz, falto de fe...

Juventud, divino tesoro,
¡te fuiste para no volver!
Cuando quiero llorar, no lloro,   35
y a veces lloro sin querer...

Otra juzgó que era mi boca
el estuche de su pasión;

2. **armiño** *ermine*
3. **Herodías y Salomé:** mencionadas
como tipos de mujeres feroces y crueles.
Véase San Matías 15, San Marcos 6 y San
Lucas 3. San Juan Bautista había cen-
surado a Herodes por haberse casado
con la esposa de su hermano, llamada
Herodías, mujer que ni olvidaba ni per-
donaba nada. En una fiesta la hija de
Herodías (e hijastra de Herodes), Salomé,
bailó ante su padrastro y tanto le gustó el
baile a Herodes que le prometió cuanto le
pidiera. Herodías mandó a su hija que

pidiera la cabeza de Juan en una bandeja;
y así se hizo. —La Biblia no menciona el
nombre de Salomé. Nos lo da el historiador judío Flavio Josefo (Flavius Josephus,
37–93), autor de las *Antigüedades judai-
cas:* Libro XVIII, capítulo v.
4. **halagadora y expresiva** *flattering
and sweet-spoken*
5. **peplo** *peplum, Greek short skirt*
6. **bacante** *bacchanalian*
7. **tomó... arrulló** *took my dream and
fondled it*

y que me roería, loca,
con sus dientes el corazón   40

poniendo en un amor de exceso
la mira de su voluntad,
mientras eran abrazo y beso
síntesis de la eternidad;

y de nuestra carne ligera   45
imaginar siempre un Edén,[8]
sin pensar que la Primavera
y la carne acaban también...

Juventud, divino tesoro,
¡ya te vas para no volver!   50
Cuando quiero llorar, no lloro,
y a veces lloro sin querer.

¡Y las demás; en tantos climas,
en tantas tierras siempre son,
si no pretextos de mis rimas,   55
fantasmas de mi corazón!

En vano busqué a la princesa
que estaba triste de esperar.
La vida es dura. Amarga y pesa.[9]
¡Ya no hay princesa que cantar!   60

Mas a pesar del tiempo terco,[10]
mi sed de amor no tiene fin;
con el cabello gris, me acerco
a los rosales del jardín...

Juventud, divino tesoro,   65
¡ya te vas para no volver!
Cuando quiero llorar, no lloro,
y a veces lloro sin querer...

        ¡Mas es mía el Alba de oro!

8. **Edén** *paradise*   *and sorrow.*
9. **Amarga y pesa.** *It brings bitterness*   10. **terco** *obstinate*

LO FATAL[1]

Dichoso el árbol que es apenas sensitivo,
y más la piedra dura, porque ésa ya no siente,
pues no hay dolor más grande que el dolor de ser vivo,
no mayor pesadumbre que la vida consciente.

Ser, y no saber nada, y ser sin rumbo cierto,   5
y el temor de haber sido y un futuro terror...
y el espanto seguro de estar mañana muerto,
y sufrir por la vida y por la sombra y por

lo que no conocemos y apenas sospechamos,
y la carne que tienta con sus frescos racimos,[2]   10
y la tumba que aguarda con sus fúnebres ramos,
y no saber adónde vamos, ¡ni de dónde venimos...!

MARCHA TRIUNFAL[1]

¡Ya viene el cortejo![2]
¡Ya viene el cortejo! Ya se oyen los claros clarines.
La espada se anuncia con vivo reflejo;
ya viene, oro y hierro, el cortejo de los paladines.

Ya pasa debajo los arcos ornados de blancas Minervas y   5
Martes,
los arcos triunfales en donde las Famas erigen[3] sus largas
trompetas,
la gloria solemne de los estandartes,
llevados por manos robustas de heroicos atletas.   10
Se escucha el ruido que forman las armas de los caballeros,
los frenos[4] que mascan los fuertes caballos de guerra,
los cascos que hieren la tierra
y los timbaleros[5]

1. Ésta es una de las poesías más pesimistas del autor. Los versos largos (14 sílabas) de los cuartetos contribuyen al efecto de tristeza.
2. **carne... racimos** *flesh tempting with its fresh bunches of grapes*
1. El ritmo de esta composición sugiere el movimiento enérgico de un cortejo. La estructura es irregular y las rimas varias. Los versos varían mucho en extensión, desde las 6 sílabas del primero a las 24 del último.
2. **cortejo** *(triumphal) procession*
3. **erigen** *hold up*
4. **frenos** *bits*
5. **timbaleros** *drummers*

que el paso acompasan con ritmos marciales.   15
¡Tal pasan los fieros guerreros
debajo los arcos triunfales!

Los claros clarines de pronto levantan sus sones,
su canto sonoro,
su cálido[6] coro,   20
que envuelve en un trueno de oro
la augusta soberbia de los pabellones.[7]
Él dice la lucha, la herida venganza,
las ásperas crines,[8]
los rudos penachos,[9] la pica, la lanza,   25
la sangre que riega[10] de heroicos carmines
la tierra;
los negros mastines[11]
que azuza la muerte, que rige la guerra.[12]

Los áureos sonidos   30
anuncian el advenimiento
triunfal de la Gloria;
dejando el picacho[13] que guarda sus nidos,
tendiendo sus alas enormes al viento,
los cóndores llegan. ¡Llegó la victoria!   35

Ya pasa el cortejo.
Señala el abuelo los héroes al niño:
Ved cómo la barba del viejo
los bucles de oro circunda de armiño.[14]
Las bellas mujeres aprestan coronas de flores,   40
y bajo los pórticos vense sus rostros de rosa,
y la más hermosa
sonríe al más fiero de los vencedores.
¡Honor al que trae cautiva la extraña bandera;
honor al herido y honor a los fieles   45

6. **cálido** *fervent*
7. **pabellones** *pennants, standards*
8. **crines** *manes*
9. **penachos** *plumes*
10. **riega** *waters, sprinkles*
11. **mastines** *mastiffs*

12. **azuza... guerra** *death urges on, which war directs*
13. **picacho** *mountain top, high crag*
14. **los bucles... armiño** *surrounds his golden curls with (the white of) ermine*

soldados que muerte encontraron por mano extranjera!
¡Clarines! ¡Laureles!

Las nobles espadas de tiempos gloriosos,
desde sus panoplias saludan las nuevas coronas y lauros:—
Las viejas espadas de los granaderos, más fuertes que osos,   50
hermanos de aquellos lanceros que fueron centauros:—
Las trompas guerreras resuenan;
de voces los aires se llenan...
—A aquellas antiguas espadas,
a aquellos ilustres aceros,   55
que encarnan las glorias pasadas...

Y al sol que hoy alumbra las nuevas victorias ganadas,
y al héroe que guía su grupo de jóvenes fieros,
al que ama la insignia del suelo materno,
al que ha desafiado, ceñido[15] el acero y el arma en la mano,   60
los soles del rojo verano,
las nieves y vientos del gélido[16] invierno,
la noche, la escarcha[17]
y el odio y la muerte, por ser por la patria inmortal,
saludan con voces de bronce las trompas de guerra que tocan la   65
marcha triunfal...

Preguntas

INTRODUCCIÓN

1. ¿Es local o universal la fama de Rubén Darío?
2. ¿Cómo fue la vida personal de Darío?
3. ¿Por dónde viajó?
4. ¿Era un lector voraz?
5. ¿Quién reseñó su libro *Azul?* ¿Cuál fue la actitud del crítico?

WALT WHITMAN

1. ¿Dónde vivió Walt Whitman?
2. ¿Qué piensa Vd. de la santidad y serenidad de Whitman?

15. **ceñido** *girded on*   17. **escarcha** *frost*
16. **gélido** *frigid, gelid*

3. ¿Cómo parecen sus hombros?
4. ¿Qué anuncia en el futuro?
5. ¿Qué clase de rostro tiene?
6. ¿Cuántos versos tiene un soneto? ¿De cuántas sílabas es cada verso?
7. ¿Cuál es la forma métrica de esta composición?

SONATINA

1. ¿Qué síntomas de tristeza presenta la princesa?
2. ¿Qué pájaros hay en el jardín?
3. ¿Cómo va vestido el bufón? ¿Qué hace?
4. ¿Qué persigue la princesa?
5. ¿Cómo es la boca de la princesa? ¿Y sus ojos?
6. ¿Quiénes guardan el palacio?
7. ¿Qué clase de príncipe cree Vd. que desea la princesa?
8. Al llegar de lejos, ¿qué hará el príncipe?

EL CISNE

1. ¿Le gustan o no le gustan los cisnes? ¿Por qué?
2. ¿Qué leyenda hay sobre el canto del cisne?
3. ¿Cuál fue el origen de Helena de Troya?
4. ¿Qué ideal expresa esta composición para la poesía?

A ROOSEVELT

1. ¿Por qué hace Darío la comparación entre Nemrod y Teodoro Roosevelt?
2. ¿Era agresivo o pacífico el conde Tolstoy?
3. ¿Quién fue Alejandro?
4. ¿Qué le dijo Víctor Hugo al general Grant?
5. ¿Qué famosa estatua hay en el puerto de Nueva York?
6. ¿Qué le enseñó el dios Pan a Baco?
7. ¿Quién fue Guatemoc?
8. ¿Qué es lo que les falta a los Estados Unidos?

CANCIÓN DE OTOÑO EN PRIMAVERA

1. ¿Cuándo volverá la juventud?
2. ¿Cuántas veces ha amado el poeta, pocas o muchas?
3. ¿Cómo era su primera amada?
4. ¿Cómo era ella al final?
5. ¿Cómo era la otra?
6. ¿Qué es una bacante?
7. ¿Qué hizo ésta con el ensueño del poeta?
8. ¿Qué suerte tuvo el poeta que buscaba a la princesa ideal?

9. Aun con el cabello gris, ¿cuál es la actitud del poeta?
10. A pesar de todo, ¿qué le queda al poeta?

MARCHA TRIUNFAL

1. ¿Qué se oye mientras pasa el cortejo?
2. ¿Cómo están ornados los arcos?
3. ¿Qué mascan los caballos de guerra?
4. ¿Qué riega la tierra?
5. ¿Qué azuza los mastines?
6. ¿Qué le enseña el abuelo al niño?
7. ¿Qué aprestan las bellas mujeres?
8. ¿Qué virtudes encuentra Vd. en este poema?

Temas

1. La vida de Rubén Darío.
2. *Azul,* primer libro importante de Darío.
3. La admiración de Darío por Walt Whitman.
4. Caracterización de la "Sonatina."
5. La mitología en la obra de Darío.
6. El cisne como ave ideal.
7. Darío y Teodoro Roosevelt.
8. Los amores de Darío.
9. La opinión de Darío sobre las dos Américas.

Ensayista
Juan Montalvo (1832–1889)

"Mi pluma lo mató" —éstas fueron las palabras del escritor Juan Montalvo al oír las noticias del asesinato del odiado dictador del Ecuador, García Moreno. Montalvo, periodista, ensayista, filósofo, pasó mucho tiempo desterrado del Ecuador, su país natal, escribiendo en contra de la tiranía. Condujo su ataque desde las páginas de su diario, *El Cosmopolita* (1866–1869) que publicó bajo grandes dificultades. Después del destierro continuó escribiendo folletos con diatribas contra "la dictadura perpetua" desde el pueblo fronterizo de Ipiales, Colombia. Cuando otro dictador ganó el puesto de García Moreno, Montalvo lo atacó también, y pasó los últimos años de su vida en Francia.

Se puede comparar su lucha contra la tiranía con la lucha del argentino Sarmiento contra el tirano Rosas. Ambos hombres se destacan como figuras notables durante la época romántica en Hispanoamérica, revelando su temperamento romántico en sus ideales y en su lucha activa contra las fuerzas de la opresión. En su prosa, sin embargo, Montalvo muestra un talento totalmente distinto del de Sarmiento. Montalvo era un gran estilista del más puro clasicismo. *Los siete tratados,* su obra de más renombre, figura entre los mejores ensayos de la lengua castellana. Aquí se nota su destreza en el manejo de las palabras y su estilo atractivo y personal. Por ellos han llamado a Montalvo el Montaigne hispanoamericano. Otra obra que revela su maestría con la prosa es una continuación de *Don Quijote,* titulada *Capítulos que se le olvidaron a Cervantes.*

La selección que incluimos aquí de *Los siete tratados* es una célebre comparación de Wáshington y Bolívar. Se ve su estilo vigoroso y efervescente, su habilidad para disertar sobre tópicos morales, y sus alusiones eruditas.

WÁSHINGTON Y BOLÍVAR

El renombre de Wáshington no finca[1] tanto en sus proezas militares, cuanto en el éxito mismo de la obra que llevó adelante y consumó con tanta felicidad como buen juicio. El de Bolívar trae consigo el ruido de las armas, y a los resplandores que despide[2] esa figura radiosa, vemos caer y huir y desvanecerse los espectros de la tiranía; suenan los clarines, relinchan los caballos, todo es guerrero estruendo en torno al héroe hispanoamericano. Wáshington se presenta a la memoria y a la imaginación como gran ciudadano antes que como gran guerrero, como filósofo antes que como general. Wáshington estuviera[3] muy bien en el senado romano al lado del viejo Papirio Cúrsor,[4] y en siendo monarca antiguo, fuera[5] Augusto,[6] ese varón sereno y reposado que gusta de sentarse en medio de Horacio y Virgilio,[7] en tanto que las naciones todas giran[8] reverentes alrededor de su trono. Entre Wáshington y Bolívar hay de común la identidad de fines, siendo así que el anhelo de cada uno se cifra[9] en la libertad de un pueblo y el establecimiento de la democracia. En las dificultades sin medida que el uno tuvo que vencer, y la holgura[10] con que el otro vio coronarse su obra, ahí está la diferencia de esos dos varones perilustres,[11] ahí la superioridad del uno sobre el otro. Bolívar en varias épocas de la guerra, no contó con el menor recurso, ni sabía dónde ir a buscarlo; su amor inapelable[12] hacia la patria, ese punto de honra subido que obraba en su pecho,[13] esa imaginación fecunda, esa voluntad soberana,[14] esa actividad

1. **no finca** *does not rest, is not based*
2. **despide** *sends forth*
3. **estuviera** *would have been*
4. **Papirio Cúrsor:** cónsul y dictador romano del siglo IV antes de Jesucristo
5. **fuera** *he would have been*
6. **Augusto:** Augusto César, emperador romano
7. **Horacio** y **Virgilio:** célebres poetas latinos
8. **giran** *revolve*
9. **se cifra** *is based*
10. **holgura** *ease*
11. **perilustres** *very distinguished*
12. **inapelable** *unending, firm*
13. **ese punto... pecho** *that exalted point of honor which gripped his heart*
14. **soberana** *superior, supreme*

Estatua ecuestre de Simón Bolívar (1783–1830) de la Plaza Bolívar en Caracas, Venezuela, su ciudad natal
THE BETTMANN ARCHIVE

prodigiosa que constituían su carácter, le inspiraban la sabiduría de hacer factible[15] lo imposible; le comunicaban el poder de tornar de la nada al centro del mundo real. Caudillo inspirado por la providencia, hiere[16] la roca con su varilla de virtudes, y un torrente de agua cristalina brota murmurando afuera;[17] pisa con intención, y la tierra se puebla de numerosos combatientes,[18] esos que la patrona[19] de los pueblos oprimidos envía sin que sepamos de dónde. Los americanos del norte eran de suyo[20] ricos, civilizados y pudientes[21]

25

30

15. **factible** *feasible*
16. **hiere** *he strikes*
17. Esta alusión bíblica nos recuerda a Moisés sacando agua de la roca en el desierto. Véase Números 20, 7–11.
18. **combatientes:** se refiere a los soldados que surgieron para servir a Bolívar
19. **patrona** *patron saint*
20. **de suyo** *in their own right*
21. **pudientes** *powerful*

aun antes de su emancipación de la madre Inglaterra: en faltando su caudillo,[22] cien Wáshingtons se hubieran presentado al instante a llenar ese vacío, y no con desventaja. A Wáshington le rodeaban hombres tan notables como él mismo, por no decir más beneméri- 35 tos:[23] Jefferson, Madison, varones de alto y profundo consejo, Franklin, genio del cielo y de la tierra, que al tiempo que arranca el cetro a los tiranos, arranca[24] el rayo a las nubes: *Eripuit coelo fulmen sceptrumque tyrannis.*[25] Y éstos y todos los demás, cuán grandes eran y cuán numerosos se contaban, eran unos[26] en la causa, rivales 40 en la obediencia, poniendo cada cual su contingente[27] en el raudal inmenso que corrió sobre los ejércitos y las flotas enemigas, y destruyó el poder británico. Bolívar tuvo que domar[28] a sus tenientes, que[29] combatir y vencer a sus propios compatriotas, que[29] luchar con mil elementos conjurados[30] contra él y la independencia, al paso 45 que[31] batallaba con las huestes españolas y las vencía o era vencido. La obra de Bolívar es más ardua, y por el mismo caso más meritoria.

Wáshington se presenta más respetable y majestuoso a la contemplación del mundo: Bolívar más alto y resplandeciente. Wáshington fundó una República que ha venido a ser después de poco una de 50 las mayores naciones de la tierra; Bolívar fundó asimismo una gran nación,[32] pero, menos feliz que su hermano primogénito,[33] la vio desmoronarse,[34] y aunque no destruida su obra, por lo menos desfigurada y apocada.[35] Los sucesores de Wáshington, grandes ciudadanos, filósofos y políticos, jamás pensaron en despedazar el manto 55 sagrado de su madre, para echarse cada uno por adorno un jirón de

---

22. **en... caudillo** *if their leader had died, if anything had happened to their leader*
23. **beneméritos** *worthy*
24. **arranca** *seizes*
25. **Eripuit... tyrannis** *He snatched the lightning from the heavens and the scepters from the tyrants.* Este hexámetro en latín aparece en una medalla de plata hecha por Augustin Dupré in París en 1784 para honrar a Franklin. Se ha dicho que el verso fue compuesto por el político A. R. J. Turgot para un busto de Franklin del escultor J. A. Houdon.
26. **unos** *together*

27. **contingente** *share*
28. **domar** *hold in check*
29. **que:** léase **(tuvo) que**
30. **conjurados** *conspiring*
31. **al paso que** *at the same time that*
32. La nación que fundó, la república de Gran Colombia, duró poco tiempo y se dividió en Venezuela, Colombia y el Ecuador. También la república de Bolivia, que lleva su nombre y para la cual había escrito una constitución liberal, lo rechazó completamente.
33. **primogénito** *elder*
34. **desmoronarse** *fall apart, crumble*
35. **apocada** *diminished*

púrpura sobre sus cicatrices;[36] los compañeros de Bolívar todos
acometieron[37] a degollar[38] a la real Colombia y tomar para sí la
mayor presa posible, locos de ambición y tiranía. En tiempo de los
dioses, Saturno devoraba a sus hijos;[39] nosotros hemos visto y es- 60
tamos viendo a ciertos hijos devorar a su madre. Si Páez,[40] a cuya
memoria debemos el más profundo respeto, no tuviera su parte en
este crimen, ya estaba yo aparejado[41] para hacer una terrible comparación, tocante a esos asociados del parricidio que nos destruyeron nuestra grande patria;[42] y como había además que mentar a un 65
gusanillo y rememorar[43] el triste fin del héroe de Ayacucho,[44] del
héroe de la guerra y las virtudes, vuelvo a mi asunto ahogando[45] en
el pecho esta dolorosa indignación mía.

Wáshington, menos ambicioso, pero menos magnánimo; más
modesto, pero menos elevado que Bolívar; Wáshington, concluida 70
su obra, acepta los casi humildes presentes de sus compatriotas;
Bolívar rehusa los millones ofrecidos por la nación peruana. Wáshington rehusa el tercer período presidencial de los Estados Unidos,
y cual[46] un patriarca se retira a vivir tranquilo en el regazo[47] de la vida
privada, gozando sin mezcla de odio las consideraciones de sus 75
semejantes, venerado por el pueblo, amado por sus amigos; enemigos, no los tuvo, ¡hombre raro y feliz! Bolívar acepta el mando
tentador que por tercera vez, y ésta de fuente impura, viene a molestar su espíritu,[48] y muere repelido,[49] perseguido, escarnecido[50] por

36. **jamás... cicatrices** *never thought
about tearing to shreds the sacred mantle
of their founder, so that each one could
wear a shred of purple over his scars as an
ornament*
37. **acometieron** *rushed*
38. **degollar** *destroy*
39. **Saturno** en la mitología clásica había
prometido a su hermano Titano que se
comería a todos sus hijos para que no
pudieran conquistarle. Así hizo hasta que
su mujer le escondió a Júpiter, a Neptuno
y a Pluto.
40. **José Antonio Páez** (1790–1873):
general venezolano, héroe llanero de las
guerras de independencia, que pasó sus
últimos años desterrado en Nueva York
41. **aparejado** *prepared*

42. **tocante... patria** *in regard to those
associated with the murder which destroyed our great country*
43. **y como... rememorar** *and as it
would be necessary besides to mention a
scoundrel and to recall*
44. Antonio José de Sucre, héroe de la
batalla decisiva de **Ayacucho** (1824), fue
asesinado en 1830.
45. **ahogando** *smothering*
46. **cual** *as*
47. **regazo** *lap*
48. **mando... espíritu** *the tempting
rule which for the third time, and this
time from a corrupt source, comes to trouble his soul*
49. **repelido** *repulsed*
50. **escarnecido** *ridiculed*

una buena parte de sus contemporáneos. El tiempo ha borrado esta　80
leve mancha,[51] y no vemos sino el resplandor que circunda al mayor
de los sudamericanos.

Wáshington y Bolívar, augustos personajes, gloria del Nuevo
Mundo, honor del género humano, junto con los varones más insignes de todos los pueblos y de todos los tiempos.　85

Preguntas

1. ¿Qué ruidos evoca el nombre de Bolívar?
2. ¿Cómo se diferencian Wáshington y Bolívar en la memoria?
3. ¿En qué lugar podemos imaginar a Wáshington en los tiempos antiguos?
4. ¿Con qué recursos podía contar Bolívar en su lucha por la libertad?
5. ¿En qué posición se encontraron los norteamericanos al principiar la revolución?
6. ¿Qué clase de hombres rodeaban a Wáshington?
7. ¿Por qué se puede decir que la obra de Bolívar era más ardua?
8. ¿Cómo resultó la república que fundó Wáshington?
9. ¿Qué le pasó a la nación que fundó Bolívar?
10. ¿Qué sacrilegio hicieron los compañeros de Bolívar?
11. ¿Qué le pasó al héroe de la batalla de Ayacucho?
12. ¿De qué manera pasó sus últimos años Wáshington?
13. ¿Qué le pasó a Bolívar después de aceptar su mando por tercera vez?
14. ¿Qué diferencias fundamentales se revelan entre las guerras de independencia de Norteamérica y de Sudamérica?

Temas

1. Lo que hay de común entre Wáshington y Bolívar.
2. Algunas diferencias entre estos dos héroes.
3. Las alusiones clásicas que se encuentran en este ensayo.
4. El tono y el estilo de este ensayo.
5. Juan Montalvo y su lucha contra la opresión.

Comparación

Compárense las luchas de Sarmiento y de Montalvo contra las tiranías que sufrieron sus pueblos.

---

51. **mancha**　*blot, stain*

SIGLO XX:
1900–1960

Ensayistas
José Enrique Rodó (1872–1917)

El más grande prosista del Modernismo fue el ensayista uruguayo José Enrique Rodó, un hombre de gran cultura y de inmensa influencia en el pensamiento americano. Su obra maestra *Ariel* (1900) tiene la reputación de haber tenido más influencia en el surgimiento del americanismo genuino que cualquier otro libro escrito en Hispanoamérica. El rasgo saliente de la obra de Rodó es el intento de despertar la consciencia de lo americano, revelando sus propios valores en el plano de la cultura universal.

Rodó pasó casi toda su vida en Montevideo, dedicado a sus estudios y a sus trabajos literarios. Fue considerado como el primer crítico literario de su época, y en 1899 escribió un prefacio importante a la segunda edición de las *Prosas profanas* de Rubén Darío. Algunos de sus ensayos, pulidos y cuidadosamente escritos, se encuentran en *Los motivos de Proteo* (1909) y *El mirador de Próspero* (1914).

Ariel, libro breve, es un ensayo dirigido a la juventud de Hispanoamérica el cual les invita a formarse su propio programa ideal de vida y cultura y les exhorta a quedarse con la ética y los ideales del espíritu. Rodó usa los personajes simbólicos de *The Tempest* de Shakespeare para interpretar su visión de lo que debe ser el espíritu hispanoamericano. El ensayo contiene el consejo de Próspero, el maestro viejo, que propone a los jóvenes como guía el genio ideal de Ariel (la cultura, la inteligencia) y les previene en contra de Calibán, símbolo de lo material. Aunque admira muchos aspectos de la civilización norteamericana, el maestro no la propone como modelo. Analiza la naturaleza de la democracia, los peligros que acompañan su desarrollo y la doble amenaza de la mediocridad y el materialismo, que representan el triunfo de Calibán. Predica una consagración a Ariel para el porvenir de las generaciones futuras.

Se ha llamado *Ariel* el evangelio ético de Hispanoamérica, y se ha comparado este ensayo y su influencia idealista al sur con el "Self-Reliance" de Emerson que tanto ha influido en los norteamericanos. El concepto de la democracia de los Estados Unidos que expresó aquí Rodó dejó una honda impresión en los países latinos. La selección que ponemos aquí contiene consideraciones buenas y malas sobre nuestra civilización. Aunque escrita en 1900, estas ideas todavía influyen en el concepto hispanoamericano de los Estados Unidos y su cultura.

ARIEL

Todo juicio severo que se formule de los americanos del Norte debe empezar por rendirles, como se haría con altos adversarios, la formalidad caballeresca[1] de un saludo. Siento fácil mi espíritu para cumplirla. Desconocer sus defectos no me parecería tan insensato como negar sus cualidades.   5

Nacidos —para emplear la paradoja usada por Baudelaire[2] a otro

---

1. **caballeresca** *chivalrous*
2. **Charles Baudelaire** (1821–1867):

poeta francés, empleó esta expresión en su *Curiosités esthétiques*

respecto— con la *experiencia innata* de la libertad, ellos se han mantenido fieles a la ley de su origen, y han desenvuelto, con la precisión y la seguridad de una progresión matemática, los principios fundamentales de su organización, dando a su historia una consecuente unidad que, si bien ha excluido las adquisiciones de aptitudes y méritos distintos, tiene la belleza intelectual de la lógica. La huella[3] de sus pasos no se borrará jamás en los anales del derecho humano, porque ellos han sido los primeros en hacer surgir nuestro moderno concepto de la libertad de las inseguridades del ensayo[4] y de las imaginaciones de la utopía, para convertirla en bronce imperecedero[5] y realidad viviente; porque han demostrado con su ejemplo la posibilidad de extender a un inmenso organismo nacional la inconmovible autoridad de una república; porque, con su organización federativa, han revelado —según la feliz expresión de Tocqueville[6]— la manera como se pueden conciliar con el brillo y el poder de los Estados grandes la felicidad y la paz de los pequeños. Suyos son algunos de los rasgos[7] más audaces con que ha de destacarse en la perspectiva del tiempo la obra de este siglo. Suya es la gloria de haber revelado plenamente —acentuando la más firme nota de belleza moral de nuestra civilización— la grandeza y el poder del trabajo: esa fuerza bendita que la antigüedad abandonaba a la abyección de la esclavitud, y que hoy identificamos con la más alta expresión de la dignidad humana, fundada en la conciencia y en la actividad del propio mérito.

Fuertes, tenaces, teniendo la inacción por oprobio,[8] ellos han puesto en manos del *mechanic* de sus talleres y el *farmer* de sus campos, la clava hercúlea del mito,[9] y han dado al genio humano una nueva e inesperada belleza, ciñéndole el mandil de cuero del forjador.[10] Cada uno de ellos avanza a conquistar la vida, como el desierto los primitivos puritanos. * * *

Su cultura, que está lejos de ser refinada ni espiritual, tiene una eficacia[11] admirable siempre que se dirige prácticamente a realizar

---

3. **huella** *mark*
4. **ensayo** *experiment*
5. **imperecedero** *everlasting*
6. **Alexis de Tocqueville** (1805–1859) es autor de una obra frecuentemente citada, *De la démocratie en Amérique.*
7. **rasgos** *characteristics*

8. **oprobio** *disgrace*
9. **la clava… mito** *the mythological Herculean nail*
10. **ciñéndole… forjador** *girding on it the leather apron of the blacksmith*
11. **eficacia** *efficiency*

una finalidad inmediata. No han incorporado a las adquisiciones de
la ciencia una sola ley general, un solo principio; pero la han hecho   40
maga[12] por las maravillas de sus aplicaciones; la han agigantado en
los dominios de la utilidad; y han dado al mundo, en la caldera de
vapor y en el dínamo eléctrico, billones de esclavos invisibles que
centuplican, para servir al Aladino[13] humano, el poder de la lámpara
maravillosa. * * *   45
    Ellos han sabido salvar, en el naufragio[14] de todas las idealidades,
la idealidad más alta, guardando viva la tradición de un sentimiento
religioso que, si no levanta su vuelo en alas de un espiritualismo
delicado y profundo, sostiene, en parte, entre las asperezas[15] del
tumulto utilitario, la rienda firme del sentido moral.   50
    Han sabido también guardar, en medio de los refinamientos de la
vida civilizada, el sello de cierta primitividad robusta. Tienen el culto
pagano de la salud, de la destreza, de la fuerza; templan y afinan[16]
en el músculo el instrumento preciso de la voluntad; y, obligados
por su aspiración insaciable de dominio a cultivar la energía de todas   55
las actividades humanas, modelan el torso del atleta para el corazón
del hombre libre. Y del concierto de su civilización, del acordado[17]
movimiento de su cultura, surge una dominante nota de optimismo,
de confianza, de fe, que dilata los corazones impulsándolos al porvenir bajo la sugestión de una esperanza terca y arrogante; la nota   60
del *Excelsior* y el *Salmo de la vida*[18] con que sus poetas han
señalado el infalible bálsamo[19] contra toda amargura en la filosofía
del esfuerzo y de la acción.
    Su grandeza titánica se impone así, aun a los más prevenidos[20] por
las enormes desproporciones de su carácter, o por las violencias   65
recientes de su historia. Y por mi parte ya veis que, aunque no les
amo, les admiro.... Sus relieves[21] característicos son dos manifestaciones del poder de la voluntad: la originalidad y la audacia. * * * Si
algo les salva colectivamente de la vulgaridad, es ese extraordinario
alarde[22] de energía que lleva a todas partes y con el que imprime   70

12. **maga** *great*
13. **Aladino** *Aladdin*
14. **naufragio** *failure*
15. **asperezas** *harshness*
16. **afinan** *refine, tune*
17. **acordado** *harmonious*
18. Dos poemas por Longfellow, "Excel-

sior" y "The Psalm of Life," son típicos del
temperamento norteamericano de optimismo y ambición.
19. **bálsamo** *balsam, magic drug*
20. **prevenidos** *cautious*
21. **relieves** *outstanding features*
22. **alarde** *display, show*

cierto carácter de épica grandeza aun a las luchas del interés y de la
vida material. * * *

Obra titánica, por la enorme tensión de voluntad que representa
y por sus triunfos inauditos en todas las esferas del agrandecimiento
material, es indudable que aquella civilización produce en su con-   75
junto una singular impresión de insuficiencia y de vacío. * * * Huérfano[23] de tradiciones muy hondas que le orienten, ese pueblo no ha
sabido sustituir la idealidad inspiradora del pasado con una alta y
desinteresada concepción del porvenir. Vive para la realidad inmediata del presente, y por ello subordina toda su actividad al   80
egoísmo del bienestar personal y colectivo. * * *

En el ambiente de la democracia de América, el espíritu de vulgaridad no halla ante sí relieves inaccesibles para su fuerza de ascensión, y se extiende y propaga como sobre la llaneza[24] de una pampa
infinita. * * * La idealidad de lo hermoso no apasiona al descendiente   85
de los astutos puritanos. Tampoco le apasiona la idealidad de lo
verdadero. Menosprecia[25] todo ejercicio del pensamiento que prescinda[26] de una inmediata finalidad por vano e infecundo. No le lleva
a la ciencia un desinteresado anhelo de verdad, ni se ha manifestado
ningún caso capaz de amarla por sí misma. La investigación no es   90
para él sino el antecedente de la aplicación utilitaria.

Sus gloriosos empeños por difundir los beneficios de la educación
popular, están inspirados en el noble propósito de comunicar los
elementos fundamentales del saber al mayor número; pero no nos
revelan que al mismo tiempo que de ese acrecentamiento extensivo   95
de la educación, se preocupe de seleccionarla y elevarla, para auxiliar el esfuerzo de las superioridades que ambicionen erguirse[27]
sobre la general mediocridad. Así, el resultado de su porfiada[28]
guerra a la ignorancia, ha sido la semicultura universal y una profunda languidez de la alta cultura. * * *   100

Inútil sería tender a convencerles de que, aunque la contribución
que han llevado a los progresos de la libertad y de la utilidad haya
sido, indudablemente, cuantiosa; y aunque debiera atribuírsele en
justicia la significación de una obra universal, de una obra *humana,*
ella[29] es insuficiente para hacer transmudarse, en dirección al nuevo   105

---

23. **huérfano** *orphan*   27. **erguirse** *rise up*
24. **llaneza** *flat expanse*   28. **porfiada** *persistent*
25. **Menosprecia** *He scorns*   29. **ella** se refiere a "la contribución"
26. **prescinda** *dispenses with*

Capitolio,[30] el eje[31] del mundo. Inútil sería tender convencerles de que la obra realizada por la perseverante genialidad del ario[32] europeo, desde que, hace tres mil años, las orillas del Mediterráneo, civilizador y glorioso, se ciñeron jubilosamente la guirnalda[33] de las ciudades helénicas,[34] la obra que aun continúa realizándose, y de cuyas tradiciones y enseñanzas vivimos, es una suma con la cual no puede formar ecuación la fórmula *Wáshington más Edison*.[35] Ellos aspirarían a revisar el Génesis para ocupar esa primera página. * * *[36] Esperemos que el espíritu de aquel titánico organismo social, que ha sido hasta hoy *voluntad* y *utilidad* solamente, sea también algún día inteligencia, sentimiento, idealidad. Esperemos que, de la enorme fragua,[37] surgirá, en último resultado, el ejemplar humano, generoso, armónico, selecto.... Pero no le busquemos ni en la realidad presente de aquel pueblo, ni en la perspectiva de sus evoluciones inmediatas. * * *

110

115

120

Preguntas

1. Según Rodó, ¿con qué nació el norteamericano?
2. ¿Con qué se compara el desarrollo de la historia norteamericana?
3. ¿Qué han revelado con su organización federal los Estados Unidos?
4. ¿Cómo ha cambiado la actitud hacia el trabajo desde los tiempos antiguos?
5. ¿Cómo califica Rodó la cultura de los Estados Unidos?
6. ¿Qué dos cosas prácticas han contribuido los norteamericanos al mundo?
7. ¿Qué tradición importante se ha guardado en los Estados Unidos?
8. ¿A qué culto pagano se consagran los norteamericanos?
9. ¿Cuál es la nota dominante de la civilización norteamericana?
10. ¿Qué actitud tiene Rodó hacia los Estados Unidos?
11. ¿Por qué es huérfana la civilización norteamericana?
12. Según Rodó, ¿qué opinión de las ideas abstractas tienen los norteamericanos?

30. El edificio sobre la colina Capitolina en la Roma antigua fue considerado el centro del imperio romano.
31. **eje** *axis*
32. **ario** *Aryan*
33. **guirnalda** *garland*
34. **helénicas** *Grecian*
35. **es una suma... Edison** *add up to*

a total which cannot be equaled by any equation of Washington plus Edison
36. **Génesis:** el primer libro de la *Santa Biblia*. Esta frase es citada con frequencia, aun hoy día, para caracterizar a los Estados Unidos.
37. **fragua** *forge*

13. ¿Cuál es el peligro de la educación popular?
14. Según Rodó, ¿a qué aspiran los norteamericanos?
15. ¿Con qué palabras califica Rodó el espíritu de los Estados Unidos?

Temas

1. El papel de *Ariel* en el pensamiento americano.
2. El simbolismo que se encuentra en *Ariel*.
3. La importancia de la idea de *la utilidad* en la vida norteamericana.
4. Algunas diferencias entre las civilizaciones latinas y las civilizaciones an-glosajonas.

José Vasconcelos (1882–1959)

El ilustre y vigoroso pensador y escritor mexicano, José Vasconcelos, tiene fama de ensayista y filósofo aunque escribió también cuentos y teatro. Intensamente nacionalista, se interesaba en el futuro racial y cultural de Iberoamérica. Sus libros célebres *La raza cósmica* (1925) e *Indología* (1926) expresan la idea de una quinta raza, un mestizaje, un agregado de razas en formación que será un puente de razas futuras. Empezó desde muy joven a expresar ideas que constituyen la parte importante de su obra: su teoría general de América que incluye raza, historia, cultura y destino. Vasconcelos estudió Derecho y trabajó en la ciudad de México con una casa norteamericana. Fundó el célebre Ateneo de la Juventud con Alfonso Reyes, Pedro Henríquez Ureña, Martín Luis Guzmán, Carlos González Peña, el pintor Diego Rivera y otros. Enemigo del dictador presidente Porfirio Díaz, tuvo un papel importante en la revolución mexicana. Se puso al lado de Francisco Madero y fue considerado un revolucionario peligroso. Sufrió varios períodos de destierro en los Estados Unidos y participó activamente en la lucha política. Después, bajo el gobierno de Obregón, Vasconcelos ocupó el puesto de Ministro de Educación Pública (1920–1925), también sirvió de Rector de la Universidad Nacional. En el campo de la educación pública hizo un trabajo memorable: reorganizó los estudios y elevó su nivel, fundó centros educativos, estableció escuelas rurales, y mandó editar colecciones de libros de cultura general y literaria. También fomentó el interés por la pintura que produjeron los magníficos murales de Diego Rivera, Orozco y otros. Quería

José Vasconcelos en 1920 cuando fue Ministro de Educación Pública de
México
CULVER PICTURES

hacer de México el centro de la cultura hispanoamericana, y los
congresos estudiantiles lo designaron "Maestro de la juventud
de América." Su carrera política culminó y fracasó con su candidatura en las elecciones presidenciales de 1929. Convencido
que había sido despojado de su verdadero triunfo por sus
adversarios, se ausentó del país y atacó la situación política.
Más tarde, cuando Ávila Camacho era presidente, aceptó el
puesto de Director de la Biblioteca Nacional.

La obra filosófica y literaria de Vasconcelos no se inter-
rumpió nunca, a pesar de su dramática vida y los años tempes-
tuosos en que vivió. En la literatura mexicana se le conoce
mejor por su autobiografía de cinco libros que contienen una
historia de los acontecimientos políticos y culturales. Empieza
con *Ulises criollo* (1935); después *La tormenta* (1936), *El desas-*

tre (1936), *El proconsulado* (1939), y *La llama* (1959). Vasconcelos quería transformar su país por medio de la educación y sus memorias forman un compendio excelente de la evolución del México moderno. *Indología* constituye su interpretación de la cultura iberoamericana. Es una serie de conferencias que dio el autor en Puerto Rico y Santo Domingo y es una cristalización de las ideas ya expresadas en *La raza cósmica*. La sección que sigue explica su esperanza en la estirpe poderosa que resultará de la fusión de las razas americanas. El título mismo de esta obra, una palabra que inventó el autor, indica su preocupación por el indio y por el mestizaje.

INDOLOGÍA

Al juntarse en la América españoles con indios se produjo un caso totalmente distinto de todos los que antes había conocido la historia: el español y el indio, después de luchar, se unieron y mezclaron sus sangres. No es que antes no hubiese habido mestizajes. Sabido es que conforme a los etnólogos, no hay una sola raza pura, y cuando se encuentran grupos humanos relativamente puros se les ve decaídos y prostrados en su aislamiento; pero el caso de América es el primero de un mestizaje brusco y en grande.[1] No hay ningún parentesco étnico entre el español de la península y el indígena americano. Si los conquistadores de América hubieran sido mongoles, quizás el contraste de sangres habría sido mucho menos marcado. Afirmamos esto sin dar mayor importancia a las teorías que se han querido dar, algunas veces como verdad experimental, a propósito de la procedencia asiática del hombre americano. Suponiendo que esas afirmaciones fuesen exactas, la identidad de los tipos estudiados por el profesor Hrdlicka[2] en Siberia con los tipos de

5

10

15

---

1. **en grande** *on a large scale*
2. **Ales Hrdlicka,** (1869–1943): famoso antropólogo, director por muchos años del Smithsonian Institute de Wáshington. Creía en la teoría del origen asiático de los indios americanos.

algunos salvajes americanos probaría solamente la existencia de corrientes inmigratorias por el extremo ártico del continente; pero el hecho deja en pie[3] el misterio de las civilizaciones aparecidas por el Centro y por el Sur. Lo indiscutible es que las dos razas, que se mezclaron para formar lo que hoy es el *substratum* de la población iberoamericana, representaban dos polos étnicos, y el hecho de su intermixión parece una de esas sorpresas del tiempo y uno de los más curiosos, de los más transcendentales ensayos fisiológicos que se han producido.[4]

Esto nos trae de lleno[5] a uno de los problemas capitales de Iberoamérica: el problema del mestizaje. Ya hemos dicho que, en general, el mestizaje ha sido la ley de la humanidad entera y que la pureza de la sangre, entendiendo por tal la descendencia de una sola línea de un solo tipo, sólo pueden reclamarla las poblaciones reducidas y aisladas. Basta, por otra parte, el menor contacto con otro grupo humano para que produzca un mestizaje que no va ciertamente de las capas bajas de un grupo a las capas bajas del otro, sino todo lo contrario, puesto que siempre es el hombre fuerte y poderoso de la clase dominante el que busca entre la población vecina oportunidades nuevas de goce. Esto hace exclamar, por ejemplo, a Pittard[6] "que son los pobres diablos los que poseen la más grande nobleza étnica." A pesar de eso, el caso de América fue tan singular que se produjo cierta vacilación en el funcionamiento de la ley normal de las relaciones sexuales humanas. La vacilación llegó a la abstención, por ejemplo, en la zona que más tarde ocuparon los ingleses. En la zona clásica de la Nueva Inglaterra, fueron raros los casos de matrimonio de blanco con india; pero en las colonias americanas de Portugal y Castilla, la regla fue el libertinaje, y la práctica obtuvo sanción en el instante en que la Iglesia católica reconoció la calidad de hombres con alma a los indígenas[7] y, en consecuencia, los autorizó para recibir los sacramentos y, entre ellos, el matrimonio. No debemos desconocer que todavía hay algunos que juzgan que fue un error esta legalización de un proceso

3. **el hecho... pie** *the fact leaves unexplained*
4. **de los más... producido** *one of the most significant physiological experiments ever carried out*
5. **de lleno** *head-on*

6. **Eugenio Pittard** (1867–?): antropólogo y naturalista suizo, catedrático en la Universidad de Ginebra
7. **reconoció... indígenas** *recognized that the natives (Indians) were men with souls*

discutible desde el punto de vista étnico. Todavía para muchos el 50
fracaso de la América latina consiste precisamente en ese mestizaje
que califican de inferior y el éxito del sajón depende de la dominación continuada y severa de la sangre puritana que vendría a constituir una especie de nobleza dominadora y directora. No niego ni la
contraposición, ni la fuerza de las dos tesis. Pero así como tantos se 55
han ocupado ya de aportar argumentos en favor de la tesis de la raza
puro como factor dominante y, en resumen, en favor de la tesis que
dice *a good Indian is a dead Indian,* yo me he estado dedicando
a encontrar argumentos y, lo que es más importante, pruebas, de
que también la tesis contraria, la tesis favorable al mestizo, tiene 60
fundamento y valor.

Sostengo que será más fecunda a la larga, y que tiene más importancia para la humanidad en general la obra de este mestizaje que
la obra de cualquier raza anterior. Y eso no obstante que es tan fácil
condenar al mestizo hoy que está amenazado de disgregación,[8] en 65
tanto que el poderío del blanco renovado en Norte América se
extiende victorioso por el mundo. Se necesita tener un criterio hecho
a resistir las seducciones del éxito para perdurar en una fe que sólo
va dejando en su camino la amargura, la desilución y el desastre. Sin
embargo, hay no sé qué de profundamente disgustante y casi sospe- 70
choso en todo éxito demasiado brusco y resonante. Comúnmente,
el éxito no responde sino a la limitación y al empequeñecimiento del
ideal, y entonces es preferible, aun como acicate,[9] para la ascensión
al más allá: vale más una desolada desesperanza que una ruin y
pragmática conformidad. ¡Prefiramos la eterna sal en la boca a tener 75
que proclamar que la dicha es como un caramelo! Que adulen el
presente los que en él se satisfacen.

Es cómodo, pero muy aburrido, eso de ser nada más el filósofo
del éxito y además expuesto a no pocas sorpresas. Pues ya hemos
visto que las razas americanas, precisamente a causa del aislamiento 80
que las impuso el medio físico, se habían quedado en el limbo,[10] en
tanto que las razas europeas, constantemente trabajadas por las
traslaciones y las conquistas, las emigraciones y la mezcla de sangres, pusieron tal cantidad de vida en acción que el impulso las llevó
al descubrimiento de lo desconocido, las llevó hasta el Nuevo Mundo. 85

8. **disgregación** *disintegration*   10. **en el limbo** *confused, undefined*
9. **acicate** *stimulus*

Vinieron a la América los españoles, y hay que desengañarse: vinieron los mejores. Porque al principio no procedían de la Corte, suponen algunos historiadores con criterio de *sirvientes de casa bien*[11] que aquello fue una invasión de jayanes.[12] Pero en aquellos tiempos, como en los actuales, no proceder de la Corte es ya una recomendación y, por otra parte, lo que aquí hicieron los soldados de España supera a lo que se hizo no sólo en la Reconquista:[13] supera en muchos casos a todo lo que se había hecho en la historia. La epopeya de las misiones castellanas es uno de esos capítulos heroicos en la lucha del alma con las tinieblas. Lo cierto es que la mejor casta española vino al continente, la mejor en la devoción y en el esfuerzo. Como dominadores hábiles que fueron, es natural suponer que elegían la flor de las poblaciones indígenas, ya fuera para el hogar, ya para la enseñanza y el trabajo.

Los orígenes del mestizaje iberoamericano no son entonces tan turbios como a primera vista estamos acostumbrados a suponer. En cierta manera procede nuestra estirpe de dos aristocracias vitales: selección rudamente probada y acendrada[14] por el esfuerzo. Tan brusco fue, sin embargo, el encuentro, que la nueva situación producida entró otra vez en una especie de fermentación durante los trescientos años de la Colonia.

El primer brote[15] autóctono se manifiesta en el movimiento de emancipación; pero autóctono en cuanto a la nueva raza mestiza, no en cuanto al indígena que ya no volvería a obrar por su cuenta. En efecto, la rebelión contra la Corona española la hubo también en la misma época en la península, y españoles fueron los mejores auxiliares del movimiento. El nuevo patriotismo perseguía fines económicos y políticos más bien que étnicos. Ni podía haber sido un movimiento de liberación del indio, sencillamente porque el indio ya no existía; no existió quizás nunca como entidad nacional y ya no existía espiritualmente, puesto que todo lo que sabe, todo lo que piensa, todo lo que hoy es, procede de la invasión europea. Lo suyo se disgregó, tal y como se han disgregado todas las antiguas culturas, para no volver más. Y en el centro del conflicto, para concretarlo y

90

95

100

105

110

115

---

11. **sirvientes... bien** *servants from the manor house*
12. **jayanes** *rough field hands*
13. **La Reconquista** representa la época en la historia española desde 711 hasta

1492, cuando los españoles reconquistaron su país de los moros.
14. **acendrada** *refined*
15. **brote** *bud, germ*

para sintetizarlo, quedó la enorme masa de la población mestiza, la
primera raza realmente nueva que conoce la historia. Y he aquí a los   120
mestizos presentándose en el mundo ante la injuria y la desconfianza de los unos, ante la mirada protectora e interesada de los más,
y siendo presa, en el mejor de los casos, de un tutelaje que ninguno
de los grandes pueblos desdeña ejercitar, aun cuando nos
clasifiquen, como negroides, por lo bajo. ¡Así de pueril es el ansia de   125
la dominación colectiva! Se diría que el mestizaje iberoamericano
—Benjamín[16] de la historia— atraviesa aquel estado pavoroso,
pero lleno de misterio y de promesas que tienen que recorrer en
biología todos los casos nuevos de la vida. Con las salvedades[17] que
sea necesario hacer, a causa de la diferencia de especies, me re-   130
cuerda la vida mestiza iberoamericana la experiencia del naturalista
Paul Bert,[18] citado por Romanes. Se toman crustáceos de agua dulce
y paulatinamente[19] se les va cambiando el agua en salada. Los crustáceos padecen desazón inmensa y se mueren; pero no antes de que
engendren una generación de crustáceos ya adaptados al nuevo   135
elemento salobre. Así me explico yo la esterilidad evidente de la raza
mestiza iberoamericana durante todo el primer siglo de su auto-
nomía política. Aparentemente no ha hecho otra cosa que irse muriendo, mal habituada como está a un ambiente que no es ni el
antiguo de América ni el de Europa. Bienaventurados,[20] sin em-   140
bargo, los organismos fuertes que tienen que avivar su dinámica[21] y
que castigar su destino para obligarles a que respondan con celeridad a las solicitaciones de la vida. Y cuando esa dinámica no sólo se
emplea, como la de los peces, en bajar hasta el ambiente para
someterse a él, sino en forzar el ambiente y en forzar la historia, para   145
que la vida entera mejore, entonces no se puede por menos de
reconocer que esa tremenda palpitación nuestra es como un reto[22]
a las capacidades de la naturaleza. Yo no sé si el mestizaje
latinoamericano sólo aprenderá, como los crustáceos del laboratorio, a mantenerse en el agua salada y ya bastante pútrida de las   150
viejas maneras o si logrará superar al crustáceo y extraer del ejercicio
de su adaptación fuerza bastante para volver sobre el medio y en-

---

16. **Benjamín** the youngest
17. **salvedades** *reservations*
18. **Paul Bert** (1833–1886): psicólogo y
político francés que pasó muchos años
en el oriente

19. **paulatinamente** *gradually, by degrees*
20. **bienaventurados** *fortunate*
21. **dinámica** *dynamics*
22. **reto** *challenge*

gendrar una nueva cultura. Pero veo en el triunfo remoto, mas no imposible, de esta aventura del mestizaje, la única esperanza del mundo.   155

Sin embargo, guardémonos una vez más de la seducción de las meras frases y procuremos precisar más nuestro pensamiento. No creo que ningún hombre sincero se atreva a recomendar a los pueblos en formación un solo modelo de desarrollo. Todavía la vida de la especie entera es un proceso turbio y a menudo nauseabundo.   160
Que nadie entonces imponga su propia cultura como modelo, ni está nadie autorizado para condenar un caso que apenas ha ido saliendo de las entrañas fecundas y embrolladas de la etnología. Toda variedad, según la ley formulada por Hugo de Vries,[23] tiende a fundirse en una población tipo, si un factor no interviene para   165
protegerla, es decir, para conservar sus peculiaridades. El factor protector suele ser, en el caso de las especies animales, la segregación de que hablan los naturalistas. La historia ya aplicó estos procesos a la vida humana, y hemos visto que el tiempo los castiga con la decadencia. La segregación, por otra parte, está hoy fuera de las   170
prácticas del tiempo. El porvenir es hoy de mezclas y combinaciones cada vez más acentuadas y múltiples. La población mestiza de la América latina no es más que el primer brote de una manera de mestizaje que las nuevas condiciones del mundo irán engendrando por todo el planeta. Al período de segregación y de aislamiento de   175
las naciones correspondía la división y autogenesia de las razas. Al período de civilización, ya no nacional, ni siquiera racial, sino planetario, tiene que corresponder una raza total, una raza que en su sangre misma sea síntesis del hombre en todos los varios y profundos aspectos del hombre. He aquí la conclusión atrevida, pero fatal,   180
que debemos de formula.

El germen de esta futura raza cósmica lo encuentro yo en la población contemporánea de la América latina.

Preguntas

1. ¿Qué hicieron el español y el indio después de luchar?
2. ¿Qué les ocurre a grupos humanos relativamente puros?

23. **Hugo de Vries** (1848–1935): botanico holandés, autor de una teoría   nueva sobre las mutaciones de las plantas

3. ¿Qué prueban los estudios a propósito de la procedencia asiática del hombre americano?
4. ¿Cuál es uno de los problemas capitales de Iberoamérica?
5. ¿Qué fue raro en la Nueva Inglaterra?
6. ¿En qué consiste para muchos el fracaso de la América latina?
7. Según algunos, ¿de qué depende el éxito del sajón?
8. ¿Cómo describe Vasconcelos la filosofía del éxito?
9. ¿Cómo explica Vasconcelos la cantidad de vida en acción que tenían los europeos?
10. ¿Qué tipo de españoles vinieron a América?
11. ¿Qué hicieron los españoles durante la Reconquista?
12. ¿Cuántos años duró el coloniaje en la América española?
13. ¿Cómo se manifestó el primer brote autóctono?
14. ¿Qué le ocurrió a la cultura de los indios?
15. Describa la experiencia del naturalista Paul Bert.
16. ¿Por qué no ha hecho muchas cosas la raza mestiza iberoamericana?
17. Según Vasconcelos, ¿qué es como un reto a las capacidades de la naturaleza?
18. ¿Cómo describe Vasconcelos el porvenir?
19. ¿Cómo será la raza de la civilización planetaria?
20. ¿Dónde se encuentra el germen de esta futura raza cósmica?

Temas

1. El papel de Vasconcelos en la educación pública del México moderno.
2. Lo que es "la raza cósmica."
3. La esperanza del mundo futuro, según Vasconcelos.
4. Una comparación entre la experiencia del naturalista con los crustáceos y lo que pasa con la raza mestiza iberoamericana.
5. La importancia del fin del aislamiento de las naciones y la segregación de las razas hoy día.

Debate

Defiéndase y atáquese la teoría de José Vasconcelos en su obra *La raza cósmica*.

Alfonso Reyes (1889–1959)

Uno de los mejores ensayistas de América, Alfonso Reyes, maestro mexicano de prosa y verso, tiene cierta unidad cristalina en toda su obra. Su poesía es concisa, insinuante, grave; su prosa es prismática, aguda, culta y profunda. Ha escrito innumerables ensayos literarios, científicos y filosóficos, además de ediciones eruditas de algunos clásicos castellanos.

Nacido en Monterrey, estudió en la Facultad de Derecho de la ciudad de México y recibió el título de abogado en 1913. Sirvió de enviado diplomático y cultural en Francia y en España entre los años 1914–1927. También fue embajador en la Argentina y en el Brasil (1927–1938). Director del Colegio de México, que estableció en 1940, tuvo una influencia profunda en el desarrollo intelectual de su país. En 1945 recibió el Premio Nacional de Literatura. Sus obras completas llenan una docena de volúmenes, con muchas páginas brillantes, pero sin una obra maestra que sobresalga. Entre sus obras están *Visión de Anáhuac* (1917), *Ifigenia cruel* (1932), *Huellas* (1922), y *El deslinde* (1944).

Reyes se preocupaba mucho por la idea de una cultura orientada hacia Hispanoamérica, lo mismo que Rodó a comienzos del siglo XX y Vasconcelos unos años más tarde. Creía que todo el pasado de Hispanoamérica indicaba que era tierra propicia para la unión y para la democracia. En *Última Tule,* una serie de ensayos que abarcan los años de 1920 hasta 1941, escribió mucho sobre el futuro cultural de América. El ensayo que incluimos aquí, de *Última Tule,* muestra estas ideas y a la vez sirve como ejemplo excelente de su estilo. Sus ensayos son siempre líricos a causa de la manera personal que emplea.

Alfonso Reyes (1889–1959)
ALBERTO DALLAL

CAPRICHO DE AMÉRICA

La imaginación, la loca de la casa,[1] vale tanto como la historia para la interpretación de los hechos humanos. Todo está en saberla interrogar y en tratarla con delicadeza. El mito es un testimonio fahaciente[2] sobre alguna operación divina. La *Odisea*[3] puede servir de carta náutica al que, entendiéndola, frecuente los pasos del Mediterráneo. Dante,[4] enamorado de las estrellas, 5

> ... Le divine fiammelle
> dànno per gli occhi una dolcezza al core
> che intender non la può chi non la prova,[5]

1. una expresión frecuentemente usada que significa que la imaginación, como una mujer loca, no se puede contener
2. **fehaciente** *authentic*
3. **Odisea:** obra clásica del poeta griego Homero

4. **Dante** (1265–1321): poeta italiano, autor de *La divina commedia*
5. "Las divinas llamas
dan por los ojos una dulzura al corazón que no la puede entender quien no la prueba"

acaba por adelantarse al descubrimiento de la Cruz del Sur.[6] Y
asimismo, entre la más antigua literatura, los relatos novelescos de
los egipcios (y quién sabe si también entre las memorias de la
desaparecida y misteriosa era[7] de Aknatón),[8] encontramos ya que la
fantasía se imanta[9] hacia el Occidente, presintiendo la existencia de
una tierra ignota americana. A través de los griegos, Europa hereda
esta inclinación de la mente, y ya en el Renacimiento[10] podemos
decir que América, antes de ser encontrada por los navegantes, ha
sido inventada por los humanistas y los poetas. La imaginación, la
loca de la casa, había andado haciendo de las suyas.[11]

Préstenos la imaginación su caballo con alas y recorramos la
historia del mundo en tres minutos. La masa solar, plástica y
blanda—más aún: vaporosa—, solicitada un día por la vecindad de
algún otro cuerpo celeste que la atrae, levanta una inmensa cresta de
marea. Aquella cresta se rompe en los espacios. Los fragmentos son
los planetas y nuestra Tierra es uno de ellos. Desde ese remoto día,
los planetas giran en torno a su primitivo centro como verdaderas
ánimas en pena. Porque aquel arrancamiento con que ha comenzado su aventura es el pecado original de los planetas, y si ellos
pudieran se refundirían otra vez en la unidad solar de que sólo son
como destrozos.[12]

La Tierra, entregada pues a sí misma, va equilibrando como puede
sus partes de mar y suelo firme. Pero aquella corteza[13] de suelo firme
se desgarra un día por las líneas de menor resistencia, ante las con-
tracciones y encogimientos de su propia condensación. Y aquí —
nueva ruptura y destrozo, segundo pecado— comienzan a alejarse
unos de otros los continentes flotantes, según cierta fatalidad geo-
métrica. Uno de los resultados de este destrozo es nuestra América.

Imaginemos todavía. Soñemos, para mejor entender la realidad.
Soñemos que un día nuestra América constituyó, a su vez, una
grande comunidad humana, cuyas vinculaciones[14] salvaran mágica-
mente la inmensidad de los territorios, las murallas de montañas, la

6. **Cruz del Sur** *Southern Cross,* una
constelación astronómica
7. **era = época**
8. **Aknatón** era un rey de Egipto en el
siglo XIV antes de Jesucristo, que se
rebeló contra la religión tradicional y estableció un culto que adoraba al sol. Era
esposo de la reina Nefertiti.

9. **se imanta** *is magnetized*
10. **Renacimiento** *Renaissance*
11. **haciendo de las suyas** *having its
own way*
12. **destrozos** *ruins*
13. **corteza** *outward crust*
14. **vinculaciones** *bonds*

cerrazón[15] de los bosques impracticables. A la hora en que los primeros europeos se asoman a nuestro Continente, esta unidad se ha roto ya. Quetzalcoatl,[16] el civilizador de México, ha huído hacia   45 el Sur, precisamente empujado por las tribus sanguinarias que venían del Norte, y ha dejado allá por Guatemala la imprenta de sus plantas, haciéndose llamar Cuculcán. Semejante fenómeno de disgregación se ha repetido en todos los focos del Nuevo Mundo. Acaso hay ya pueblos des-civilizados, recaídos en la barbarie a con-   50 secuencia de la incommunicación, del nuevo destrozo o tercer pecado. Los grandes imperios americanos no son ya centros de cohesión, sino residencias de un poder militar que sólo mantiene la unión por la fuerza.

Todavía la historia hace un nuevo intento de reunificación,   55 atando, ya que no a una sola, a dos fuertes razas europeas toda ésta pedacería de naciones americanas. Sajones e iberos se dividen el Continente. Pero como todo aspira a bastarse a sí mismo, las dos grandes familias americanas que de aquí resultan se emancipan un día. El proceso de fecundación europea sólo ha servido, como un   60 recurso lateral, para nutrirlas artificialmente, para devolverles la conciencia de su ser continental, para restaurar entre ellas otra vez el sueño de una organización coherente y armónica.

Y, en efecto, cuando los padres de las independencias americanas se alzan contra las metrópolis europeas, bien puede decirse que se   65 sienten animados de un espíritu continental. En sus proclamas de guerra se dirigen siempre a "los americanos", de un modo general y sin distinción de pueblos, y cada uno de ellos se imagina que lucha por todo el Continente. Naturalmente, este fenómeno sólo es apreciable en los países hispanoamericanos, únicos para los cuales tiene   70 sentido. Luminosa imagen del planeta que ronda en torno a su sol, Bolívar sueña entonces en la aparición de la Grande América. Pero el tiempo no está maduro, y la independencia procede por vías de fraccionamientos nacionales.

En las distintas etapas recorridas, asistimos, pues, a un juego   75 cósmico de rompecabezas.[17] Los tijeretazos[18] de algún demiurgo[19] caprichoso han venido tajando[20] en fragmentos la primitiva unidad,

---

15. **cerrazón**   *dark threatening clouds*
16. **Quetzalcoatl:** el dios legendario de los aztecas
17. **rompecabezas**   *puzzles, problems*

18. **tijeretazos**   *scissor snips*
19. **demiurgo:** un dios creador, en la filosofía platónica
20. **tajando**   *cutting*

y uno de los fragmentos en partes, y una de las partes en pedazos, y uno de los pedazos en trozos. Y la imaginación —cuyo consejo hemos convenido en seguir para ver a dónde nos lleva— nos está 80 diciendo en voz baja que, aunque esa unidad primitiva nunca haya existido, el hombre ha soñado siempre con ella, y la ha situado unas veces como fuerza impulsora y otras como fuerza tractora[21] de la historia: si como fuerza impulsora, en el pasado, y entonces se llama la Edad de Oro; si como fuerza tractora, en el porvenir, y entonces 85 se llama la Tierra Prometida. De tiempo en tiempo, los filósofos se divierten en esbozar[22] los contornos de la apetecida ciudad perfecta, y estos esbozos se llaman Utopías, de que los Códigos Constitucionales (si me permitís una observación de actualidad) no son más que la última manifestación. 90

Así pues —y aquí volvemos a la realidad profunda de los mitos con que he comenzado estas palabras—, hay que concebir la esperanza humana en figura de la antigua fábula de Osiris:[23] nuestra esperanza está destrozada, y anda poco a poco juntando sus *disjecti membra*[24] para reconstruirse algún día. Soñamos, como si nos acor- 95 dáramos de ella (Edad de Oro a la vez que Tierra Prometida), en una América coherente, armoniosa, donde cada uno de los fragmentos, triángulos y trapecios encaje, sin frotamiento ni violencia, en el hueco de los demás.[25] Como en el juego de dados[26] de los niños, cuando cada dado esté en su sitio tendremos la verdadera imagen de 100 América.

Pero —¡Platón[27] nos asista!— ¿existe en algún repliegue de la realidad esta verdadera imagen de América? ¡Oh, sí: existe en nuestros corazones, y para ella estamos viviendo! Y he aquí cómo llegamos a la Idea de América, idea que tiene de paradójico el que casi 105 se la puede ver con los ojos, como aquella *Ur-Pflanze* o planta de

---

21. **tractora** *traction*
22. **esbozar** *sketching*
23. **Osiris:** dios egipcio de la muerte y de la resurrección. Según el mito, Osiris era un rey bueno que fue asesinado por su hermano envidioso. Este hermano despedazó el cuerpo y enterró los restos en varias secciones de Egipto. Isis, la mujer de Osiris, recobró el cuerpo y lo reanimó y después éste llegó a ser el dios de la muerte.

24. **disjecti membra** [poetae], los trozos del cuerpo destrozado. La cita es de Ovidio, *Sátiras*, I, 4.62.
25. **donde... demás** *where each one of the fragments, triangles, and trapezia fits without friction or violence into the hollow of the rest*
26. **dados** *blocks*
27. **Platón** (*c.* 427–347 A. de J.C.): filósofo griego

las plantas (verdadero paradigma del reino vegetal) en la célebre conversación de Goethe y Schiller.[28]

Preguntas

1. ¿Cuáles son dos cosas que valen mucho para interpretar los hechos humanos?
2. Según el autor, ¿de qué puede servir la lectura de la *Odisea?*
3. ¿Hacia dónde se imantaba la fantasía aun en los tiempos antiguos?
4. ¿En qué se convirtieron los fragmentos de la masa solar?
5. Según el autor, ¿cuál es el pecado original de los planetas?
6. ¿Cuál es el segundo pecado?
7. ¿Cuál es uno de los resultados de esa nueva ruptura?
8. ¿Quién fue el civilizador de México?
9. ¿Por qué tuvo que huir hacia el Sur?
10. ¿Entre quiénes se divide el continente americano?
11. ¿Qué espíritu animó a los padres de la independencia americana?
12. ¿Qué sueño tuvo Bolívar?
13. En la imaginación de los hombres, ¿con qué nombre califican la unidad perfecta del pasado? ¿Y con qué palabras se refieren a la del futuro?
14. ¿Por qué se compara la esperanza con la antigua fábula de Osiris?
15. Según Reyes, ¿dónde existe la verdadera imagen de América?

Temas

1. Lo que puede la imaginación en el mundo moderno.
2. El papel de la imaginación en los tiempos antiguos.
3. Las dos grandes familias americanas y cómo ganaron su independencia.
4. Los sueños de una organización coherente y armoniosa en este continente: la Unión panamericana y la O. E. A. (Organización de Estados Americanos).
5. El estilo de Alfonso Reyes.

---

28. Esta conversación occurió en 1794 entre los poetas alemanes, Goethe (1749–1832) y Schiller (1759–1805), después de la cual siguieron como buenos amigos hasta la muerte de éste.

El Cuento
Baldomero Lillo (1867–1923)

Los cuentos realistas de Baldomero Lillo tratan de la miseria y de los sufrimientos de los mineros, campesinos y artesanos chilenos. Con su libro *Sub Terra, Cuadros mineros* (1904) Lillo inició la literatura del realismo social en Chile. Influido por la literatura de protesta social de los naturalistas franceses, especialmente Zola, se preocupó con contar y denunciar al mismo tiempo.

Un profundo entendimiento de los desafortunados se destaca siempre en los cuentos de este autor, un hombre que vivió intensa y hondamente muchas páginas de sus libros. Niño enfermizo, de una familia modesta, pasó la juventud en la región de las minas carboneras al Sur de Chile, y trabajó en una de las pulperías de la compañía minera. Allí se familiarizó con los dolores de las personas que agotan su vida en las tenebrosas cavernas. Años después se instaló en Santiago a causa de su salud, y con la ayuda de su hermano, el poeta Samuel Lillo, consiguió una oficina universitaria. En aquella época empezó a escribir y obtuvo un éxito inmediato. Además de su primer volumen *Sub Terra,* publicó *Sub Sole* (1907) y muchos cuentos que aparecieron en los periódicos. Murió víctima de tuberculosis.

Su estilo —intenso, narrativo, con detalles palpitantes— muestra imaginación y dramatismo a la vez. Sus mejores cuentos revelan claramente la técnica narrativa que empleó. Siempre empiezan con una situación muy emocionante, continúan hasta llegar a una crisis, y concluyen con un desenlace trágico. Estas tres etapas se ven muy bien en "La compuerta número 12" ("Gate Number 12"), un cuento de rasgo simple pero hon-

dísimo. Es un relato patético que delinea al trabajador manual,
un hombre que le entrega a la mina su vida entera, que vegeta
en el mismo puesto, que vive urgido por la necesidad. Este
hombre no puede educar a sus hijos y nunca podrá mejorar las
condiciones de su familia. Los cuentos de Lillo gravitan con
frecuencia sobre un detalle central, aquí el niño y la cuerda.

LA COMPUERTA NÚMERO 12

Pablo se aferró[1] instintivamente a las piernas de su padre. Zumbá-
banle los oídos, y el piso que huía debajo de sus pies le producía una
extraña sensación de angustia. Creíase precipitado en aquel agujero
cuya negra abertura había entrevisto[2] al penetrar en la jaula,[3] y sus
grandes ojos miraban con espanto las lóbregas paredes del pozo en   5
el que se hundían con vertiginosa rapidez. En aquel silencioso descenso, sin trepidación ni más ruido que el del agua goteando sobre
la techumbre de hierro, las luces de las lámparas parecían prontas a
extinguirse y a sus débiles destellos[4] se delineaban vagamente en la
penumbra de las hendiduras[5] y partes salientes de la roca: una serie   10
interminable de negras sombras que volaban como saetas hacia lo
alto.
     Pasado un minuto, la velocidad disminuye bruscamente, los pies
asentáronse con más solidez en el piso fugitivo y el pesado armazón[6]
de hierro, con un áspero rechinar de goznes y de cadenas,[7] quedó   15
inmóvil a la entrada de la galería.
     El viejo tomó de la mano al pequeño y juntos se internaron en el
negro túnel. Eran de los primeros en llegar y el movimiento de la
mina no empezaba aún. De la galería, bastante alta para permitir al
minero erguir su elevada talla, sólo se distinguía parte de la techum- 20
bre cruzada por gruesos maderos. Las paredes laterales permanecían

1. **se aferró** *grasped*   5. **hendiduras** *clefts*
2. **había entrevisto** *he had glimpsed* 6. **armazón** *framework*
3. **jaula** *cage, elevator*   7. **áspero... cadenas** *with a harsh*
4. **destellos** *gleams*   *squeaking of hinges and chains*

El Teniente, mina de cobre en Sewell, Chile. Los mineros viven con sus
familias en pueblos construidos por las compañías mineras
COURTESY OF CORPORACIÓN DE FOMENTO

invisibles en la oscuridad profunda que llenaba la vasta y lóbrega
excavación.

A cuarenta metros del piquete[8] se detuvieron ante una especie de
gruta excavada en la roca. Del techo agrietado, de color de hollín,[9]   25
colgaba un candil de hoja de lata,[10] cuyo macilento resplandor daba
a la estancia la apariencia de una cripta enlutada y llena de sombras.
En el fondo, sentado delante de una mesa, un hombre pequeño, ya
entrado en años, hacía anotaciones en un enorme registro. Su negro
traje hacía resaltar la palidez del rostro surcado por profundas arru-   30

8. **piquete** *pit*   10. **candil... lata** *oil lamp of tin*
9. **hollín** *soot*

gas.[11] Al ruido de pasos levantó la cabeza y fijó una mirada interrogadora en el viejo minero, quien avanzó con timidez, diciendo con voz llena de sumisión y de respeto:

"Señor, aquí traigo el chico."

Los ojos penetrantes del capataz abarcaron de una ojeada el cuerpecillo endeble[12] del muchacho. Sus delgados miembros y la infantil inconsciencia del moreno rostro en el que brillaban dos ojos muy abiertos como de medrosa bestezuela,[13] lo impresionaron desfavorablemente, y su corazón endurecido por el espectáculo diario de tantas miserias, experimentó una piadosa sacudida a la vista de aquel pequeñuelo arrancado a sus juegos infantiles y condenado como tantas infelices criaturas a languidecer miserablemente en las hímedas galerías, junto a las puertas de ventilación. Las duras líneas de su rostro se suavizaron y con fingida aspereza le dijo al viejo, que, muy inquieto por aquel examen, fijaba en él una ansiosa mirada:

"¡Hombre!, este muchacho es todavía muy débil para el trabajo. ¿Es hijo tuyo?"

"Sí, señor."

"Pues debías tener lástima de sus pocos años y antes de enterrarlo aquí, enviarlo a la escuela por algún tiempo."

"Señor," balbuceó la ruda voz del minero, en la que vibraba un acento de dolorosa súplica, "somos seis en casa y uno solo el que trabaja. Pablo cumplió ya los ocho años y debe ganarse el pan que come, y, como hijo de minero, su oficio será el de sus mayores, que no tuvieron nunca otra escuela que la mina."

Su voz opaca y temblorosa se extinguió repentinamente en un acceso de tos, pero sus ojos húmedos imploraban con tal insistencia que el capataz, vencido por aquel mudo ruego, llevó a sus labios un silbato[14] y arrancó de él un sonido agudo que repercutió a lo lejos en la desierta galería. Oyóse un rumor de pasos precipitados y una obscura silueta se dibujó en el hueco de la puerta.

"Juan," exclamó el hombrecillo, dirigiéndose al recién llegado, "lleva este chico a la compuerta número 12, reemplazará al hijo de José, el carretillero,[15] aplastado ayer por la corrida."[16]

35

40

45

50

55

60

---

11. **surcado... arrugas** *furrowed with
deep wrinkles*
12. **endeble** *weak*
13. **medrosa bestezuela** *scared little*

animal
14. **silbato** *whistle*
15. **carretillero** *wheelbarrow (boy)*
16. **corrida** *haul, load of coal*

Y volviéndose bruscamente hacia el viejo, que empezaba a mur- 65
murar una frase de agradecimiento, díjole en tono duro y severo,
"He visto que en la última semana no has alcanzado a los cinco
cajones[17] que es el mínimum diario que se exige de cada barretero.[18]
No olvides que si esto sucede otra vez, será preciso darte de baja[19]
para que ocupe tu sitio otro más activo."   70
Y haciendo con la diestra un ademán enérgico, lo despidió.

Los tres se marcharon silenciosos y el rumor de sus pisadas fue
alejándose poco a poco en la oscura galería. Caminaban entre dos
hileras de rieles,[20] cuyas traviesas[21] hundidas en el suelo fangoso
trataban de evitar alargando o acortando el paso, guiándose por los 75
gruesos clavos que sujetaban las barras de acero. El guía, un hombre
joven aún, iba delante y más atrás con el pequeño Pablo de la mano
seguía el viejo con la barba sumida en el pecho, hondamente
preocupado. Las palabras del capataz y la amenaza en ellas contenida habían llenado de angustia su corazón. Desde algún tiempo 80
su decadencia era visible para todos, cada día se acercaba más al
fatal lindero[22] que una vez traspasado convierte al obrero viejo en un
trasto[23] inútil dentro de la mina. En balde desde el amanecer hasta
la noche, durante catorce horas mortales, revolviéndose como un
reptil en la estrecha *labor,* atacaba la hulla[24] furiosamente, encar- 85
nizándose contra el filón inagotable[25] que tantas generaciones de
forzados como él arañaban[26] sin cesar en las entrañas de la tierra.

Pero aquella lucha tenaz y sin tregua convertía muy pronto en
viejos decrépitos a los más jóvenes y vigorosos. Allí, en la lóbrega
madriguera húmeda y estrecha,[27] encorvábanse las espaldas y 90
aflojábanse los músculos, y como el potro resabiado[28] que se es-
tremece tembloroso a la vista de la vara, los viejos mineros cada
mañana sentían tiritar[29] sus carnes al contacto de la vena. Pero el
hambre es aguijón más eficaz que el látigo y la espuela, y reanuda-

17. **cajones**   *large boxes (in which coal is measured)*
18. **barretero**   *miner*
19. **será... baja**   *it will be necessary to fire you*
20. **dos... rieles**   *two lines of rails*
21. **traviesas**   *transverse ties*
22. **lindero**   *boundary line*
23. **trasto**   *nuisance*

24. **hulla**   *coal*
25. **encarnizándose...   inagotable** *hurling himself mercilessly against the inexhaustible vein (of coal)*
26. **arañaban**   *scratched out*
27. **lóbrega... estrecha**   *gloomy, dank and narrow burrow*
28. **potro resabiado**   *very wary nag*
29. **tiritar**   *shiver*

ban taciturnos la tarea agobiadora,[30] y la veta entera, acribillada por   95
mil partes[31] por aquella carcoma humana, vibraba sutilmente, des-
moronándose pedazo a pedazo, mordida por el diente cuadrangular
del pico, como la arenisca de la ribera a los embates del mar.[32]
La súbita detención del guía arrancó al viejo de sus tristes cavilaciones. Una puerta les cerraba el camino en aquella dirección, y en   100
el suelo, arrimado a la pared, había un bulto pequeño cuyos contornos se destacaron confusamente heridos por las luces vacilantes de
las lámparas: era un niño de diez años, acurrucado[33] en un hueco de
la muralla.

Con los codos en las rodillas y el pálido rostro entre las manos   105
enflaquecidas, mudo e inmóvil, pareció no percibir a los obreros
que traspusieron el umbral y lo dejaron de nuevo sumido en la
oscuridad. Sus ojos abiertos, sin expresión, estaban fijos obstinada-
mente hacia arriba, absortos, tal vez, en la contemplación de un
panorama imaginario, que, como el miraje desierto, atraía sus pupi-   110
las sedientas de luz, húmedas por la nostalgia del lejano resplandor
del día.

Encargado del manejo de esa puerta, pasaba las horas interminables de su encierro sumergido en un ensimismamiento[34] doloroso,
abrumado por aquella lápida enorme que ahogó para siempre en él   115
la inquietud y grácil movilidad de la infancia, cuyos sufrimientos
dejan en el alma que los comprende una amargura infinita y un
sentimiento de execración acerbo por el egoísmo y la cobardía
humanos.

Los dos hombres y el niño, después de caminar algún tiempo por   120
un estrecho corredor, desembocaron en una alta galería de arrastre,[35] de cuya techumbre caía una lluvia continua de gruesas gotas
de agua. Un ruido sordo y lejano, como si un martillo gigantesco
golpease sobre sus cabezas la armadura[36] del planeta, escuchábase
a intervalos. Aquel rumor, cuyo origen Pablo no acertaba a ex-   125
plicarse, era el choque de las olas en las rompientes de la costa.
Anduvieron aún un corto trecho y se encontraron, por fin, delante
de la compuerta número doce.

---

30. **agobiadora** *oppressive*
31. **la veta... partes** *the entire vein,*
riddled in a thousand places
32. **como... mar** *like the sandiness of*
the shore by the dashing surf of the sea

33. **acurrucado** *huddled*
34. **ensimismamiento** *self-absorption*
35. **arrastre** *horizontal opening into*
the mine
36. **armadura** *framework*

"Aquí es," dijo el guía, deteniéndose junto a la hoja de tablas que giraba sujeta a un marco de madera incrustado en la roca. 130 Las tinieblas eran tan espesas, que las rojizas luces de las lámparas, sujetas a las viseras de las gorras de cuero, apenas dejaban entrever aquel obstáculo.

Pablo, que no se explicaba este alto repentino, contemplaba silencioso a sus acompañantes, quienes, después de cambiar entre sí 135 algunas palabras breves y rápidas, se pusieron a enseñarle con jovialidad y empeño el manejo de la compuerta. El rapaz, siguiendo sus indicaciones, la abrió y cerró repetidas veces, desvaneciendo la incertidumbre del padre, que temía que las fuerzas de su hijo no bastasen para aquel trabajo. 140

El viejo manifestó su contento, pasando la callosa mano por la inculta cabellera de su primogénito, quien hasta allí no había demostrado cansancio ni inquietud. Su juvenil imaginación impresionada por aquel espectáculo nuevo y desconocido se hallaba aturdida, desorientada.[37] Parecíale a veces que estaba en un cuarto a oscuras 145 y creía ver a cada instante abrirse una ventana y entrar por ella los brillantes rayos del sol, y aunque su inexperto corazoncillo no experimentaba ya la angustia que le asaltó en el pozo de bajada, aquellos mimos y caricias a que no estaba acostumbrado despertaron su desconfianza. 150

Una luz brilló a lo lejos en la galería y luego se oyó el chirrido de las ruedas sobre la vía, mientras un trote pesado y rápido hacía retumbar el suelo.

"¡Es la corrida!" exclamaron a un tiempo los dos hombres.

"Pronto, Pablo," dijo el viejo, "a ver cómo cumples tu obligación." 155 El pequeño, con los puños apretados, apoyó su diminuto cuerpo contra la hoja, que cedió lentamente hasta tocar la pared. Apenas efectuada esta operación, un caballo oscuro, sudoroso y jadeante, cruzó rápido delante de ellos, arrastrando un pesado tren cargado de mineral. 160

Los obreros se miraron satisfechos. El novato era ya un portero[38] experimentado y el viejo, inclinando su alta estatura, empezó a hablarle zalameramente:[39] él no era ya un chicuelo, como los que

---

37. **aturdida, desorientada** *bewildered, confused*
38. **el novato... portero** *the beginner*

was a gatekeeper
39. **zalameramente** *flatteringly*

quedaban allá arriba, que lloran por nada y están siempre cogidos
de las faldas de las mujeres, sino un hombre, un valiente, nada   165
menos que un obrero, es decir, un camarada a quien había que tratar
como tal. Y en breves frases le dio a entender que les era forzoso
dejarlo solo; pero que no tuviese miedo, pues había en la mina
muchísimos otros de su edad, desempeñando el mismo trabajo; que
él estaba cerca y vendría a verlo de cuando en cuando, y una vez   170
terminada la faena,[40] regresarían juntos a casa.

Pablo oía aquello con espanto creciente, y por toda respuesta se
cogió con ambas manos de la blusa del minero. Hasta entonces no
se había dado cuenta exacta de lo que se exigía de él. El giro
inesperado que tomaba lo que creyó un simple paseo le produjo un   175
miedo cerval,[41] y dominado por un deseo vehementísimo de abandonar aquel sitio, de ver a su madre y a sus hermanos y de encontrarse otra vez a la claridad del día, sólo contestaba a las afectuosas
razones de su padre con un "¡Vamos!" quejumbroso y lleno de
miedo. Ni promesas ni amenazas lo convencían y el "¡Vamos,   180
padre!" brotaba de sus labios cada vez más dolorido y apremiante.

Una violenta contrariedad se pintó en el rostro del viejo minero,
pero al ver aquellos ojos llenos de lágrimas, desolados y suplicantes,
levantados hacia él, su naciente cólera se trocó en una piedad infinita: ¡era todavía tan débil y pequeño! Y el amor paternal ador-   185
mecido en lo íntimo de su ser recobró de súbito su fuerza avasalladora.

El recuerdo de su vida, de esos cuarenta años de trabajos y sufrimientos se presentó de repente a su imaginación, y con honda
congoja[42] comprobó que de aquella labor inmensa sólo le restaba un   190
cuerpo exhausto que tal vez muy pronto arrojarían de la mina como
un estorbo,[43] y al pensar que idéntico destino aguardaba a la triste
criatura, le acometió de improviso un deseo imperioso de disputar
su presa a ese monstruo insaciable que arrancaba del regazo de las
madres los hijos apenas crecidos para convertirlos en esos parias,[44]   195
cuyas espaldas reciben con el mismo estoicismo el golpe brutal del
amo y las caricias de la roca en las inclinadas galerías.

Pero aquel sentimiento de rebelión que empezaba a germinar en
él, se extinguió repentinamente ante el recuerdo de su pobre hogar
y de los seres hambrientos y desnudos de los que era el único sostén,   200

40. **faena** _task_
41. **cerval** _deerlike_
42. **congoja** _anguish_
43. **estorbo** _hindrance_
44. **parias** _pariahs (outcasts)_

y su vieja experiencia le demonstró lo insensato de su quimera.[45] La mina no soltaba nunca al que había cogido y, como eslabones nuevos, que se substituyen a los viejos y gastados de una cadena sin fin, allí abajo, los hijos sucedían a los padres y en el hondo pozo el subir y bajar de aquella marea viviente no se interrumpía jamás. Los 205 pequeñuelos, respirando el aire emponzoñado de la mina, crecían raquíticos, débiles, paliduchos, pero había que resignarse, pues para eso habían nacido.

Y con resuelto ademán, el viejo desenrolló de su cintura una cuerda delgada y fuerte, y a pesar de la resistencia y súplicas del 210 niño, lo ató con ella por mitad del cuerpo y aseguró, en seguida, la otra extremidad en un grueso perno[46] incrustado en la roca. Trozos de cordel adherido a aquel hierro indicaban que no era la primera vez que prestaba un servicio semejante.

La criatura, medio muerta de terror, lanzaba gritos penetrantes de 215 pavorosa angustia y hubo que emplear la violencia para arrancarle de entre las piernas del padre, a las que se había asido con todas sus fuerzás. Sus ruegos y clamores llenaban la galería, sin que la tierna víctima, más desdichada que el bíblico Isaac, oyese una voz amiga que detuviera el brazo paternal armado contra su propia carne, por 220 el crimen y la iniquidad de los hombres.

Sus voces llamando al viejo que se alejaba tenían acentos tan desgarradores,[47] tan hondos y vibrantes, que el infeliz padre sintió de nuevo flaquear su resolución. Mas aquel desfallecimiento sólo duró un instante, y tapándose los oídos para no escuchar aquellos 225 gritos que le atenaceaban las entrañas,[48] apresuró la marcha apartándose de aquel sitio. Antes de abandonar la galería, se detuvo un instante y escuchó una vocecilla tenue como un soplo, que clamaba allá muy lejos, debilitada por la distancia: "¡Madre! ¡Madre!"

Entonces echó a correr como un loco, acosado por el doliente 230 vagido,[49] y no se detuvo sino cuando se halló delante de la veta, a la vista de la cual su dolor se convirtió de pronto en furiosa ira, y, empuñando el mango del pico,[50] la ataco rabiosamente. En el duro bloque caían los golpes como espesa granizada sobre sonoros cristales, y el diente de acero se hundía en aquella masa negra y brillan- 235

---

45. **quimera** *chimera (wild fancy)*
46. **perno** *metal bolt*
47. **desgarradores** *heart-rending*
48. **atenaceaban... entrañas** *were tearing out his heart*
49. **acosado... vagido** *harassed by the sad uneasiness*
50. **empuñando... pico** *grasping the handle of his pick*

te, arrancando trozos enormes que se amontonaban entre las piernas del obrero, mientras un polvo espeso cubría como un velo la vacilante luz de la lámpara.

Las cortantes aristas del carbón[51] volaban con fuerzas, hiriéndole el rostro, el cuello y el pecho desnudo. Hilos de sangre mezclábanse 240
al copioso sudor que inundaba su cuerpo, que penetraba como una cuña[52] en la brecha abierta, ensanchándola con el afán del presidiario[53] que horada[54] el muro que lo oprime; pero sin la esperanza que alienta y fortalece al prisionero: hallar al fin de la jornada una vida nueva, llena de sol, de aire y de libertad.   245

Preguntas

1. ¿Por qué se hallaba Pablo en la mina?
2. ¿Quién era el hombre pequeño?
3. ¿Por qué experimentó una piadosa sacudida el corazón de este hombre?
4. Según él, ¿dónde debe hallarse el niño Pablo?
5. ¿Por qué era necesario que trabajara Pablo en la mina?
6. ¿Qué será preciso hacer si el padre de Pablo no alcanza los cinco cajones de carbón?
7. ¿Durante cuántas horas trabajaban los mineros?
8. ¿Cómo era el niño de diez años que vieron Pablo y su padre?
9. ¿Cómo pasaba las horas interminables este chico?
10. ¿Qué efecto tenía el amor paternal en el padre de Pablo?
11. ¿Qué destruyó este efecto?
12. ¿Qué hizo el padre con la cuerda?
13. ¿Por qué lanzó Pablo sus gritos de terror?
14. ¿Qué hizo el padre para no escuchar estos gritos?
15. ¿Por qué trabajaba tan rápida y furiosamente el padre de Pablo?

Temas

1. El paseo de Pablo por la mina.
2. La lucha por la vida de los mineros.
3. La familia de Pablo.
4. El dolor y el miedo de Pablo en la mina, después de dejarle su padre.
5. Los sentimientos del padre después de dejar a su hijo.

51. **Las... carbón** *The cutting edges of the coal*
52. **cuña** *wedge*
53. **presidiario** *convict*
54. **horada** *digs into*

Ricardo Güiraldes (1886–1927)

Ricardo Güiraldes, poeta y novelista argentino, pasó su niñez entre los gauchos en la estancia de su familia, La Porteña. Llegó a ser hombre de gran cultura; estudió en Europa y hacía frecuentes viajes al extranjero. Admiraba mucho a los simbolistas franceses, y en su estilo Güiraldes se presenta como poeta de tendencias de vanguardia. Le gustaba usar un lenguaje impresionista y una prosa poética. Sus primeras obras, poco distinguidas, muestran estos elementos. Sus novelas, *Raucho* (1917) y *Rosaura* (1922), tienen tendencias ultraístas pero contienen la simiente de su obra maestra. *Xamaica* (1923) es una novela típica de su lirismo brillante, pero carece del sentimiento hondo y del interés perdurable que se ve poco después en *Don Segundo Sombra*.

Con su publicación en 1926 *Don Segundo Sombra* tuvo un éxito inmediato. Aquí Güiraldes dirigió su talento hacia la tradición argentina del gaucho. Su concepto de esta figura poética, idealizada, más bien un mito que un ser humano, le permitió tratar un tema regional con las técnicas de la nueva generación. Esta combinación del estilo moderno con los sentimientos tradicionales idealizados resultó de una originalidad saliente en una obra maestra. *Don Segundo Sombra* ganó un lugar permanente como clásico argentino por sus méritos como obra de arte y por su interpretación del gaucho. Don Segundo, igual que Martín Fierro en otra generación, es el gaucho ideal, el símbolo de la pampa. Desgraciadamente murió Güiraldes poco después de la publicación de su obra.

En las selecciones que aquí se encuentran de *Cuentos de*

Ricardo Güiraldes (1886–1927)
RAMACHANDRA GOWDA

muerte y sangre (1915) se puede ver el ambiente rural primitivo y los elementos psicológicos que anuncian los rasgos distintivos de Güiraldes en su obra maestra. Tiene este autor una rara penetración y entendimiento de los temas nativos argentinos.

LA DEUDA MUTUA

Don Regino Palacios y su mujer habían adoptado a los dos muchachos como cumpliendo una obligación impuesta por el destino. Al fin y al cabo no tenían hijos y podrían criar esa yunta de cachorros,[1] pues abundaba carne y hubiesen considerado un crimen abandonarlos en manos de aquel padre borracho y pendenciero.[2]   5

"Déjelos, no más, y Dios lo ayude," contestaron simplemente.

Sobre la vida tranquila del rancho pasaron los años. Los muchachos crecieron, y don Regino quedó viudo sin acostumbrarse a la soledad.

1. **yunta de cachorros** *pair of cubs*   2. **pendenciero** *quarrelsome*

Los cuartos estaban más arreglados que nunca; el dinero sobraba 10
casi para la manutención,³ y sólo faltaba una presencia femenina
entre los tres hombres. El viejo volvió a casarse. En la intimidad estrecha de aquella vida
pronto se normalizó la primera extrañeza de un recomienzo de
cosas,⁴ y la presente reemplazó a la muerta con miras e ideas símiles. 15
Juan, el mayor, era un hombre de carácter decidido, aunque
callado en las conversaciones fogoneras.⁵ Marcos, más bullanguero⁶
y alegre, cariñoso con sus bienhechores.
Y un día fue el asombro de una tragedia repentina. Juan se había
ido con la mujer del viejo. 20
Don Regino tembló de ira ante la baja traición y pronunció palabras duras delante del hermano, que, vergonzoso, trataba de amen-
guarla con pruebas de cariño y gratitud.
Entonces comenzó el extraño vínculo que había de unir a los dos
hombres en común desgracia. Se adivinaron, y no se separaban para 25
ningún quehacer; principalmente cuando se trataba de arreos⁷ a los
corrales, andanzas penosas para el viejo. Marcos siempre hallaba
modo de acompañarle, aunque no le hubiesen tratado para el
viaje.
Juan hizo vida vagabunda y se conchabó⁸ por temporadas donde
quisieran tomarlo, mientras la mujer se encanallaba⁹ en el pueblo. 30
Fatalmente, se encontraron en los corrales. El prurito¹⁰ de no
retroceder ante el momento decisivo los llevó al desenlace¹¹ sangriento.
El viejo había dicho:
"No he de buscarlo, pero que no se me atraviese en el camino."¹² 35
Juan conocía el dicho, y no quiso eludir el cumplimiento¹³ de la
amenaza.
Las dagas chispearon odio en encuentros furtivos buscando el
claro para hendir la carne, los ponchos estopaban¹⁴ los golpes y
ambos paisanos reían la risa de muerte. 40

---

3. **manutencion** *maintenance*
4. **primera... cosas** *first strangeness of a new beginning of things*
5. **fogoneras** *fireside*
6. **bullanguero** *turbulent*
7. **se trataba de arreos** *was a question of cattle drives*
8. **se conchabó** *hired himself out*
9. **se encanallaba** *associated with low company*
10. **prurito** *urge*
11. **desenlace** *outcome*
12. **pero... camino** *don't let him cross my path*
13. **cumplimiento** *fulfillment*
14. **estopaban** *padded*

Juan quedó tendido.[15] El viejo no trató de escapar a la justicia, y
Marcos juró sobre el cadáver la venganza.

Seis años de presidio. Seis años de tristeza sorbida,[16] día a día,
como un mate de dolor.[17]

Marcos se hizo sombrío, y cuanto más se acortaba el plazo, menos   45
pensaba en la venganza jurada sobre el muerto.

"Pobre viejo, arrinconado[18] por la desgracia."
Don Regino cumplió la condena. Recordaba el juramento de Marcos.

Volvió a sus pagos,[19] encontró quehacer, y los domingos, cuando   50
todos reían, contrajo la costumbre de aturdirse con bebidas.

En la pulpería fue donde vio a Marcos y esperó el ataque, dispuesto a simular defensa hasta caer apuñalado.

El muchacho estaba flaco; con la misma sonrisa infantil que el
viejo había querido, se aproximó, quitándose el chambergo[20] respe-   55
tuosamente:

"¿Cómo le va, don Regino?"

"¿Cómo te va, Marcos?"

Y ambos quedaron con las manos apretadas, la cabeza floja,[21]
dejando en torno a sus rostros llorar la melena.[22] Lo único que podía   60
llorar en ellos.

Yo he conocido a esa pareja unida por el engaño y la sangre más
que dos enamorados fieles.

Y los domingos, cuando la semana ríe, vuelven al atardecer,[23]
ebrio el viejo, esclavo el muchacho de aquel dolor incurable, bajas   65
las frentes, como si fueran buscando en las huellas del camino la
traición y la muerte que los acallara[24] para siempre.

---

15. **quedó tendido** *was stretched out
(killed)*
16. **sorbida** *swallowed*
17. **como... dolor** *like the bitter tea of
sorrow*
18. **arrinconado** *cornered*
19. **pagos** *districts*
20. **chambergo** *hat.* El sombrero
típico que usan los gauchos argentinos es

un sombrero blando de ala ancha que se
conoce como *schomberg* en inglés. Hubo
un regimiento schomberg in Madrid en el
siglo XVIII.
21. **floja** *hanging*
22. **dejando... melena** *letting their
long hair weep (droop) over their faces*
23. **al atardecer** *in the evening*
24. **los acallara** *would silence them*

EL POZO

Sobre el brocal desdentado del viejo pozo,[1] una cruz de palo[2] roída
por la carcoma[3] miraba en el fondo su imagen simple.
Todo una historia trágica.
    Hacía mucho tiempo, cuando fue recién herida la tierra y pura el
agua como sangre cristalina, un caminante sudoroso se sentó en el   5
borde de piedra para descansar su cuerpo y refrescar la frente con
el aliento que subía del tranquilo redondel.[4]
    Allí le sorprendieron el cansancio, la noche y el sueño; su espalda
resbaló al apoyo y el hombre se hundió, golpeando blandamente en
las paredes hasta romper la quietud del disco puro.   10
    Ni tiempo para dar un grito o retenerse en las salientes,[5] que le
rechazaban brutalmente después del choque. Había rodado llevando consigo algunos pelmazos de tierra pegajosa.[6]
    Aturdido por el golpe, se debatió[7] sin rumbo en el estrecho cilin-
dro líquido hasta encontrar la superficie. Sus dedos espasmódicos,   15
en el ansia agónica de sostenerse, horadaron el barro rojizo.[8] Luego
quedó exánime, sólo emergida la cabeza, todo el esfuerzo de su ser
concentrado en recuperar el ritmo perdido de su respiración.
    Con su mano libre tanteó el cuerpo, en que el dolor nacía con la
vida.   20
    Miró hacia arriba: el mismo redondel de antes, más lejano, sin
embargo, y en cuyo centro la noche hacía nacer una estrella tímidamente.
    Los ojos se hipnotizaron en la contemplación del astro pequeño,
que dejaba, hasta el fondo, caer su punto de luz.   25

---

1. **brocal... pozo** *the aged curb of the
old well*
2. **palo** *wood*
3. **carcoma** *woodborer*
4. **redondel** *circular opening*
5. **retenerse... salientes** *to support*
himself upon the projecting stones
6. **pelmazos... pegajos** *lumps of
sticky earth*
7. **se debatió** *he battled*
8. **horadaron... rojizo** *dug holes in
the reddish clay*

Unas voces pasaron no lejos, desfiguradas, tenues; un frío le mordió del agua y gritó un grito que, a fuerza de terror, se le quedó en la boca.

Hizo un movimiento y el líquido onduló en torno, denso como mercurio. Un pavor místico contrajo sus músculos, e impelido por   30 esa nueva y angustiosa fuerza, comenzó el ascenso, arrastrándose a lo largo del estrecho tubo húmedo; unos dolores punzantes abriéndole las carnes, mirando el fin siempre lejano como en las pesadillas.[9]

Más de una vez, la tierra insegura cedió a su peso, crepitando[10]   35 abajo en lluvia fina; entonces suspendía su acción tendido de terror, vacío el pecho, y esperaba inmóvil la vuelta de sus fuerzas.

Sin embargo, un mundo insospechado de energías nacía a cada paso; y como por impulso adquirido maquinalmente, mientras se sucedían las impresiones de esperanza y desaliento, llegó al brocal,   40 exhausto, incapaz de saborear el fin de sus martirios.

Allí quedaba, medio cuerpo de fuera, anulada la voluntad por el cansancio,[11] viendo delante suyo la forma de un aguaribay[12] como cosa irreal....

Alguien pasó ante su vista, algún paisano del lugar seguramente,   45 y el moribundo alcanzó a esbozar[13] un llamado. Pero el movimiento de auxilio que esperaba fue hostil. El gaucho, luego de santiguarse, resbalaba del cinto su facón,[14] cuya empuñadura, en cruz, tendió hacia el maldito.

El infeliz comprendió: hizo el último y sobrehumano esfuerzo   50 para hablar; pero una enorme piedra vino a golpearle en la frente, y aquella visión de infierno despareció como sorbida por la tierra.

Ahora todo el pago conoce el pozo maldito, y sobre su brocal, desdentado por los años de abandono, una cruz de madera semipodrida defiende a los cristianos contra las apariciones del malo.   55

---

9. **pesadillas** *nightmares*
10. **crepitando** *falling noisily*
11. **anulada... cansancio** *his will dulled by weariness*

12. **aguaribay** *pepper tree*
13. **esbozar** *to voice*
14. **facón** *a long Gaucho knife*

Preguntas

LA DEUDA MUTUA

1. ¿Cuántos hijos tenía don Regino y cómo se llamaban?
2. ¿Cómo eran sus hijos?
3. ¿Qué hicieron Juan y la esposa de don Regino?
4. ¿Quién quedó tendido después de la batalla entre padre e hijo?
5. ¿Qué se hizo con don Regino?
6. ¿Durante cuántos años quedó en presidio don Regino?
7. ¿Cómo vivían padre e hijo después de salir don Regino del presidio?

EL POZO

1. ¿Por qué se sentó el caminante en el brocal del pozo?
2. ¿Por qué se dejó caer en el pozo?
3. ¿Qué vió desde el fondo del pozo?
4. ¿Cómo podía arrastrarse a lo largo del pozo?
5. ¿Adónde llegó al fin de sus esfuerzos?
6. ¿Qué hizo el gaucho al ver al hombre saliendo del pozo?
7. ¿Qué hizo este gaucho después?
8. ¿Por qué se llama este pozo el pozo maldito?

Temas

1. La adopción de Juan y Marcos por Don Regino.
2. La vida de Marcos y don Regino después de la fuga de Marcos.
3. La lucha por la vida del caminante en el pozo.
4. La superstición del gaucho que lo atacó.

Horacio Quiroga (1878-1937)

Al uruguayo Quiroga, figura cumbre en la cuentística[1] hispanoamericana, se le ha llamado el Edgar Allan Poe de la ficción suramericana, debido a la gran influencia que recibió del norteamericano. Quiroga basó varias historias en las de Poe, como por ejemplo en el caso de uno de sus libros más famosos, *Cuentos de amor, de locura y de muerte* (1917). Sin embargo, siguió otros senderos[2] exóticos en sus escritos. Además de ser cosmopolita, se le puede considerar como el fundador del "criollismo," la tendencia de cultivar temas, ambientes y detalles típicamente nativos, americanos. Pasó muchos años en la selva[3] exótica y magnífica del Chaco y Misiones, en la Argentina. En este ambiente produjo cuentos fantásticos y horripilantes sobre los bosques tropicales, los ríos salvajes y las bestias feroces, descritos con imaginación y poder inusitados.[4] Les impresiona a todos el extraño y conmovedor cuento de una gran serpiente que en las páginas de Quiroga adquiere una dimensión humana al hacer frente a[5] los desafíos de la selva y muere finalmente en una batalla escalofriante[6] con las víboras. Se conoce este cuento bajo el título de *Anaconda* y fue publicado en 1921. Es fácil percibir aquí la influencia de Rudyard Kipling, influencia aun más manifiesta en una colección de primorosas historias que Quiroga escribió para los niños: *Cuentos de la selva para niños* (1918).

1. **figura... cuentística** *top figure in short-story writing*
2. **senderos** *paths*
3. **selva** *jungle(s)*
4. **inusitados** *unusual*
5. **hacer frente a** *facing*
6. **escalofriante** *chilling, hair-raising*

Horacio Quiroga (1878–1937)

Quiroga posee también una gran fuerza narrativa en los cuentos de horror, y pocos le han superado en esta clase de narraciones breves. Algunos tratan del fascinante efecto de terror producido por lo anormal y la locura. El cuento que sigue es un buen ejemplo de la preocupación principal del autor: la muerte, que se cierne[7] constantemente sobre sus personajes, sean seres humanos o sean animales. La actitud hacia la muerte no es nada sentimental ni dramática; es una muerte accidental, súbita, pero siempre tan despiadada[8] como inevitable. Como dice el poeta español Jorge Manrique a fines del siglo XV en sus famosas *Coplas:* "... cómo se viene la muerte tan callando."

---

7. **se cierne** *hovers*   8. **despiadada** *pitiless*

EL HOMBRE MUERTO

El Hombre y su machete acababan de limpiar la quinta calle del
bananal.[1] Faltábanles aún dos calles; pero como en éstas abundaban
las chircas[2] y malvas silvestres,[3] la tarea que tenían por delante era
muy poca cosa. El hombre echó, en consecuencia, una mirada satisfecha a los arbustos rozados,[4] y cruzó el alambrado[5] para tenderse   5
un rato en la gramilla.

Mas al bajar el alambre de púa[6] y pasar el cuerpo, su pie izquierdo
resbaló sobre un trozo de corteza desprendida del poste, a tiempo
que el machete se le escapaba de la mano. Mientras caía, el hombre
tuvo la impresión sumamente lejana de no ver el machete de plano[7]   10
en el suelo.

Ya estaba tendido en la gramilla,[8] acostado sobre el lado derecho,
tal como él quería. La boca, que acababa de abrírsele en toda su
extensión, acababa también de cerrarse. Estaba como hubiera
deseado estar, las rodillas dobladas y la mano izquierda sobre el   15
pecho. Sólo que tras el antebrazo,[9] e inmediatamente por debajo del
cinto, surgían de su camisa el puño y la mitad de la hoja del machete;
pero el resto no se veía.

El hombre intentó mover la cabeza, en vano. Echó una mirada de
reojo a la empuñadura[10] del machete, húmeda aún del sudor de su   20
mano. Apreció mentalmente la extensión y la trayectoria del machete dentro de su vientre, y adquirió, fría, matemática e inexorable,
la seguridad de que acababa de llegar al término de su existencia.

La muerte. En el transcurso de la vida se piensa muchas veces en
que un día, tras años, meses, semanas y días preparatorios, llegare-   25
mos a nuestro turno al umbral de la muerte. Es la ley fatal, aceptada

---

1. **quinta... bananal** *fifth lane in the banana plantation*
2. **chircas** *euphorbias, tropical trees*
3. **malvas silvestres** *wild mallows*
4. **arbustos rozados** *bushes cleaned out*
5. **alambrado** *wire fence*
6. **alambre de púa** *barbed wire*
7. **de plano** *flat*
8. **gramilla** *grass*
9. **antebrazo** *forearm*
10. **mirada... empuñadura** *sidelong glance at the handle*

y prevista; tanto, que solemos dejarnos llevar placenteramente[11] por la imaginación a ese momento, supremo entre todos, en que lanzamos el último suspiro.

Pero entre el instante actual y esa postrera expiración, ¡qué de   30
sueños, trastornos,[12] esperanzas y dramas presumimos en nuestra vida! ¡Qué nos reserva aún esta existencia llena de vigor, antes de su eliminación del escenario humano!

Es éste el consuelo, el placer y la razón de nuestras divagaciones mortuorias:[13] ¡Tan lejos está la muerte, y tan imprevisto lo que debe-   35
mos vivir aún!

¿Aún?... No han pasado dos segundos: el sol está exactamente a la misma altura; las sombras no han avanzado un milímetro. Bruscamente, acaban de resolverse para el hombre tendido las divagaciones a largo plazo:[14] Se está muriendo.   40

Muerto. Puede considerarse muerto en su cómoda postura.

Pero el hombre abre los ojos y mira. ¿Qué tiempo ha pasado? ¿Qué cataclismo ha sobrevivido en el mundo? ¿Qué trastorno de la naturaleza trasuda[15] el horrible acontecimiento?

Va a morir. Fría, fatal e ineludiblemente, va a morir.   45

El hombre resiste —¡es tan imprevisto ese horror! Y piensa: Es una pesadilla; ¡esto es! ¿Qué ha cambiado? Nada. Y mira: ¿No es acaso ese bananal su bananal? ¿No viene todas las mañanas a limpiarlo? ¿Quién lo conoce como él? Ve perfectamente el bananal, muy raleado,[16] y las anchas hojas desnudas al sol. Allí están, muy cerca,   50
deshilachadas[17] por el viento. Pero ahora no se mueven.... Es la calma del mediodía; pero deben ser las doce.

Por entre los bananos, allá arriba, el hombre ve desde el duro suelo el techo rojo de su casa. A la izquierda, entreví el monte y la capuera de canelas.[18] No alcanza a ver más, pero sabe muy bien que   55
a sus espaldas está el camino al puerto nuevo; y que en la dirección de su cabeza, allá abajo, yace en el fondo del valle el Paraná dormido como un lago. Todo, todo exactamente como siempre; el sol de fuego, el aire vibrante y solitario, los bananos inmóviles, el alambrado de postes muy gruesos y altos que pronto tendrá que cambiar....

---

11. **placenteramente** *pleasantly*
12. **trastornos** *upsets*
13. **divagaciones mortuorias** *musings about death*
14. **a largo plazo** *long-term*

15. **trasuda** *is exuding, sweating through*
16. **raleado** *thinned out*
17. **deshilachadas** *tattered, shredded*
18. **capuera de canelas** *thicket of cinnamon trees*

¡Muerto! ¿Pero es posible? ¿No es éste uno de los tantos días en que
ha salido al amanecer de su casa con el machete en la mano? ¿No está   60
allí mismo con el machete en la mano? ¿No está allí mismo, a cuatro
metros de él, su caballo, su malacara,[19] oliendo parsimoniosamente
el alambre de púa?

¡Pero sí! Alguien silba.... No puede ver, porque está de espaldas
al camino; mas siente resonar en el puentecito los pasos del caballo.   65
... Es el muchacho que pasa todas las mañanas hacia el puerto
nuevo, a las once y media. Y siempre silbando.... Desde el poste
descascarado[20] que toca casi con las botas, hasta el cerco vivo de
monte[21] que separa el bananal del camino, hay quince metros largos. Lo sabe perfectamente bien, porque él mismo, al levantar el   70
alambrado, midió la distancia.

¿Qué pasa, entonces? ¿Es ése o no un natural mediodía de los
tantos en Misiones, en su monte, en su potrero,[22] en el bananal
ralo? ¡Sin duda! Gramilla corta, conos de hormigas, silencio, sol a
plomo....

Nada, nada ha cambiado. Sólo él es distinto. Desde hace dos
minutos su persona, su personalidad viviente, nada tiene ya que ver   75
ni con el potrero, que formó él mismo a azada, durante cinco meses
consecutivos; ni con el bananal, obra de sus solas manos. Ni con su
familia. Ha sido arrancado bruscamente, naturalmente, por obra de
una cáscara lustrosa[23] y un machete en el vientre. Hace dos minutos:
Se muere.   80

El hombre, muy fatigado y tendido en la gramilla sobre el costado
derecho, se resiste siempre a admitir un fenómeno de esa trascendencia, ante el aspecto normal y monótono de cuanto mira. Sabe
bien la hora: las once y media.... El muchacho de todos los días
acaba de pasar el puente.   85

¡Pero no es posible que haya resbalado!... El mango de su machete (pronto deberá cambiarlo por otro; tiene ya poco vuelo[24])
estaba perfectamente oprimido entre su mano izquierda y el alambre de púa. Tras diez años de bosque, él sabe muy bien cómo se
maneja un machete de monte. Está solamente muy fatigado del   90
trabajo de esa mañana, y descansa un rato como de costumbre.

19. **malacara** *horse (with a vertical
white stripe from forehead to nostrils)*
20. **descascarado** *with the bark peeled
off*

21. **cerco... monte** *live brush hedge*
22. **potrero** *cattle lot, pasture*
23. **cáscara lustrosa** *slick piece of bark*
24. **tiene... vuelo** *it is worn out*

¿La prueba?... ¡Pero esa gramilla que entra ahora por la comisura[25] de su boca la plantó él mismo, en panes de tierra[26] distantes un metro uno de otro! ¡Y ése es su bananal; y ése es su malacara, resoplando cauteloso[27] ante las púas del alambre! Lo ve perfec-   95
tamente; sabe que no se atreve a doblar la esquina del alambrado, porque él está echado casi al pie del poste. Lo distingue muy bien; y ve los hilos oscuros de sudor que arrancan de la cruz y del anca.[28] El sol cae a plomo, y la calma es muy grande, pues ni un fleco[29] de los bananos se mueve. Todos los días, como *ése,* ha visto las mismas   100
cosas.

... Muy fatigado, pero descansa solo. Deben de haber pasado ya varios minutos... Y a las doce menos cuarto, desde allá arriba, desde el chalet de techo rojo, se desprenderán[30] hacia el bananal su mujer y sus dos hijos, a buscarlo para almorzar. Oye siempre, antes que las   105
demás, la voz de su chico menor que quiere soltarse de la mano de su madre: ¡Piapiá! ¡Piapiá![31]

¿No es eso?... ¡Claro, oye! Ya es la hora. Oye efectivamente la voz de su hijo...

¡Qué pesadilla!... ¡Pero es uno de los tantos días, trivial como   110
todos, claro está! Luz excesiva, sombras amarillentas, calor silencio-so de horno sobre la carne, que hace sudar al malacara inmóvil ante el bananal prohibido.

... Muy cansado, mucho, pero nada más. ¡Cuántas veces, a medio-día como ahora, ha cruzado volviendo a casa ese potrero, que era   115
capuera cuando él llegó, y antes había sido monte virgen! Volvía entonces, muy fatigado también, con su machete pendiente de la mano izquierda, a lentos pasos.

Puede aun alejarse con la mente, si quiere; puede si quiere aban-donar un instante su cuerpo y ver desde el tajamar[32] por él construi-   120
do, el trivial paisaje de siempre: el pedregullo[33] volcánico con gramas rígidas; el bananal y su arena roja: el alambrado em-pequeñecido en la pendiente,[34] que se acoda hacia el camino. Y más

25. **comisura** *corner*
26. **panes de tierra** *sod*
27. **resoplando cauteloso** *snorting warily*
28. **de la cruz... anca** *from his withers and his rump*
29. **fleco** *ragged edge (of leaves)*

30. **se desprenderán** *will detach themselves, will come out*
31. **Piapiá** *papa, daddy*
32. **tajamar** *dam, dike*
33. **pedregullo** *rocky soil*
34. **pendiente** *slope*

lejos aún ver el potrero, obra sola de sus manos. Y al pie de un poste
descascarado, echado sobre el costado derecho y las piernas recogi-   125
das, exactamente como todos los días, puede verse a él mismo,
como un pequeño bulto asoleado[35] sobre la gramilla—descan-
sando, porque está muy cansado...
   Pero el caballo rayado[36] de sudor, e inmóvil de cautela ante el
esquinado[37] del alambrado, ve también al hombre en el suelo y no   130
se atreve a costear el bananal, como desearía. Ante las voces que ya
están próximas —¡Piapiá!— vuelve un largo, largo rato las orejas
inmóviles al bulto: y tranquilizado al fin, se decide a pasar entre el
poste y el hombre tendido—que ya ha descansado.

Preguntas

1. ¿En qué país nació Horacio Quiroga?
2. ¿De qué autor norteamericano recibió mucha influencia?
3. ¿Dónde pasó muchos años de su vida?
4. En general, ¿cómo son sus cuentos?
5. ¿De qué trata el cuento *Anaconda?*
6. ¿Dónde se nota la influencia de Rudyard Kipling?
7. ¿Cuál es la preocupación principal de Quiroga?
8. ¿Cuál es su actitud hacia la muerte?
9. ¿Con qué limpió el hombre las calles de su bananal?
10. ¿Dónde quería tenderse?
11. ¿Sobre qué resbaló su pie izquierdo?
12. ¿Qué surgía de su camisa?
13. ¿Qué vió de reojo?
14. ¿De qué tenía la seguridad?
15. ¿Cómo puede considerarse ahora?
16. ¿Qué ha deshilachado las hojas?
17. ¿Qué nota el hombre en este mediodía?
18. ¿Qué tiene en el vientre?
19. ¿Qué voz oye?
20. ¿Por dónde se decide a pasar el malacara?
21. Mientras tanto, ¿qué le ha pasado al hombre?

35. **bulto asoleado**   *sun-covered shape*   37. **esquinado**   *corner*
36. **rayado**   *streaked*

Temas

1. Las ideas de Vd. sobre la muerte improvista y súbita.
2. Sus impresiones de la selva suramericana.
3. La tragedia de la familia del hombre.
4. La reacción del caballo.
5. Su opinión sobre el arte literario de este cuento.

Eduardo Barrios (1884–1963)

Estilista brillante de la novela psicológica, el chileno Eduardo Barrios es uno de los grandes maestros contemporáneos de la literatura emocional. Después de una juventud en el Perú, tierra natal de su madre, Barrios se dedicó a una existencia vagabunda, durante la cual trabajó en oficios innumerables. Fue explorador en Collahuasi, entregaba máquinas a una fábrica de hielo en Guayaquil, vendía estufas en Buenos Aires y en Montevideo, —hasta viajó con un circo y apareció como levantador de pesas. Por fin volvió a Santiago y se consagró a la literatura. También fue Director de la Biblioteca Nacional y Ministro de Educación.

Escribió cuentos y dramas, pero adquirió su reputación con sus tres novelas: *El niño que enloqueció de amor* (1915), el diario íntimo de un caso de psicología infantil; *Un perdido* (1917), un análisis de carácter y un documento social; y *El hermano asno* (1922), que trata de los tormentos místicos de un monje. Menos conocidas son dos obras más recientes: *Tamarugal* (1944) que trata de la vida chilena en el norte, y *Gran señor y rajadiablos* (1948), una evocación de la vida de un propietario rico frente al panorama social a fines del siglo diez y nueve y a principios del veinte. Su última novela es *Los hombres del hombre* (1950), otro estudio de tipo psicológico.

En su temperamento Barrios se muestra romántico y sentimental. Su estilo es elegante, aunque sencillo. Tiene a veces una calidad musical y transparente. En *El hermano asno,* su obra maestra, el autor se supera a sí mismo como delineador de emociones. Pinta las crisis emocionales, las luchas interiores

Eduardo Barrios (1884–1963)
COURTESY OF EL MERCURIO

de dos sacerdotes, y por fin la locura en una novela nota-
blemente hermosa.

En el cuento, más o menos frívolo, "Como hermanas," se
nota el subjetivismo que utiliza Barrios al desarrollar sus personajes.

COMO HERMANAS

Eran las nueve de la noche.

Un húmedo olor de agua y vinagre aromático refrescaba la atmósfera tibia. El cuarto, a causa de los preparativos de Laura para el
teatro, estaba más iluminado que de costumbre. La lámpara des-
prendía por sus cuatro bombillas[1] un torrente de luz; sobre las   5

paredes tapizadas[2] en blanco, destacaban con firmeza los retorcidos contornos del amueblado Luis XV y los mil cuadritos y monerías que son frívolo y amable adorno en el dormitorio de una soltera.

Encima de la colcha rosa del lecho, un traje pintaba entre gasas un brochazo de azul pizarra;[3] y al lado, Margarita, sentada en una butaca, esperaba que su amiga terminara su tocado. Entreteníase examinando un delicado abanico veneciano del siglo XVIII, con esa minuciosidad que exige el tiempo a quien ha de soportar una larga espera.

"¡Qué preciosidad! ¡Qué primor de abanico!"[4] exclamó de repente, entusiasmada. "¡Y qué perfección en las pinturas!"

"Sí, es una obra de arte," repuso Laura, sin volverse y mientras hundía, para esponjar el peinado,[5] los dedos largos y pálidos en su grávida cabellera negra de criolla.[6]

Luego añadió:

"No te lo ofrezco porque es de mamá; pero..."

Margarita no la dejó concluir:

"¡Qué ocurrencia, niña!" dijo. "Aunque fuese tuyo..."

Cambiaron dos o tres frases más, de pura cortesía, y el silencio sólo fue entonces interrumpido por el sonido seco de los utensilios que Laura manejaba sobre el mármol del tocador,[7] a medida que daba realce a sus encantos.[8] Con un poco de carmín reforzó el garabatito[9] de su boca, tornándolo ardiente y provocativo; luego limpióse los polvos de las pestañas, y los ojos resurgieron en su fulgor sombrío,[10] mareantes y profundos como dos simas[11] cuya oscuridad exigía admirar la tez pálida.

De pronto llamaron a la puerta.

"¿Quién?"

"Yo, señorita. Una carta para usted," respondió la criada desde afuera.

"Margarita, hazme el favor; recíbela tú, que yo no estoy visible."[12]

La amiga se levantó entonces y fue a recibir la carta.

---

1. **bombillas** *bulbs*
2. **tapizadas** *tapestried*
3. **un traje... pizarra** *a dress stood out amid chiffon garments as a streak of slate blue*
4. **¡Qué primor de abanico!** *What a beauty of a fan!*
5. **mientras... peinado** *while she plunged, so as to fluff up her hairdo*

6. **de criolla** *Creole*
7. **tocador** *dresser*
8. **realce... encantos** *emphasis to her charms*
9. **garabatito** *curve*
10. **fulgor sombrío** *dark glow*
11. **simas** *chasms*
12. **que yo... visible** *for I am not presentable*

"Es de Valparaíso," dijo, volviendo con ella.

"A ver... La letra es de Constancia Cabero... Déjala sobre la cómoda, para saborearla con calma cuando esté vestida." 40

"Constancia Cabero..." repitió Margarita, como escudriñando en su memoria. "¡Ah! ¿Es aquella amiga que tenías cuando te conocí? ¿Aquélla que se paseaba contigo y ese joven alto en la Plaza?"

"La misma. Una de las amigas que más quiero, una alhaja."[13]

"Muy linda." 45

"Y de tanto corazón como hermosura."

"La verdad es que era preciosa," confirmó la otra, con entusiasmo.

"Y óyeme una cosa: cuando las veía yo a ustedes dos juntas con aquel joven, no acerté a explicarme nunca de cuál estaba él enamorado." 50

"Como que nosotras mismas no lo sabíamos. A las dos nos cortejaba. ¡Figúrate!... ¡Ay! No sé... Si no peleamos, fue por el cariño realmente grande, entrañable,[14] que nos teníamos. Cuando me acuerdo..."

"¡Cómo!... ¿De manera que a las dos...?" 55

"A las dos."

"¡Qué divertido! Cuéntame, cuéntame eso..."

Sin interrumpir el pulido de las uñas, cedió Laura a la curiosidad de Margarita, y empezó a hilvanar recuerdos y acoplar detalles.[15]

Evocó en primer término a Carlos Romero, que así se llamaba el 60 galán. No era posible hallar tipo más seductor: alto, esbelto, de facciones correctísimas, elegante y distinguido; tanto, que ambas sentíanse igualmente atraídas por sus ojazos castaños y dormidos,[16] de largas pestañas que dábanle una expresión acariciadora, avasallante, al mirar. Fino y oportuno en sus atenciones, descubría al 65 hombre avezado[17] en las costumbres sociales. Como decía Laura, tenía un refinamiento natural de expresión, una confianza de sí mismo, un no sé qué de exquisito en sus galanteos,[18] que les ocasionaba subidísimo,[19] incomparable deleite y hacía titubear en ellas la educación, el recato[20] y casi el pudor. No ignoraban que era algo 70

---

13. **alhaja** *jewel*
14. **entrañable** *intimate*
15. **a hilvanar... detalles** *to sketch memories and to fit details together*
16. **sus ojazos... dormidos** *his large*

chestnut-colored sleepy eyes
17. **avezado** *accustomed to*
18. **galanteos** *flirting*
19. **subidísimo** *very intense*
20. **recato** *modesty*

tunante, trasnochador[21] y hasta que trataba ciertas amigas poco
escrupulosas, y, no obstante, esto le rodeaba de un aura seductora
que las envolvía y las fascinaba. Aquella vida adornada por aventuras, amoríos ilícitos y fiestas galantes producía en ellas, como en
la mayoría de las muchachas solteras del "gran mundo," un encanto   75
misterioso a la vez que mortificante.[22] Cuando, en las noches,
separábanse de él y pensaban en los goces que otras más libres que
ellas le proporcionarían,[23] quedábanse largo rato tristes y aun
pesarosas de no haberle permitido, siquiera tal cual vez, alguna
pequeña libertad de ésas que el estricto recato llega a vedar con   80
exceso a las señoritas...

   Tras de estos silencios meditabundos,[24] solían buscarse, presas de
invencible necesidad de expansión.

   "A mí," decía entonces Laura, en un arranque de intimidad,
"me entran unos deseos de ser libre, de acompañarlo a todas
partes..."

   Constancia callaba unos momentos, y al fin añadía: 85
   "Se me figura que esas mujeres deben ser muy interesantes, muy
zalameras en su trato,[25] en su... ¡quién sabe en qué!... para que
trastornen de ese modo a los hombres. Créeme, a ratos, pensando
en ellas, me siento muy insignificante, sin atractivos poderosos,
demasiado severa, desabrida,[26] fúnebre en mi conducta y... llego a   90
renegar[27] de... No, no. ¡Por Dios! ¡Lo que iba a decir!..."

   "No, no lo digas. No hay necesidad de que me lo digas. Otro tanto
me pasa a mí. Y son los celos, niña, los celos, que la hacen a una
disparatar."[28]

   "En mí no son los celos; es rabia, mira, una rabia atroz. Yo, a esas   95
mujeres, las pulverizaría."[29]

   "¿Por qué existirán? Debían prohibirse."

   "Así es."

   Siempre concluían de semejante manera estas confidencias; pero
se repetían casi a diario. Los corazones de las dos muchachas se   100

---

21. **algo   tunante,   trasnochador**
somewhat of a rascal, a night owl
22. **mortificante** *mortifying (embar-
rassing)*
23. **proporcionarían** *would provide*
24. **meditabundos** *thoughtful*
25. **muy... trato** *very flattering in their
dealings*

26. **desabrida** *insipid*
27. **llego a renegar** *I begin to re-
pent... ; I almost wish I had....*
28. **que... disparatar** *which make one
talk nonsense*
29. **Yo... pulverizaría** *I would pulverize (destroy) those women*

exaltaban, desfallecían, alternativamente sensatos y enloquecidos.[30] Cuando Laura, entre acomodos al corsé y retoques al peinado,[31] hubo expuesto a Margarita, con cierto dejo nostálgico, aquellos amores, la curiosa amiga arguyó aún:

"Por lo visto, estaban ustedes muy enamoradas. Y, realmente, se 105 me hace incomprensible que no hayan peleado[32] nunca."

"¡Ah!" dijo Laura con vehemencia. "Eso hubiera sido imposible entre nosotras, que nos queríamos tanto, que nos queríamos ya como dos hermanas."

"Pero también las hermanas pelean en tales casos." 110

"Pues nosotras, no. Por el contrario, habíamos convenido que cada una, por su parte, hiciera cuanto estuviese a su alcance para decidir a Carlos Romero en su favor, siempre que para soliviantarlo[33] en sus inclinaciones, no usara de medios indignos."

"¡Ah!" 115

"Ya ves. Con este convenio[34] no cabían disgustos. Además, te repito, nuestra amistad fue siempre demasiado firme para que un advenedizo la desbaratara."[35]

Y Laura continuó así, recorriendo la gama de los elogios para ponderar aquella inquebrantable unión. ¿Reñir ellas, pues? No, ni 120 pensar se podía en semejante absurdo.

"Aunque me lo hubiera ganado ella," concluyó, "mi cariño habría sido el mismo, como es hoy."

"Y al fin, ¿en qué pararon los amores?" preguntó intrigada Margarita, mientras pasaba a Laura el vestido, recogido como aro,[36] por 125 encima de la cabeza.

"¡Pse!... en que nadie triunfó. Carlos fue llamado a Valparaíso por su padre, para hacerse cargo de sus negocios, y tuvo que abandonar a Santiago sin decidirse por ninguna de las dos."

"¡Qué tontas! Lo más discreto hubiera sido que una de las dos 130 renunciase."

"¡Qué quieres!... No se pudo. Varias veces lo pensamos. Una vez

---

30. **alternativamente... enloquecidos** *alternately sensible and maddened*
31. **entre... peinado** *amid adjustments of her corset and putting the finishing touches on her hairdo*
32. **que... peleado** *that you never fought*

33. **siempre... soliviantarlo** *always in order to arouse him*
34. **convenio** *agreement*
35. **para que... desbaratara** *for an outsider to ruin it*
36. **recogido... aro** *suspended like a hoop*

llegamos a sortearnos:[37] pero en seguida anulamos el juego, alegando trampas y jugarretas;[38] aunque me parece que la verdadera causa era que ninguna podía sufrir indiferente el sacrificio de la otra. 135
Nos queríamos tanto..."
Pronto Laura terminó de vestirse y, cogiendo la carta, se acercó a la lámpara, a fin de leer mejor.
Su silueta robusta irradiaba en la luz, que se escurría por el descote fresco. El vestido insinuaba las caderas de morena fogosa[39] y caía 140 en levísimos pliegues.[40]

Con la carta entre los dedos, leía Laura en silencio, descubriendo a ratos, con una sonrisa, la línea brillante de los dientes. A su lado, Margarita, con mirada interrogadora, esperaba impaciente alguna noticia; sus ojos seguían el zig-zag que describían los de Laura sobre 145 el papel. Aquel semblante de rubia vivaracha[41] era un espejo de los gestos de su amiga; en él se repetían, con el poder del contagio, las muecas y las sonrisas.

De pronto, la sonrisa de Laura dejó de ser la flama producida por el goce de las nuevas agradables; trocóse primero en indecisa, luego 150 en amarga, después en irónica, indefinible, mientras las pupilas ávidas se dilataban para releer un trozo de la carta. Por último, los brazos se descolgaron, a lo largo de los flancos.[42] Laura quedó abismada. Su respiración se había hecho fatigosa, su pecho se agitaba en reprimidas ondulaciones, cual si en su interior una tem- 155 pestad de ira despertase. La cólera llevó de repente una oleada oscura a los ojos, que chispearon. Los labios se entreabrieron como para decir algo.... Pero la muchacha vaciló, cohibida,[43] unos instantes.

Al fin, no pudo reprimirse. Su ira estalló, desbordante, incon-teni- 160 ble ya.

"¡Falsa, infame, ruin!" dijo, mordiendo las palabras. "No merecía mi cariño. ¡Desleal, mezquina, miserable!"

"¿Qué te pasa? ¿Qué hay?" preguntó alarmada Margarita.

"¡Qué desengaños causan las amigas, hija! Imagínate que..." 165
No prosiguió. La razón se sobreponía a la cólera. Limitóse a pro-

---

37. **sortearnos**   *cast lots*
38. **alegando...   jugarretas**   *alleging traps and tricks*
39. **insinuaba... fogosa**   *hinted at hips of a fiery brunette*
40. **pliegues**   *folds*
41. **vivaracha**   *vivacious*
42. **flancos**   *sides*
43. **cohibida**   *checked, inhibited*

nunciar, con tono desdeñoso y lágrimas en los ojos, estas palabras: "Nada; falsías, que es mejor olvidar."

Estrujó[44] la carta, la arrojó a un rincón y, sacudiendo altanera la cabeza para despejar de un rizo la frente, salió diciendo: 170
"Voy a ver si mamá está lista."

Margarita, alelada,[45] no podía explicarse tan repentino cambio. ¿Por qué Laura, después de ponderar tanto las buenas cualidades de su amiga, de su *hermana,* como la había llamado, la insultaba ahora?   175

La curiosidad invencible de las mujeres la indujo a faltar a la buena educación.

Temblorosa, mirando a todos lados, recogió la bolita de papel, la estiró y leyó en uno de sus párrafos:

"Te llamará mucho la atención que nada te haya dicho hasta ahora   180
de mis famosos *flirts.* Pues bien, Laura, se acabaron las tonterías. Estoy de novia. Y ¿a que no adivinas con quién?... Con Carlos Romero. Ya estoy pedida y el primero de septiembre es el día convenido para el matrimonio. Todo ha sido muy rápido...."

Preguntas

1. ¿Qué hacía Laura en su cuarto?
2. ¿Por qué se hallaba Margarita también en este cuarto?
3. ¿Quién llamó a la puerta? ¿Qué le trajeron a Laura?
4. ¿Quién era Constancia Cabero? ¿Cómo era ella?
5. ¿Por qué no peleaban Constancia y Laura cuando aquel joven las cortejaba?
6. ¿Qué clase de joven era Carlos Romero?
7. ¿Qué rodeaba a Carlos con un aura seductora?
8. ¿Qué produjo en las jóvenes un encanto?
9. ¿Qué deseo entraba en Laura, pensando en Carlos?
10. ¿Qué habían convenido Constancia y Laura en cuanto al amor de Carlos?
11. ¿Por qué salió Carlos para Montevideo?
12. ¿Por qué no llegaron a sortearse Constancia y Laura?
13. ¿Qué se hizo la sonrisa de Laura?
14. ¿Cómo quedó Laura después de terminar la carta de Constancia?
15. ¿Qué descubrió Margarita en la carta que explicaba la ira de su amiga?

---

44. Estrujó *She crushed*   **45. alelada** *dumbfounded*

Temas

1. Describa los preparativos de Laura para el teatro.
2. El carácter de Carlos.
3. Los sentimientos de Laura mientras que leía la carta de Constancia.
4. La fe que tenía Laura para con su amiga Constancia.

Mariano Azuela (1873–1952)

Iniciador y maestro de la novela de la revolución mexicana, Mariano Azuela era un médico joven que entre los años 1896–1905 había escrito cuadros costumbristas y tres novelas que condenaban las injusticias sociales. Enemigo decidido del presidente-dictador Porfirio Díaz, se convirtió en jefe político de su pueblo natal de Lagos de Moreno, Jalisco. Sirvió en el ejército revolucionario y huyó del país con las fuerzas de Pancho Villa. Al mismo tiempo estaba escribiendo *Los de abajo,* que publicó en el destierro en El Paso, Texas en 1915. Esta obra no logró fama verdadera hasta el fin de 1924 cuando se aceptó como un ejemplo sobresaliente de la literatura moderna mexicana —única novela de la Revolución. *Los de abajo,* una relación de las hazañas militares y la muerte del caudillo típico, Demetrio Macías, explica el proceso revolucionario a través de una historia individual, mientras que da un retrato de ese personaje-masa que hace la revolución, luchando ciegamente sin saber exactamente por qué.

Entre las más de veinte novelas de Azuela se deben mencionar *Mala yerba* (1909), *Los caciques* (1917), *La luciérnaga* (1932), *Regina Landa* (1939) y *Sendas perdidas* (1949). En todas sus novelas Azuela ataca la injusticia, presenta problemas sociales que necesitan reforma, y denuncia los defectos sociales que quedaron a pesar de la Revolución. Azuela también siguió su carrera de médico porque quería hacer por sí mismo algo más, además de escribir sobre las miserias humanas.

Azuela tiene un estilo pintoresco, lleno de vida, a veces fragmentario. Usa descripciones vigorosas y artísticas de cos-

Mariano Azuela (1873–1952)

tumbres y tipos rurales. Le gusta poner en contraste tipos opuestos, y frecuentemente no le falta cierto fatalismo. El cuento que aquí presentamos, "En derrota," revela tendencias estilísticas y también actitudes que son características del autor. Esta historia apareció por primera vez en *Kalendas,* una revista mensual de Lagos en 1908. El estilo poético predomina con el fatalismo que se nota en otras obras suyas. Se ve algo de la misma técnica artística que emplea Azuela al terminar *Los de abajo:* traza un círculo perfecto y aquí muere Juan en el mismo lugar donde empezaron sus esperanzas de amor.

EN DERROTA

I

El primer rosario de grullas[1] atravesó el cielo rizado de plumones blancos, el día en que Juan llegó a la hacienda. Nadie lo conocía, se ignoraba de dónde había llegado; pero como mostraba unos bellos músculos de acero bajo su piel tostada y bruñida[2] y ya la cosecha se estaba viniendo, encontró trabajo luego y un arrimo en la venta de   5 tío Chepe.

¡Qué guapeza de muchacho![3] Las chicas más lozanas[4] del rancho se lo comían con los ojos. A la hora del almuerzo, cuando el sol reverbera en el oro de los rastrojales[5] y las blancas siluetas de los pizcadores diseminados por el surquerío[6] se juntaban y salían por un   10 extremo del barbecho salpicado de faldas rojas,[7] verdes, amarillas y de muchos colores, el fornido mocetón broncíneo esquivaba,[8] los ojos bajos, las miradas de las mozas.

En el fandango de acabamiento de pizcas se encendieron rivalidades y odios. Las muchachas sin novio se disputaban a Juan; las   15 que lo tenían se dejaban tentar por la sabrosa tentación de ser infieles. Pero el brutazo de Juan como si tal cosa.[9] Retraído, hosco, sombrío, no decía una sola palabra halagadora, ni tentaba vanidades. Sus caricias sólo eran para su perro blanco.

Una vez, a la caída de la tarde, cuando una alegre bandada de   20 aguadoras bajaba al río, él apareció en el ribazo.

"¡Cómo! ¿Juan por aquí?" se preguntaron con estupor.

---

1. **rosario de grullas**   *rosary* (line) *of cranes*
2. **bruñida**   *burnished*
3. **¡Qué guapeza de muchacho!**   *What a handsome boy!*
4. **lozanas**   *buxom, exuberant*
5. **rastrojales**   *stubblefields*
6. **los pizcadores... surquerío**   *the harvesters scattered over the furrowed ground*
7. **del barbecho... rojas**   *of the fallow land sprinkled with red skirts*
8. **el fornido... esquivaba**   *the husky, bronzelike, strapping young fellow avoided*
9. **Pero... cosa**   *But no such thing for the rough-and-ready Juan*

"Juan está enamorado!" exclamó sentenciosamente una jamona más fogosa que la borrica que retozaba[10] en la pradera.

Camila, la más hermosa de todas, la que llevaba la voz y daba el tono al coro general, entre sonoras carcajadas hacía burla de Juan, diciendo que su novia no podía ser sino el hoyanco[11] del río, al pie del ribazo. 25

Las chicas acabaron por enfadarse ante la obstinación de mutismo de Juan y lo tuvieron por loco. 30

Tarde a tarde la blanca silueta de Juan aparecía a la hora de los arreboles,[12] entre las verdes madejas del saucedal[13] y allí permanecía mudo e inmóvil hasta que la última aguadora con su cántaro al hombro se perdía de vista. Entonces, paso a paso, tomaba la ribera y entre sauces y pirules[14] se alejaba silbando una tonadilla hondamente triste. 35

La hablaban las hojas secas quebradas bajo su planta: el río, rumoroso en ondas que se quebraban en los macollales[15] como una caricia, le contaba cosas tiernas; el soplo del viento en las cimas tremorosas, los mil ecos del monte repercutiendo en confusa armonía, le arrancaban tiernos suspiros. 40

De pronto se detuvo, volvió su rostro hacia una blanca casita de pretiles rojos[16] que se asomaba entre el glauco verdeguear de una nopalera.[17] Abrió sus brazos en un anhelo de abarcarlo todo. Allí, allí dentro de esa casita estaba lo imposible. ¿Quién era él, pobre aventurero, sin familia y sin hogar, para aspirar a Camila, la hija del mayordomo y novia de Basilio, el más guapo y valiente entre los mozos de los alrededores, de Basilio el hijo del mayordomo de la hacienda vecina? 45

En silencio enjugaba una lágrima, acariciando el suave lomo[18] de su perro blanco que clavaba en él sus ojos húmedos y brillantes y lanzaba apagados gruñidos. 50

---

10. **una jamona... retozaba** *a husky woman more impetuous than the burro colt which gamboled*
11. **hoyanco** *bed of the river*
12. **arreboles** *red clouds of sunset*
13. **verdes... saucedal** *green skeins of the willow thickets*
14. **pirules** *pepper trees*
15. **macollales** *clumps of bushes*
16. **de pretiles rojos** *with red brick railings*
17. **el glauco... nopalera** *the light-green cactus hedge*
18. **lomo** *back* (of an animal)

II

Fue una tarde de estío. Rachas de aire húmedo y fragante refrescaban como una caricia. Había desaparecido ya la última aldeana y Juan, de pie, abandonaba el arroyo. Un ruido en el zarzal[19] lo detuvo 55 de pronto. Apareció Camila más esbelta y más hermosa que nunca. Se atrevió a mirarla y sus ojos encontraron la dulzura arrobadora de su mirada. Turbado no encontró ni una frase para hablarle. Y Camila fue la primera:

"Te quiero decir una cosa, Juan. Por eso me he cortado de las 60 muchachas."[20]

"¿A mí?... ¿Qué tiene usted que decirme a mí?..."

"Tú ya lo sabes, pero ¿por qué no me dices nada?"

El jayán[21] se había convertido en un imbécil perfecto.

"¿Qué tengo yo que decirle a usted?..." 65

Como en vivos toques de acuarela,[22] en el fondo de un verde cálido se destacaba la recia silueta blanca de Juan y la roja y graciosa de Camila. Aquél cogido de la rama de un mezquite, mostrando sus combos[23] músculos bajo su piel quemada por el sol; ella con el cántaro al hombro, enarcando el busto; una redonda cadera echada 70 hacia un lado en esfuerzo de equilibrio, mostraba sus formas gráciles.

"¿Sabes que esta noche me van a pedir para Basilio?"

Juan, retorciéndose de desesperación, hubiera querido hablar; pero los sollozos que con tantos trabajos contenía le habrían 75 ahogado su voz.

Camila bajó el cántaro y lo sentó en la arena, esperando que él se decidiera.

Pero él, baja la cabeza, la estaba contemplando con arrobo[24] en el fondo del pocito de agua azul, agua diáfana donde ella se retrataba 80 y que él, fascinado, veía entera, desde sus tobillos blancos y redondos, sus flancos esbeltos y vigorosos, los pliegues de su camisa amoldándose a su pecho palpitante, hasta la cabeza de negrísimos cabellos cogidos por una cinta roja.

Levantó al fin la cabeza y Camila sorprendió dos lagrimones puros 85

---

19. **zarzal** *bramble thicket*
20. **me he... muchachas** *I have broken away from the girls*
21. **jayán** *big brute*
22. **en vivos... acuarela** *in vivid water-color strokes*
23. **combos** *curved muscles*
24. **arrobo** *ecstasy*

y cristalinos que rodaban por las mejillas tostadas del mozo. Entonces se resolvió a decirlo todo:

"¿Por qué no me dices nada, Juan? Yo no quiero a Basilio."

El pelmazo[25] abrió los ojos con asombro y en un rapto de júbilo
y de atrevimiento inesperado cogió estrechamente a Camila entre   90
sus brazos y se anudó a su cintura.

Flexible y ágil como una culebra, se le deslizó de las manos.

"Más tarde, Juan, más tarde. Anda esta misma noche a mi casa; no
le tengas miedo a mi padre, que yo misma se lo voy a contar todo.
Él te quiere bien."   95

Luego escapó pronta con su cántaro vacío, después de una sonrisa
prometedora y delirante.

Juan, pues, había aprendido a hablar con elocuencia más convincente que la de su palabra.

                                    III

Esa noche los enviados de Basilio salieron de la casa de Camila   100
con mucho ruido de sables, tintinear de espuelas, rechinido de
vaquerillos y piafar de potros.[26] Escupiendo por un colmillo borbotaban injurias y amenazas,[27] con voz apagada por la rabia y el
despecho. Entretanto el pretendiente esperaba ansioso a distancia,
al pie de un mezquite, el *sí* de la pretensa.[28]   105

"Compadre, te invitamos a la boda de Camila con Juan Lanas, uno
de los peones de este rancho. Ni siquiera nos han dejado hacer
nuestro pedimento."[29]

"Compadre," bramó el desairado Basilio, dirigiéndose al más viejo
de sus emisarios, "juro por Dios y esta cruz que beso, que he de rayar   110
en la cara de esa infame la mofa[30] que ha hecho de mí."

Y que ya sabría el desgraciado que le quitaba la novia quién mero
era Basilio.[31]

---

25. **pelmazo** *slow fellow*
26. **tintinear... potros** *jingling of
spurs, squeaking of saddles and pawing
of horses*
27. **borbotaban... amenazas** *boast-
ing they poured forth insults and threats*
28. **pretensa** *the girl being courted*
29. **pedimento** *request (here, a request*

for her hand in marriage)
30. **he de... mofa** *I must carve this insult on the face of that treacherous girl*
31. **Y que... Basilio** *And now the luck-
less one who was taking Basilio's sweetheart away from him would know just
who Basilio was*

"Le he de beber la sangre así me lo halle en los mismos infiernos."[32]   115

Las insolencias afluíanle a bocanadas.[33] Y todos convinieron en que para apagar ese coraje no había más que el aguardiente.

Entonces los labriegos pacíficos por evitarse compromisos con sus patrones, las viejas por esconder a sus doncellas, éstas por no darles celos a sus novios, todos cerraron sus puertas y apagaron las   120
velas. Los charros en tropel escandaloso[34] iban y venían por los callejones a lo largo de las casas y de los jacales.[35] Sólo el tío Chepe seguía con su venta abierta, porque conocía su negocio. Pero cuando Basilio entre tendido y tendido de copas dijo que andaba buscando a un tal Juan para hacerle su regalo de bodas, que era la   125
cartuchera[36] apretada de tiros que traía fajada a la cintura, y mostraba su cartera reventando de billetes "para pagar el pellejo del novio,"[37] azorado escapó presuroso a decirle a Juan que huyera al instante si no quería verse hecho cecina por aquellos desalmados.

"Sí, ya me voy," dijo Juan y embozándose en su cobertor salió del mesón pero para entrar en la vinata.[38]   130

"Oiga, amigo, échese un jondazo[39] de aguardiente y síganos. Usted es del lugar y ha de conocer a un tal Juan que me ha ganado a mi novia. Nos va a llevar ahora mismo a su casa."

Tío Chepe se persignó debajo de su gabán y Juan apretó muy bien el mango del machete que llevaba oculto.   135

"Tío Chepe, sírvasela a este amigo."

"Yo no bebo," respondió Juan desdeñoso e insolente.

"¿Quién dice que no bebe?" preguntó con socarronería Basilio, después de haber apurado de un solo trago su vaso y de limpiarse las barbas con la manga de su blusa. "Pues si no toma esa copa por   140
la buena[40] yo hago que se la trague por las narices."

"Tómala, Juan, no seas malcriado," intervino caritativamente tío

---

32. **Le he... infiernos** *I will avenge myself even if I have to go to hell to find him*
33. **afluíanle a bocanadas** *flowed from him in bursts*
34. **Los charros... escandaloso** *The cowboys in a wild rush*

35. **jacales** *huts*
36. **cartuchéra** *cartridge belt*
37. **"para... novio"** *for the hide of the groom*
38. **vinata** *wine room*
39. **jondazo** *a big drink*
40. **por la buena** *willingly*

Chepe muy asustado. "A estos señores no se les desaira nunca.
Dispénsenlo ustedes, es muy tonto y no es de este rancho.
Al nombre de Juan muchos pararon la oreja. En la duda, Basilio 145
se tiró a fondo:
"Pues que sepa el tal Juan que va a lo que le dejo... de Camila."[41]
Juan abrió el jorongo[42] y como una fiera saltó sobre ellos, blan-
diendo el machete. Brillaron las pistolas al instante, se oyó el cric
crac de un gatillo. Pero antes de que el arma se disparara, Juan metió 150
la mano que al golpe fue desgarrada;[43] y se frustró el balazo.[44]
Entonces con destreza sin igual saltó sobre el brioso potro, que a la
sacudida arrojó lejos a su jinete, sin lograr echar al que de en ancas
saltó luego en la montura.[45] El valiente alazán[46] educado a tales
hazañas, espumoso el hocico, las narices abiertas y anhelantes, se 155
lanzó impetuoso sobre los otros montados y a brutales empellones
y mandobles a diestra y siniestra,[47] los valientes de profesión se
pusieron en fuga vergonzosa.

IV

"No te fíes de ése. Es de los de Basilio," le dijo uno de los
camaradas. 160
Pero Juan, confiado como nunca, seguía aceptando ollas y más
ollas de pulque, que uno del otro rancho le ofrecía a cada instante.
Pronto comenzaron a flaquear sus piernas, a no poderse sostener
más en pie, su vista obnubilada[48] le presentaba en borrosas figuras
a los que bailaban cerca de él. La borrachera de Juan no lleva la 165
alegría que rompe en un grito agudo y vibrante o en la carcajada
sabrosa, en un alarido del salvaje o en el mugir del toro bravo en la
serranía desierta; era la suya una borrachera de ensimismamiento de
los que nacieron tristes.
En el centro del corral una pareja de bailadores levantaba polvo 170

41. **Pues... Camila** *Well, let this John know that he is going to get what I leave him of Camila*
42. **jorongo** *poncho*
43. **metió... desgarrada** *struck out with his hand which was wounded by the blow*
44. **y se... balazo** *and the bullet went astray*

45. **sin lograr... montura** *with being able to throw the one who had remounted behind*
46. **alazán** *sorrel horse*
47. **y a brutales... siniestra** *with brutal shoves and whip slashes to right and left*
48. **obnubilado** *clouded*

de los tepetates en un jarabe picado.[49] Alambicada, ella alza con la
punta de los dedos la enagua floreada y crujiente de almidón;[50] él,
repicando con la botonadura de sus calzones de gamuza,[51] sacude
el zapateado, caída la ancha falda del sombrero hasta media cara y
meneando sus brazos a compás. En torno la muchedumbre: dis- 175
paratado colorear de blusas y enaguas, peinados abrillantados con
mucílago de membrillo[52] y adornados con listones de vivos colores;
camisas blancas y tiesas como cartón, pañuelos y mascadas encen-
didas, anudadas al cuello de mozos y mozas.

Más allá de la cerca que limita el corral del fandango, del otro lado 180
y al parejo de la nopalera y el áspero huizachal,[53] relinchaban los
cuacos[54] contagiados del regocijo de sus amos. Valentones de oficio[55] hacían acto de presencia, comiéndose los barboquejos, bajos
los sombrerazos hasta las mismas narices,[56] mirando al sesgo,[57]
misericordiosamente, y haciendo rayar de cuando en cuando a sus 185
potros que después de brusca y violenta acometida se sentaban
sobre sus patas traseras dejando una huella de muchos metros al ras
del suelo.

De pronto se suspendieron los acordes de la guitarra y los ar-
pegios del harpa, cesó el seco ruido de los zapatones y el murmullo 190
de la multitud se apagó en un murmullo de espanto. Tres montados
llegaron a todo galope derribando cuanto a su paso encontraban.
Se produjo gran confusión: muchos se arremolinaron[58] en medio del
patio sin tiempo de coger la salida, otros saltaban la cerca y muchos
se habían escondido entre los nopales y huizaches. Y dominando los 195
agudos gritos de las rancheras borrachas, una voz que no se sabía si
era de burla o de alarma:

"¡Cuidado con la novia!"

Todo fue obra de unos momentos; pero la confusión se tornó en
angustia, cuando alguno dijo: 200

49. **levantaba... picado** *were raising dust from the turf in a rhythmic jarabe*
50. **la enagua... almidón** *her petticoat flowered and crackling with starch*
51. **repicando... gamuza** *jingling the set of buttons on his chamois trousers*
52. **con mucílago de membrillo** *with quince pomade (a sweet-smelling hair dressing)*
53. **áspero huizachal** *stiff clump of sponge trees*
54. **cuacos** *ponies*
55. **valentones de oficio** *professional bullies*
56. **comiéndose... narices** *gnawing their chin straps, their great sombreros down to their very noses*
57. **al sesgo** *obliquely*
58. **se arremolinaron** *milled about*

"¡Se robaron a Camila!"

"Fue Basilio con sus compañeros."

"El viejo mayordomo gimiendo de rabia, las piernas trémulas por los muchos años, encorvadas las espaldas por el mucho trabajar, iba de grupo en grupo en busca de su yerno, increpando a los charros   205
de la hacienda porque de nada servían,[59] ni siquiera para hacerles frente a tres cobardes que sólo sabían robarse a las mujeres y matar a los desarmados."

"Despierta, borracho infeliz, que te han robado a tu mujer."

Cerca de los filarmónicos que contemplaban con aflicción el vio-   210
lín reventado y con las tripas rotas, el arpa desfondada y patas arriba, Juan roncaba.

"¡Levántate, desgraciado...!"

A empujones y puntapiés lograron incorporarlo como quien levanta una vaca desbarrancada.[60] Juan alzó pesadamente la cabeza,   215
entreabrió los ojos y sin entender palabra de lo que le decían volvió a quedarse dormido.

Entonces un cántaro de agua desde la cabeza hasta los pies hubo de conseguir lo que ni a manazos se lograba.[61] Con asombro rayano en estupidez, poco a poco, fue comprendiéndolo todo. Aturdido se   220
encaminó a ensillar un viejo rocín que le ofreció el suegro.

De lo alto de una loma lo veían los de a caballo. En medio de una nube de polvo aparecían y desaparecían las ancas del jamelgo[62] en desenfrenada carrera.

"¡Córrele, Juan, que ahora sí los vas alcanzando!" le gritaban a   225
pleno pulmón entre carcajadas estrepitosas.

V

Al anochecer, cuando la comba nacarada de la luna[63] empalidecía el valle y llenaba de misterio el negrear de la arboleda, cuando las ranas en las charcas y los grillos en los herbazales cantaban la gigantesca sinfonía de la hora, una silueta blanca se abrió paso entre   230

59. **increpando... servían** *rebuking the ranchhands of the hacienda because they were useless*
60. **una vaca desbarrancada** *a cow which had fallen over a cliff*
61. **lo que... lograba** *what slaps and blows did not bring about*
62. **jamelgo** *nag*
63. **cuando... luna** *when the pearly curve of the moon*

los tupidos follajes del ribazo[64] deteniéndose un instante al borde de
un hoyanco profundo.[65] El agua dormía tranquila y en su fondo se
bañaban las estrellas.

Se oyó una caída estruendosa; un borbotón[66] de agua se levantó
en diamantina cascada; las ondas se enturbiaron ensanchándose,   235
enlazándose y confundiéndose. Ahora la silueta blanca flotó por un
momento como un enorme pescado. Durante un momento no más. Todo desapareció en la oscuridad
impenetrable de aquella negra garganta.[67] Las ondas se asilenciaron
y el agua volvió a dormirse bajo el encanto de bosque que prosiguió   240
solemne e imperturbable su himno majestuoso.

Allá, de tarde en tarde, se oía un ladrido agudo,[68] prolongado e
infinitamente triste, doloroso como un lamento humano. El del
perro blanco con su mirada brillante fija en el fondo del río.

Preguntas

1. ¿De dónde vino Juan y cómo era?
2. ¿Qué impresión producía en las chicas del rancho?
3. ¿Para quién eran las caricias de Juan?
4. Al verle en el ribazo, ¿qué dijo Camila de Juan?
5. ¿Quién era Camila? ¿Cómo era ella?
6. ¿De quién era novia Camila?
7. ¿Qué ocurrió al lado del arroyo una tarde de estío?
8. ¿Qué le reveló Camila a Juan?
9. ¿Cuál fue la reacción de Basilio al saber que Camila iba a casarse con otro?
10. Para calmar su enojo, ¿qué necesitaba Basilio?
11. ¿Quién fue a avisarle a Juan del peligro?
12. ¿Cómo se escapó Juan por fin?
13. El día de la boda, ¿qué hacía Juan?
14. ¿Quién le ofrecía las ollas de pulque?
15. ¿Qué causó un murmullo de espanto?
16. ¿Qué hicieron los tres jinetes?

64. **tupidós... ribazo**   *the dense thicket
of the river bank*
65. **hoyanco profundo**   *deep pool*
66. **borbotón**   *large bubble*

67. **negra garganta**   *black throat (the
black throat of the river)*
68. **ladrido agudo**   *sharp bark*

17. Mientras tanto, ¿dónde estaba Juan?
18. ¿Dónde ocurrió la última escena del cuento?
19. ¿Qué se oyó de repente y qué causó este ruido?
20. ¿Qué se oía al lado del río de tarde en tarde?

Temas

1. Las costumbres rurales que se ven en este cuento.
2. El papel de la naturaleza en este cuento.
3. El fatalismo en este cuento.
4. El estilo poético de Azuela.

Martín Luis Guzmán (1887–1977)

Entre los mejores novelistas de la revolución mexicana, Martín Luis Guzmán, novelista, periodista, soldado, nació en Chihuahua y estudió jurisprudencia en la Universidad de México. Sirvió en el ejército del Norte durante la revolución mexicana; en 1914 tenía el puesto de coronel bajo Pancho Villa. Exilado político desde 1914 hasta 1934, vivió en Nueva York y en España. Ha tenido puestos en el gobierno mexicano y ha sido director de la Biblioteca Nacional.

Su novela más importante, *El águila y la serpiente* (1928) recoge un personaje-masa, de los que viven y luchan con el espíritu de la revolución. La figura central es Pancho Villa, el héroe más popular de todos los revolucionarios. Guzmán relata hazañas de Villa que son todas verdaderas pero que parecen casi increíbles. En este libro el entendimiento y la penetración del autor nos revelan lo más profundo del alma mexicana. La revolución misma, llena de violencia y, al parecer, sin propósito fijo, se ve redimida por los sueños de la justicia y de una vida mejor.

Guzmán usa una prosa vigorosa y un sentido directo de narración. Otra obra suya que trata de los abusos políticos y la corrupción en el gobierno después de la revolución es *La sombra del caudillo* (1929).

El águila y la serpiente no es precisamente una novela, sino un conjunto de episodios que brotan de las experiencias del autor durante la guerra. Así "La fuga de Pancho Villa," que incluimos aquí, forma un episodio íntegro. La figura de Villa atraía a Guzmán y a otros hombres de gran calidad intelectual.

Martín Luis Guzmán (1887–1979)
COURTESY OF EDITORIAL TRILLAS

Por eso pinta a Villa con mucha simpatía, mostrando la devoción de éste por la causa del pueblo y su profundo dominio sobre los que le siguieron.

Acerca del título: Dice la leyenda que los dioses les dijeron a los aztecas que fundaran una ciudad donde encontraran un águila que con el pico cogía una serpiente. Así se fundó la ciudad de Tenochtitlán, ahora México. Esta águila y esta serpiente figuran en la actual bandera de México.

LA FUGA DE PANCHO VILLA

Mis primeras semanas de Ciudad Juárez fueron a manera de baño de inmersión en el mundo que rodeaba al general Villa. Aparte el trato con él, conocí entonces a su hermano Hipólito, a Carlitos Jáuregui (el más joven de sus partidarios, aquél en quien Villa ponía sus mayores confianzas), a Juan N. Medina (jefe, hasta poco antes, de su estado mayor), a Lázaro de la Garza (su agente financiero) y a otros muchos, en fin, de sus subordinados y servidores más próximos;

todos los cuales —cada quien a su modo— fueron acercándome al
jefe de la División del Norte y envolviéndome en la atmósfera que
su sola presencia creaba.   10

Carlitos Jáuregui me contó, una noche en que esperábamos en
Juárez la llegada de Villa, el origen de sus relaciones con el guerrillero. Nos habíamos subido, para estar más cómodos, sobre un montón
de cajas y fardos[1] próximos a los andenes[2] de las bodegas de la
estación. Noche de mayo, hacía una temperatura tibia y deliciosa.   15
Jáuregui se había ido recostando sobre las cajas hasta quedar tendido del todo,[3] cara al cielo y blandamente inmóvil. Mientras hablaba tenía fijos los ojos en las estrellas. Yo, apoyadas las espaldas
contra el costado de un bulto, lo oía sin interrumpirlo y me divertía
a la vez en seguir con la vista las órbitas de unas lucecitas rojas que   20
vagaban en la sombra bajo el cobertizo[4] de enfrente. Las lucecitas se
movían, ya con violencia, ya con lentitud; viajaban de un lado para
otro con trayectorias sinuosas; caían de pronto; describían largas
parábolas, como proyectiles lanzados horizontalmente; se quedaban fijas en el aire por unos momentos, o quietas en el suelo; se iban   25
apagando, se reanimaban, se extinguían. Eran los cigarros de los
soldados y oficiales que esperaban el tren militar.
    "Cuando Villa estaba preso en Santiago Tlaltelolco," me iba rela-
tando Jáuregui, "yo trabajaba como escribiente[5] en uno de los juzgados militares.[6] Aquellos días los recordaré siempre como los de mi   30
mayor miseria. Tenía de sueldo alrededor de cuarenta o cincuenta
pesos. A causa de esto vivía triste, tan triste que, según me parece,
la tristeza se me echaba de ve., en raro contraste con mis pocos años.
Para ganar un poco más solía ir por las tardes al juzgado, pasadas las
horas de oficina, y allí escribía solo hasta acabar las copias que me   35
encargaban abogados y reos.[7] Mi escritorio estaba cerca de la reja de
hierro tras la cual comparecían los acusados,[8] de manera que desde
mi asiento podía yo ver una parte del pasillo de la prisión, solitario
casi siempre a esas horas.
    "Una tarde, al alzar la vista de sobre el escritorio y mirar distraído 40

1. **fardos** *bundles*
2. **andenes** *railway platforms*
3. **tendido del todo** *fully stretched out*
4. **cobertizo** *shed*
5. **escribiente** *stenographer*
6. **juzgados militares** *military courts*

7. **y allí... reos** *and there I wrote alone
until I finished the copy which lawyers
and criminals asked me to prepare*
8. **tras... acusados** *behind which ap-
peared the accused*

hacia el pasillo, vi a Villa, de pie detrás de la reja. Había venido tan
calladamente, que no sentí sus pasos. Llevaba, como de costumbre,
puesto el sombrero y echado sobre los hombros el sarape.[9]
  " 'Buenas tardes, amiguito,' me dijo amable y afectuoso.

  "Su aspecto no era exactamente igual al que le había conocido las   45
mañanas en que el juez le tomaba declaración[10] o lo llamaba para
cualquier diligencia.[11] Me pareció menos lleno de desconfianza,
menos reservado, más franco. Lo que sí conservaba idéntico era el
toque de ternura que asomaba a sus ojos[12] cuando me veía. Esa
mirada, que entonces se grabó[13] en mí de modo inolvidable, la   50
descubrí desde la primera ocasión en que el juez me encomendó
asentar en el expediente las declaraciones[14] que Villa iba haciendo.
  " 'Vengo a ver,' añadió, 'si quiere usted hacerme el servicio de
ponerme en limpio una cartita.'[15]

  "Luego conversamos un buen rato; me dio el papel que le debía   55
copiar, y quedó en que volvería él mismo a recogerlo[16] a la tarde
siguiente, a la misma hora.

  "Al otro día, después que hubo recogido su carta, clavó en mí los
ojos por mucho tiempo y, al fin, me preguntó, haciendo más notable
el matiz afectuoso de su sonrisa y su mirada: 60
  " 'Oiga, amiguito: ¿pues qué le pasa que lo veo tan triste?

  " 'No me pasa nada, general.' No sé por qué llamé yo a Villa
general desde la primera vez que hablamos. Y añadí luego, 'Así estoy
siempre.'

  " 'Pues si así está siempre, eso quiere decir que siempre le pasa   65
algo. Vaya, vaya, dígamelo. A lo mejor resulta que yo puedo sacarlo
de sus penas.'

  "Aquel tono, un poco cariñoso, un poco rudo, un poco paternal,
me conquistó. Y entonces, dejándome arrastrar por la simpatía que
Villa me manifestaba,[17] le pinté en todos sus detalles las privaciones 70
y miserias de mi vida. Él me escuchó profundamente interesado, y

---

9. **puesto... sarape** *his sombrero on
and his serape thrown over his shoulder*
10. **declaración** *statement*
11. **diligencia** *business*
12. **el toque... ojos** *the touch of tenderness which came to his eyes*
13. **se grabó** *was fixed upon*
14. **el juez... declaraciones** *the judge
ordered me to set down the statements*

which Villa was making
15. **el servicio... cartita** *the favor of
copying a little letter for me*
16. **y quedó... recogerlo** *and he said
that he himself would pick it up*
17. **dejándome... manifestaba** *al-
lowing myself to be drawn out by the
friendliness which Villa was showing me*

tan pronto como terminé de hablar metió mano en el bolsillo del pantalón:

" 'Usted, amiguito,' me dijo, 'no debe seguir padeciendo de ese modo. Yo voy a encargarme de que su vida cambie.[18] Por principio de cuentas[19] tome esto para que se ayude.'   75

"Y me tendió, por entre los barrotes de la reja, un billete de banco doblado tantas veces que parecía un cuaderno diminuto.

"Al principio yo rechacé[20] con energía aquel dinero que no había pedido; pero Villa me convenció pronto con estas palabras: 80
" 'Acepte, amiguito; acepte y no sea tonto. Yo le hago hoy un servicio porque puedo hacérselo. ¡Usted qué sabe si mañana ha de resultar al revés![21] Y tenga por seguro que si usted puede hacer algo por mí cualquier día, no esperaré a que me lo ofrezca;[22] se lo pediré yo mismo.   85

"Esa noche, ya en la calle, estuve a punto de desmayarme al pie del primer foco de luz que encontré en mi camino. Al desdoblar el billete vi algo que apenas podía creer: ¡el billete era de a cien pesos! ¡Nunca había tocado con mis manos otro billete igual! Tenía dibujada, sobre fondo rojo, una hermosísima águila mexicana con   90
las alas abiertas y muy largas.

"Aunque nada tenía que escribir, acudí a la oficina la tarde siguiente, después de las horas de trabajo. Me impelía una secreta necesidad de hablar con Villa; de expresarle mi agradecimiento; de mostrarle mi regocijo. Pero él, por razones que más tarde he com-   95
prendido al conocerlo mejor, no se apareció por la reja. Aquello me produjo una profunda contrariedad, pues de ese modo me era imposible comunicar a nadie mis impresiones; porque Villa me había recomendado que no dijese una sola palabra, ni en mi casa, del dinero que me había dado, y yo estaba resuelto a guardar silencio.   100
Por fin, volvimos a vernos dos días después.

" '¿Qué tal le va ahora, amiguito?' me dijo tan pronto como llegó. 'Se me figura que anda con mejor cara que antes.'

" 'Estoy muy bien, general, y sobre todo muy agradecido por el servicio que se empeñó usted en hacerme.'   105

---

18. **Yo... cambie** *I am going to see that your life changes*
19. **por... cuentas** *first of all*
20. **rechacé** *I refused*
21. **Usted... revés** *You never know if*

tomorrow everything will go in the opposite way
22. **no esperaré... ofrezca** *I shall not wait for you to offer it to me*

"Y así seguimos conversando.

"Nuestra plática fue esta vez más larga y comunicativa. Yo, ciertamente, sentía una gratitud profunda por aquel hombre rudo que se mostraba tan bueno conmigo, y trataba de hacerle comprender mis sentimientos. Al despedirnos alargó el brazo por entre las barras   110
de la reja y me ofreció la mano. Yo se la estreché sin titubear;[23] pero como noté, al juntarse nuestros dedos, que Villa ponía algo entre los míos, traté de retirarlos. Él, apretándomelos con más fuerza, me dijo:
" 'Esto que le doy aquí es también para usted. Cuando uno ha estado pobre mucho tiempo, el poco dinero que halla de repente no   115
le alcanza para maldita la cosa.[24] Apuesto, amiguito, a que ya no le queda ni un centavo de lo del otro día.'
" 'Sí, general, sí me queda. Me queda casi todo.'
" 'Pues si le queda,' replicó, 'es que usted no ha hecho lo que debe. Usted está necesitando desde hace tiempo un buen rato de   120
alegría, de diversión; y créame: la diversión y la alegría cuestan hasta cuando no se compran.[25] Además, mire lo que son las cosas: yo ya ando en cavilaciones sobre[26] un favor que he de pedirle; un favor más importante, mucho más, que estos pequeños que yo le hago, y estoy seguro de que usted no va a negármelo.'   125
" '¿Qué favor, general?' le pregunté, resuelto ya a dar hasta la vida por aquel hombre, el primer hombre bueno para mí con quien tropezaba yo en el mundo.'
" 'Hoy no, amiguito, hoy no se lo solicitaré. Hoy diviértase y esté contento. Mañana a mí me tocará.'[27]   130
"Yo no me divertí aquella noche; al contrario, sufrí más que en ninguna otra hasta entonces. Haciéndome preguntas y cálculos no logré dormir un solo minuto. ¿Podría yo hacer lo que Villa pensaba pedirme? La posibilidad de que me exigiera algo malo no se me ocurría. Pero sí me inquietaba mucho la sola idea de que pretendiese   135
cosas fuera de mi alcance,[28] superiores a mis fuerzas y a mi inteligencia; temía no ser capaz de corresponder, temía quedar mal.
"Nuestra entrevista siguiente fue muy breve. Villa empezó dicién-

23. **titubear** *hesitating*
24. **no... cosa** *is not enough for anything at all*
25. **diversión... compran** *pleasure and joy cost a lot even when you don't have to buy them*

26. **ando... sobre** *I am thinking about*
27. **Mañana... tocará** *Tomorrow it will be my turn (to ask a favor)*
28. **pretendiese... alcance** *he would ask things beyond my power*

Pancho Villa (1877–1923) en su expedición de 1914
THE BETTMANN ARCHIVE

dome, con tono persuasivo, que si yo era valiente podía prestarle un
gran favor, pero que si era cobarde, más convendría no hablar del   140
asunto.

   " 'Yo no tengo miedo de nada, general,' le aseguré desde luego.
   " '¿Ni de hacer cosas malas, amiguito?'
   " 'De eso…,' y vacilé en terminar la frase.'
   " 'Claro que de eso sí, porque usted es un buen muchacho. Yo   145

nomás se lo preguntaba para ver qué respondía,[29] pues a buen
seguro[30] que no he de pedirle nada que esté mal.'
  " 'Yo sé que usted es un buen hombre, general.'
  " '¡Eso, eso! De eso quería hablarle, amiguito. Usted que ha escrito
todos los papeles de mi causa, ¿le parece justo que me tenga preso   150
el gobierno?'
  " 'No, general.'
  " '¿No es verdad que todo se vuelve una pura intriga?'
  " 'Sí, general.'
  " 'Entonces, ¿no cree usted bueno que yo salga de aquí por mi   155
cuenta,[31] puesto que los jueces no han de dejar que me vaya?'
  " 'Sí, general.'
  " '¿Y no es bueno también que alguien me ayude en este trance[32]
difícil?'
  " 'Sí, general.'   160
  " 'Bueno, amiguito. Pues usted es quien va a ayudarme... Pero ya
le digo: eso, siempre que usted sea valiente; si es miedoso, no.'
  " 'Miedo no tengo, general. Haré todo lo que usted me diga.'
  "La duda de Villa acerca de mi valor personal me produjo un
efecto extraño, tan extraño que ya no pensaba sino en escuchar lo   165
que él esperaba de mí, para acometerlo, fuese lo que fuese.
  " 'Así me gusta que se hable,'[33] continuó. 'Estamos arreglados. En
primer lugar tome este paquete y guárdelo en su escritorio, bajo
llave y donde nadie lo descubra.'
  "Al decir estas palabras sacó de entre los pliegues de su sarape un   170
bulto pequeño que me pasó por entre los barrotes. Yo me acerqué,
lo tomé y lo metí en uno de los cajones de mi escritorio, debajo de
varios papeles. Villa siguió diciendo:
  " 'En ese paquete van unas seguetas, un portasierra[34] y una bola
de cera negra. Cuando venga usted mañana por la tarde, arme la   175
sierra,'[35] al pronunciar estas palabras bajó la voz y le imprimió un
tono más confidencial y más enérgico, 'cierre bien las puertas y
póngase, amiguito, a la obra de aserrar mis barras. El aceite de la

---

29. **Yo nomás... respondía** *I only
asked you to see what you replied*
30. **a buen seguro** *surely*
31. **por mi cuenta** *on my own*
32. **trance** *situation*

33. **Así... hable** *That's the way I like it
said*
34. **seguetas, un portasierra** *hacksaw blades, a saw handle*
35. **arme la sierra** *assemble the saw*

botellita,[36] que está también en el paquete, es para untar la sierra; así no se calienta ni rechina.[37] Corte primero aquí, luego aquí,' y señalaba en los travesaños[38] de la reja. 'Después de cortar bien, llene con cera las cortaduras,[39] para taparlas; pero llénelas bien, que no se conozca. Pasado mañana corte estos otros dos barrotes, en estos lugares. Fíjese bien, amiguito: aquí y aquí. Cuando acabe; tape las cortaduras, como las otras. Luego, en dos tardes más, corte en estos cuatro puntos; pero no completamente, sino dejando sin aserrar un poquito para que los barrotes no se caigan. La última tarde vendré a verlo, y si ya ha acabado de aserrar lo que le dije, le diré qué más hay que hacer. Conque[40] adiós. Me voy, porque ya llevo aquí parado algún tiempo. Y a ver si es verdad que no conoce el miedo... ¡Ah! Cuide de recoger bien la limadura[41] que se le caiga; la que no pueda pepenar[42] con los dedos, recójala apretando la cera contra el piso.'[43]

"A medida que Villa me fue dando aquellas instrucciones yo sentí que el cuerpo se me ponía más y más frío, y que me quedaba como lelo,[44] aunque no acertaría a decir si de miedo o de emoción. Y todas las palabras suyas, que yo oí tan atentamente que no las he olvidado jamás, me daban vueltas en la cabeza mezcladas de modo extraño con la figura del águila, de alas hermosas y largas, que había visto por primera vez en el billete de a cien pesos bajo los focos eléctricos de la calle.

"De acuerdo con su propósito, Villa no volvió a visitarme hasta pasados cuatro días. Durante éstos llevé a buen término, al pie de la letra,[45] cuanto él me indicara.[46] Mi único contratiempo fue que las seguetas se me rompían mucho al principio. Cuando Villa se acercó a la reja, al oscurecer[47] del cuarto día, me dijo con su manera tranquila de siempre:

180

185

190

195

200

205

---

36. **el aceite... botellita** *the oil in the little bottle*
37. **rechina** *squeak*
38. **travesaño** *crosspiece*
39. **cortaduras** *cuts*
40. **Conque** *So*
41. **limadura** *metal dust (caused by sawing)*
42. **pepenar** *to pick up*
43. **recójala... piso** *gather it by press-*

ing the wax against the floor
44. **lelo** *simpleton*
45. **llevé... letra** *I carried out to the last detail*
46. **indicara** *he had indicated* (otra vez tenemos ejemplo del pluscuamperfecto antiguo que se emplea de vez en cuando en el español moderno)
47. **al oscurecer** *at dusk*

" '¿Qué tal, amiguito? ¿Cómo van esos negocios? ¿Cómo se siente del ánimo?'

" 'Todo perfectamente, general; todo según usted me dijo,' le respondí, temblando de emoción y bajando la voz, al grado de que casi no se me oía.   210

" 'Bueno, amigo, bueno,' dijo, y pasó las manos con disimulo por los lugares donde los barrotes estaban cortados. Luego añadió, 'Mañana venga a la hora de costumbre. Con mucho cuidado acabe de aserrar los puntos por donde los barrotes han quedado sujetos.[48]   215
Pero no los corte todos: nomás tres. El otro déjelo como está ahora, para que el pedazo de la reja se quede en su sitio. Así que usted acabe, estaré aquí de vuelta.'

"La tarde siguiente vino Villa a poco de que terminara yo[49] de aserrar tres de las espigas[50] que aún mantenían fijos los barrotes. Me   220
preguntó si había concluido. Le dije que sí. Entonces, con una de las manos, empujó hacia dentro el cuadro de la reja que estaba cortado, el cual se dobló con gran facilidad y quedó vuelto hacia arriba y prendido apenas por[51] uno de sus ángulos. En seguida, a través del hueco, me dio Villa un bulto de ropa que traía en la otra mano oculto   225
bajo el sarape. Miró después a ambos lados del pasillo; saltó súbitamente por el agujero; forzó otra vez el pedazo de la reja, para colocarlo en su posición original, y en un rincón de la oficina se mudó el vestido rápidamente. Se puso otro sombrero. Se lo caló.[52]
En lugar del sarape se echó una capa sobre los hombros. Se embozó   230
en ella. Y cuando hubo terminado, me dijo,

" 'Ahora, amiguito, vámonos pronto. Usted camine por delante y yo lo sigo. No se asuste de nada nomás, ni se pare, pase lo que pase.'

"Tan grande fue mi miedo, que no sé cómo eché a andar. Por fortuna, los pasillos y escaleras estaban medio a oscuras. Al ir a   235
desembocar en el corredor que conducía a la puerta, vi, a unos cuantos pasos, al oficial de guardia, que caminaba hacía nosotros en sentido contrario.[53] La sangre se me fue al corazón, y no sabiendo qué hacer, me detuve. Villa, sin embargo, siguió andando; pasó a mi

---

48. **sujetos** *attached*
49. **a poco... yo** *a little after I had finished*
50. **espigas** *pins*
51. **prendido... por** *barely held by*

52. **Se lo caló** *He pulled it down on his head*
53. **en sentido contrario** *in the opposite direction*

lado al mismo tiempo que el oficial y saludó a éste con admirable   240
aplomo:[54]

" 'Buenas tardes, jefe,' dijo con voz ronca y firme.

"Al ver yo que el oficial pasaba de largo, me repuse y seguí a Villa
a corta distancia. En la calle me le reuní y juntos seguimos adelante.

" '¡Ah, qué amigo éste!' me dijo Villa así que pudimos hablar.   245
'¿Pues no le aconsejé que no se parara ni tuviera miedo por nada del
mundo?'

"Rodeando calles fuimos hacia el Zócalo,[55] y mientras caminába-
mos hacia allá, Villa me convenció de que debía huir con él.

" '¿Usted quiere que no le pase nada?' me preguntó.   250

" 'Por supuesto, general.'

" 'Bueno, entonces véngase conmigo. Si no, mañana mismo lo
meten preso.[56] Conmigo esté seguro de que no lo agarran.[57] Por su
mamá y sus hermanitos no se apure. Ya les avisaremos a tiempo y
les mandaremos lo necesario.'   255

"En el Zócalo tomamos un automóvil. Villa le dijo al chofer que
nos llevara a Tacubaya.[58] Allí nos apeamos un rato y nos acercamos
a una casa, como para entrar en ella. Luego regresamos al coche.

" 'Oiga, amigo,' le dijo Villa al chofer, 'la persona que veníamos
buscando salió esta mañana para Toluca. Nos urge[59] verla. ¿Quiere   260
llevarnos allá? Le pagaremos bien, siempre que no pida demasiado.'

"El chofer convino en hacer el viaje, después de muchos regateos[60] por parte de Villa. Y ya en Toluca, al liquidarlo,[61] Villa le
dijo: " 'Aquí tiene lo que concertamos. Pero, aparte de eso, le voy a
dar estos diez pesos más, para que pasado mañana regrese por   265
nosotros. Lo esperaremos en estos mismos portales. Si no viene,
usted se lo pierde, amigo. Si viene, le pagaremos mejor que
hoy.'

" '¿Pero vamos a volver a México, general?' le pregunté a Villa
cuando estuvimos solos.'

" 'No, amiguito. Nosotros nos vamos ahora a Manzanillo por fer-   270

---

54. **aplomo** *aplomb, self-possession*
55. **Zócalo** plaza mayor de la Ciudad
de México
56. **lo meten preso** *they will put you
in jail*
57. **no lo agarran** *they will not catch*
you
58. **Tacubaya:** barrio de la Ciudad de
México
59. **Nos urge** *It is important to us*
60. **muchos regateos** *much haggling*
61. **al liquidarlo** *on paying him*

284   *Martín Luis Guzmán*

rocarril. Allí nos embarcaremos para Mazatlán.⁶² Y de Mazatlán seguiremos por tren hasta los Estados Unidos. Le di el dinero al chofer, diciéndole que volviera, para que de ese modo la policía, si lo coge y le pregunta, no sospeche que éramos nosotros los que veníamos en el auto. Por eso también estuve regateando el precio.' " 275

Meses después, al iniciarse la revolución constitucionalista, le había dicho Villa a Carlitos Jáuregui: "Cuando tome yo Ciudad Juárez,⁶³ amiguito, le voy a regalar los *quinos*⁶⁴ en premio de lo que hizo por mí." Y, en efecto, Jáuregui usufructuaba ahora los famosos quinos.⁶⁵ Se los había regalado Villa al otro día de la brillante manio- 280 bra que permitió a la División del Norte apoderarse de la ciudad fronteriza y conservarla como cosa propia. Los tales quinos eran, por decirlo de algún modo, el lado más inocente del sistema de juegos de azar⁶⁶ con que contaba Ciudad Juárez. El lado menos inocente eran el póker, la ruleta, los albures. Este último lo había confiado 285 Villa a su hermano Hipólito.

Preguntas

1. ¿Quién era Carlitos Jáuregui?
2. ¿Qué le contaba Carlitos al autor?
3. ¿Cómo se explican las lucecitas rojas y sus movimientos artísticos?
4. ¿Qué ocupación tenía Jáuregui cuando Villa estaba preso?
5. ¿Cómo era la vida de Jáuregui entonces?
6. ¿Qué hacía para ganar más dinero?
7. ¿Dónde estaba Villa cuando le habló por primera vez?
8. ¿Qué le dio Villa a Jáuregui?
9. ¿Qué sentimientos tenía Jáuregui hacia Villa?
10. ¿Por qué sufría Jáuregui antes de enterarse del favor?
11. ¿Qué favor le pidió Villa?
12. ¿De qué manera iban a arreglar la fuga?
13. ¿Qué reacción tuvo Jáuregui en cuanto a las instrucciones de Villa?
14. ¿Cuánto tiempo tardó Jáuregui en terminar su obra?

62. **Manzanillo:** pueblo de México en la costa del Pacífico; **Mazatlán:** otro pueblo en la costa del Pacífico, famoso hoy día por ser un lugar bueno para la pesca
63. **Ciudad Juárez:** ciudad en el norte de México en Chihuahua

64. **quinos** juego semejante a *bingo*
65. **usufructuaba... quinos** *was now enjoying the gains of the famous quinos*
66. **el lado... azar** *the most innocent part of all the games of chance*

15. ¿Qué hizo Villa antes de salir de la oficina?
16. ¿Con quién se encontraron al salir por el corredor?
17. ¿Qué hizo Villa en este encuentro?
18. ¿Cómo convenció a Jáuregui de que debía huir con él?
19. ¿Qué hicieron los dos en el Zócalo?
20. ¿Qué le regaló Villa en premio de lo que hizo por él?

Temas

1. La personalidad de Pancho Villa.
2. La atmósfera especial que creaba la presencia de Villa.
3. Otras anécdotas de Pancho Villa.
4. La forma y el estilo de *El águila y la serpiente*.
5. Lo que significan el águila y la serpiente en la leyenda de la creación de la Ciudad de México.

Rómulo Gallegos (1884–1969)

El venezolano Rómulo Gallegos figura entre los más grandes novelistas hispanoamericanos. Nacido en Caracas, empezó desde muy joven a hacerse notar en el campo de las letras. El tema predilecto de este autor es la lucha entre la civilización y la barbarie. Logró fama mundial como intérprete del paisaje y de la vida americana. La selva tropical y los llanos venezolanos sirven de fondo y a veces toman la forma de protagonistas en sus mejores novelas: *La trepadora* (1925), *Doña Bárbara* (1929), *Cantaclaro* (1931), *Canaima* (1935) y *Pobre negro* (1937).

Enemigo de la ignorancia y del despotismo, Gallegos se opuso al infame dictador-presidente Juan Vicente Gómez, y pasó algunos años (1932–1936) en España en un destierro voluntario. Gallegos, hombre de recia personalidad, se ha destacado en el campo de la educación; era maestro, director del Liceo Andrés Bello en Caracas, y Ministro Nacional de Educación (1936). Tuvo una breve y fracasada carrera política; fue elegido presidente de Venezuela en 1947, pero una junta militar lo expulsó.

Su obra maestra, *Doña Bárbara,* alcanzó un éxito extraordinario. Es un conjunto admirable de novela realista, simbólica y poética. El llano venezolano "bello y terrible a la vez" sirve de fondo al choque entre la civilización y la barbarie, un choque que se desarrolla mientras los hombres se destruyen entre sí. El simbolismo de Doña Bárbara, que representa la barbarie, y de Santos Luzardo, el hombre que trae la civilización, es algo exagerado; pero el mérito artístico de esta novela y su impacto violento son inolvidables.

Rómulo Gallegos (1884–1968)

El estilo de Gallegos es vigoroso y castizo, aunque usa un buen número de americanismos. Sobresale en la creación de personajes. Una calidad doble marca su estilo; el impresionismo artístico y el realismo descriptivo. Sus descripciones del paisaje a veces llegan a ser poesía, mientras que su penetración en la vida psicológica de los tipos nativos muestra un realismo poderoso.

El cuento que ofrecemos aquí, "Un místico," de la colección *La rebelión y otros cuentos* (1947) muestra otro aspecto de la lucha entre la civilización y la barbarie, esta vez el barbarismo de las supersticiones e ideas atrasadas de un pueblo pequeño del interior de los llanos. El joven médico, Eduardo Real, trae consigo ideas modernas. Es un hombre fuerte que siente placer al ver "desarrollarse ante sus ojos una perspectiva de luchas y victorias." La manera astuta en que logra su propósito es el tema del cuento. Muestra el autor con leve tono satírico su preocupación con las condiciones sociales en Venezuela. La psicología de los hombres del interior se nota muy bien aquí, desde el Padre Juan Solís, tan absorto en su misticismo que no puede actuar, hasta el doctor Artemio, el medicacho que tiene tanto poder en el pueblo.

UN MÍSTICO

I

"¿Con que decididamente te quedas entre nosotros?" Decía el Padre Juan Solís a su amigo el doctor Eduardo Real, reanudando[1] la amigable plática que sostuvieron durante el almuerzo con que obsequiara[2] al médico, recién llegado al pueblo.

"Sí. Hay aquí una buena cantidad de enfermos que prometen   5
abundante clientela."

"Desgraciadamente es así. Este es un pueblo de enfermos. El nombre poético con que lo has designado le viene de perlas: Valle de los Delirios. ¡Y qué delirios, querido Eduardo, qué delirios! Ya irás viendo."   10

"No podía ocurrírseme otro nombre mejor. Imagínate: los primeros seres vivientes que encuentro a mi llegada son tres enfermos que están tendidos en la tierra, a orillas del camino, delirando. ¡Qué cuadro!"

"Y los que te quedan por ver. Pobre gente. Pero créeme a mí, ellos   15
mismos son la causa de sus males. Tú dices que la causa de esta mortífera enfermedad está en el agua que bebemos; yo creo que por detrás de esta causa material e inmediata, hay otra, la verdadera: estos desgraciados viven así porque no tienen un momento de elevación espiritual que los limpie de la podre en que se revuelcan.[3]   20
Si lo sabré yo que les hurgo la conciencia.[4] Son unos infelices. No voy a hablarte de la fe de esta gente, que es una horrible mezcla de

1. **reanudando** *renewing*
2. **obsequiara** *he had presented*
3. **la podre... revuelcan** *the pus in*
which they wallow
4. **Si lo... conciencia** *I ought to know because I search their consciences*

burdas[5] supersticiones que ni siquiera se pueden justificar por el
lado poético; tampoco quiero referirme a la pecaminosa[6] indiferencia con que miran los deberes de su religión. Nada de esto   25
sería para ti," positivista y posiblemente incrédulo, "razón de peso;[7]
me limito a echar de menos entre mis feligreses eso que se llama
idealidad. Son almas privadas del don de la visión superior que va
más allá de las cosas materiales."
    "Observo que no se ha extinguido en ti el aliento místico."   30
    "A Dios gracias."
    Respondió el sacerdote reclinando la cabeza, ya pintada de canas
precoces que brillaban como hilos de plata, y guardó un prudente
silencio.
    Eduardo Real lo imitó, entreteniéndose en contemplar las des-   35
vanecentes coronas que el humo de su cigarro iba formando en el
calmo ambiente del caluroso mediodía, bajo el verde y sombroso
toldo de la troje de parchas granadinas[8] que se rendía al peso de sus
olorosos frutos en la huerta de la casa parroquial.
    Un mismo pensamiento los ocupaba. Evocaban los años de la   40
adolescencia, cuando se conocieron en el colegio. Juan Solís era
objeto de burla de los condiscípulos, a causa de la angelical
delicadeza de su espíritu y de su acendrada piedad;[9] pero atraído
por la beata dulzura que bañaba la faz cavada[10] de aquel joven, en
el fondo de cuyos ojos había un brillo singular, Eduardo Real se   45
aficionó desde el primer momento a su apacible compañía. Recíp-
rocamente Solís le cobró afecto, tierno y extremoso,[11] y se consagró
a ayudarle en el aprendizaje de las matemáticas inaccesibles para
Real, y en fraternas confidencias, tímidas y unciosas,[12] fue abriendo
ante los ojos de éste místicas puertas de relampagueantes[13] clari-   50
dades.
    Pero fueron emociones fugaces que otras influencias más largas y
más enérgicas borraron bien pronto del alma de Eduardo Real.
Concluídos los estudios en el colegio, cada cual escogió el camino

---

5. **burdas** *coarse*
6. **pecaminosa** *sinful*
7. **razón de peso** *convincing reason*
8. **toldo... granadinas** *awning of the Grenadine passion flowers on the granary*
9. **acendrada piedad** *spotless piety*
10. **cavada** *sunken*
11. **extremoso** *demonstrative*
12. **uncioso** *complacent*
13. **relampagueantes** *flashing*

de su vocación: Solís pasó al Seminario; Real ingresó en la Univer-   55
sidad a cursar medicina.

Ahora se encontraban de nuevo. Una irreductible antinomia[14] de
principios separaba sus espíritus. Ejerciendo el curato en aquel
pueblo internado en el corazón de fragosas y desoladas tierras, Juan
Solís había aquilatado[15] su misticismo de tal modo que Eduardo Real   60
no dudaba que aquellos ojos febriles estuviesen acostumbrados a la
celeste visión; por su parte el médico ajustaba su vida a las claras
normas de la ciencia y creía que sólo este camino era terreno firme
y transitable.

Rompiendo la pausa dijo, como si respondiera a las reflexiones   65
que debía estar haciendo el sacerdote:

"Al fin y al cabo, el positivismo tiene también su idealidad. No
todos servimos para los grandes vuelos del espíritu; pero todos
tenemos una hermosa misión que cumplir en este valle de los
delirios."   70

"Así es," asintió el Cura, dando suaves golpecitos a su cigarro para
tumbarle la ceniza. "Y la tuya, a más de útil es en este caso necesaria:
en este pueblo la muerte ha sentado sus reales[16] y no hay quien le
dispute sus víctimas."

"¿Y el doctor Artemio?"   75

"Que mi lengua no quite honras ni mengüe[17] reputaciones; pero
parece que el doctor Artemio no ha encontrado todavía el remedio
para esa fiebre que está diezmando[18] la población. Quiera Dios que
tú seas más afortunado. Eso sí, dinero no le falta, porque se hace
pagar caro. Pero te advierto que aunque los enfermos abunden no   80
te será fácil allegarte clientela,[19] porque tu rival es hombre de recursos y mantiene buenas relaciones con los personajes de la localidad.
Ándate, pues, con tiento, que no sea que vayas a caer en un mal
paso. No quiero desalentarte, pero la empresa en que te has metido
es muy escabrosa;[20] veo tu camino sembrado de contratiempos y de   85
peligros."

Hizo una pausa. Eduardo Real permaneció pensativo, dejando

---

14. **antinomia** *contradiction*
15. **aquilatado** *refined*
16. **la muerte... reales** *death has pitched its camp*
17. **mengüe** *lessen* (del verbo **men-**

guar)
18. **diezmando** *decimating*
19. **allegarte clientela** *to build up a clientele*
20. **escabrosa** *rough*

vagar las miradas por el panorama que desde allí se divisaba. En
redor de la huerta del cura, arbolada y jogosa,[21] se extendían las
vegas de las márgenes del río, llenas de silencio y de sol, hasta una   90
barrera de pardas colinas[22] en cuyos flancos lucían los rojizos tajos[23]
de solitarios caminos.

El vaho caliente de la tierra soleada, el cam-
pesino silencio y la cruda luz que caía a plomo[24] sobre todas las
cosas producían en la sensibilidad del médico una sabrosa sensación, tónica y soporosa[25] a la vez, que, acelerando el ritmo de su   95
juvenil vitalidad le llenaba la conciencia con el sano deleite de la
propia fortaleza.[26] A través de este sentimiento de sí mismo, los
sombríos presagios del sacerdote se trocaron para él en enérgicos
estímulos: veía desarrollarse ante sus ojos una perspectiva de luchas
y de victorias.   100

El sacerdote volvió a hablar, ahora de pie, con el brazo vibrando
en el aire, como una rama sacudida por el viento que precede a las
tormentas y el rostro lleno de verdes reflejos, súbitamente trans-
figurado por la violencia de la cólera mística:

"¿Quién asegura que nuestro deber no sea aumentar los males que   105
afligen a este pueblo, en vez de disminuírlos. Nuestra desgracia no
es el hambre ni la peste,[27] sino la falta de vida espiritual. Este pueblo
tiene el alma sepultada, totalmente abolida.[28] Los males del cuerpo
son males precarios de los cuales no vale la pena ocuparse; lo que
debemos procurar es sacar el espíritu del letargo en que duerme,   110
insuflarle[29] la vida que se le extingue gradualmente por falta de
ideales. Tráigannos ustedes ideales, cualesquiera que ellos sean, y ya
verán cómo los cuerpos sanan y se fortalecen. La salud y el bienestar
no son el remedio que necesitamos; por el contrario, siempre ha
sido el dolor el abono de las mejores flores espirituales. ¡Que siga   115
echando Dios dolores en el surco[30] hasta que revienten las semillas!
Pero esa es nuestra desgracia, nuestro mal incurable; por más sufrimientos que haya, en este pueblo no acaba de surgir el alma
sepultada."

---

21. **arbolada y jugosa** *wooded and verdant*
22. **barrera... colinas** *barrier of dark hills*
23. **tajos** *cuts*
24. **a plomo** *perpendicularly*
25. **soporosa** *drowsy*
26. **fortaleza** *strength*
27. **peste** *plague*
28. **abolida** *canceled out*
29. **insuflarle** *to breathe into it*
30. **surco** *furrow*

Eduardo Real lo miró sin decir palabra. Parecía acometido[31] por   120
una fiebre violenta, en el fondo de sus ojos negros y circundados de
ojeras violáceas, relampagueaba una lumbre alucinante; su silueta
alargada y escuálida, iluminada por los reflejos de la huerta bañada
de sol, se agrandaba trémula bajo la enramada,[32] como si el soplo
místico que agitaba su espíritu lo levantase del suelo en ascensión de   125
arrobamientos.[33]

II

Días después, el nombre de Eduardo Real era en el Valle de los
Delirios una bandera suelta al viento de las vehementes pasiones de
aldea. Había asegurado el médico, en una conferencia, que el agua
que allí se bebía era algo comparable a un caldo de cultivos bacterio-   130
lógicos a fuerza de estar plagada de infinito número de gérmenes
nocivos.[34] Esto no había sido afirmado nunca en el Valle de los
Delirios en lenguaje categórico y científico, pero estaba en la convic-
ción de todo el mundo; sin embargo, bastó que el médico lo dijera
para que todos dejasen de creerlo.   135
     Por otra parte, el doctor Artemio salió en defensa de lo que él
llamaba los fueros[35] del lugar, desvirtuando[36] la afirmación de su
colega fundada en estudios hechos con buena voluntad y pro-
clamando—sin dar razones—que el agua que allí se bebía no sólo
era buena, sino que era la mejor del mundo.   140
     Naturalmente el pueblo se puso de su parte y so capa de[37] indig-
nación patriótica desatáronse contra Real las iras populares, hasta el
punto de formarse motines[38] para apedrear al forastero que pagaba
con la injuria la hospitalidad que se le había brindado.
     No obstante, Eduardo Real no desistió de su empeño de procurar   145
el mejoramiento del agua que bebían y que era causa de aquella
fiebre mortífera que diezmaba la población. Buen conocedor del
medio y suficientemente sagaz para que no se le escapase cuánto
había de bribón en aquel doctor Artemio, llamólo un día a su casa
y le dijo sin preámbulos: 150

31. **acometido** *overcome*   35. **fueros** *codes*
32. **enramada** *arbor*   36. **desvirtuando** *detracting from*
33. **arrobamientos** *ecstasies*   37. **so capa de** *under the cloak*
34. **nocivos** *noxious*   38. **motines** *uprisings*

"Colega, usted está cometiendo una tontería impropia de un hombre de sus alcances.[39] En esto del agua no hay de mi parte nada de lo que usted ha querido ver. Tan forastero es usted entre estas gentes como lo soy yo y por lo tanto no tiene motivos *patrióticos* para tomar la cosa a pechos.[40] Yo voy a decirle la verdad sin eufemismos: 155 mi conferencia no ha sido sino una propaganda comercial. Dije que el agua del río no es potable y usted sabe que no lo es..."

"Pero eso equivale a una injuria lanzada a la faz de un pueblo hospitalario," comenzó a declamar el medicacho.[41]

"Dejémonos de sentimentalismos, estimable colega. Y déjeme   160 decir lo que tampoco me dejaron exponer en mi conferencia. Cuando ustedes se levantaron indignados dejándome con la palabra en la boca, iba a decir que más arriba del pueblo cae al río un arroyo de agua excelente..."

"La quebrada[42] que nace en la posesión de don Luis López."   165

"Justamente."

"¡Ah! En efecto es excelente."

"Pues bien. Si don Luis López, que por su riqueza es como si dijéramos el amo del pueblo, tiene el agua verdaderamente potable y suficiente dinero para construir un acueducto que la traiga hasta   170 aquí, lo más natural es que pretenda[43] venderla para el consumo de la población. Pero habría necesidad de obligar a la gente a comprársela y eso es lo que he tratado de hacer yo: recabar[44] de la autoridad la prohibición terminante de coger agua del río para el consumo. Usted con sus réplicas[45] ha echado a perder el negocio..."   175

Artemio se rascó largo espacio la áspera pelambre[46] de sus barbas y al fin dijo:

"No se ha perdido nada, colega. Al contrario se ha ganado. Ya verá usted: mañana o pasado daré yo una conferencia y diré que, habiendo estudiado bien el asunto mediante análisis y exámenes   180 bacteriológicos, he encontrado que efectivamente el agua del río es un caldo de cultivos, es decir: veneno líquido."

Eduardo Real se quedó viéndolo, admirado de la estupenda desvergüenza de aquel bribonazo.

---

39. **alcances** *capabilities*
40. **tomar... pechos** *to take things to heart*
41. **medicacho** *quack doctor*
42. **quebrada** *gorge*

43. **pretenda** *try*
44. **recabar** *to succeed in getting*
45. **réplicas** *arguments*
46. **pelambre** *hair*

Y Artemio se apresuró a agregar: 185
"Con lo cual no traiciono a mi conciencia, doctor. Porque como
usted ha comprendido perfectamente, yo sé que el agua del río no
es potable y la prueba es que en mi casa no se bebe; pero usted se
da cuenta, este pueblo ha sido muy generoso conmigo y no podía
faltar a los dictados de la gratitud. Sabía que decirles que estaban   190
bebiendo un agua emponzoñada era avergonzarlos;[47] yo los
conozco muy bien: tienen una susceptibilidad excesivamente quis-
quillosa[48] y lo tomarían a injuria."
"Pues bien. Ya está usted al cabo de la calle. Yo me voy de aquí
muy pronto y usted se quedará; justo es que sea usted y no yo quien   195
se beneficie con la partición que don Luis López me ha ofrecido en
el negocio."
"Es demasiada generosidad la suya, querido colega. Yo..."
"Sí. Usted es el hombre," le dijo Eduardo Real tocándolo en el
hombro y cortando así aquella lamentable entrevista, en la cual él   200
había tenido necesidad de exhibirse como un pícaro para desarmar
al que lo era de veras.

III

Al día siguiente, listo ya para marcharse del pueblo, le contaba a
su amigo el Cura el resultado de sus gestiones.[49] Y finalizó, parán-
dose para despedirse: 205
"No había más remedio, querido amigo. Hay que combatir con las
armas que nos ponen en las manos. En cuanto me di cuenta de que
por el camino recto no iba al resultado apetecido, porque a estas
gentes nadie las convencería con razones desinteresadas, me dejé de
lirismos y me fui donde el tal don Luis López a desarrollarle la   210
perspectiva del pingüe negocio[50] del acueducto. Maneras había de
procurar agua buena y gratuita para el consumo de la población, a
costa de un pequeño esfuerzo de todos; pero habría sido necesario
el poder de Dios para hacer entrar en cordura a tus obcecados
feligreses.[51] Ahora la tendrán que pagar a la fuerza: don Luis la   215

47. **era avergonzarlos** *was to shame them*
48. **quisquilloso** *squeamish*
49. **gestiones** *plans*
50. **fui... negocio** *I went to the afore-*
mentioned Luis López' house to awaken his interest in the profitable deal
51. **obcecados feligreses** *blinded parishoners*

suministrará a buen precio, de acuerdo con Artemio que va a dedicarse a buscarle milagrosas virtudes medicinales para todas las do-
lencias. Ya lo creo que las encontrará y todos creerán en ellas. Ha
sido necesario que un bribón las pregone y que un poderoso se los
imponga como una obligación ineludible. Allá ellos se las entien-   220
dan. Yo me marcho en seguida."
    "¿Con la conciencia tranquila, Eduardo?" preguntó el sacerdote,
clavando en él la mirada buida[52] de sus ojos febriles.
    "¿Por qué no? Me llevo las manos vacías. Les dejo un beneficio que
me ha costado algunos días de estudio y otros tantos de sinsabores,[53] 225
sin que me haya reportado[54] un centavo."
    "Pero tú lo acabas de decir: cuando te diste cuenta de que por el
camino recto no irías al fin deseado..."
    "Culpa mía no es que no haya bastado mi buena intención para
llevar a cabo una empresa de utilidad general. Fue menester que un   230
bribón metiera las manos en el negocio."

Preguntas

1. ¿Por qué había tantos enfermos en el valle?
2. Según el cura, ¿cuál era la otra causa de la enfermedad?
3. ¿Por qué era la fe de los habitantes una horrible mezcla?
4. ¿Por qué sería difícil que Real allegase clientela?
5. ¿Por qué dijo el cura: —¡Que siga echando Dios dolores en la gente del valle?
6. ¿Qué había asegurado Real en cuanto al agua?
7. ¿Qué hizo el doctor Artemio para destruir el plan de Real?
8. ¿Quién tenía el agua verdaderamente potable?
9. ¿Qué diría el doctor Artemio en su conferencia?
10. ¿Cuál era la prueba de que el doctor Artemio no creía que el agua era mala?
11. ¿Con qué armas nos es necesario combatir, según Real?
12. ¿A qué se dedicaría el doctor Artemio, si hubiera agua pura?
13. ¿Tendría Real la conciencia tranquila cuando saliese del valle?
14. ¿Qué ha costado el beneficio que dejó Real en el valle?
15. ¿Por qué era necesario que un bribón metiera las manos en el negocio?

52. **buida** *sharp*   54. **reportado** *brought*
53. **sinsabores** *anxieties*

Temas

1. El agua que bebían los del valle.
2. La amistad de Eduardo Real y Juan Solís en el colegio.
3. El carácter del doctor Artemio.
4. La actitud de los habitantes del valle hacia Eduardo Real.
5. El plan de Real que produjo agua potable para los habitantes.

Debate

Posibilidad o imposibilidad de lograr un bien común sin hacer concesiones.

Jorge Luis Borges (1899–1986)

La constante originalidad del argentino Jorge Luis Borges le ganó la reputación de ser uno de los mejores escritores de nuestro tiempo. Sus obras llenas de dinamismo,[1] tanto si son poesías, como si son ensayos o cuentos, muestran un sentido poético y una erudición[2] que alternan con un humorismo escéptico. Poseyó un espíritu inclinado a captar el sentido metafísico de la vida.

Oriundo[3] de Buenos Aires, en su juventud estudió Borges en Ginebra y en Cambridge. En España cultivó[4] la amistad de los escritores vanguardistas de su tiempo. Inició su carrera literaria en 1923 con *Fervor*[5] *de Buenos Aires,* un libro de poesías ultraístas. Continuó escribiendo poemas, ensayos y artículos de crítica literaria en revistas y diarios argentinos. Fue fundador de la prestigiosa revista *Sur,* donde vieron la luz muchos de sus trabajos. Se manifestó por primera vez como cuentista en 1935 con la publicación de *Historia universal de la infamia.* Durante esa época Borges trabajaba como bibliotecario[6] en una pequeña biblioteca en las afueras de Buenos Aires, colaboraba[7] con diarios de la capital y daba conferencias[8] sobre temas literarios. Con la publicación de las colecciones de cuentos, *El jardín de senderos que se bifurcan*[9] (1941) y *Ficciones* (1944), se cristalizó su fama como cuentista y se ganó un puesto de primera fila en las letras argentinas. Su oposición al régimen de

1. **dinamismo** *dynamism*
2. **erudición** *refinement, erudition*
3. **oriundo** *native*
4. **cultivó** *cultivated, nursed*
5. **fervor** *vigor, vitality*
6. **bibliotecario** *librarian*
7. **colaboraba** *collaborated*
8. **conferencias** *lectures*
9. **bifurcarse** *to branch off, to fork, to divide in two*

Jorge Luis Borges (1899–1986) Conferencia Diciembre de 1983. New York.
Center for Interamerica Relations
COURTESY OF THE CONSULATE OF ARGENTINA

Perón le hizo perder su puesto de bibliotecario, y fue víctima
de amenazas, restricciones y persecuciones. Al restaurarse de
nuevo la democracia en la Argentina, fue nombrado Director
de la Biblioteca Nacional.

La obra poética de Borges está contenida en *Obra poética
(1923–1967)* (1967), *El otro, el mismo* (1969), *Elogio de la
sombra* (1969), *El oro de los tigres* (1972), *La rosa profunda*
(1975), *La moneda de hierro* (1976), *Historia de la noche*
(1977), *La cifra* (1981) y *Los conjurados* (1985).

Además de las colecciones de cuentos ya citadas, publicó *El
Aleph* (1949), *El hacedor* (1960), *El informe de Brodie* (1970),
El Congreso (1971), *Libro de Arena* (1975) y *Veinticinco Agosto
1983 y otros cuentos* (1983).

Es autor de numerosos ensayos entre los que pueden citarse *Historia de la eternidad* (1936), *Borges oral* (1979) y *Siete noches* (1980). En 1974 aparecen sus *Obras completas*. Las traducciones y los trabajos y antologías en colaboración son tan numerosos que harían esta reseña interminable. El dominio que Borges tenía del idioma español era tan completo, que pocos escritores contemporáneos pueden igualarse a él en la selección de la palabra exacta. Sus cuentos, que combinan la esencia de su lirismo, de su inteligencia y de su excelente formación cultural, dan una idea de la clave de su obra. Pero leer sus cuentos no es cosa fácil. Su lectura requiere un buen conocimiento de la cultura universal, especialmente de las letras, la historia y la filosofía, así como también el conocimiento de las obras del mismo Borges, por las alusiones[10] que hace en unas páginas de otras páginas suyas. En sus cuentos y ensayos aparecen constantemente los mismos temas: el universo como laberinto caótico, el infinito (representado como un círculo), el eterno retorno, la obra dentro de la obra, el doble, la confusión entre el sueño y la realidad, el viaje en el tiempo y en el espacio y la coincidencia de la biografía de un hombre con la historia de todos los hombres. A veces, un cuento brota de otro, en un conjunto poderoso de temas e ideas.

Pero sobre todo la narrativa de Borges se distingue por su carácter de ficción pura, anti-realista y anti-sicológica. En el prólogo a la obra de Adolfo Bioy Casares *La invención de Morel,* Borges, con su lanza de ficción, arremete indistintamente contra los molinos de la simulacion sicológica, que llama "arbitrariedad de los narradores rusos," y contra los de la simulación realista, que llama "el tedio de los detalles verosímiles." Lo que Borges propone es una literatura que acepte deliberada y explícitamente su carácter de *ficción,* de artificio[11] verbal. Una literatura que se atreva valientemente a ser literatura, que vuelva a las fuentes primeras de la narra-

---

10. **alusión** *reference, allusion*   11. **artificio** *artifice*

ción, a Apuleyo, a *Las mil y una noche,* a Cervantes, a Shakespeare.

Y la quijotesca hazaña del caballero argentino no fue en vano, habiendo dejado huellas tan profundas que no es posible estudiar a los grandes escritores hispanoamericanos coetáneos o siguientes a él, sin que se refleje en ellos, en alguna forma, la presencia del maestro.

El cuento que incluimos aquí "La forma de la espada," representa lo mejor de Borges, sin las complicaciones eruditas de otros cuentos suyos, aún más artísticos. Se ve inmediatamente la repetición de las ideas predilectas del autor: los hombres como un solo hombre, el círculo eterno de las cosas, representado en el cuento por la forma de la cicatriz y también por el nombre "Moon." Al hablar de la desobediencia en el jardín y de la crucifixión, el autor anticipa la denuncia por teléfono y el proyecto de arrestarlo en el jardín. Se entiende muy bien como las cosas van revelándose.[12] La acción, el misterio, la manera refinada de contarlo, todo es típico de Borges. La combinación de la fantasía con cálculos escépticos, da fuerza de gran dramatismo a la narración.

LA FORMA DE LA ESPADA

Le cruzaba la cara una cicatriz rencorosa:[1] un arco ceniciento y casi perfecto que de un lado ajaba[2] la sien y del otro el pómulo. Su nombre verdadero no importa; todos en Tacuarembó[3] le decían[4] el Inglés de *La Colorada.*[5] El dueño de esos campos, Cardoso, no quería vender; he oído que el Inglés recurrió a un imprevisible   5
argumento; le confió la historia secreta de la cicatriz. El Inglés venía de la frontera, de Río Grande del Sur;[6] no faltó quien dijera[7] que en

---

12. **revelándose** *developing, unfolding*
1. **rencorosa** *spiteful*
2. **ajaba** *disfigured*
3. **Tacuarembó:** una ciudad en el norte del Uruguay, cerca del Brasil
4. **le decían** *called him*

5. **La Colorada** es una estancia.
6. **Río Grande del Sur** está al sur extremo del Brasil.
7. **no faltó quien dijera** *everybody said*

el Brasil había sido contrabandista. Los campos estaban empastados;[8] las aguadas, amargas; el Inglés, para corregir esas defi-
ciencias, trabajó a la par[9] de sus peones. Dicen que era severo hasta   10
la crueldad, pero escrupulosamente justo. Dicen también que era
bebedor: un par de veces al año se encerraba en su cuarto del
mirador[10] y emergía a los dos o tres días como de una batalla o de
un vértigo, pálido, trémulo, azorado[11] y tan autoritario como antes.
Recuerdo los ojos glaciales, la enérgica flacura, el bigote gris. No se   15
daba con[12] nadie: es verdad que su español era rudimental,
abrasilerado.[13] Fuera de alguna carta comercial o de algún folleto, no
recibía correspondencia.

   La última vez que recorrí los departamentos del Norte, una crecida
del arroyo Caraguatá[14] me obligó a hacer noche en *La Colorada*. A   20
los pocos minutos creí notar que mi aparición era inoportuna; pro-
curé congraciarme[15] con el Inglés: acudí a la menos perspicaz de las
pasiones: al patriotismo. Dije que era invencible un país con el
espíritu de Inglaterra. Mi interlocutor asintió, pero agregó con una
sonrisa que él no era inglés. Era irlandés, de Dungarvan.[16] Dicho   25
esto, se detuvo, como si hubiera revelado un secreto.

   Salimos, después de comer, a mirar el cielo. Había escampado,[17]
pero detrás de las cuchillas del Sur,[18] agrietado[19] y rayado de relámpagos, urdía[20] otra tormenta. En el desmantelado[21] comedor, el
peón que había servido la cena trajo una botella de ron. Bebimos   30
largamente, en silencio.

   No sé qué hora sería cuando advertí que yo estaba borracho; no
sé qué inspiración o qué exultación o qué tedio me hizo mentar[22] la
cicatriz. La cara del Inglés se demudó;[23] durante unos segundos
pensé que me iba a expulsar de la casa. Al fin me dijo con su voz   35
habitual: —Le contaré la historia de mi herida bajo una condición:
la de no mitigar ningún oprobio,[24] ninguna infamia.

8. **empastados** *overgrown with weeds*
9. **a la par** *along with, at the side of*
10. **mirador** *balcony*
11. **azorado** *restless*
12. **no se daba con** *he didn't associate with*
13. **abrasilerado** *mixed with Brazilian*
14. **Caraguatá:** un río pequeño en la provincia de Tacuarembó
15. **congraciarme** *to ingratiate myself*
16. **Dungarvan:** un pueblo en el sur de Irlanda
17. **escampado** *stopped raining*
18. **cuchillas del Sur:** un grupo de colinas
19. **agrietado** *cracked*
20. **urdía** *was brewing*
21. **desmantelado** *dilapidated*
22. **mentar** *mention*
23. **se demudó** *changed expression*
24. **oprobio** *disgrace, shame*

Asentí. Esta es la historia que contó, alternando el inglés con el español, y aun con el portugués:

"Hacia 1922, en una de las ciudades de Connaught,[25] yo era uno   40
de los muchos que conspiraban por la independencia de Irlanda.[26]
De mis compañeros, algunos sobreviven dedicados a tareas pacífi-
cas; otros, paradójicamente, se baten en los mares o en el desierto,
bajo los colores ingleses; otro, el que más valía, murió en el patio de
un cuartel, en el alba, fusilado por hombres llenos de sueño; otros   45
(no los más desdichados), dieron con[27] su destino en las anónimas
y casi secretas batallas de la guerra civil. Éramos republicanos, católicos; éramos, lo sospecho, románticos. Irlanda no sólo era para nosotros el porvenir utópico y el intolerable presente; era una amarga y
cariñosa mitología, era las torres circulares y las ciénagas[28] rojas, era   50
el repudio de Parnell[29] y las enormes epopeyas que cantan el robo
de toros que en otra encarnación fueron héroes y en otras peces y
montañas... En un atardecer que no olvidaré, nos llegó un afiliado[30]
de Munster:[31] un tal John Vincent Moon.

Tenía escasamente veinte años. Era flaco y fofo[32] a la vez; daba la   55
incómoda impresión de ser invertebrado.[33] Había cursado[34] con
fervor y con vanidad casi todas las páginas de no sé qué[35] manual
comunista; el materialismo dialéctico le servía para cegar[36] cualquier
discusión. Las razones que puede tener el hombre para abominar de
otro o para quererlo son infinitas: Moon reducía la historia universal   60
a un sórdido conflicto económico. Afirmaba que la revolución está
predestinada a triunfar. Yo le dije que a un *gentleman* sólo pueden
interesarle las causas perdidas... Ya era de noche; seguimos disintiendo en el corredor, en las escaleras, luego en las vagas calles. Los
juicios emitidos por Moon me impresionaron menos que su inapela-   65
ble tono apodíctico.[37] El nuevo camarada no discutía: dictaminaba[38]
con desdén y con cierta cólera.

25. **Connaught:** una provincia al oeste de Irlanda
26. Las guerras para la independencia de Irlanda duraron desde 1917 hasta 1921. En 1921 se hizo dominio del imperio británico y hubo una guerra civil hasta 1922. En 1949 Irlanda declaró su independencia absoluta.
27. **dieron con** *met*
28. **ciénagas** *marshes*
29. **Charles S. Parnell** (1846–1891): jefe de la resistencia contra los ingleses, que por fin se comprometió con Gladstone en el asunto de la Reforma Agraria
30. **afiliado** *party member*
31. **Munster:** una provincia al sudoeste de Irlanda
32. **fofo** *soft, spongy*
33. **invertebrado** *spineless*
34. **cursado** *studied*
35. **no sé que** *some*
36. **cegar** *terminate, block*
37. **inapelable tono apodíctico** *irrefutable tone of absolute authority*
38. **dictaminaba** *he dictated*

Cuando arribamos a las últimas casas, un brusco tiroteo[39] nos aturdió. (Antes o después, orillamos el ciego paredón[40] de una fábrica o de un cuartel.) Nos internamos en una calle de tierra; un   70
soldado, enorme en el resplandor, surgió de una cabaña incendiada. A gritos nos mandó que nos detuviéramos. Yo apresuré mis pasos; mi camarada no me siguió. Me di vuélta: John Vincent Moon estaba inmóvil, fascinado y como eternizado[41] por el terror. Entonces yo volví, derribé de un golpe al soldado, sacudí a Vincent Moon, lo   75
insulté y le ordené que me siguiera. Tuve que tomarlo del brazo; la pasión del miedo lo invalidaba.[42] Huimos, entre la noche agujereada[43] de incendios. Una descarga de fusilería nos buscó; una bala rozó[44] el hombro derecho de Moon; éste, mientras huíamos entre pinos, prorrumpió en un débil sollozo.   80
En aquel otoño de 1922 yo me había guarecido[45] en la quinta del general Berkeley. Éste (a quien yo jamás había visto) desempeñaba entonces no sé qué cargo administrativo en Bengala;[46] el edificio tenía menos de un siglo, pero era desmedrado[47] y opaco y abundaba en perplejos corredores y en vanas antecámaras.[48] El museo y la   85
enorme biblioteca usurpaban la planta baja: libros controversiales e incompatibles[49] que de algún modo son la historia del siglo XIX; cimitarras de Nishapur,[50] en cuyos detenidos arcos de círculo parecían perdurar el viento y la violencia de las batallas. Entramos (creo recordar) por los fondos.[51] Moon, trémula y reseca la boca, mur-   90
muró que los episodios de la noche eran interesantes; le hice una curación,[52] le traje una taza de té; pude comprobar que su "herida" era superficial. De pronto balbuceó con perplejidad:
"Pero usted se ha arriesgado sensiblemente."[53]
Le dije que no se preocupara. (El hábito de la guerra civil me había   95
impelido a obrar como obré;[54] además, la prisión de un solo afiliado podía comprometer nuestra causa.)

39. **tiroteo** *burst of firing*
40. **orillamos... paredón** *we skirted the blank wall*
41. **eternizado** *petrified*
42. **invalidaba** *made him helpless*
43. **agujereada** *pierced*
44. **rozó** *grazed*
45. **guarecido** *taken shelter*
46. **Bengala:** una provincia en la India colonial
47. **desmedrado** *decayed*
48. **vanas antecámaras** *useless antechambers*
49. **incompatibles** *uncongenial*
50. **cimitarras de Nishapur** *scimitars from Nishapur* (a city in Iran)
51. **por los fondos** *through the rear*
52. **curación** *first aid*
53. **Pero... sensiblemente** *But you took quite a risk*
54. **impelido... obré** *compelled me to act as I had acted*

Al otro día Moon había recuperado su aplomo. Aceptó un cigarrillo y me sometió a un severo interrogatorio sobre los "recursos
económicos de nuestro partido revolucionario." Sus preguntas eran   100
muy lúcidas; le dije (con verdad) que la situación era grave. Sendas
descargas⁵⁵ de fusilería conmovieron el Sur. Le dije a Moon que nos
esperaban los compañeros. Mi sobretodo y mi revólver estaban en
mi pieza; cuando volví, encontré a Moon tendido en el sofá, con los
ojos cerrados. Conjeturó⁵⁶ que tenía fiebre; invocó un doloroso   105
espasmo en el hombro.

Entonces comprendí que su cobardía era irreparable. Le rogué
torpemente⁵⁷ que se cuidara y me despedí. Me abochornaba⁵⁸ ese
hombre con miedo, como si yo fuera el cobarde, no Vincent Moon.
Lo que hace un hombre es como si lo hicieran todos los hombres.   110
Por eso no es injusto que una desobediencia en un jardín contamine
al género humano; por eso no es injusto que la crucifixión de un
solo judío baste para salvarlo. Acaso Schopenhauer⁵⁹ tiene razón: yo
soy los otros, cualquier hombre es todos los hombres, Shakespeare
es de algún modo el miserable John Vincent Moon.   115

Nueve días pasamos en la enorme casa del general. De las agonías
y luces⁶⁰ de la guerra no diré nada: mi propósito es referir la historia
de esta cicatriz que me afrenta. Esos nueve días, en mi recuerdo,
forman un solo día, salvo el penúltimo,⁶¹ cuando los nuestros irrum-
pieron⁶² en un cuartel y pudimos vengar exactamente a los dieciséis   120
camaradas que fueron ametrallados⁶³ en Elphin.⁶⁴ Yo me escurría⁶⁵
de la casa hacia el alba. Al anochecer estaba de vuelta. Mi compañero me esperaba en el primer piso: la herida no le permitía
descender a la planta baja. Lo rememoro con algún libro de estrategia en la mano: F. N. Maude o Clausewitz. "El arma que prefiero 125
es la artillería," me confesó una noche. Inquiría nuestros planes; le
gustaba censurarlos o reformarlos. También solía denunciar "nuestra deplorable base económica"; profetizaba, dogmático y sombrío,
el ruinoso fin. *C'est une affaire flambée,*⁶⁶ murmuraba. Para mostrar

---

55. **sendas descargas** *single bursts*
56. **conjeturó** *he imagined*
57. **torpemente** *clumsily*
58. **me abochornaba** *made me angry*
59. **Arthur Schopenhauer** (1788–
1860): filósofo alemán, que originó teorías notables tocantes a la voluntad y al
pesimismo

60. **luces** *successes*
61. **penúltimo** *next to last*
62. **irrumpieron** *broke into*
63. **ametrallados** *machine-gunned*
64. **Elphin:** un pueblo en Irlanda
65. **me escurría** *I would slip out*
66. **C'est une affaire flambée** *(Fr.)* =
Es una causa perdida

que le era indiferente ser un cobarde físico,[67] magnificaba su so- 130
berbia mental. Así pasaron, bien o mal, nueve días.

El décimo la ciudad cayó definitivamente en poder de los *Black
and Tans*.[68] Altos jinetes silenciosos patrullaban las rutas; había
cenizas y humo en el viento; en una esquina vi tirado un cadáver,
menos tenaz[69] en mi recuerdo que un maniquí en el cual los sol- 135
dados ejercitaban la puntería, en mitad de la plaza... Yo había salido
al amanecer; antes del mediodía volví. Moon, en la biblioteca, hablaba con alguien; el tono de la voz me hizo comprender que
hablaba por teléfono. Después oí mi nombre; después que yo regresaría a las siete; después la indicación de que me arrestaran cuando 140
yo atravesara el jardín. Mi razonable amigo estaba razonablemente
vendiéndome.[70] Le oí exigir unas garantías de seguridad personal.

Aquí mi historia se confunde y se pierde. Sé que perseguí al
delator[71] a través de negros corredores de pesadilla[72] y de hondas
escaleras. Moon conocía la casa muy bien, harto mejor[73] que yo. Una 145
o dos veces lo perdí. Lo acorralé[74] antes de que los soldados me
detuvieran. De una de las panoplias[75] del general arranqué un alfanje;[76] con esa media luna de acero le rubriqué[77] en la cara, para
siempre, una media luna de sangre. Borges: a usted que es un
desconocido, le he hecho esta confesión. No me duele tanto su 150
menosprecio."

Aquí el narrador se detuvo. Noté que le temblaban las manos.

"¿Y Moon?" le interrogué.

"Cobró los dineros de Judas y huyó al Brasil. Esa tarde, en la plaza,
vió fusilar un maniquí por unos borrachos." 155

Aguardé en vano la continuación de la historia. Al fin le dije que
prosiguiera.

Entonces un gemido lo atravesó; entonces me mostró con débil
dulzura la corva cicatriz blanquecina.

67. **Para mostrar que... físico** *To
show that he was indifferent to being a
physical coward*
68. **Black and Tans:** el nombre que dieron los irlandeses a los soldados ingleses
69. **mentos tenaz** *less impressive*
70. **Mi razonable... vendiéndome**
My logical friend was selling me out logi-
cally
71. **delator** *informer*
72. **de pesadilla** *nightmarish*
73. **harto mejor** *much better*
74. **Lo acorralé** *I cornered him*
75. **panoplias** *collections of arms*
76. **alfanje** *cutlass*
77. **le rubriqué** *I marked him*

"¿Usted no me cree?" balbuceó. "¿No ve que llevo escrita en la cara 160
la marca de mi infamia? Le he narrado la historia de este modo para
que usted la oyera hasta el fin. Yo he denunciado al hombre que me
amparó: yo soy Vincent Moon. Ahora desprécieme."

Preguntas

1. Describa la cicatriz del inglés.
2. ¿De qué manera consiguió el inglés sus campos?
3. ¿De dónde vino el inglés y qué se decía de él?
4. ¿Qué clase de carácter y personalidad tenía el inglés?
5. ¿Por qué pasó el autor la noche en La Colorada?
6. ¿Bajo qué condición contó el inglés la historia de su herida?
7. ¿Qué hacía el inglés en 1922?
8. ¿Cómo era John Vincent Moon?
9. ¿Qué ideas políticas tenía?
10. ¿Qué reacción mostraba Moon al encontrar el peligro?
11. ¿Cómo era la quinta del general Berkeley?
12. Para evitar las luchas peligrosas, ¿qué hacía Moon?
13. ¿Qué cosa memorable ocurrió el penúltimo de los nueve días?
14. Cuando estaba de vuelta su compañero, ¿sobre qué solía hablar Moon?
15. ¿Qué ocurrió el décimo día en la ciudad?
16. ¿Qué reveló Moon en su conversación por teléfono?
17. Después de perseguir a Moon por la casa, ¿qué le hizo su compañero?
18. ¿Qué hizo Moon después de huir?
19. ¿Por qué había narrado Moon su cuento de esta manera?
20. ¿Qué quiere Moon del desconocido?

Temas

1. El estilo de Borges.
2. La afirmación de Schopenhauer: cualquier hombre es todos los hombres.
3. El motivo psicológico de Moon en contar su propio cuento.
4. Dos temas predilectos de Borges aquí: el círculo; el jardín.

Eduardo Mallea (1903–1982)

Uno de los más importantes novelistas contemporáneos, el argentino Eduardo Mallea combina la expresión artística con matices filosóficos. Le preocupa la angustia de la vida; siente hondamente el tormento del destino humano. Es un novelista hispanoamericano que pertenece al grupo de existencialistas internacionales. Sus cuentos y novelas constituyen un género muy suyo, rico y denso. Son de una complejidad y profundidad que se pueden comparar con las obras de Kafka y Camus.[1] Provienen de una preocupación religioso-moral y de una intuición angustiada de la condición humana.

Este poderoso escritor nació en Bahía Blanca, de un padre de vastísima cultura, médico, político y escritor. Aunque estudió Derecho en Buenos Aires, Mallea se dedicó desde muy joven a la literatura. Trabajó en la redacción de *La Nación,* uno de los periódicos más importantes del continente que se publica en Buenos Aires, y fue director del Suplemento Literario de ese mismo periódico. Además de haber viajado mucho, ha servido en varios puestos políticos y culturales; en 1955 y 1956 fue embajador ante la UNESCO en París y en India. Miembro de la Academia Argentina de las Letras fue recipiente de varios premios literarios y de muchos honores.

Su primer libro que apareció en 1926, *Cuentos para una inglesa desesperada,* reveló ya una singular personalidad por su agudeza psicológica y sus bellezas de lengua. Su estilo se

---

1. **Kafka y Camus:** El checo Franz Kafka (1883–1924) y el francés Albert Camus (1913–1962) en sus obras presentan un hombre angustiado en lucha desesperada por encontrar su salvación personal.

Eduardo Mallea (b. 1903)

reveló en los libros siguientes: la novela *Nocturno europeo* (1935) que obtuvo el Primer Premio de prosa de la Municipalidad de Buenos Aires, y la serie de relatos agrupados bajo el título *La ciudad junto al río inmóvil* (1936). En *Historia de una pasión argentina* (1937) Mallea realizó una sagacísima exégesis del espíritu nacional. Sus obras más logradas y características incluyen *Fiesta en noviembre* (1938), *La bahía del silencio* (1940), *Todo verdor perecerá* (1940) y *Chavez* (1953).

Hay más del ensayista que del novelista en algunas obras de Mallea. Tiene su propia manera de transformar personajes y situaciones en ideas arquetípicas. Se le puede llamar poeta en prosa. Le gusta evocar el pasado de sus personajes, relatar su vida sobre dos planos, el pasado y el presente, mientras entra en la consciencia y en los pensamientos de sus protagonistas. Tiene al mismo tiempo cierta preocupación y tristeza por las condiciones en que viven los argentinos.

En *La ciudad junto al río inmóvil* Mallea trata de describir los secretos de Buenos Aires donde los personajes luchan con su soledad y su desesperación. El interés del cuento que sigue no estriba[2] en la acción, que es mínima, sino en el análisis fino y convincente de dos pobres seres humanos para quienes la vida en común ya se ha hecho cansada, casi imposible.

LA CIUDAD JUNTO AL RÍO INMÓVIL

CONVERSACIÓN

El no contestó, entraron en el bar. El pidió un whisky con agua; ella pidió un whisky con agua. El la miró; ella tenía un gorro de terciopelo negro apretándole la pequeña cabeza; sus ojos se abrían, oscuros, en una zona azul; ella se fijó en la corbata de él, roja, con las pintas[1] blancas sucias, con el nudo mal hecho. Por el ventanal se veía el frente de una tintorería;[2] al lado de la puerta de la tintorería jugaba un niño; la acera mostraba una gran boca por la que, inconcebible nacimiento, surgía el grueso tronco de un castaño;[3] la calle era muy ancha. El mozo vino con la botella y dos vasos grandes y hielo; —"Cigarillos," le dijo él, "Máspero";[4] el mozo recibió la orden sin mover la cabeza, pasó la servilleta por la superficie manchada de la mesa, donde colocó después los vasos; en el salón casi todas las mesas estaban vacías; detrás de una kentia[5] gigantesca escribía el patrón en las hojas de un bibliorato;[6] en una mesa del extremo rincón hablaban dos hombres, las cabezas descubiertas, uno con bigote recortado y grueso, el otro rasurado, repugnante, calvo y amarillento; no se oía, en el salón, el vuelo de una mosca; el más joven de los dos hombres del extremo rincón hablaba precipitadamente, haciendo pausas bruscas; el patrón levantaba los ojos y lo miraba, escuchando ese hablar rudo e irregular, luego volvía a hundirse en los números; eran las siete.

El le sirvió whisky, cerca de dos centímetros, y luego le sirvió un

---

2. **no estriba** *is not based*
1. **pintas** *dots*
2. **tintorería** *dry-cleaning establish-*
ment

3. **castaño** *chestnut tree*
4. **Máspero:** *a brand of cigarettes*
5. **kentia** *kentia, palm tree*
6. **bibliorato** *account book*

poco de hielo, y agua; luego se sirvió a sí mismo y probó en seguida
un trago corto y enérgico; prendió un cigarrillo y el cigarrillo le
quedó colgando de un ángulo de la boca y tuvo que cerrar los ojos   25
contra el humo, mirándola; ella tenía su vista fija en la criatura que
jugaba junto a la tintorería; las letras de la tintorería eran plateadas[7]
y la T, que había sido una mayúscula pretenciosa, barroca, tenía sus
dos extremos quebrados y en lugar del adorno quedaban dos manchas más claras que el fondo homogéneo de la tabla sobre la que   30
muchos años habían acumulado su hollín;[8] él tenía una voz autori-
taria, viril, seca.

"Ya no te pones el traje blanco," dijo.

"No," dijo ella.

"Te quedaba mejor que eso," dijo él.   35

"Seguramente."

"Mucho mejor."

"Sí."

"Te has vuelto descuidada. Realmente te has vuelto descuidada."

Ella miró el rostro del hombre, las dos arrugas que caían a pico[9]   40
sobre el ángulo de la boca pálida y fuerte; vió la corbata, desprolijamente[10] hecha, las manchas que la cubrían en diagonal, como salpicaduras.[11]

"Sí," dijo.

"¿Quieres hacerte ropa?"   45

"Más adelante,"[12] dijo ella.

"El eterno 'más adelante,' " dijo él. "Ya ni siquiera vivimos. No
vivimos el momento que pasa. Todo es 'más adelante.' "

Ella no dijo nada; el sabor del whisky era agradable, fresco y con
cierto amargor apenas sensible; el salón servía de refugio a la huida   50
final de la tarde; entró un hombre vestido con un traje de brin[13]
blanco y una camisa oscura y un pañuelo de puntas marrones[14]
saliéndole por el bolsillo del saco—miró a su alrededor y fué a
sentarse al lado del mostrador y el patrón levantó los ojos y lo miró
y el mozo vino y pasó la servilleta sobre la mesa y escuchó lo que   55
el hombre pedía y luego lo repitió en voz alta; el hombre de la mesa

7. **plateadas** *silvered*
8. **hollín** *soot*
9. **arrugas... pico** *wrinkles which extended straight*
10. **desprolijamente** *carelessly*

11. **salpicaduras** *splotches, spots*
12. **más adelante** *later on*
13. **brin** *denim, light canvas*
14. **marrones** *maroon*

lejana que oía al que hablaba volublemente volvió unos ojos lentos
y pesados hacia el cliente que acababa de entrar; un gato soñoliento
estaba tendido sobre la trunca[15] balaustrada de roble negro que
separaba dos sectores del salón, a partir de la vidriera donde se leía,   60
al revés, la inscripción: "Café de la Legalidad;" ella pensó: ¿por qué
se llamará café de la Legalidad?—una vez había visto, en el puerto,
una barca que se llamaba *Causalidad;* ¿qué quería decir *Causalidad,* por qué había pensado el patrón en la palabra *Causalidad,*
qué podía saber de *Causalidad* un navegante gris a menos de ser un   65
hombre de ciertas lecturas venido a menos?;[16] tal vez tuviera que ver
con ese mismo desastre la palabra *Causalidad;* o sencillamente
habría querido poner *Causalidad* —es decir, podía ser lo contrario,
esa palabra, puesta allí por ignorancia o por un asomo de conocimiento—; junto a la tintorería, las puertas ya cerradas pero los   70
escaparates mostrando el acumulamiento ordenado de carátulas[17]
grises, blancas, amarillas, con cabezas de intelectuales fotográficos
y avisos escritos en grandes letras negras.
   "Este no es un buen whisky," dijo él.
   "¿No es?" preguntó ella.   75
   "Tiene un gusto raro."
   Ella no le tomaba ningún gusto raro; verdad que había tomado
whisky tan pocas veces; él tampoco tomaba mucho; algunas veces,
al volver a casa cansado, cinco dedos, antes de comer; otros al-
coholes tomaba, con preferencia, pero nunca solo sino con amigos,   80
al mediodía; pero no se podía deber a eso, tan pocas cosas, aquel
color verdoso que le bajaba de la frente, por la cara ósea, magra,[18]
hasta el mentón; no era un color enfermizo pero tampoco eso puede
indicar salud—ninguno de los remedios habituales había podido
transformar el tono mate[19] que tendía algunas veces hacia lo ligera-   85
mente cárdeno.[20]—Le preguntó, él:
   "¿Qué me miras?"
   "Nada," dijo ella.
   "Al fin vamos a ir o no, mañana, a lo de Leites…"
   "Sí," dijo ella, "por supuesto, si quieres. ¿No les hemos dicho que   90
íbamos a ir?"

15. **trunca** *truncated, cut off*	18. **ósea, magra** *bony, lean*
16. **venido a menos** *(who had) come*	19. **mate** *dull*
down in the world	20. **cárdeno** *purple*
17. **carátulas** *masks, faces*	

"No tiene nada que ver," dijo él.

"Ya sé que no tiene nada que ver; pero en caso de no ir habría que avisar ya."

"Está bien. Iremos."   95

Hubo una pausa.

"¿Por qué dices así que iremos?" preguntó ella.

"¿Cómo 'así?'"

"Sí, con un aire resignado. Como si no te gustara ir."

"No es de las cosas que más me entusiasman, ir."   100

Hubo una pausa.

"Sí. Siempre dices eso. Y sin embargo, cuando estás allí..."

"Cuando estoy ahí ¿qué?" dijo él.

"Cuando estás allí parece que te gustara y que te gustara de un modo especial..."   105

"No entiendo," dijo él.

"Que te gustara de un modo especial. Que la conversación con Ema te fuera una especie de respiración, algo refrescante —porque cambias..."

"No seas tonta."   110

"Cambias," dijo ella. "Creo que cambias. O no sé. En cambio, no lo niegues, por verlo a él no darías un paso."

"Es un hombre insignificante y gris, pero al que debo cosas," dijo él.

"Sí. En cambio, no sé, me parece que dos palabras de Ema te   115
levantaran, te hicieran bien."

"No seas tonta," dijo él. "También me aburre."

"¿Por qué pretender que te aburre? ¿Por qué decir lo contrario de lo que realmente es?"

"No tengo porqué decir lo contrario de lo que realmente es. Eres   120
terca. Me aburre Leites y me aburre Ema y me aburre todo lo que los rodea y las cosas que tocan."

"Te fastidia todo lo que los rodea. Pero por otra cosa," dijo ella.

"¿Por qué otra cosa?"

"Porque no puedes soportar la idea de esa cosa grotesca que es   125
Ema unida a un hombre tan inferior, tan trivial."

"Pero es absurdo, lo que dices. ¿Qué se te ha metido en la cabeza? Cada cual crea relaciones en la medida de su propia exigencia. Si Ema vive con Leites no será por una imposición divina, por una ley fatal—sino tranquilamente porque no ve más allá de él."   130

"Te es difícil concebir que no vea más allá de él."

"Por Dios, basta, no seas ridícula."

Hubo otra pausa. El hombre del traje blanco salió del bar...

"No soy ridícula," dijo ella.

Habría querido agregar algo más, decir algo más significativo que 135
echara una luz sobre todas esas frases vagas que cambiaban; pero no
dijo nada; volvió a mirar las letras de la palabra Tintorería; el patrón
llamó al mozo y le dió una orden en voz baja y el mozo fue y habló
con uno de los dos clientes que ocupaban la mesa extrema del salón;
ella sorbió la última gota del aguardiente ámbar.   140

"En el fondo, Ema es una mujer bastante conforme con su suerte,"
dijo él.

Ella no contestó nada.

"Una mujer fría de corazón," dijo él.

Ella no contestó nada.   145

"¿No crees?" dijo él.

"Tal vez," dijo ella.

"Y a ti a veces te da por[21] decir cosas tan absolutamente fantásticas."

Ella no dijo nada.   150

"¿Qué crees que me puede interesar en Ema? ¿Qué es lo que
crees?"

"Pero, ¿para qué volver sobre lo mismo," dijo ella. "Es una cosa
que he dicho al pasar. Sencillamente al pasar."

Los dos permanecieron callados; él la miraba, ella miraba hacia 155
afuera, la calle que iba llenándose, muy lentamente, muy lentamente, de oscuridad, la calle donde la noche entraba en turno; el
pavimento que, de blanco, estaba ya gris, que iba a estar pronto
negro, con cierto reflejo azul mar brillando sobre su superficie;
pasaban automóviles, raudos, alguno que otro ómnibus, cargado; 160
de pronto se oía una campanilla extraña—¿de dónde era esa campanilla?; la voz de un chico se oyó, lejana, voceando los diarios de
la tarde, la quinta edición, que aparecía; el hombre pidió otro
whisky para él; ella no tomaba nunca más de una pequeña porción;
el mozo volvió la espalda a la mesa y gritó el pedido con la misma 165
voz estentórea y enfática con que había hecho los otros pedidos y
con que se dan el gusto de ser autoritarios estos subordinados de un

---

21. **te da por** *you take a notion*

patrón tiránico; el hombre golpeó la vidriera y el chico que pasaba
corriendo con la carga de diarios oliendo a tinta entró en el salón y
el hombre compró un diario y lo desplegó y se puso a leer los títulos;   170
ella se fijó en dos o tres fotografías que había en la página postrera,
una joven de la aristocracia que se casaba y un fabricante de automóviles británicos que acababa de llegar a la Argentina en gira[22] comercial; el gato se había levantado sobre la balaustrada y jugaba con la
pata en un tiesto de flores, moviendo los tallos de las flores viejas y   175
escuálidas; ella preguntó al hombre si había alguna novedad importante y el hombre vaciló antes de contestar y después dijo:

"La eterna cosa. No se entienden los rusos con los alemanes. No
se entienden los alemanes con los franceses. No se entienden los
franceses con los ingleses. Nadie se entiende. Tampoco se entiende   180
nada. Todo parece que de un momento a otro se va a ir al diablo.
O que las cosas van a durar así: todo el mundo sin entenderse, y el
planeta andando."

El hombre movió el periódico hacia uno de los flancos, llenó la
copa con un poco de whisky y después le echó un terrón[23] de hielo   185
y después agua.

"Es mejor no revolverlo. Los que saben tomarlo dicen que es
mejor no revolverlo."

"¿Habrá guerra, crees?" le preguntó ella.

"¿Quién puede decir sí, quién puede decir no? Ni ellos mismos; yo   190
creo. Ni ellos mismos."

"Duraría dos semanas, la guerra, con todos esos inventos..."

"La otra también, la otra también dijeron que iba a durar dos
semanas."

"Era distinto..."   195

"Era lo mismo. Siempre es lo mismo. ¿Detendrían al hombre unos
gramos más de sangre, unos millares más de sacrificados? Es como
la plata del avaro. Nada sacia el amor de la plata por la plata.
Ninguna cantidad de odio saciará el odio del hombre por el hòm-
bre."   200

"Nadie tiene ganas de ser masacrado," dijo ella. "Eso es más fuerte
que todos los odios."

"¿Qué?" dijo él. "Una ceguera[24] general todo lo nubla. En la guerra
la atroz plenitud de matar es más grande que el pavor de morir."

22. **gira** *expedition*   24. **ceguera** *blindness*
23. **terrón** *cube, piece*

Ella calló; pensó en aquello, iba a contestar pero no dijo nada;   205
pensó que no valía la pena; una joven de cabeza canosa,[25] envuelta
en un guardapolvo[26] gris, había salido a la acera de enfrente y con
ayuda de un hierro largo bajaba las cortinas metálicas de la tintorería, que cayeron con seco estrépito; la luz eléctrica era muy débil
en la calle y el tráfico se había hecho ahora ralo,[27] pero seguía   210
pasando gente con intermitencias.

"Me das rabia cada vez que tocas el asunto de Ema," dijo él.
Ella no dijo nada. Él tenía ganas de seguir hablando.
"Las mujeres debían callarse a veces," dijo.

Ella no dijo nada; el hombre rasurado de piel amarillenta se despi-   215
dió de su amigo y caminó por entre las mesas y salió del bar; el
propietario levantó los ojos hacia él y luego los volvió a bajar.

"¿Quieres ir a alguna parte a comer?," preguntó él con agriedad.[28]
"No sé," dijo ella, "como quieras."

Cuando hubo pasado un momento, ella dijo.   220
"Si uno pudiera dar a su vida un fin."

Seguía, él callado.

Estuvieron allí un rato más y luego salieron; echaron a andar por
esas calles donde rodaban la soledad, la pobreza y el templado aire
nocturno; parecía haberse establecido entre los dos una atmósfera,   225
una temperatura que no tenía nada que ver con el clima de la calle;
caminaron unas pocas cuadras, hasta el barrio céntrico donde ardían
los arcos galvánicos,[29] y entraron en el restaurante.

¡Qué risas, estrépito, hablar de gentes! Sostenía la orquesta de diez
hombres su extraño ritmo; comieron en silencio; de vez en cuando   230
cruzaba entre los dos una pregunta, una réplica; no pidieron nada
después del pavo frío; más que la fruta, el café; la orquesta sólo se
imponía pequeñas pausas.

Cuando salieron, cuando los recibió nuevamente el aire nocturno,
la ciudad, caminaron un poco a la deriva[30] entre las luces de los   235
cinematógrafos. Él estaba distraído, exacerbado,[31] y ella miraba los
carteles rosa y amarillo;—habría deseado decir muchas cosas, pero
no valía la pena, callaba.

"Volvamos a casa," dijo él. "No hay ninguna parte adonde ir."
"Volvamos," dijo ella. "¿Qué otra cosa podríamos hacer?"   240

---

25. **canosa** *grayish*
26. **guardapolvo** *duster*
27. **ralo** *thin*
28. **con agriedad** *sourly, crossly*
29. **arcos galvánicos** *arc lights*
30. **a la deriva** *aimlessly*
31. **exacerbado** *irritated*

Preguntas

1. ¿En qué país nació Mallea?
2. ¿Cómo era el padre de Mallea?
3. ¿En qué periódico trabajó Mallea?
4. En este cuento, ¿en dónde entraron las dos personas?
5. ¿Cuánto whisky le sirvió él a ella?
6. ¿Qué traje quiere él que lleve su compañera?
7. ¿Cómo era el sabor del whisky?
8. ¿Cómo se llamaba el café donde bebían los dos?
9. ¿Qué efecto le hacen al hombre Leites y Ema?
10. ¿Cuál es la actitud de la mujer hacia los Leites?
11. ¿Qué opinión expresa el hombre sobre Ema?
12. ¿De qué modo gritó el mozo la orden de más whisky?
13. ¿Cuánto whisky tomaba la mujer?
14. ¿Qué hacía el gato?
15. ¿Qué le preguntó la mujer al hombre acerca del periódico?
16. ¿Qué contestó él?
17. ¿Qué efecto le hace al hombre la referencia a Ema?
18. ¿Qué invitación le hace el hombre a la mujer?
19. ¿Cómo estaba él en el restaurante?
20. Después de la comida, ¿adónde fueron los dos?

Temas

1. Lo que sabe Vd. de la ciudad de Buenos Aires.
2. El bar en que entraron los dos personajes de este cuento.
3. La verdadera causa de la hostilidad del hombre y de la mujer.
4. La atmósfera general del cuento.
5. La causa de las guerras, según el hombre.
6. El pesimismo de Mallea.

Poesía
Gabriela Mistral (1889–1957)

La voz emotiva e imaginativa de la poetisa chilena Gabriela
Mistral, pseudónimo de Lucila Godoy Alcayaga, mereció el
Premio Nobel de Literatura correspondiente a 1945. Esta
educadora, poetisa y periodista representa la poesía femenina
de la más alta calidad estética que se ha desarrollado en la
hispanoamérica contemporánea. Por la fuerza de su temperamento y el vigor varonil y apasionado de su poesía, adquirió una reputación mundial.

Maestra rural en su juventud, se dedicó a la enseñanza en las
comunidades rurales a la vez que se ocupaba en escribir versos. Desde 1905 hasta 1918 fue directora de una escuela de
niñas en Los Andes. Fue en 1907, cuando ella tenía 18 años,
que ocurrió el hecho capital de su vida sentimental: se
enamoró profundamente de un empleado de los ferrocarriles
llamado Romelio Ureta. Duró poco el idilio. Siempre indigno
de ella y desesperado ante el peligro de ser descubiertas sus
irregularidades, se dio un balazo. Lucila Godoy adopta el nombre universalmente conocido, Gabriela Mistral, sin duda
tomado del famoso poeta italiano Gabriele D'Annunzio y del
conocido poeta provenzal Frédéric Mistral (Premio Nobel,
1904), porque la chilena los admiraba mucho a los dos.

La poetisa se hizo famosa en 1915 con unos sonetos premia-
dos en un concurso literario, "Los sonetos de la muerte." Bro-
taron estos versos del amor trágico que dejó una huella perdurable de dolor en su vida emocional. Poco más tarde
desempeñó un papel importante en la educación y en el perio-
dismo. Invitada por el gobierno mexicano en 1922, colaboró en
la reorganización del sistema educativo de aquel país, y fue a

Gabriela Mistral (1889–1957) recibiendo el Premio Nobel de Literatura
1945 de manos del rey Gustavus V de Suecia.
COURTESY OF THE PERMANENT MISSION OF CHILE TO THE UNITED NATIONS

Wáshington en 1924 para dar una serie de conferencias sobre
cuestiones educativas y literatura hispanoamericana. Publicó
en Nueva York, a iniciativa del profesor Federico de Onís, sus
poesías reunidas, *Desolación* (1922). Sirvió de representante de
Chile en la Liga de las Naciones y desde 1932 perteneció al
Cuerpo Consular de su gobierno.

Aunque publicó otros tomos de verso, *Ternura* (1925), *Tala*
(1938) y *Lagar* (1954), su fama literaria descansa principalmente en los versos de *Desolación*.

Los poemas de Gabriela Mistral nacen de su vida interior; su tema fundamental es el amor. El amor tierno, apasionado y frustrado de sus primeras poesías se convierte en un amor universal—un amor a Dios, a la naturaleza, a la humanidad entera. Su vivo interés en el futuro de su pueblo le dio un espíritu casi evangélico, y a veces sus versos gritan contra la injusticia, la miseria y la cobardía.

Se caracteriza su estilo por una gran soltura y gracia, y por metáforas fuertes, rápidas y destellantes. Mientras que sus "Sonetos de la muerte" revelan su espejo de dolor, su inspiración más delicada se encuentra en los versos cuyo tema principal es el hogar, la madre, o el niño. Con honda ternura y una ansia noble de maternidad escribió rondas, canciones y cuentos para los niños. Al cantar su amor al prójimo, muestra su rasgo dominante de compasión universal.

LOS SONETOS DE LA MUERTE[1]

I

Del nicho helado en que los hombres te pusieron,
te bajaré a la tierra humilde y soleada.[2]
Que he de dormirme en ella los hombres no supieron,
y que hemos de soñar sobre la misma almohada.

Te acostaré en la tierra soleada con una   5
dulcedumbre[3] de madre para el hijo dormido,
y la tierra ha de hacerse suavidades de cuna[4]
al recibir tu cuerpo de niño dolorido.[5]

Luego iré espolvoreando[6] tierra y polvo de rosas,
y en la azulada y leve polvareda de luna,[7]   10
los despojos livianos irán quedando presos.[8]

---

1. Este soneto es uno de varios inspirados por la muerte del amado de la poetisa.
2. **soleada** *sunny, sun-kissed*
3. **dulcedumbre** *gentleness*
4. **la tierra... cuna** *the earth shall turn into the soft folds of a cradle*

5. **dolorido** *grieved, heartsick*
6. **espolvoreando** *dusting*
7. **azulada... luna** *bluish and light dust cloud of moonlight*
8. **los despojos... presos** *the weightless remains will gradually be imprisoned*

Me alejaré cantando mis venganzas hermosas,
¡porque a ese hondor recóndito[9] la mano de ninguna
bajará a disputarme tu puñado de huesos!

DOÑA PRIMAVERA[1]

Doña Primavera
viste que es primor.[2]
viste en limonero
y en naranjo en flor.

Lleva por sandalias   5
unas anchas hojas,
y por caravanas
unas fuscias[3] rojas.

Salid a encontrarla
por esos caminos.   10
¡Va loca de soles
y loca de trinos![4]

Doña Primavera,
de aliento fecundo,[5]
se ríe de todas   15
las penas del mundo...

No cree al que le hable
de las vidas ruines.[6]
¿Cómo va a toparlas[7]
entre los jazmines?   20

¿Cómo va a encontrarlas
junto de las fuentes
de espejos dorados
y cantos ardientes?

---

9. **hondor recóndito**   *hidden depths*
1. Este es un poemita ligero, sin pretensiones, que canta como otros muchos las glorias de la estación favorita del año, pero tiene el encanto especial e individual de Gabriela Mistral. Está compuesto de cuartetos de versos de 6 sílabas, que riman *abcb*.
2. **viste... primor**   *dresses charmingly*
3. **fucsias**   *fuchsias*
4. **trinos**   *trills, warbling*
5. **de... fecundo**   *with fertile breath*
6. **ruines**   *petty, mean*
7. **toparlas**   *come upon them*

De la tierra enferma   25
en las pardas grietas,[8]
enciende rosales
de rojas piruetas.[9]

Pone sus encajes,[10]
prende sus verduras,   30
en la piedra triste
de las sepulturas...

Doña Primavera
de manos gloriosas,
haz que por la vida   35
derramemos[11] rosas:

Rosas de alegría,
rosas de perdón,
rosas de cariño
y de exultación.   40

CAPERUCITA ROJA[1]

Caperucita Roja visitará a la abuela
que en el poblado próximo sufre de extraño mal.
Caperucita Roja, la de los rizos rubios,[2]
tiene el corazoncito tierno como un panal.[3]

A las primeras luces[4] ya se ha puesto en camino   5
y va cruzando el bosque con un pasito audaz.[5]
Sale al paso Maese Lobo, de ojos diabólicos.
"Caperucita Roja, cuéntame adónde vas."

Caperucita es cándida como los lirios blancos.
"Abuelita ha enfermado. Le llevo aquí un pastel[6]   10

8. **grietas** *cracks*
9. **piruetas** *pirouettes*
10. **encajes** *lace*
11. **derramemos** *(we) scatter*
1. Esta versión del conocido cuento folklórico que se llama en inglés "Little Red Riding Hood" es de veras poética. Nótese el final trágico. ¿Símbolo de la victoria de las fuerzas crueles, personificadas por el lobo, sobre la inocencia de las personas de buena voluntad? La composición está escrita en cuartetos de versos de 14 sílabas, que riman *abcb*.
2. **rizos rubios** *blond curls*
3. **panal** *honeycomb*
4. **a las... luces** *at early dawn*
5. **pasito audaz** *bold little step*
6. **un pastel** *some pastry*

y un pucherito suave, que se derrama en jugo.[7]
¿Sabes del pueblo próximo? Vive en la entrada de él."

Y ahora, por el bosque discurriendo[8] encantada,
recoge bayas[9] rojas, corta ramas en flor,
y se enamora de unas mariposas pintadas[10]   15
que la hacen olvidarse del viaje del Traidor...

El Lobo fabuloso de blanqueados dientes,
ha pasado ya el bosque, el molino, el alcor,[11]
y golpea en la plácida puerta de la abuelita,
que le abre. (A la niña ha anunciado el Traidor.)   20

Ha tres días la bestia no sabe de bocado.[12]
¡Pobre abuelita inválida, quién la va a defender!
... Se la comió riendo toda y pausadamente[13]
y se puso en seguida sus ropas de mujer.

Tocan dedos menudos a la entornada[14] puerta.   25
De la arrugada cama dice el Lobo: "¿Quien va?"
La voz es ronca. "Pero la abuelita está enferma,"
la niña ingenua explica. "De parte de mamá."

Caperucita ha entrado, olorosa de bayas.
Le tiemblan en la mano gajos de salvia en flor.[15]   30
"Deja los pastelitos; ven a entibiarme[16] el lecho."
Caperucita cede al reclamo[17] de amor.

De entre la cofia[18] salen las orejas monstruosas.
"¿Por qué tan largas?", dice la niña con candor.
Y el velludo engañoso,[19] abrazado a la niña: 35
"¿Para qué son tan largas? Para oírte mejor."

El cuerpecito tierno le dilata los ojos.[20]
El terror en la niña los dilata también.

---

7. **pucherito... jugo** *soft little pot of stew which is melting into juice*
8. **discurriendo** *wandering*
9. **bayas** *berries*
10. **pintadas** *bright-colored*
11. **alcor** *hill*
12. **no... bocado** *has not tasted a mouthful*
13. **pausadamente** *slowly*
14. **entornada** *half-open*

15. **gajos... flor** *bunches of sage in bloom*
16. **entibiarme** *to warm*
17. **cede al reclamo** *yields to the request*
18. **cofia** *hood, bedcap*
19. **velludo engañoso** *tricky hairy animal*
20. **dilata los ojos** *makes her eyes wide*

"Abuelita, decidme: ¿por qué esos grandes ojos?"
"Corazoncito mío, para mirarte bien..."   40
   Y el viejo Lobo ríe, y entre la boca negra
tienen los dientes blancos un terrible fulgor.
"Abuelita, decidme: ¿por qué esos grandes dientes?"
"Corazoncito, para devorarte mejor..."
   Ha arrollado la bestia, bajo sus pelos ásperos,[21]   45
el cuerpecito trémulo, suave como un vellón;[22]
y ha molido las carnes, y ha molido los huesos,
y ha exprimido como una cereza[23] el corazón...

Preguntas

1. ¿En qué año recibió Gabriela Mistral el premio Nobel?
2. ¿Es regional o no su reputación?
3. ¿Cuántos años tenía la poetisa en el año 1907?
4. ¿De quién se enamoró?
5. ¿Cómo era él?
6. ¿Cuánto tiempo duró el idilio de los dos?
7. ¿Cuál era el empleo de él?
8. ¿Comó terminó su vida?
9. ¿De quiénes tomó Lucila Godoy su nombre poético?
10. ¿Qué premio ganó Gabriela Mistral?
11. ¿Cuál es el origen de "Los sonetos de la muerte"?
12. ¿En qué tomo de versos descansa la fama de Gabriela Mistral?
13. ¿Cuál fue la inspiración del Soneto I?
14. ¿Le parece a Vd. la poesía "Doña Primavera" más apta para niños o para adultos?
15. ¿Qué tal le parece la versión poética del cuento de Caperucita Roja?

Temas

1. La tragedia amorosa de Gabriela Mistral.
2. El desengaño amoroso como tema poético.
3. La técnica poética de Gabriela Mistral.
4. Si Ud. conoce el cuadro *Primavera (El nacimiento de Venus)* de Botticelli, ¿quiere compararlo con "Doña Primavera"?
5. ¿Ve Ud. algún simbolismo en la poesía *Caperucita Roja?*

---

21. **pelos ásperos**   *rough fur*
22. **vellón**   *(lamb's) fleece*

23. **exprimido... cereza**   *squeezed like a cherry*

Pablo Neruda (1904–1973)

El famoso, vibrante e influyente chileno Pablo Neruda (nacido Neftalí Ricardo Reyes) es el más importante poeta contemporáneo de Hispanoamérica. Surrealista por su técnica, es romántico por su temperamento. En su poesía se destaca un poder expresivo lleno de resonancias americanas, resonancias de la tierra y del tiempo. Se le concede el Premio Nobel de Literatura en 1971.

Neruda estudió en la Universidad de Chile, entró en el cuerpo consular de su país y sirvió en Burma, Siam, el Japón, La China, e India hasta 1932. Después fue a Madrid (1934–1938) y más tarde sirvió en la Argentina y en México. Fue senador chileno durante los años 1945–1949.

En sus primeras poesías sigue un tono modernista. A *Crepusculario* (1923) lo siguió *Veinte poemas de amor y una canción desesperada* (1924) que tuvo gran éxito popular y cuya fama sigue aún entre los jóvenes de Hispanoamérica. Después de estos volúmenes que muestran un respeto por el gusto tradicional de la literatura, rompe el poeta con la tradición y empieza su caos verbal. Hunde al lector en un volcán imaginativo donde pinta una visión desolada del mundo y de la vida con símbolos violentos y metáforas antipoéticas. En *Residencia en la tierra* (1925–1935) Neruda, sensual y rebelde, se entrega totalmente a una introspección de sus deseos, sus sueños y sus experiencias. Muchas veces resultan sus poemas desconcertantes y difíciles. Verdaderamente, leer a Neruda es entrar dentro del proceso creador de un poeta.

El camino hacia el ensimismamiento iniciado en los *Veinte*

Pablo Neruda (1904–1973)
COURTESY OF THE PERMANENT MISSION OF CHILE TO THE UNITED NATIONS

poemas de amor y una canción desesperada llegará a su destino en los poemas que describen el descenso al infierno de las *Residencias,* en los que el poeta se hunde en el subconsciente para sacar las más torturadas imágenes. "Son poemas que están empapados de un pesimismo y angustia atroces. No ayudan a vivir, ayudan a morir", dirá el propio autor.

La guerra civil española cambia radicalmente al poeta. En "Explico algunas cosas" de la obra *España en el corazón,* publicada en España en 1938, dice:

Preguntaréis: ¿Y dónde están las lilas?
¿Y la metafísica cubierta de amapolas?
¿Y la lluvia que a menudo golpeaba
sus palabras llenándolas
de agujeros y pájaros?

La guerra ha destruido todo ese mundo individual, haciendo surgir al poeta social. La poesía de Neruda se hace menos hermética y cada vez más didáctica. Disminuye el lirismo, dejando paso a las ideas marxistas, aunque aún componga cantos a temas indígenes de Hispanoamérica. Después de años de viajes y de acción política, en 1950 aparece en México *Canto general,* en una edición ilustrada por los grandes muralistas Siqueiros y Rivera. La obra tiene las características de un inmenso mural, ofreciendo "la más extraordinaria crónica americana de todos los tiempos, la que no pudieron hacer ni Andrés Bello ni José Santos Chocano." Aunque en *Los versos del capitán* (1952), vuelve de nuevo a una línea intimista, en *Las uvas y el viento* (1954), los títulos de algunos de los poemas indican el carácter comprometido de la obra: "China", "La gran marcha", "Canta Polonia", "Tercer canto de amor a Stalingrado", "Albania"... Poesía militante en la que, atenuados por un tono lírico, aparecen los aspectos panfletarios más comunes, sin que falte el tema de España, representado por cuatro poemas.

En *Odas elementales* (1954), *Nuevas odas elementales* (1956), *Tercer libro de las odas* (1957) y *Navegaciones y regresos* (1959), los seres, las cosas, los conceptos, lo abstracto y lo concreto, surgen atropelladamente: la cebolla, un camión cargado de barriles, el aceite, el cobre, el maíz, la claridad, la alegría, el alambre de púas, etc. En *Estravagario* (1958) el poeta pide que le permitan volver al mundo de su intimidad, estando ausente la poesía combativa de las *Odas,* iniciándose una etapa de evocación y recreación de experiencias y temas. *Memorial de Isla Negra* (1964) es título general de una obra compuesta de varios libros.

En 1972, ya enfermo de cáncer, Neruda escribe *Geografía infructuosa,* verdadero autoanálisis en el que pide comprensión, y en 1973 publica *Incitación al nixonicidio y alabanza de la revolución chilena,* tributo a la política del presidente de Chile, Salvador Allende. El cáncer ha seguido destruyendo el organismo del viejo luchador y la noticia del derrocamiento y muerte de Allende, también en 1973, lo afecta profundamente, muriendo poco después. Han aparecido varios libros póstumos, siendo el último *El fin de viaje* (1982) en el que se reúnen poemas no publicados anteriormente o publicados en revistas.

El primero de los poemas que ponemos aquí, "Poema 20," es de su primer libro célebre. Se notan la sencillez, imágenes enlazadas en una estructura de sentido lógico, y el tono rítmico y ligeramente melancólico. En "Arte poética" del primer volumen de *Residencia en la tierra,* se nota el cambio. Las imágenes son nuevas y concretas, siguen brotando y recurriendo. Entre los símbolos se destacan sueños, lirios, peces, agua, ropa vieja, dentaduras, etc. "Walking around" es un ejemplo excelente del uso de objetos materiales que toman vida en el significado subconsciente que les ha dado el hombre moderno. "Vals" y "El poeta" cantan la angustia en el alma del poeta.

POEMA 20[1]

Puedo escribir los versos más tristes esta noche.

Escribir, por ejemplo: "La noche está estrellada,
y tiritan,[2] azules, los astros, a lo lejos."

El viento de la noche gira en el cielo y canta.

Puedo escribir los versos más tristes esta noche.   5
Yo la quise, y a veces ella también me quiso.

En las noches como ésta la tuve entre mis brazos.
La besé tantas veces bajo el cielo infinito.

Ella me quiso, a veces yo también la quería.
Cómo no haber amado[3] sus grandes ojos fijos.   10

Puedo escribir los versos más tristes esta noche.
Pensar que no la tengo. Sentir que la he perdido.

Oír la noche inmensa, más inmensa sin ella.
Y el verso cae al alma como al pasto el rocío.[4]

Qué importa que mi amor no pudiera guardarla.   15
La noche está estrellada y ella no está conmigo.

---

1. En el poema "Arte poética," los versos largos varían en extensión, pero mantienen cierto ritmo. Los versos pares son asonantes, es decir que riman las vocales pero no las consonantes: quiso, infinito, fijos, etcétera.
2. **tiritan** *are shivering*
3. **Cómo no haber amado** *How could I have helped loving*
4. **rocío** *dew*

Noé León (Colombia). *Infierno*, 1914. Oleo en tabla de madera. Collección de la Sra. Florence Kossow, Washington, D.C.

Eso es todo. A lo lejos alguien canta. A lo lejos.
Mi alma no se contenta con haberla perdido.

Como para acercarla mi mirada la busca.
Mi corazón la busca, y ella no está conmigo.   20

La misma noche que hace blanquear los mismos árboles.
Nosotros, los de entonces,[5] ya no somos los mismos.

Ya no la quiero, es cierto, pero cuánto la quise.
Mi voz buscaba el viento para tocar su oído.

De otro. Será de otro.[6] Como antes de mis besos.   25
Su voz, su cuerpo claro. Sus ojos infinitos.

Ya no la quiero, es cierto, pero tal vez la quiero.
Es tan corto el amor, y es tan largo el olvido.

Porque en noches como ésta la tuve entre mis brazos,
mi alma no se contenta con haberla perdido.   30

5. **los de entonces**   *as we were then*
6. **Será de otro.**   *She probably belongs to another.*

Aunque éste sea el último dolor que ella me causa,
y éstos sean los últimos versos que yo le escribo.

ARTE POÉTICA[1]

Entre sombra y espacio, entre guarniciones y doncellas,[2]
dotado de corazón singular y sueños funestos,[3]
precipitadamente pálido, marchito[4] en la frente
y con luto[5] de viudo furioso por cada día de mi vida,
ay, para cada agua invisible que bebo soñolientamente[6]   5
y de todo sonido que acojo[7] temblando,
tengo la misma sed ausente y la misma fiebre fría
un oído que nace, una angustia indirecta,
como si llegaran ladrones o fantasmas,
y en una cáscara[8] de extensión fija y profunda,   10
como un camarero humillado, como una campana un poco
ronca,[9]
como un espejo viejo, como un olor de casa sola
en la que los huéspedes entran de noche perdidamente ebrios,[10]
y hay un olor de ropa tirada al suelo, y una ausencia de flores   15
—posiblemente de otro modo aún menos melancólico—,
pero, la verdad, de pronto, el viento que azota mi pecho,
las noches de substancia infinita caídas en mi dormitorio,
el ruido de un día que arde con sacrificio
me piden lo profético que hay en mí, con melancolía   20
y un golpe de objetos que llaman sin ser respondidos
hay, y un movimiento sin tregua,[11] y un nombre confuso.

WALKING AROUND[1]

Sucede que me canso de ser hombre.
Sucede que entro en las sastrerías[2] y en los cines

1. Los versos son largos, de doce sílabas
o más.
2. **guarniciones y doncellas** *garrisons and maidens*
3. **funestos** *foreboding*
4. **marchito** *withered*
5. **luto** *mourning*
6. **soñolientamente** *sleepily*
7. **acojo** *I receive, grasp*

8. **cáscara** *shell*
9. **ronca** *hoarse*
10. **perdidamente ebrios** *completely drunk*
11. **sin tregua** *without respite*
1. Se observa que los versos son de muy variada extensión.
2. **sastrerías** *tailor shops*

marchito, impenetrable, como un cisne de fieltro[3]
navegando en un agua de origen y ceniza.

El olor de las peluquerías[4] me hace llorar a gritos.   5
Sólo quiero un descanso de piedras o de lana,
sólo quiero no ver establecimientos ni jardines,
ni mercaderías, ni anteojos, ni ascensores.

Sucede que me canso de mis pies y mis uñas
y mi pelo y mi sombra.   10
Sucede que me canso de ser hombre.

Sin embargo sería delicioso
asustar a un notario con un lirio cortado
o dar muerte a una monja con un golpe de oreja.
Sería bello   15
ir por las calles con un cuchillo verde
y dando gritos hasta morir de frío.

No quiero seguir siendo raíz en las tinieblas,
vacilante, extendido, tiritando de sueño,
hacia abajo, en las tripas mojadas[5] de la tierra,   20
absorbiendo y pensando, comiendo cada día.

No quiero para mí tantas desgracias.
No quiero continuar de raíz y de tumba,
de subterráneo solo, de bodega[6] con muertos,
aterido,[7] muriéndome de pena.   25

Por eso el día lunes arde como el petróleo
cuando me ve llegar con mi cara de cárcel,
y aúlla[8] en su transcurso como una rueda herida,[9]
y da pasos de sangre caliente hacia la noche.

Y me empuja a ciertos rincones, a ciertas casas húmedas   30
a hospitales donde los huesos salen por la ventana,
a ciertas zapaterías con olor a vinagre,
a calles espantosas como grietas.[10]

---

3. **cisne de fieltro**   *a swan of felt*   7. **aterido**   *stiff with cold*
4. **peluquerías**   *barber shops*   8. **aúlla**   *howls*
5. **tripas mojadas**   *moist entrails*   9. **rueda herida**   *wounded wheel*
6. **de bodega**   *in a vault*   10. **grietas**   *cracks*

Hay pájaros de color de azufre[11] y horribles intestinos
colgando de las puertas de las casas que odio,   35
hay dentaduras[12] olvidadas en una cafetera,
hay espejos
que debieran haber llorado de vergüenza y espanto,
hay paraguas en todas partes, y venenos, y ombligos.[13]

Yo paseo con calma, con ojos, con zapatos,   40
con furia, con olvido,
paso, cruzo oficinas y tiendas de ortopedia,[14]
y patios donde hay ropas colgadas de un alambre:[15]
calzoncillos, toallas y camisas que lloran
lentas lágrimas sucias.   45

VALS[1]

Yo toco el odio como pecho diurno[2]
yo sin cesar, de ropa en ropa vengo
durmiendo lejos.

No soy, no sirvo, no conozco a nadie,
no tengo armas de mar ni de madera,   5
no vivo en esta casa.

De noche y agua está mi boca llena.
La duradera[3] luna determina
lo que no tengo.

Lo que tengo está en medio de las olas.   10
Un rayo de agua, un día para mí:
un fondo férreo.[4]

No hay contramar,[5] no hay escudo, no hay traje,
no hay especial solución insondable,
ni párpado[6] vicioso.   15

---

11. **azufre** *sulphur*
12. **dentaduras** *false teeth*
13. **ombligos** *navels*
14. **tiendas de ortopedia** *orthopedic shops*
15. **alambre** *wire*
1. En esta composición, los versos largos

son de 11 sílabas y los cortos de 5 o de 7.
2. **diurno** *daily*
3. **duradera** *lasting*
4. **férreo** *iron, harsh*
5. **contramar** *sea wall, dike*
6. **párpado** *eyelid*

Vivo de pronto y otras veces sigo.
Toco de pronto un rostro y me asesina.
No tengo tiempo.
No me busquéis entonces descorriendo[7]
el habitual hilo salvaje o la   20
sangrienta enredadera.[8]
No me llaméis: mi ocupación es ésa.
No preguntéis mi nombre ni mi estado.
Dejadme en medio de mi propia luna,
en mi terreno herido.   25

EL POETA[1]

Antes anduve por la vida, en medio
de un amor doloroso: antes retuve
una pequeña página de cuarzo[2]
clavándome los ojos en la vida.
Compré bondad, estuve en el mercado   5
de la codicia, respiré las aguas
más sordas de la envidia, la inhumana
hostilidad de máscaras y seres.
Viví un mundo de ciénaga[3] marina
en que la flor de pronto,[4] la azucena   10
me devoraba en su temblor de espuma,
y donde puse el pie resbaló[5] mi alma
hacia las dentaduras del abismo.
Así nació mi poesía, apenas
rescatada[6] de ortigas,[7] empuñada   15
sobre la soledad como un castigo,
o apartó en el jardín de la impudicia
su más secreta flor hasta enterrarla.
Aislado así como el agua sombría
que vive en sus profundos corredores,   20
corrí de mano en mano, al aislamiento
de cada ser, al odio cuotidiano.

7. **descorriendo** *unraveling*   4. **de pronto** *suddenly*
8. **enredadera** *climbing vine*   5. **resbaló** *slipped*
1. Los versos son de 11 sílabas, sin rima.   6. **rescatada** *ransomed, rescued*
2. **cuarzo** *quartz*   7. **ortigas** *nettles*
3. **ciénaga** *marsh*

Supe que así vivían, escondiendo
la mitad de los seres, como peces
del más extraño mar, y en las fangosas[8]   25
inmensidades encontré la muerte.
La muerte abriendo puertas y caminos.
La muerte deslizándose[9] en los muros.

Preguntas

1. ¿A qué se entrega en *Residencia en la tierra*?
2. ¿Que muestra el poeta después de la guerra civil española?
3. Después de romper con la tradición, ¿en qué se hunde al lector?
4. ¿Cuándo nació Pablo Neruda?
5. ¿Cuál es su verdadero nombre?
6. ¿Por qué es triste el poeta en "Poema 20"?
7. ¿Qué oye el poeta en la noche?
8. ¿Qué dice del amor y del olvido?
9. ¿Cuáles son algunos objetos que llaman al poeta en "Arte poética"?
10. ¿Por qué se cansa el poeta de ser hombre en "Walking Around"?
11. Según el poeta, ¿qué sería delicioso? ¿y bello?
12. ¿Cuáles son algunos olores que nota el poeta en "Walking Around"?
13. ¿Cuáles son algunos objetos en este poema que consideramos antipoéticos?
14. ¿Qué estilo muestran las primeras poesías de Neruda?
15. ¿Por qué es difícil entender los poemas de *Residencia en la tierra*?

Temas

1. El desarrollo estilístico de la poesía de Neruda.
2. Lo que significan algunos símbolos que usa Neruda.
3. Una comparación del arte surrealista y "Walking Around."
4. El tono general de "Poema 20."
5. Neruda: ¿optimista o pesimista?

Comparación

En *Los sonetos de la muerte* de Gabriela Mistral y *Poema 20* de Pablo Neruda
el tema es la ausencia del ser amado. Hágase una comparación de como cada
poeta expresa su pena, lenguage literario que usa para expresar esa pena, y
finalmente, si la conclusión a que llegan es la misma.

8. **fangosas** *muddy*   9. **deslizándose** *creeping*

César Vallejo (1892–1938)

El peruano César Vallejo rompió con la tradición de Rubén Darío en su primer libro importante *Los heraldos negros* (1918). Este libro define a la vez su rebeldía espiritual, su pesimismo nostálgico, y su falta de retórica. Su desilusión procede en parte de su mestizaje, y de una persecución politíca (era izquierdista) que le hizo mudarse a París. Se ganó la vida escribiendo para los periódicos. En 1937 durante la guerra civil estaba Vallejo en España. Sintió hondamente el dolor del pueblo y expresó su sufrimiento por España en algunos versos hoy día reconocidos entre los mejores que se hayan producido en torno de la guerra. Escribió también cuentos y una novela proletaria, *Tungsteno* (1931). Otras colecciones suyas son *Trilce* (1922), *Poemas humanos* (1939) y *España, aparta de mí esta cáliz* (1940).

Vallejo escribió con ánimo serio, doliente, desolado. Concibió lo absurdo de la existencia. Muestran sus poemas una profunda humanidad y simpatía por la tragedia eterna de la vida. Vallejo escribió versos libres, con imágenes nuevas. Después de su muerte, como consecuencia de sus actividades en la guerra civil, ha crecido su influencia y su estatura poética.

César Vallejo (1892–1938)

LOS HERALDOS NEGROS[1]

Hay golpes en la vida, tan fuertes... ¡Yo no sé!
Golpes como del odio de Dios; como si ante ellos,
la resaca[2] de todo lo sufrido
se empozara[3] en el alma... ¡Yo no sé!

Son pocos, pero son... Abren zanjas[4] oscuras   5
en el rostro más fiero y en el lomo[5] más fuerte.
Serán tal vez los potros de bárbaros atilas;[6]
o los heraldos negros que nos manda la Muerte.

Son las caídas[7] hondas de los Cristos del alma,
de alguna fe adorable que el Destino blasfema.   10
Esos golpes sangrientos son las crepitaciones[8]
de algún pan que en la puerta del horno se nos quema.

1. Las estrofas de César Vallejo son generalmente irregulares, y los versos varían
en extensión. En "Los heraldos negros"
los versos son generalmente de 14 sílabas, rimando los pares. En los poems
XXXIII ("Si lloviera esta noche") y XII
("Masa") no hay rima, y los versos varían
aún más.

2. **resaca**   *undertow*
3. **se empozara**   *might be dammed up*
4. **zanjas**   *chasms, furrows*
5. **lomo**   *back*
6. **atilas**   *Attilas*
7. **caídas**   *falls*
8. **crepitaciones**   *cracklings*

Y el hombre... Pobre... ¡pobre! Vuelve los ojos, como
cuando por sobre el hombro nos llama una palmada;[9]
vuelve los ojos locos, y todo lo vivido   15
se empoza, como un charco de culpa,[10] en la mirada.

Hay golpes en la vida, tan fuertes... ¡Yo no sé!

XXXIII

Si lloviera esta noche, retiraríame
de aquí a mil años.
Mejor a cien no más.   20
Como si nada hubiese ocurrido, haría
la cuenta de que vengo todavía.

O sin madre, sin amada, sin porfia[1]
de agacharme a aguaitar[2] al fondo, a puro
pulso,   25
esta noche así, estaría escarmenando[3]
la fibra védica,[4]
la lana védica de mi fin final, hilo
del diantre,[5] traza[6] de haber tenido
por las narices   30
a dos badajos inacordes[7] de tiempo
en una misma campana.

Haga la cuenta de mi vida
o haga la cuenta de no haber aún nacido,
no alcanzaré a librarme.   35

No será lo que aún no haya venido, sino
lo que ha llegado y ya se ha ido,
sino lo que ha llegado y ya se ha ido.

9. **palmada** *handclap*
10. **charco de culpa** *pool of blame*
1. **porfia** *insistence*
2. **agacharme a aguaitar** *crouch down
to spy on*
3. **escarmenando** *disentangling*

4. **védica** *Vedic (pertaining to the ancient sacred scriptures of the Hindus)*
5. **diantre** *devil*
6. **traza** *trace*
7. **badajos inacordes** *discordant bell
clappers*

XII

MASA[1]

Al fin de la batalla,
y muerto el combatiente, vino hacia él un hombre   40
y le dijo: "¡No mueras; te amo tanto!"
Pero el cadáver ¡ay! siguió muriendo.

Se le acercaron dos y repitiéronle:
"¡No nos dejes! ¡Valor! ¡Vuelve a la vida!"
Pero el cadáver ¡ay! siguió muriendo.   45

Acudieron a él veinte, cien, mil, quinientos mil,
clamando: "¡Tanto amor, y no poder nada contra la muerte!"
Pero el cadáver ¡ay! siguió muriendo.

Le rodearon millones de individuos,
con un ruego común: "¡Quédate hermano!"   50
Pero el cadáver ¡ay! siguió muriendo.

Entonces todos los hombres de la tierra
le rodearon; les vio el cadáver triste, emocionado;
incorporóse[2] lentamente,
abrazó al primer hombre; echóse a andar...   55

1. 10 de noviembre 1937   2. **incorporóse** *he sat up*

Eugenio Florit (1903–   )

El cubano Eugenio Florit se manifiesta como discípulo del gran poeta español Juan Ramón Jiménez. A pesar de haber nacido en Madrid, volvió a la tierra de su madre donde estudió derecho y se hizo ciudadano cubano. Obtuvo Florit un puesto en el consulado cubano en Nueva York en 1940 y desde 1941 enseña en Barnard College de Columbia University. Después de pulir las formas poéticas tradicionales, décimas y sonetos, empleó formas libres. Su poesía es armoniosa, grave y meditada. Lo domina un lirismo notable. Muchos versos suyos cantan del trópico, un trópico cubano con el mar y las palmeras contra el horizonte infinito. Se destaca un suave misticismo en su poesía, y el ambiente de algunos poemas parece de sueño. Sus poemas más recientes llevan un tono de resignación y confianza en Dios. Al escribir de su poesía dijo Juan Ramón Jiménez, "[Florit] funde dos líneas de la poesía española, la neta y la barroca, con un solo estilo igual o encadenado; lirismo recto y lento, que podría definirse 'fijeza deleitable intelectual.' "

Entre los volúmenes de la extensa obra poética de Florit aparecen *32 poemas breves* (1927), *Doble acento* (1937), *Poema mío* (1947), *Conversación a mi padre* (1949), *Asonante final y otros poemas* (1955), *Hábito de esperanza* (1965), *Antología penúltima* (1970), *De tiempo y agonía* (1974), *A pesar de todo* (1986), *Castillo interior y otros versos* (1987), *Tercero sueño y otros versos* (1989) y *Hasta luego* (1992).

En una entrevista con Florit, que apareció publicada en el diario *El Nuevo Herald* de Miami el 14 de junio de 1992, el crítico Armando Álvarez Bravo califica *Hasta luego* como, "un depurado producto de reflexión poética sobre la propia existencia y la naturaleza misma de la poesía." Continuando más adelante: "Mucha de la poesía actual, y hasta la más reciente, busca su vigencia a través de recursos lingüísticos, estilísticos o temáticos. Es decir, se escribe con un método. Intenta justificarse por sí misma. Toda esa poesía carece de autenticidad." Terminando: *"Hasta luego,* como toda la obra de Florit, desborda esa autenticidad. La razón es muy simple. Estos poemas se escribieron por absoluta necesidad. Esa es la clave de la verdadera poesía."

RETRATO INTERIOR[1]

Tiene, más que lo cierto, la belleza
noble que va de corazón a rostro,
de alma total a atmósfera inmanente.[2]
Una flor del divino
aliento aprisionada   5
en dos brillantes ojos negros.
El beso del Espíritu
le da una aureola tímida de perla
aún soñadora
con el silencio oscuro de los mares.   10
Y en su firme cabeza el áureo rayo
de sol se funde en tonos serios,
para escapar en los dorados bordes
como un ardiente vino de su copa.
Y porque está de pie sabe el lenguaje   15
que hablan el árbol y la estrella
en el momento único
bajo la luz que se resuelve en orto.[3]
No quiere más que un canto
interminable y firme como el eco del mar: 20

1. La forma métrica del poema es irregu-   3. **que se resuelve en orto** *which is*
lar.   *dissipated on rising*
2. **inmanente** *inherent*

recio en la voz airada, por galope
de truenos[4] sobre gris cabalgadura,[5]
o suave de quieta melodía,
color del oro justo
o de precisa eternidad azul y verde,   25
en esa línea donde están los besos
de las aguas del cielo con las nubes del mar.
Y después, el regalo
que de sus viajes trae a nube y viento:
la gota de rocío,   30
la silenciosa brisa,
la luz quebrada en iris al ocaso[6]
—mejor: la inmensa luz
violeta y gris
del alba.   35
(La luz inmensa,
gris y violeta
del alma.)

LA NOCHE[1]

Ya, Señor, sé lo que dicen
las estrellas de tu cielo;
que sus puntos de diamante
me lo vienen escribiendo.

Ya, por páginas del aire   5
las letras caen.
Yo atiendo
ojos altos, muda boca
y callado pensamiento.

Y qué clara la escritura   10
dentro de la noche, dentro
del corazón anheloso
de recibir este fuego

---

4. **truenos** *thunderings*   1. Middlebury, Vermont, 1952. Los versos
5. **cabalgadura** *beast of burden*   son octosílabos, sin rima.
6. **al ocaso** *at sunset*

que baja de tus abismos,
va iluminando mi sueño   15
y mata la carne y deja
al alma en su puro hueso.

Lo que dicen tus estrellas
me tiene, Señor, despierto
a más altas claridades,   20
a más disparados² vuelos,

a un no sé de cauteloso,
y un sí sé de goce trémulo,
(alas de una mariposa
agitadas por el suelo.)   25

Y en el suelo desangrándose
se pierde la voz del cielo
hasta que se llega al alma
por la puerta del deseo.

Paloma de las estrellas,   30
ala en aire, flecha, hierro
en el blanco de la fragua³
de tu amor.
                En el desvelo⁴
de tantas luces agudas   35
todo va lejos, huyendo;
todo, menos Tú, Señor;
que ya sé cómo me hablas
por las estrellas del cielo.

2. **disparados** *driven*   4. **desvelo** *watchfulness*
3. **fragua** *forge*

Octavio Paz (1914–   )

Como las poesías en las cuales el poeta se mira al espejo, la imagen verdadera de Paz es doble. A la vez que ha llegado a ser uno de los escritores más importantes no sólo de México sino también de toda Hispanoamérica, ha desempeñado con notabilísimo éxito una carrera diplomática como embajador de su país en la India y ante la UNESCO en París. Su poesía comenzó a llamarles la atención a los críticos entre 1937 *(Raíz del hombre y Bajo tu clara sombra)* y 1942 *(A la orilla del mundo)*. Como uno de los fundadores y el redactor más activo de la revista *Taller,* Paz pudo influir en los jóvenes de la nueva generación literaria.

La obra poética de Paz se agrupa en los títulos siguientes: *Luna silvestre* (1933), *Poemas: 1935–1975* (1979) y *Arbol adentro: 1976–1987* (1987).

En prosa poética ha escrito *¿Aguila o sol?* (1951) y *El mono gramático* (1974)

Entre sus numerosísimos ensayos citaremos *El laberinto de la soledad* (1950), *El arco y la lira: el poema, la revelación poética, poesía e historia* (1956), *Claude Lévi-Strauss o el festín de Esopo* (1967), en el que hace el análisis y crítica del estructuralismo, *Las cosas en su sitio: Sobre la literatura española del siglo XX.* (1971), *Hijos del aire/Airborn* (1979), *México en la obra de Octavio Paz* (1987) y *Primeras páginas* (1990). Sus traducciones y colaboraciones son innumerables.

Sin embargo, el mérito de Paz descansa principalmente sobre sus dotes poéticas y su expresión del trance del hombre actual. No sería exagerado aseverar que en la unión de la

El escritor mexicano Octavio Paz (b. 1914) recibe el Premio Nobel de
Literatura 1990 de manos del rey Carlos Gustavo de Suecia, durante la
ceremonia realizada en el Concert Hall de Estocolmo
AP/WIDE WORLD PHOTOS

angustia de la vida con el respeto por la poesía como posibilidad de salvación, Paz es único en su generación. En 1990 se le
otorgó el Premio Nobel de Literatura.

EL SEDIENTO[1]

Por buscarme, Poesía,
en ti me busqué:
deshecha[2] estrella de agua,

se anegó mi ser.
Por buscarte, Poesía,   5
en mí naufragué.[3]

Después sólo te buscaba
por huir de mí:

---

1. Los versos son de 8 o de 6 sílabas.   3. **naufragué** *I sank, became immersed*
2. **deshecha** *destroyed, dissolved*

Julio Zachrisson (n. 1935, Panamá). Vigilia por una reina, 1964. Grabado.
Colección de los Sres. Víctor Orsinger, Washington, D.C.
COURTESY OF PAN AMERICAN UNION

¡espesura de reflejos
en que me perdí!   10
Mas luego de tanta vuelta
otra vez me vi:

el mismo rostro anegado[4]
en la misma desnudez;
las mismas aguas de espejo   15
en las que no he de beber;
y en el borde del espejo
el mismo muerto de sed.

LA RÓCA

Soñando vivía
y era mi vivir
caminar caminos
y siempre partir.

Desperté del sueño   5
y era mi vivir

---

4. **anegado** *submerged, drowned, damp*

un estar atado
y un querer huir.
A la roca atado
me volví a dormir.   10
El sueño es la cuerda,
la roca el morir.
Dios abrirá los ojos
y al reino de su nada volveremos.

ELEGÍA INTERRUMPIDA[1]

Hoy recuerdo a los muertos de mi casa.
Al primer muerto nunca lo olvidamos,
aunque muera de rayo, tan aprisa
que no alcance la cama ni los óleos.[2]
Oigo el bastón que duda[3] en un peldaño,[4]   5
el cuerpo que se afianza en un suspiro,
la puerta que se abre, el muerto que entra.
De una puerta a morir hay poco espacio
y apenas queda tiempo de sentarse,
alzar la cara, ver la hora   10
y enterarse: las ocho y cuarto.
Y oigo el reloj que da la hora,
terco reloj que marca siempre el paso,
y nunca avanza y nunca retrocede.

Hoy recuerdo a los muertos de mi casa.   15
La que murió noche tras noche
y era una larga despedida,
un tren que nunca parte, su agonía.
Codicia[5] de la boca
al hilo de un suspiro suspendida,   20
ojos que no se cierran y hacen señas
y vagan de la lámpara a mis ojos,

1. Los versos son de varia extensión,   3. **duda** *hesitates*
siendo la mayor parte de ellos de 11 síla-   4. **peldaño** *step*
bas.   5. **codicia** *greediness*
2. **óleos** *extreme unction*

fija mirada que se abraza a otra,
ajena, que se asfixia en el abrazo
y al fin se escapa y ve desde la orilla   25
cómo se hunde y pierde cuerpo el alma
y no encuentra unos ojos a que asirse...[6]
¿Y me invitó a morir esa mirada?
Quizá morir con otro no es morirse.
Quizá morimos sólo porque nadie   30
quiere morirse con nosotros, nadie
quiere mirarnos a los ojos.

Hoy recuerdo a los muertos de mi casa.
Al que se fue por unas horas
y nadie sabe dónde se ha perdido   35
ni a qué silencio entró.
De sobremesa,[7] cada noche,
la pausa sin color que da al vacío
o la frase sin fin que cuelga a medias
del hilo de la araña del silencio   40
abren un corredor para el que vuelve:
suenan sus pasos, sube, se detiene...
Y alguien entre nosotros se levanta
y cierra bien la puerta.
Pero él, allá del otro lado, insiste.   45
Acecha[8] en cada hueco, en los repliegues,[9]
vaga entre los bostezos, las afueras.
No se ha muerto del todo, se ha perdido.
Y aunque cerremos puertas, él insiste.
Hoy recuerdo a los muertos de mi casa.   50
Rostros perdidos en mi frente, rostros
sin ojos, ojos fijos, vaciados,
¿busco en ellos acaso mi secreto,
el dios de sangre que mi sangre mueve,
el dios de hielo, el dios que me devora?   55
Su silencio es espejo de mi vida,
en mi vida su muerte se prolonga:
soy el error final de sus errores.

6. **asirse** *hold on to*   8. **acecha** *he is watching*
7. **de sobremesa** *after dinner*   9. **repliegues** *folds*

Hoy recuerdo a los muertos de mi casa.
El círculo falaz[10] del pensamiento   60
que desemboca siempre donde empieza,
la saliva que es polvo, que es ceniza,
los labios mentirosos, la mentira,
el mal sabor del mundo, el impasible,
abstracto abismo del espejo a solas,   65
todo lo que al morir quedó en espera,
todo lo que no fue—y lo que fue
y ya no será más, en mí se alza,
pide vivir, comer el pan, la fruta,
beber el agua que le fue negada.   70
Pero no hay agua ya, todo está seco,
no sabe[11] el pan, la fruta amarga,
amor domesticado, masticado,
en jaulas de barrotes[12] invisibles
mono onanista y perra amaestrada,[13]   75
lo que devoras te devora,
tu víctima también es tu verdugo.
Montón de días muertos, arrugados
periódicos, y noches descorchadas[14]
y amaneceres, corbata, nudo corredizo:[15]   80
"Saluda al sol, araña, no seas rencorosa..."
Es un desierto circular el mundo,
el cielo está cerrado y el infierno vacío.

Preguntas

CÉSAR VALLEJO

1. ¿En qué país nació César Vallejo?
2. ¿Cuál es el título de su primer libro importante?
3. ¿Es optimista o pesimista César Vallejo?
4. ¿Qué impresión le hace a Vd. el poema "Los heraldos negros"?

10. **falaz**   *deceitful*
11. **no sabe**   *has no flavor*
12. **barrotes**   *short, thick iron bars*
13. **mono onanista y perra amaes-**
trada   *an onanist monkey and a train-*
ed dog
14. **descorchadas**   *uncorked*
15. **nudo corredizo**   *a slipknot*

EUGENIO FLORIT

1. ¿Dónde nació Eugenio Florit?
2. ¿Dónde vivió hasta 1940?
3. ¿Qué tono tienen las poesías de Florit?
4. Según Juan Ramón Jiménez, ¿qué dos líneas de la poesía española funde Florit?

OCTAVIO PAZ

1. ¿Cuándo nació Octavio Paz? ¿En qué país?
2. ¿Con qué tomo empezó a publicar sus poesías?
3. ¿Qué profesión ha ejercido?
4. ¿Le parecen a Vd. tristes o alegres sus poesías?

Temas

1. El pesimismo de César Vallejo.
2. Las metáforas empleadas por Eugenio Florit.
3. Lo que le dicen a Florit las estrellas del cielo.
4. El simbolismo de Octavio Paz.
5. Alguna semejanza entre estos tres poetas.

Novela de Protesta
Miguel Ángel Asturias (1899–1974)

Ganador del Premio Nobel de literatura en 1967, Miguel Angel Asturias fue oriundo[1] de Guatemala. En 1930 publicó su primera obra, *Leyendas de Guatemala,* pero pasarán 16 años para que produzca su segunda obra, *El señor presidente* (1946), que le consagrará como uno de los más importantes escritores hispanoamericanos del siglo XX. Seguirán a *El señor presidente, Hombres de maíz* (1949), *Viento Fuerte* (1950), *El Papa Verde* (1954), una serie de relatos titulada *Week-end en Guatemala* (1956), en los que denuncia duramente la intervención norteamericana en su país, *Los ojos de los enterrados* (1960), *El alhajadito* (1961), *Mulata de tal* (1963), *El espejo de Lida Sal* (1967), *Maladrón* (1969), *Viernes de dolores* (1972) y *Tres de cuatro soles* (1977). Haciendo uso de nuevas técnicas narrativas introducidas por el surrealismo francés y por otras nuevas tendencias, hunde Asturias sus raíces en las tradiciones culturales y mitológicas de Guatemala para presentar el trágico destino de su patria, gobernada por tiranos sanguinarios y corrompidos, cómplices de la explotación económica a que es sometido el país. Por sus temas y por su actitud comprometida, se sitúa Asturias junto a los novelistas de la protesta social y de la tierra, por su temperamento poético y preocupación linguística, se sitúa junto a Borges, Carpentier y Marechal.

Algunos críticos consideran que la obra del escritor guatemalteco puede dividirse en dos etapas, la primera que comienza en 1946 con *El señor presidente* y termina en 1956 con *Week-end en Guatemala* y la segunda que comienza en 1960

---

1. **oriundo** *native*

Miguel Ángel Asturias (1899–1974)

con la publicación de *Los ojos de los enterrados* y termina en 1977 con *Tres de cuatro soles.*

Además de novelas, escribió Asturias poesía: *Poesía: Sien de Alondra* (1949), *Ejercicios poéticos en forma de sonetos sobre temas de Horacio* (1951), *Obras escogidas* —tres volúmenes— (1955), *Clarivigilia* (1965), y *Sonetos de Italia* (1965); escribió también teatro: *Teatro* (1965), que incluye las obras *Chantaje, Dique seco, Soluna,* y *La audiencia de los confines;* y los ensayos *América, fábula de fábulas y otros ensayos, Sociología guatemalteca: El problema del indio* (1977).

En *El señor presidente,* Asturias ofrece al lector una visión verdaderamente esperpéntica[2] de los seres que forman los distintos niveles sociales en un país sometido a una cruel tiranía. El personaje principal de la obra será el miedo que el pueblo siente por "el señor presidente," miedo que hace que todos acepten pasivamente los inhumanos castigos que éste aplica a los que no estén incondicionalmente sometidos a él. Pero posiblemente el aspecto más importante de *El señor presidente*

2. **esperpéntica**   *horrible, hideous*

sea el uso por el autor de muchas de las entonces novísimas técnicas literarias, tales como el monólogo interior,[3] la mezcla del sueño y la realidad, el uso de lo sobrenatural, las descripciones expresionistas[4] y sobre todo, un lenguage poético y figurado[5] extraordinario.

De EL SEÑOR PRESIDENTE

¡ESE ANIMAL!

El secretario del Presidente oía al doctor Barreño.

—Yo le diré, señor secretario, que tengo diez años de ir diariamente a un cuartel como cirujano militar. Yo le diré que he sido víctima de un atropello incalificable, que he sido arrestado, arresto que se debió a..., yo le diré, lo siguiente: en el Hospital Militar se   5
presentó una enfermedad extraña; día a día morían diez y doce individuos por la mañana, diez y doce individuos por la tarde, diez y doce individuos por la noche. Yo le diré que el Jefe de Sanidad Militar me comisionó para que en compañía de otros colegas pasáramos a estudiar el caso e informáramos a qué se debía la muerte de   10
individuos que la víspera entraban al hospital buenos o casi buenos. Yo le diré que después de cinco autopsias logré establecer que esos infelices morían de una perforación en el estómago del tamaño de un real, producida por un agente extraño que yo desconocía y que resultó ser el sulfato de soda que les daban de purgante, sulfato de   15
soda comprado en las fábricas de agua gaseosa y de mala calidad, por consiguiente. Yo le diré que mis colegas médicos no opinaron como yo y que, sin duda por eso, no fueron arrestados; para ellos se trataba de una enfermedad nueva que había que estudiar. Yo le diré que han muerto ciento cuarenta soldados y que aún quedan dos   20
barriles de sulfato. Yo le diré que por robarse algunos pesos, el Jefe de Sanidad Militar sacrificó ciento cuarenta hombres, y los que seguirán... Yo le diré...

---

3. **monólogo interior** *stream-of-con-*   4. **expresionista** *expressionist*
sciousness   5. **figurado** *symbolic*

—¡Doctor Luis Barreño! —gritó a la puerta de la secretaría, un
ayudante presidencial.   25
—... yo le diré, señor secretario, lo que él me diga.
El secretario acompañó al doctor Barreño unos pasos. A fuer de
humanitaria[1] interesaba la jerigonza de su crónica escalonada,
monótona, gris, de acuerdo con su cabeza canosa y su cara de bistec
seco de hombre de ciencia.   30
El Presidente de la República le recibió en pie, la cabeza levan-
tada, un brazo suelto naturalmente y el otro a la espalda, y, sin darle
tiempo a que lo saludara, le cantó:
—Yo le diré, donde Luis, ¡y eso si!,[2] que no estoy dispuesto a que
por chismes de mediquetes se menoscabe el crédito de mi gobierno   35
en lo más mínimo. ¡Deberían saberlo mis enemigos para no descui-
darse, porque a la primera, les boto la cabeza! ¡Retírese! ¡Salga!..., y
¡llame a ese animal!
De espaldas a la puerta,[3] el sombrero en la mano y una arruga
trágica en la frente, pálido como el día en que lo han de enterrar,   40
salió el doctor Barreño.
—¡Perdido, señor secretario, estoy perdido!... Todo lo que oí fue:
"¡Retírese, salga, llame a ese animal!..."
—¡Yo soy ese animal!
De una mesa esquinada se levantó un escribiente, dijo así, y pasó   45
a la sala presidencial por la puerta que acababa de cerrar el doctor
Barreño.
—¡Creía que me pegaba!... ¡Viera visto...,[4] viera visto!...—hil-
vanó el médico enjugándose el sudor que le corría por la cara.—
¡Viera visto! Pero le estoy quitando su tiempo, señor secretario, y   50
usted está muy ocupado. Me voy, ¿oye? Y muchas gracias...
—Adiós, doctorcito. De nada. Que le vaya bien.
El secretario concluía el despacho que el Señor Presidente fir-
maría dentro de unos momentos. La ciudad apuraba la naranjada del
crepúsculo vestida de lindos celajes de tarlatana con estrellas en la   55
cabeza como ángel de loa. De los campanarios luminosos caía en las
calles el salvavidas del Ave María.[5]

---

1. **A fuer de humanitaria** = A fuerza
de humanitaria
2. **¡y eso sí!** *and this is a fact!*
3. **De espaldas a la puerta** *With his
back to the door*

4. **¡Viera visto!** *You should have seen
him!*
5. **caía en la calle el salvavidas del
Ave María** *a call to pray to the Virgin
Mary*

Barreño entró en su casa que pedazos se hacía. ¡Quién quita una puñalada trapera! Cerró la puerta mirando a los tejados, por donde una mano criminal podía bajar a estrangularlo, y se refugió en su 60 cuarto detrás de un ropero.

Los levitones pendían solemnes, como ahorcados que se conservan en naftalina, y bajo su signo de muerte recordó Barreño el asesinato de su padre, acaecido de noche en un camino, solo, hace muchos años. Su familia tuvo que conformarse con una investiga- 65 ción judicial sin resultado; la farsa coronaba la infamia, y una carta anónima que decía más o menos: "Veníamos con mi cuñado por el camino que va de *Vuelta Grande* a *La Canoa* a eso de las once de la noche, cuando a lo lejos[6] sonó una detonación; otra, otra, otra ..., pudimos contar hasta cinco. Nos refugiamos en un bosquecito 70 cercano. Oímos que a nuestro encuentro venían caballerías a galope tendido.[7] Jinetes y caballos pasaron casi rozándonos, y continuamos la marcha al cabo de un rato, cuando todo quedó en silencio. Pero nuestras bestias no tardaron en armarse. Mientras reculaban resoplando, nos apeamos pistola en mano a ver qué había de por medio[8] 75 y encontramos tendido el cadáver de un hombre boca abajo[9] y a unos pasos una mula herida que mi cuñado despenó. Sin vacilar regresamos a dar parte a *Vuelta Grande*. En la Comandancia encontramos al coronel José Parrales Sonriente, *el hombre de la mulita,* acompañado de un grupo de amigos, sentados alrededor de una 80 mesa llena de copas. Le llamamos aparte y en voz baja le contamos lo que habíamos visto. Primero lo de los tiros, luego... En oyéndonos se encogió de hombros, torció los ojos hacia la llama de la candela manchada y repuso pausadamente: "—¡Váyanse derechito a su casa, yo sé lo que les digo, y no vuelvan a hablar de esto!..." 85

—¡Luis!... ¡Luis!...

Del ropero se descolgó un levitón como ave de rapiña.

—¡Luis!

Barreño saltó y se puso a hojear un libro a dos pasos de su biblioteca. ¡El susto que se habría llevado su mujer si lo encuentra en 90 el ropero!...

—¡Ya ni gracia tienes![10] ¡Te vas a matar estudiando o te vas a

6. **a lo lejos**   *in the distance*
7. **a galope tendido**   *at full gallop*
8. **a ver que había de por medio** *to know what was going on*

9. **boca abajo**   *face down*
10. **¡Ya ni gracia tienes!**   *You are not funny anymore!*

volver loco! ¡Acuérdate que siempre te lo digo! No quieres entender
que para ser algo en esta vida se necesita más labia que saber. ¿Qué
ganas con estudiar? ¿Qué ganas con estudiar? ¡Nada! ¡Dijera yo un par   95
de calcetines, pero qué...! ¡No faltaba más! ¡No faltaba más!...
La luz y la voz de su esposa le devolvieron la tranquilidad.
—¡No faltaba más! Estudiar..., estudiar... ¿Para qué?... Para que
después de muerto te digan que eras sabio, como se lo dicen a todo
el mundo... ¡Bah!... Que estudien los empíricos; tú no tienes necesi-   100
dad, que para eso sirve el título, para saber sin estudiar... ¡Y... no me
hagas caras![11] En lugar de biblioteca deberías tener clientela. Si por
cada librote inútil de ésos tuvieras un enfermo, estaríamos mejor de
salud nosotros aquí en la casa. Yo, por mí, quisiera ver tu clínica
llena, oír sonar el teléfono a todas horas, verte en consultas... En fin,   105
que llegaras a ser algo...
—Tú le llamas ser algo a...
—Pues entonces... algo efectivo... y para eso no me digas que se
necesita botar las pestañas sobre los libros, como tú lo haces. Ya
quisieran saber los otros médicos la mitad de lo que tú sabes. Basta   110
con hacerse buenas cuñas y de nombre.[12] El médico del Señor
Presidente por aquí... El médico del Señor Presidente por allá... Y
eso sí, ya ves; eso sí ya es ser algo...
—Puesss... —y Barreño detuvo el pues entre los labios salvando
una pequeña fuga de memoria—. . . esss, hija, pierde las esperan-   115
zas; te caerías de espaldas si te contara que vengo de ver al Presidente. Sí, de ver al Presidente.
—¡Ah, caramba!,[13] ¿y qué te dijo, cómo te recibió?
—Mal. Botar la cabeza fue todo lo que le oí decir. Tuve miedo y
lo peor es que no encontraba la puerta para salir.   120
—¿Un regaño? ¡Bueno, no es al primero ni al último que regaña;
a otros les pega! —Y tras una prolongada pausa, agregó—: A ti lo
que siempre te ha perdido es el miedo...
—Pero, mujer, dame uno que sea valiente con una fiera.
—No, hombre, si no me refiero a eso; hablo de la cirugía, ya que   125
no puedes llegar a ser médico del Presidente. Para eso lo que urge
es que pierdas el miedo. Pero para ser cirujano lo que se necesita es
valor. Créemelo. Valor y decisión para meter el cuchillo. Una costu-

---

11. **¡Y... no me hagas caras!** *And*   *powerful friends*
... don't make faces at me!   13. **¡Ah, caramba!** *Oh, yes!*
12. **hacerse... de nombre** *to have*

rera que no echa a perder tela[14] no llegará a cortar bien un vestido
nunca. Y un vestido, bueno, un vestido vale algo. Los médicos, en   130
cambio, pueden ensayar en el hospital con los indios. Y lo del
Presidente, no hagas caso.[15] ¡Vén a comer! El hombre debe estar para
que lo chamarreen con ese asesinato horrible del Portal del Señor.
      —¡Mira, calla!, no suceda aquí lo que no ha sucedido nunca; que
yo te dé una bofetada. ¡No es un asesinato ni nada de horrible tiene   135
el que hayan acabado con ese verdugo odioso, el que le quitó la vida
a mi padre, en un camino solo, a un anciano solo...!
      —¡Según un anónimo! Pero, no pareces hombre; ¿quién se lleva
de anónimos?
      —Si yo me llevara de anónimos...[16]   140
      —No pareces hombre...
      —Pero ¡déjame hablar! Si yo me llevara de anónimos no estarías
aquí en mi casa —Barreño se registraba los bolsillos con la mano
febril y el gesto en suspenso—; no estarías aquí en mi casa. Toma:
lee...   145
      Pálida, sin más rojo que el químico bermellón[17] de los labios,
tomó ella el papel que le tendía su marido y en un segundo le pasó
los ojos:
      *"Doctor: aganos el fabor de consolar a su mujer, ahora que 'el
hombre de la mulita' pasó a mejor bida. Consejo de unos amigos*   150
y amigas que le quieren."
      Con una carcajada dolorosa, astillas de risa que llenaban las
probetas y retortas del pequeño laboratorio de Barreño, como un
veneno a estudiar, ella devolvió el papel a su marido. Una sirvienta
acababa de decir a la puerta: 155
      —¡Ya está servida la comida!

      En Palacio, el Presidente firmaba el despacho asistido por el
viejecito que entró al salir el doctor Barreño y oír que llamaban a
ese animal.
      Ese animal era un hombre pobremente vestido, con la piel rosada   160
como ratón tierno, el cabello de oro de mala calidad, y los ojos
azules y turbios perdidos en anteojos color de yema de huevo.[18]

---

14. **que no echa a perder la tela**
who doesn't waste cloth
15. **no hagas caso** *don't you pay attention*

16. **Si yo me llevara de anónimos...**
If I would pay attention to anonymous
17. **bermellón** *vermilion*
18. **yema de huevo** *yolk of an egg*

El Presidente puso la última firma y el viejecito, por secar de prisa, derramó el tintero sobre el pliego firmado.

—¡ANIMAL! 165

—¡Se... ñor!

—¡ANIMAL!

Un timbrazo..., otro..., otro... Pasos y un ayudante en la puerta.

—¡General, que le den doscientos palos a éste, ya ya! —rugió el Presidente; y pasó en seguida a la Casa Presidencial. La comida 170 estaba puesta.

A *ese animal* se le llenaron los ojos de lágrimas. No habló porque no pudo y porque sabía que era inútil implorar perdón: el Señor Presidente estaba como endemoniado[19] con el asesinato de Parrales Sonriente. A sus ojos nublados asomaron a implorar por él su mujer 175 y sus hijos: una vieja trabajada y una media docena de chicuelos flacos. Con la mano hecha un garabato[20] se buscaba la bolsa de la chaqueta para sacar el pañuelo y llorar amargamente —¡y no poder gritar para aliviarse!—, pensando, no como el resto de los mortales, que aquel castigo era inicuo;[21] por el contrario, que bueno estaba 180 que le pegaran para enseñarle a no ser torpe —¡y no poder gritar para aliviarse!—, para enseñarle a hacer bien las cosas, y no derramar la tinta sobre las notas—¡y no poder gritar para aliviarse!...

Entre los labios cerrados le salían los dientes en forma de peineta, contribuyendo con sus carrillos fláccidos y su angustia a darle as- 185 pecto de condenado a muerte. El sudor de la espalda le pegaba la camisa, acongojándole de un modo extraño.

¡Nunca había sudado tanto!... ¡Y no poder gritar para aliviarse! Y la basca[22] del miedo le, le, le hacía tiritar...

El ayudante le sacó del brazo como dundo, embutido en una 190 torpeza macabra: los ojos fijos, los oídos con una terrible sensación de vacío, la piel pesada, pesadísima, doblándose por los riñones, flojo, cada vez más flojo...

Minutos después, en el comedor:

—¿Da su permiso, Señor Presidente? 195

—Pase, general.

—Señor, vengo a darle parte de *ese animal* que no aguantó los doscientos palos.

---

19. **endemoniado** *diabolic*
20. **garabato** *claw hand*
21. **que... inicuo** *that the punishment* *was iniquitous*
22. **basca** *nausea*

La sirvienta que sostenía el plato del que tomaba el Presidente, en ese momento, una papa frita,[23] se puso a temblar...   200
—Y usted, ¿por qué tiembla? —la increpó el amo. Y volviéndose al general que, cuadrado, con el quepis en la mano, esperaba sin pestañear—: ¡Está bien, retírese!
Sin dejar el plato, la sirvienta corrió a alcanzar al ayudante y le preguntó por qué no había aguantado los doscientos palos.   205
—¿Cómo por qué? ¡Porque se murió!
Y siempre con el plato, volvió al comedor.
—¡Señor —dijo casi llorando al Presidente, que comía tranquilo—, dice que no aguantó porque se murió!
—¿Y qué? ¡Traiga lo que sigue!   210

Preguntas

1. ¿Qué premio literario ganó Miguel Asturias en 1967?
2. ¿En que año publicó y cuál fue el título de la primera obra de Asturias?
3. ¿Cuántos años pasaron entre la publicación de la primera novela de Asturias y de la segunda?
4. ¿Qué hace Asturias para presentar el trágico destino de su patria?
5. ¿Cómo eran los gobiernos de Guatemala en la época de Asturias?
6. ¿Junto a que novelistas está Asturias por sus temas y actitud comprometida?
7. ¿En cuántas etapas dividen algunos críticos la obra general de Asturias?
8. ¿Qué visión ofrece Asturias al lector en *El señor presidente?*
9. ¿Qué puede considerarse como el personaje principal en *El señor presidente?*
10. De unos ejemplos de las nuevas técnicas narrativas que usa el autor en *El señor presidente.*
11. En las páginas leídas, ¿quién habla con el secretario del presidente?
12. ¿Cómo trató el señor presidente al Dr. Barreño?
13. ¿Cómo salió el Dr. Barreño de su entrevista con el presidente?
14. ¿Quién era "ese animal"?
15. ¿Qué había pasado hacía algunos años al padre del Dr. Barreño?
16. ¿Qué piensa del estudiar la mujer del Dr. Barreño?
17. Según la mujer del Dr. Barreño, ¿con quién pueden practicar los médicos en el hospital?
18. ¿Qué le decían al Dr. Barreño en el anónimo que le entregó a su esposa?

23. **papa frita** *french fries*

Temas

1. Explique como es el presidente de la república en la novela. Cree Ud. en la posibilidad de tener un presidente así en los Estados Unidos. ¿Por qué?
2. Diga que ordenó "el señor presidente" le hicieran a "ese animal," por qué lo ordenó y que pasó.
3. Diga que relaciones existen entre el Dr. Barreño y su esposa, y por que Ud. cree eso.

SIGLO XX: DESPUÉS DE 1960

El boom

El fenómeno conocido como el *boom* de la novela hispanoamericana es uno de los movimientos literarios más importantes ocurrido en este siglo.[1] Pero lo difícil es precisar lo que es el *boom,* pues según Emir Rodríguez Monegal, escritor y crítico que ha estudiado muy extensamente el asunto, se puede interpretar el mismo como fenómeno publicitario, de raíz industrial, o como fenómeno literario que precede y acompaña al anterior.[2]

Establecido que por el *boom* se entiende el florecimiento o explosión de la narrativa hispanoamericana en los años sesenta,[3] que lleva a una rápida divulgación[4] internacional de un grupo de autores y novelas hispanoamericanas, pasemos a ver a quién o a qué se aplica ese nombre. Usando una metonimia,[5] apliquemos el nombre del *boom,* no al efecto o proliferación literaria, sino a la causa que produce ese efecto, o sea al grupo de autores que unidos bajo una ideología común, van a producir esa proliferación.

1. **ocurrido... siglo** *having ocurred in this century*
2. **que procede... anterior** *which procedes and accompanies the former*
3. **Estableciendo... los años sesenta** *Accepting the "boom" as the flowering or* explosion of Latin America Literature beginning in the early 60's
4. **divulgación** *popularization*
5. **metonimia** *a figure of speech where a name is used to suggest associated things or concepts.*

Muchos hubieron de pertenecer al *boom,* pero las figuras más destacadas del mismo fueron el cubano Alejo Carpentier, el mexicano Carlos Fuentes, el peruano Mario Vargas Llosa, el argentino Julio Cortázar y el colombiano Gabriel García Márquez. Prestan estos autores doble atención a las estructuras exteriores y al papel creador del lenguage, usan las más nuevas técnicas narrativas: discontinuidad cronológica, monólogo interior, el viaje, pluralidad de puntos de vista y de hablantes, visiones fantásticas, el tema del doble, el sueño.

La unidad de estos escritores se produce en 1962, fecha en que se celebra el Congreso de Intelectuales en la Universidad de Concepción (Chile), durante el cual los nuevos escritores del continente, entre ellos los antes citados, se adhieren en bloque a la revolución cubana.[6]

En 1959 había triunfado en Cuba la revolución contra Batista[7] y Fidel Castro[8] había ocupado el poder. Poco tiempo después el gobierno revolucionario cubano creó en la Habana la institución la Casa de las Américas, que rápidamente se convertiría en centro de la cultura revolucionaria hispanoamericana. A través de *Revista,* publicación bimestral patrocinada[9] por la Casa de las Américas, "se abrieron las puertas a las formas más experimentales de la nueva literatura." Pero sin lugar a duda la labor más importante de la Casa de las Américas fue la publicación de libros: reediciones de clásicos de la literatura hispanoamericana y ediciones de obras nuevas, que serían ofrecidas a muy bajos precios a los masas[10] de lectores del continente. Importantísima también, sería la publicación de recopilaciones,[11] ideológicamente orientadas, de estudios críticos sobre autores recientes.

El impacto producido en el continente por la creación de la Casa de las Américas y sobre todo, por la adhesión de los

---

6. **se adhieren... cubana** *joined as a group the Cuban Revolution*
7. **Fulgencio Batista** *(1901–1973) president of Cuba from (1933–1944 and 1952–1959).*

8. **Fidel Castro** (1926–) *communist dictator of Cuba since 1959.*
9. **patrocinada** *sponsored*
10. **a las masas** *masses*
11. **recopilaciones** *collections*

intelectuales del Congreso de la Universidad de Concepción a la revolución cubana fue enorme, y los beneficios que obtuvo Fidel Castro fueron incalculables, pues rápidamente los más eminentes intelectuales del momento, comenzaron a llevar en sus obras el mensaje revolucionario cubana hasta los más remotos rincones de la América Hispana.[12] A partir de entonces, la Casa de las Américas brindó a los escritores, tanto nuevos como establecidos, la oportunidad de publicar fácilmente sus obras a un costo mínimo o a ningún costo, pero siempre bajo condición de mantener, sin desviación alguna, la línea ideológica dictada por Fidel Castro. Aunque esto constituía una enorme limitación a la libertad creadora del escritor, fueron muchos los que, en un principio, aceptaron la situación con entusiasmo. Pero a medida que la idelogía impuesta por Castro a la Casa de las Américas y a *Revista,* y que a su vez estas instituciones imponían a sus colaboradores se hacía más rígida, y comprometida, comenzó el descontento a manifestarse entre éstos, hasta que a fines de 1970, en una reunión celebrada en Barcelona la Nochevieja de 1970,—diciembre 31, 1970— se produjeron graves diferencias entre los miembros del *boom* allí presentes. Pero el acontecimiento que habría de romper definitivamente la unidad del grupo fue la detención en la Habana del poeta cubano Heberto Padilla el 20 de marzo de 1971, hecho que puso de manifiesto[13] la falta de libertades bajo el régimen marxista de Castro. El caso ocurrió precisamente cuando se celebraba en la Casa de las Américas un congreso internacional de intelectuales y los asistentes al mismo protestaron del atropello[14] a Padilla, pidiendo su libertad. El propio Fidel Castro contestó públicamente la petición en un discurso en que despidió brutalmente a sus antiguos colaboradores, tanto latinoamericanos como internacionales, demostrando claramente que lo ocurrido no había sido un hecho aislado, sino un acto premeditado y autorizado, que ponia de mani-

12. **remotos... Hispana** *remote corners of Latin America*
13. **que... de manifiesto** *which made clear*
14. **atropello** *abuse*

fiesto, en forma inequívoca[15] la inflexibilidad de la línea ideológica adoptada por el gobierno cubano y por su máximo líder. A consecuencia de esto, muchos autores se alejaron de Castro y de su revolución, mientras que otros permanecieron fieles a él, llegándose a crear verdaderas enemistades entre los miembros del antes sólido movimiento. Rota la unidad del grupo, que ya empezaba a ser considerado como un club privado de escritores, el *boom* desapareció como entidad.

La novela actual

Los autores que componían el "boom" siguieron escribiendo y publicando, muchos de ellos derivando[16] hacia nuevas tendencias literarias. Nuevas promociones de autores han ido surgiendo y se han incorporado al panorama literario del continente, aportando nuevas técnicas e ideas, y haciendo que la producción narrativa actual hispanoamericana, manteniendo su alta calidad y espíritu innovativo, continúe situada entre las de más alto nivel en el mundo literario. Poseen estos autores una conciencia vital de que la textura más íntima de la narración no está ni en el tema, ni en la construcción exterior, ni en los mitos. Está en el lenguage; para ellos el medio es el lenguage. La novela como creación verbal paralela a la realidad, el lenguage como la realidad única y final de la novela.

Actualmente las obras de los escritores hispanoamericanos son traducidas a muchos idiomas; en España se organizan concursos literarios en los que son invitados a participar los escritores de Hispanoamérica: el Premio Biblioteca Breve de la editorial Seix-Barral, se otorgó entre los años 1962 a 1971 ocho veces a escritores de América; en 1966 el Instituto Nacional de Cultura y Bellas Artes de Venezuela estableció el que llegaría a ser prestigioso premio *Rómulo Gallegos,* y entre los años de 1960 a 1991, ganan el Premio Nobel, Miguel Angel Asturias en 1967, Pablo Neruda en 1971, Gabriel García Márquez en 1982

---

15. **inequívoca** *unmistakable*
16. **muchos... derivando** *many of them turning*

y Octavio Paz en 1990. También el cine internacional lleva a la pantalla obras de escritores hispanoamericanos, una de ellas, *El beso de la mujer araña,* de Manuel Puig, filmada en los Estados Unidos en 1987 con el título *The kiss of the spider woman,* fue seleccionada como una de las mejores películas de ese año, y permitió a William Hurt, ganar el Premio Oscar como el mejor actor.

Alejo Carpentier (1904–1980)

El cubano Alejo Carpentier, es verdadero exponente del "realismo mágico," tendencia literaria en la que se mezclan elementos del surrealismo francés con antiguas creencias y leyendas de los pueblos hispanoamericanos. Comienza su labor literaria en 1931, con la publicación de la novela afrocubana titulada *¡Ecue-Yamba-O!,* a la que seguirán otras novelas, entre las cuales citaremos *Los pasos perdidos* (1953), *El acoso* (1956), *El siglo de las luces* (1962), y *El arpa y la sombra* (1979).

Sus numerosos ensayos fueron publicados en la obra *Alejo Carpentier: Ensayos* (1982), y también escribió poesía y música.

De sus novelas, posiblemente las más conocidas sean, *Los pasos perdidos,* y *El siglo de las luces.* En *Los pasos perdidos,* el viaje de un musicólogo a un pueblo perdido en la selva ecuatorial, se convierte de un viaje en el espacio, en un viaje en el tiempo, en un regreso a la América precolombina, donde el protagonista va encontrando sus raíces perdidas. Viéndose obligado a volver a la civilización, cuando intenta regresar de nuevo al pueblo perdido, al pasado, no puede hacerlo. *El siglo de las luces* es posiblemente la obra más notable de Carpentier. Publicada en francés en París con el título *Le siècle des lumieres* (1962), fue publicada unos meses más tarde en México en español. En la obra, que según el mismo autor fue escrita entre 1956 y 1958, se estudia ampliamente el proceso revolucionario y las transformaciones que dicho proceso puede producir en los individuos que participan en el mismo. Con este propósito, el autor sitúa la trama de la novela en el momento en que está

Alejo Carpentier (1904–1980)

desarrollándose la revolución francesa[1] y en los años inmediatamente posteriores a la misma. El escenario lo constituyen las islas del Caribe, especialmente Cuba y Guadalupe, aunque por corto tiempo la trama se traslade a Francia. Los cambios radicales que se producen en Francia repercutirán en el mundo entero, llegando a transformar la vida de los tres protagonistas centrales de la obra: la joven Sofía y su primo Esteban, miembros de una familia rica de comerciantes españoles radicada en Cuba, y el misterioso personaje Víctor Hugues, revolucionario francés. En esta obra surge de nuevo el acercamiento de Carpentier al hecho revolucionario histórico, como ya había hecho anteriormente en *El acoso,* obra en la que trata el caso de un estudiante universitario que fue ejecutado

---

1. **en el momento... francesa** *in the moment the French Revolution is taking place* (1789–1792)

por haber traicionado a sus compañeros durante la lucha revolucionaria contra la dictadura del presidente cubano Machado en 1933.

En *El siglo de las luces,* los jóvenes cubanos abrazan el ideal revolucionario que les es llevado por Hugues, pero poco a poco las actitudes se van bifurcando, quedando de un lado Sofía y Esteban, que permanecerán como revolucionarios idealistas e incorruptibles hasta el final y de otro lado Víctor Hugues, que habiendo comenzado lleno de ideales puros,— su mentor fue el incorruptible Robespierre,— se va transformando en un déspota sanguinario, que usando la revolución como instrumento en su propio beneficio, envía a la guillotina a todos los que se le oponen, utilizando los mismos medios que antes tan ardientemente había combatido.

Veamos como termina la obra:

Pero es indudable que su acción hipostática—firme, sincera, heroica, en su primera fase, desalentada, contradictoria, lograda y hasta cínica en la segunda—nos ofrece la imagen de un personaje extraordinario que establece en su propio comportamiento, una dramática dicotomía. De ahí que el autor haya creído interesante[2] revelar la existencia de ese ignorado personaje histórico en una novela que abarcara, a la vez, todo el ámbito del Caribe.

De EL SIGLO DE LAS LUCES

¿QUÉ ALBOROTO ES ÉSTE?

GOYA

Cuando fondeó la nave en el puerto de Santiago, Víctor, acodado en la proa, hizo un gesto de asombro. Ahí estaban la *Salamandre,* la *Vénus,* la *Vestale,* la *Méduse,* embarcaciones de tráfico normal entre Le Havre, Le Cap y Port-au-Prince, además de una multitud de

---

2. **De ahí... interesante**   *Because the author has thought it interesting*

unidades menores —urcas, goletas, balandras— que le eran   5
conocidas por pertenecer a negociantes de Leogane, Les Cayes y
Saint-Marc. «¿Todos los barcos de Saint-Domingue se han reunido
aquí?», preguntó a Ogé, que tampoco se explicaba las razones de
tan insólita migración. Echadas las anclas,[1] se fueron a tierra,
presurosamente, en busca de informes. Lo que supieron era treme-   10
bundo: tres semanas antes había estallado una *revolución de negros*
en la región del norte. El levantamiento se había generalizado, sin
que las autoridades llegaran a dominar la situación. La ciudad estaba
llena de colonos refugiados. Se hablaba de terribles matanzas de
blancos, de incendios y crueldades, de horrorosas violaciones. Los   15
esclavos se habían encarnizado con las hijas de familia,[2] sometién-
dolas a las peores sevicias. El país estaba entregado al exterminio, el
pillaje y la lubricidad.[3] El Capitán Dexter, que llevaba un pequeño
cargamento para Port-au-Prince, iba a aguardar unos días, en espera
de noticias más tranquilizadoras. Si proseguían los desórdenes, iría   20
a Puerto Rico y luego a Surinam, sin detenerse en Haití. Víctor, muy
preocupado por el destino de su comercio, no sabía qué hacer. Ogé,
en cambio, se mostraba sereno: aquel movimiento era pintado, sin
duda, con colores excesivos. Demasiado coincidía con otros acontecimientos de un alcance universal para ser una mera revuelta de   25
bárbaros incendiarios y violadores. También habían hablado algunos de turbas enloquecidas, ebrias de sangre, después de un
cierto 14 de julio que estaba en camino de transformar el mundo.[4]
Uno de los más destacados funcionarios de la colonia era su hermano Vincent, educado en Francia como él, miembro del Club de   30
Amigos de los Negros, de París, filántropo de altas luces, que habría
sabido contener a las gentes amotinadas si éstas no se hubiesen
lanzado a las calles y a los campos en reclamación de algo justo.
Como Vincent había muchos ahora, imbuidos de filosofía, sabe-
dores de lo que reclamaban los tiempos. Todo estaba en esperar un   35
poco, que ya los días traerían una aclaración de lo sucedido. Si
Dexter persistía en no hacer escala en Port-au-Prince,[5] pronto vol-

1. **Echadas las anclas** *The anchors dropped*
2. **Los esclavos... familia** *The slaves would have lusted after the daughters of families*
3. **El pais... lubricidad** *The country was handed over to extermination, pillage, and lewdness*
4. **después... mundo** *after a certain July 14 which was on the way to transforming the world.*
5. **persistía... no hacer escala** *refused to stop in Port-au-Prince*

verían allá las naves refugiadas en Santiago. A bordo de una de ellas, el viaje a la vecina isla sería un amable paseo... Pero, entre tanto, había que contar con el calor. Con el calor que pareció surgir de los 40 sollados, de las calas, de las escotillas, de las maderas mismas del *Arrow*,[6] cuando el buque, con las velas aferradas, quedó anclado en puerto—puerto que era el de Santiago nada menos, y en mes de septiembre para más. Un universal olor de brea tibia invadió los camarotes y pasillos, pero no lo suficientemente, sin embargo, para 45 librar la cubierta de ciertos vahos de peladuras de patatas, de grasas rancias, de aguas usadas en lavar platos, que empezaron a subir de las cocinas. Y lo peor era que no había modo de guarecerse en tierra. Nadie podía pensar en hallar un albergue en la ciudad, ya que los refugiados llenaban las fondas, posadas y hoteles, llegando a con- 50 tentarse con una mesa de billar a modo de cama o con cualquier butaca arrimada a un rincón, para pasar la noche. Las escalinatas de la catedral eran habitadas por gentes que defendían ferozmente el tramo de piedra fresca que les servía de cama. Ogé y Esteban dor- mían en la cubierta del *Arrow*, esperando el alba para irse a tierra, 55 en la primera chalupa, con la esperanza de encontrar algún frescor en las calles de casitas rosadas, azules, anaranjadas, con rejas de madera y puertas claveteadas, que evocaban los tempranos días de la colonización —cuando Hernán Cortés,[7] todavía modesto alcalde, sembraba las primeras vides traídas de España a las Antillas recién 60 descubiertas. Almorzaban en cualquier bodegón, con lo que pudiera encontrarse —que hasta los alimentos escaseaban— antes de bus- car el pintoresco amparo de los techos de hojas de palmera que unos franceses farsantes, ingeniosos en lo de aprovechar una situación convulsiva, habían alzado en las puertas de Santiago, a modo de un 65 parque de diversiones que se abría a la media tarde. Sorprendíase Esteban de que ni Sofía ni Víctor quisieran acompañarlo en sus divertidas correrías por la ciudad. Pero ambos preferían —a pesar del agobiante calor— permanecer a bordo del *Arrow*, que quedaba sin tripulantes durante estos días de forzada inmovilización, ya que 70 los marinos iban a tierra en la primera oportunidad, regresando después del atardecer o de noche, con grande alboroto de borrachos en las chalupas. Sofía explicaba que la temperatura la tenía en

6. **Con el calor...** *Arrow With the heat, which seemed to come from the lowest deck, the hold, the hatchways, from the very timbers*

7. **Hernán Cortés** (1485–1547), *con- queror of the Aztecs in México, was also interested in agriculture*

insomnio hasta el amanecer,[8] de tal modo que sólo venía a dormirse
vencida por el cansancio, cuando los demás despertaban. Víctor,   75
por su parte, se instalaba en el castillo de proa, frente a la ciudad,
desde la hora del alba, redactando una voluminosa correspondencia
relacionada con sus negocios. Y así transcurrieron varios días
—estando unos en tierra, otros a bordo; unos molestos por los
malos olores del barco; otros sin advertirlos— hasta que, una   80
mañana, Dexter anunció que un marino norteamericano, llegado la
víspera de Port-au-Prince, le había informado que allí reinaba un
franco estado de revolución. No podía esperar más: zarparía a media
tarde para proseguir el viaje, dejando de lado la isla de Saint-Domingue. Después de recoger sus cosas y de almorzar un jamón de   85
Westfalia rociado con cerveza tan caliente que la espuma no de-
spegaba de las copas, los viajeros se despidieron del capitán filántropo y de las gentes del *Arrow*. Sentados sobre sus valijas, en un
portal de los muelles, consideraron la situación. Ogé sabía de un mal
velero cubano que saldría mañana hacia Port-au-Prince, fletado por   90
comerciantes de aquí, en busca de refugiados. Lo razonable era que
Sofía permaneciera en Santiago, mientras los tres hombres embarca-
ran. Si la situación no era como la pintaban —y Ogé insistía en que
los acontecimientos respondían, por fuerza, a algo más complejo y
noble que un mero afán de pillaje—, Esteban regresaría por el   95
mismo barco para buscar a su prima. Ogé estaba muy confiado,
además, en la autoridad de su hermano Vincent, de quien estaba sin
noticias desde hacía meses, pero que ocupaba, según sabía, un alto
cargo en la administración de la colonia. En cuanto a Víctor, no
había dilema posible; tenía un negocio, una casa, bienes, en Port-au-   100
Prince. Sofía se enojó, pidiendo que la llevaran; aseguró que no sería
un estorbo; no necesitaba camarote; no tenía miedo. "No es cuestión
de miedo—dijo Esteban—. No podemos exponerte a que te pase
lo que pasó a centenares de mujeres allá." Víctor estaba de acuerdo.
Si la vida era posible en la isla, vendrían a buscarla. De lo contrario, 105
él dejaría a Ogé como apoderado suyo y regresaría a Santiago en
espera del fin de la tormenta. Con tantos refugiados franceses como
había en la ciudad, nadie iría a averiguar si el Víctor Hugues de acá
era el mismo que había sido denunciado en la Habana por masón.
Ahora, Santiago albergaba centenares de miembros de las logias de   110

---

8. **la temperatura... insomnio** *the temperature kept her sleepless*

Port-au-Prince, de Le Cap, de Leogane. Aceptando la determinación de los varones, la joven quedó sola con Víctor en medio del equipaje disperso, mientras Ogé y Esteban iban a resolver el difícil problema de hallarle un alojamiento decente. A bordo del *Arrow* —esbelto y magnífico, con sus arboladuras ligeramente inclinadas, sus finos obenques, sus tremolantes enseñas— se iniciaban las maniobras de la partida, con gran movimiento de marinos en la cubierta.

A la mañana siguiente era una vieja balandra cubana, de velas remendadas y ruinosa estampa, la que salía del puerto de Santiago, emprendiendo la navegación a lo largo de una costa cada vez más acrecida en alturas. Parecía que el velero no avanzara, de tanto tener que orzar el rumbo[9] para imponerse a las corrientes contrarias... Transcurrió un día interminable, y una noche de luna tan clara que Esteban, en el medio sueño de un mal descanso al pie del mástil, creyó veinte veces que amanecía. La balandra entró en las fauces del Golfo de la Gonave, no tardando en avistar las costas de una isla donde, según Ogé, había cascadas cuyas aguas tenían el poder de sumir a las mujeres en un estado de videncia órfica. Cada año iban en peregrinación hacia aquel brillante altar a la Diosa de la Fecundidad y de las Aguas, sumergiéndose en la espuma caída de altas rocas. Y dábanse algunas a retorcerse y gritar, poseídas por un espíritu que les dictaba vaticinios y profecías—profecías que solían cumplirse con pasmosa esactitud. "Sorprendente es que un médico crea en eso", dijo Víctor. "El doctor Mesmer[10]—replicó Ogé, sarcástico— ha realizado millares de curas milagrosas en vuestra culta Europa, magnetizando el agua de sus bateas y provocando en sus pacientes un estado de inspiración que desde siempre conocen los negros de acá. Sólo que él cobraba por hacerlo.[11] Los dioses de la Gonave trabajan gratuitamente. Esa es la diferencia..." Se siguió navegando entre costas difuminadas, hasta el anochecer. Víctor, que había pasado el día en estado de excesiva impaciencia, se durmió pesadamente —como urgido de recuperar el desgaste nervioso— después de una magra cena de arencones y bizcochos. Fue desper-

9. **el velero no... rumbo** *the shallop advanced very slowly, due to having to turn (change) course so much*
10. **El doctor Mesmer** *Franz or Friedrich Anton Mesmer (1734–1815), German scientist who developed hypnotism as a cure. The verb "mesmerize comes from his name.*
11. **Sólo... por hacerlo** *Only that he charged for doing it*

tado por Esteban, poco antes de la madrugada. La balandra llegaba frente a Port-au-Prince. El casco de la ciudad[12] estaba en llamas. Un incendio gigantesco enrojecía el cielo y arrojaba pavesas a los montes cercanos. Víctor exigió que echaran un bote al agua, sin esperar más, y poco después desembarcaba en el muelle de la pesca. Seguido de Esteban y de Ogé, cruzó las calles donde algunos negros cargaban relojes, cuadros, muebles, salvados de las llamas. Los tres llegaron a un solar yermo, donde algunas maderas calcinadas se erguían aún, humeantes, escamadas de cenizas, entre pequeñas hogueras. El negociante se detuvo, tembloroso, crispado, con el sudor cayéndole de la frente, de las sienes, de la nuca. "Les hago los honores de la casa[13] —dijo—. Allí estaba la panadería; aquí, el almacén; detrás, mi habitación". Recogió una tabla de roble medio quemada: "Era un buen mostrador". Su pie tropezó con un platillo de balanza, ennegrecido por el fuego. Levantándolo, lo miró largamente. De súbito lo arrojó al suelo con estrépito de gong, alzando un revuelo de hollines. "Perdón", dijo, reventando en sollozos. Ogé salió en busca de unos familiares que tenía en la ciudad.

El día fue naciendo bajo nubes bajas, cargadas de humo, como apretadas entre las montañas que cerraban el golfo. Víctor y Esteban, sentados sobre el horno de la panadería —única cosa identificable en medio de lo informe[14]— contemplaban una ciudad que recobraba sus ritmos de ciudad dentro del aniquilamiento de la ciudad misma. Acudían campesinos llevando frutas, quesos, coles, mazos de caña, para disponerlos en un mercado que había dejado de ser mercado. Por costumbre adquirida se situaban en el lugar de sus puestos inexistentes, armando comercios al aire libre que observaban la alineación y compostura de otros días. Parecía que los sublevados, después de haber prendido fuego a todo,[15] se hubiesen esfumado. Una calma de carbones apagados, de rescoldos, de brasas sobre la tierra cubierta de escombros, daba una bucólica estampa al que venía pregonando la leche de sus cabras pintas, la fragancia de sus jazmines, la bondad de sus mieles. El gigante que, allá, al final del espigón, ofrecía un enorme calamar alzado en lo alto,[16] se trans-

12. **El... ciudad** *The center of the city*
13. **Les hago... casa** *I extend to you the honors of my house*
14. **en medio... informe** *in the midst of the mess*
15. **haber... a todo** *having set fire to everything*
16. **calamar... alto** *squid raised on high*

figuraba en el Perseo de Cellini. Unos religiosos, bastante lejos, retiraban los chamuscados andamios de una iglesia en construcción.

Íban burritos cargados, por calles que habían dejado de serlo,[17] siguiendo, sin embargo, el acostumbrado itinerario, doblando donde ya podía cruzarse recto, demorando en una esquina ilusoria donde el tabernero había reinstalado sus frascos de aguardiente sobre tablas montadas en ladrillos. Víctor medía y remedía, con la mirada, el área de su aniquilado negocio, extrañamente solicitado, dentro de su ira calmada, por el sentimiento liberador de no poseer nada, de haber quedado sin una pertenencia, sin un mueble, un contrato, un libro —sin una carta amarillenta, sobre cuya letra pudiera enternecerse.[18] Su vida estaba puesta en punto cero,[19] sin compromisos que cumplir, sin deudas que pagar, suspendida entre el destruido pasado y el mañana inimaginable.

Preguntas

1. ¿De qué es verdadero exponente el cubano Alejo Carpentier?
2. ¿Cuáles son las obras más conocidas de Carpentier?
3. ¿Qué es el realismo mágico?
4. ¿En qué idioma y dónde fue publicada por primera vez *El siglo de las luces?*
5. ¿Dónde se desarrolla principalmente *El siglo de las luces?*
6. Nombre los tres protagonistas principales de *El siglo de las luces,* y diga que cambios radicales históricos transforman sus vidas
7. ¿Qué tema trata Carpentier en *El acoso* y en *El siglo de las luces?*
8. Explique lo que vió Víctor cuando la nave fondeó en el puerto de Santiago.
9. ¿De qué se enteraron Víctor y Ogé cuando fueron a tierra en Santiago?
10. ¿Cómo se mostraban Víctor y Ogé con las noticias que tuvieron?
11. ¿Por qué era imposible hallar albergue en la ciudad de Santiago?
12. ¿Dónde preferían quedarse durante el día Víctor y Sofia?
13. ¿De qué estaba confiado Ogé?
14. ¿Por qué Esteban y Víctor resolvieron no llevar con ellos a Sofia a Port-au-Prince?
15. Segun Ogé, ¿qué poder tenían las aguas de las cascadas de la isla Gonave?

17. **por calles... de serlo** *streets which has ceased to be street*
18. **sobre... enternecerse** *over which*   *he could get sentimental*
19. **Su vida... cero** *His life was centered in zero*

16. ¿Quién fue el Dr. Mesmer?
17. ¿Comó estaba el casco de la ciudad de Port-au-Prince cuando los viajeros llegaron?
18. ¿Qué había antes en el solar yermo al que llegaron Víctor, Esteban y Ogé?
19. ¿Qué hizo Víctor?

Temas

1. Describa la trama de *El siglo de las luces.*
2. Diga lo que había pasado en Haití.

Debate

Hágase un debate entre los aspectos positivos y negativos de una revolución, citando ejemplos.

Carlos Fuentes (1928–   )

Como ya se indicó, Carlos Fuentes forma con Cortázar, García Márquez, Carpentier y Vargas Llosa el grupo más sobresaliente del *boom* de la novela hispanoamericana contemporánea.

Hijo de un diplomático mexicano, Fuentes vivió con su familia en Uruguay, Brasil, Estados Unidos, Chile (donde estudió derecho), Suiza (dónde se doctoró). Ya de hombre ha viajado mucho, por casi toda Europa, el mundo socialista,[1] los Estados Unidos y la América Latina.

Comenzó su carrera de escritor como crítico cinematográfico de la *Revista de la Universidad de México,* habiendo continuado como colaborador en revistas norteamericanas, europeas y latinoamericanas, y como guionista cinematográfico.[2]

Publica su primera novela *La región más transparente,* en 1958, a la que siguen *Las buenas conciencias* (1959), la novela corta *Aura* (1962), *La muerte de Artemio Cruz* (1962), *Cambio de piel* (1967), *Zona sagrada* (1967), *Cumpleaños* (1969), *Terra Nostra* (1975), *La cabeza de la hidra* (1978), *Una familia lejana* (1980), *Gringo viejo* (1985) y *Cristóbal nonato (1987).* Ha publicado los volúmenes de cuentos *Los días enmascarados* (1954), *Cantar de ciegos* (1964) y *Agua quemada;* las obras teatrales *Todos los gatos son pardos* (1970), *El tuerto es rey* (1970) y *Orquídeas a la luz de la luna* (1978); y los ensayos *París: La revolución de Mayo* (1968), *El mundo de José Luis Cueva* (1969), *La nueva novela hispanoamericana* (1969),

---

1. **el mundo socialista**   *East European countries, Russia, China*   2. **guionista cinematográfico**   *writer of screenplays*

Carlos Fuentes (b. 1928)
© THOMAS VICTOR 1983

Casa con dos puertas (1970), *Tiempo mexicano* (1971) y *Cervantes; o, La crítica de la lectura* (1976). Las obras de Fuente han sido traducidas a muchos idiomas y varias de ellas, así como algunos de sus relatos cortos, han sido llevadas a la pantalla.

Posiblemente su novela más conocida sea *La muerte de Artemio Cruz,* en la que el millonario de ese nombre, en su lecho de muerte, recuerda los episodios más importantes de su vida. Como con un bisturí,[3] el narrador penetra las zonas mas inaccesibles de la mente del moribundo,[4] los recuerdos de su peregrinaje desde indito[5] huérfano, a soldado y oficial de las

3. **bisturí** *surgical knife*   5. **indito** *Indian boy*
4. **moribundo** *dying man*

fuerzas revolucionarias, político, hombre de negocios y potentado[6] dueño de multiples empresas nacionales e internacionales, de bancos y de diarios. Pero esta narración no se va haciendo en forma cronológica, sino a través de flash backs que rompen constantemente el orden secuencial[7] de los hechos. El uso de las tres personas gramaticales (yo, tú, él), puede confundir al lector que no esté habituado[8] al uso de esa técnica narrativa. En esta novela, como antes en *La región más transparente* y en casi toda la narrativa de Fuentes, se hace una apasionada denuncia de como fue traicionada y violada la revolución mexicana por aquellos más obligados a defenderla, y al mismo tiempo, se hace una búsqueda[9] de la identidad mexicana a través "del espíritu sacramental indígena debajo de la superficie del México moderno."

De LA MUERTE DE ARTEMIO CRUZ

TÚ, ayer, hiciste lo mismo de todos los días. No sabes si vale la pena recordarlo. Sólo quisieras recordar, recostado allí, en la penumbra de tu recámara, lo que va a suceder: no quieres prever lo que ya sucedió. En tu penumbra, los ojos ven hacia adelante;[1] no saben adivinar el pasado. Sí; ayer volarás desde Hermosillo, ayer nueve de   5
abril de 1959, en el vuelo regular de la Compañía Mexicana de Aviación que saldrá de la capital de Sonora, donde hará un calor infernal, a las 9:55 de la mañana y llegará a México, D. F.,[2] a las 16:30 en punto. Desde la butaca del tetramotor, verás una ciudad plana y gris, un cinturón de adobe y techos de lámina. La azafata te ofrecerá   10
un chicle envuelto en celofán —recordarás eso en particular, porque será (debe ser, no lo pienses todo en futuro desde ahora) una chica muy guapa y tú siempre tendrás buen ojo para eso,

---

6. **potentado**   *potentate, leader*
7. **secuencial**   *sequential, subsequent*
8. **lector… habituado**   *reader who is not accustomed to*
9. **búsqueda**   *search*

1. **los ojos ven hacia adelante**   *the eyes look forward*
2. **México, D. F.** = **México, Distrito Federal**

aunque tu edad te condene a imaginar las cosas más que a hacerlas
(usas mal las palabras: claro, nunca te sentirás condenado a eso,   15
aunque sólo puedas imaginarlo): el anuncio luminoso —*No Smoking, Fasten Seat Belts*— se encenderá en el momento en el que el
avión, al entrar al Valle de México, descienda abruptamente, como
si perdiera el poder de mantenerse en el aire delgado y en seguida
se inclinará hacia la derecha y caerán bultos, sacos, maletines y se   20
levantará un grito común, entrecortado por un sollozo bajo y las
llamas comenzarán a chisporrotear hasta que el cuarto motor, sobre
el ala derecha, se detenga y todos sigan gritando y sólo tú te manten-
gas sereno, inmóvil, mascando tu chicle y observando las piernas de
la azafata que correrá por el pasillo apaciguando a los pasajeros. El   25
sistema interno con el que el motor combate el fuego funcionará y
el avión aterrizará sin dificultad, pero nadie se habrá dado cuenta de
que sólo tú, un viejo de sesenta y un años, mantuvo la compostura.
Tú te sentirás orgulloso de ti mismo, sin demostrarlo. Pensarás que
has hecho tantas cosas cobardes que el valor te resulta fácil.[3] Son-   30
reirás y te dirás que no, no, no es una paradoja: es la verdad y, acaso,
hasta una verdad general. El viaje a Sonora lo habrás hecho en
automóvil —Volvo 1959, placas DF 712— porque algunos personajes del gobierno habrían pensado ponerse muy pesados[4] y tú
deberías recorrer todo ese camino a fin de asegurarte de la lealtad   35
de esa cadena de funcionarios a los que has comprado —comprado, sí, no te engañarás con tus palabras de aniversario: los con-
venceré, los persuadiré: no, los comprarás— para que le cobren
alcabalas —otra palabra fea— a los transportadores de pescado
entre Sonora, Sinaloa y el Distrito Federal: tú les darás el diez por   40
ciento a los inspectores y el pescado llegará a la ciudad encarecido
por esa cadena de intermediarios y tú recibirás una utilidad veinte
veces superior al valor original del producto. Te empeñarás en recordarlo y cumplirás tu deseo, aunque todo esto te parezca materia de
una nota roja en tu periódico[5] y pienses que, en realidad, pierdes el   45
tiempo recordándolo. Pero insistirás, seguirás adelante. Insistirás.
Quisieras recordar otras cosas, pero sobre todo, quisieras olvidar el
estado en que te encuentras. Te disculparás. No te encuentras. Te

---

3. **el... fácil** *courage is easy for you*   5. **una nota... periódico** *something*
4. **habrían...   pesados** *they   were*   *not important at all*
becoming very importunate

encontrarás. Te traerán desmayado a tu casa; te desplomarás en tu oficina; vendrá el doctor y dirá que habrá que esperar algunas horas 50 para dar el diagnóstico. Vendrán otros médicos. No sabrán nada, no entenderán nada. Pronunciarán palabras difíciles. Y tú querrás imaginarte a ti mismo. Como un odre vacío y arrugado. Te temblará la barbilla, te olerá mal la boca, te olerán mal las axilas, te apestará todo entre las piernas. Estarás tirado allí, sin bañar, sin afeitar: serás 55 un depósito de sudores nervios irritados y funciones fisiológicas inconscientes. Pero insistirás en recordar lo que pasara ayer. Te trasladarás del aeropuerto a tu oficina y recorrerás una ciudad impregnada de gases de mostaza, porque la policía acabará de disolver esa manifestación[6] en la plaza del Caballito. Consultarás con tu jefe 60 de redacción[7] las cabezas de la primera plana, los editoriales y las caricaturas y te sentirás satisfecho. Recibirás la visita de tu socio norteamericano, le harás ver los peligros de estos mal llamados movimientos de depuración sindical. Después pasará a la oficina tu administrador, Padilla, y te dirá que los indios andan agitando y tú, 65 a través de Padilla, le mandarás decir al comisario ejidal[8] que los meta en cintura, que al fin para eso le pagas. Trabajarás mucho ayer en la mañana. Estará a verte el representante de ese benefactor latinoamericano y tú obtendrás que aumenten el subsidio a tu periódico. Llamarás a la cronista de sociales[9] y le ordenarás que meta en 70 su columna una calumnia sobre ese Couto que te está dando guerra en los negocios de Sonora. ¡Harás tantas cosas! Y luego te sentarás con Padilla a contar tus haberes. Eso te divertirá mucho. Todo un muro de tu despacho estará cubierto por ese cuadro que indica la extensión de y las relaciones entre los negocios manejados: el perió- 75 dico, las inversiones en bienes raíces —México, Puebla, Guadalajara, Monterrey, Culiacán, Hermosillo, Guaymas, Acapulco—, los domos de azufre en Jáltipan, las minas de Hidalgo, las concesiones madereras en la Tarahumara, la participación en la cadena de hoteles, la fábrica de tubos, el comercio del pescado, las financieras 80 de financieras, la red de operaciones bursátiles, las representaciones legales de compañías norteamericanas, la administración del empréstito ferrocarrilero, los puestos de consejero en instituciones fidu-

6. **disolver esa manifestación** *to break up that demonstration*
7. **jefe de redacción** *editor*
8. **comisario ejidal** *commissary for* *public lands*
9. **cronista de sociales** *reporter for social events*

ciarias, las acciones en empresas extranjeras —colorantes, acero,
detergentes— y un dato que no aparece en el cuadro: quince millo-   85
nes de dólares depositados en bancos de Zurich, Londres y Nueva
York. Encenderás un cigarrillo a pesar de las advertencias del
médico, y le repetirás a Padilla los pasos que integraron esa riqueza.
Préstamos a corto plazo[10] y alto interés a los campesinos del estado
de Puebla, al terminar la revolución; adquisición de terrenos cer-   90
canos a la ciudad de Puebla, previendo su crecimiento; gracias a una
amistosa intervención del Presidente en turno, terrenos para fraccionamientos en la ciudad de México; adquisición del diario metro-
politano; compra de acciones mineras y creación de empresas mix-
tas mexicano-norteamericanas en las que tú figuraste como hombre   95
de paja[11] para cumplir con la ley; hombre de confianza de los
inversionistas norteamericanos; intermediario entre Chicago, Nueva
York y el gobierno de México; manejo de la bolsa de valores[12] para
inflarlos, deprimirlos, vender, comprar a tu gusto y utilidad; jauja y
consolidación definitivas con el presidente Alemán: adquisición de   100
terrenos ejidales arrebatados a los campesinos para proyectar
nuevos fraccionamientos en ciudades del interior, concesiones de
explotación maderera. Sí —suspirarás y le pedirás un fósforo a
Padilla—, veinte años de confianza, de paz social, de colaboración
de clases; veinte años de progreso, después de la demagogia de   105
Lázaro Cárdenas, veinte años de protección a los intereses de la
empresa, de líderes sumisos, de huelgas rotas. Y entonces te llevarás
las manos al vientre y tu cabeza de canas crespas, de rostro
aceitunado, pegará huecamente sobre el cristal de la mesa y otra vez,
ahora tan cerca, verás ese reflejo de tu mellizo enfermo, mientras   110
todos los ruidos huyan, riendo, fuera de tu cabeza y el sudor de toda
esa gente te rodee, la carne de toda esa gente te sofoque, te haga
perder el conocimiento. El gemelo reflejado se incorporará al otro,[13]
que eres tú, al viejo de setenta y un años que yacerá, inconsciente,
entre la silla giratoria y el gran escritorio de acero: y estarás aquí y   115
no sabrás cuáles datos pasarán a tu biografía y cuáles serán callados,
escondidos. No lo sabrás. Son datos vulgares y no serás el primero
ni el único con semejante hoja de servicios. Te habrás dado gusto.

10. **Préstamos a corto plazo** *Short-
term loans*
11. **hombre de paja** *scarecrow*
12. **manejo… valores** *control of the*

stock market
13. **El gemelo… otro** *The reflexion of
yourself (your twin) in the glass, will
become one with you*

Ya habrás recordado eso. Pero recordarás otras cosas, otros días,
tendrás que recordarlos. Son días que lejos, cerca, empujados hacia   120
el olvido, rotulados por el recuerdo—encuentro y rechazo, amor
fugaz, libertad, rencor, fracaso, voluntad— fueron y serán algo más
que los nombres que tú puedas darles: días en que tu destino te
perseguirá con un olfato de lebrel, te encontrará, te cobrará, te
encarnará con palabras y actos, materia compleja, opaca, adiposa   125
tejida para siempre con la otra, la impalpable, la de tu ánimo absor-
bido por la materia: amor de membrillo fresco, ambición de uñas
que crecen, tedio de la calvicie progresiva, melancolía del sol y el
desierto, abulia de los platos sucios, distracción de los ríos tropicales, miedo de los sables y la pólvora, pérdida de las sábanas   130
oreadas, juventud de los caballos negros, vejez de la playa abandonada, encuentro del sobre y la estampilla extranjera, repugnancia
del incienso, enfermedad de la nicotina, dolor de la tierra roja,
ternura del patio en la tarde, espíritu de todos los objetos, materia
de todas las almas: tajo de tu memoria, que separa las dos mitades: 135
soldadura de la vida, que vuelve a unirlas, disolverlas, perseguirlas,
encontrarlas: la fruta tiene dos mitades: hoy volverán a unirse: recordarás la mitad que dejaste atrás: el destino te encontrará: bostezarás:
no hay que recordar: bostezarás: las cosas y sus sentimientos se han
ido deshebrando,[14] han caído fracturadas a lo largo del camino: allá,   140
atrás, había un jardín: si pudieras regresar a él, si pudieras encon-
trarlo otra vez al final: bostezarás:[15] no has cambiado de lugar:
bostezarás: estás sobre la tierra del jardín, pero las ramas pálidas
niegan las frutas, el cauce polvoso niega las aguas: bostezarás: los
días serán distintos, idénticos, lejanos, actuales: pronto olvidarán la   145
necesidad, la urgencia, el asombro: bostezarás: abrirás los ojos y las
verás allí, a tu lado, con esa falsa solicitud: murmurarás sus nombres:
Catalina, Teresa: ellas no acabarán de disimular ese sentimiento de
engaño y violación, de desaprobación irritada, que por necesidad
deberá transformarse, ahora, en apariencia de preocupación, afecto,   150
dolor: la máscara de la solicitud[16] será el primer signo de ese tránsito
que tu enfermedad, tu aspecto, la decencia, la mirada ajena, la
costumbre heredada, les impondrá: bostezarás: cerrarás los ojos:

---

14. **se... deshebrando** *have become*
unravelled
15. **bostezarás** *you will yawn*

16. **la mascara de la solicitud** *the
mask of solicitude (to disguise one's true
character or intentions)*

bostezarás: tú, Artemio Cruz, él: creerás en tus días con los ojos
cerrados: 155

Preguntas

1. ¿Quién es Carlos Fuentes?
2. Nombre algunas de la obras escritas por Carlos Fuentes.
3. ¿Qué técnicas narrativas usa Fuentes en *La muerte de Artemio Cruz?*
4. ¿Qué elemento tiene en común *La muerte de Artemio Cruz* con *La región más transparente* y con casi toda la obra literaria de Fuentes?
5. ¿Quién es "Tú" en la novela?
6. ¿Cómo llegará el hombre a México, D.C.?
7. ¿Por qué todos gritan en el avión?
8. ¿Cómo se sentirá el hombre y que pensará?
9. ¿Por qué está impregnada la ciudad de gases de mostaza?
10. ¿Quién es Padilla y que le dice Artemio Cruz?
11. ¿Qué hay en todo un muro del despacho?
12. ¿De quiénes es Artemio Cruz "hombre de confianza"?
13. ¿Cómo se ve el hombre reflejado en la mesa?
14. ¿Quién es el hombre enfermo?

Temas

1. Diga si Ud. cree que Artemio Cruz es un hombre rico o pobre y por qué cree eso?
2. Después de leer la anteriores páginas, diga cuales son las cosas que tiene que recordar Artemio Cruz, y por qué tiene que hacerlo.

Debate

Según parece de lo leído, Artemio Cruz tuvo una vida muy intensa. ¿Fue feliz Artemio Cruz o no? ¿Por qué cree Ud. eso?

Mario Vargas Llosa (1926–   )

Nació Vargas Llosa en Arequipa, Perú. Hizo sus primeros estudios en Bolivia y los secundarios en Lima y Perú. Obtuvo el título de Licenciado en Letras[1] en la Universidad de San Marcos de Lima y el doctorado en la de Madrid. Ha residido también en París, Londres y Barcelona. En 1952 estrenó un drama[2] y en 1959 publicó un libro de relatos *Los jefes,* que obtuvo el premio Leopoldo Alas. Pero cuando su carrera literaria se estableció definitivamente fue en 1962 con la novela *La ciudad y los perros,* que obtuvo en 1962 el Premio Biblioteca Breve y en 1963 el Premio de la Crítica, y que fue traducida rápidamente a más de veinte idiomas. En 1966 publicó la novela *La casa verde,* que obtuvo el Premio de la Crítica de ese año y el Premio Internacional de Literatura Rómulo Gallego en 1967, y que para muchos es considerada como la "novela total" del interior del Perú. En 1967 publicó el relato[3] *Los cachorros,* en 1969 otra novela *Conversación en la catedral,* en 1971 el estudio *García Márquez: historia de un deicidio,*[4] en 1973 la novela *Pantaleón y las visitadoras,* en 1975 el ensayo *La orgía perpetua: Flaubert y "Madame Bovary",* en 1977 la novela *La tía Julia y el escribidor,* en 1981 la pieza teatral *La señorita de Tacna,* la novela *La guerra del fin del mundo* y el ensayo *Entre Sartre y Camus;* en 1983 la pieza teatral *Kathie y el hipopótamo,* en 1984 la novela *La historia de Mayta* y en 1986 la pieza teatral *La Chunga* y la novela *¿Quién mató a Palomino Molero?*

1. **Licenciado en Letras** *Bachelor of Arts*
2. **estrenó un drama** *he wrote a play*
3. **relato** *story*
4. **deicidio** *killing of a god*

Mario Vargas Llosa (b. 1936)
THOMAS VICTOR

La obra de Vargas Llosa se concentra en una visión crítica de distintos aspectos de la realidad peruana. Usando la fragmentación de la acción, la mezcla de escenas y diálogos, la ruptura de la sucesión cronológica de los acontecimientos por medio de escenas retrospectivas[5] y del monólogo interior,[6] el autor hace que el lector vaya percibiendo los acontecimientos en la misma forma fragmentada y sin orden en que son percibidos por los personajes de la misma.

Como puede verse, Vargas Llosa además de ser un escritor excelente, es muy variado, lo que llevó al crítico Emir Rodríguez Monegal a calificarlo en 1969 como "el autor del corpus novelístico más sólido de la actual narrativa hispanoamericana."

En *La ciudad y los perros* se describe como un grupo de jóvenes, pertenecientes a diferentes clases sociales, internados

5. **retrospectivas**   *retrospective*
6. **monólogo interior**   *stream of consciousness*

en una academia militar en Lima, ante la necesidad de sobrevivir en el ambiente sórdido y cruel que les rodea, se endurecen[7] hasta el extremo de ser complices en el asesinato de un compañero.

En esta novela el autor hace uso extenso de las innovaciones narrativas que lo caracterizan tanto a él, como a todos los del grupo del *boom*.

De LA CIUDAD Y LOS PERROS

PODÍA SOPORTAR la soledad y las humillaciones que conocía desde niño y sólo herían su espíritu: lo horrible era el encierro,[1] esa gran soledad exterior que no elegía, que alguien le arrojaba encima como una camisa de fuerza. Estaba frente al cuarto del teniente, todavía no levantaba la mano para tocar. Sin embargo, sabía que iba a hacerlo, 5 había demorado tres semanas en decidirse, ya no tenía miedo ni angustia. Era su mano la que lo traicionaba.[2] permanecía quieta, blanda, pegada al pantalón,[3] muerta. No era la primera vez. En el Colegio Salesiano le decían "muñeca"; era tímido y todo lo asustaba. "Llora, llora, muñeca", gritaban sus compañeros en el recreo, ro- 10 deándolo. Él retrocedía hasta que su espalda encontraba la pared. Las caras se acercaban, las voces eran más altas, las bocas de los niños parecían hocicos[4] dispuestos a morderlo. Se ponía a llorar. Una vez se dijo: "tengo que hacer algo". En plena clase desafió al más valiente del año: ha olvidado su nombre y su cara, sus puños cer- 15 teros y su resuello. Cuando estuvo frente a él, en el canchón de los desperdicios,[5] encerrado dentro de un círculo de espectadores ansiosos, tampoco sintió miedo, ni siquiera excitación: sólo un abatimiento total. Su cuerpo no respondía ni esquivaba los golpes,[6] debió esperar que el otro se cansara de pegarle. Era para castigar a ese 20

---

7. **endurecerse** *harden themselves*
1. **encierro** *confinement*
2. **lo traicionaba** *betray him*
3. **pantalón** *trousers*
4. **hocicos** *biglipped mouth*

5. **el canchón de los desperdicios** *pit*
6. **ni esquivaba los golpes** *he neither returned nor eluded this blows*

cuerpo cobarde y transformarlo que se había esforzado en aprobar el ingreso al Leoncio Prado; por ello había soportado esos veinticuatro meses largos. Ahora ya no tenía esperanza; nunca sería como el Jaguar, que se imponía[7] por la violencia, ni siquiera como Alberto, que podía desdoblarse y disimular para que los otros no hicieran de él una víctima. A él lo conocían de inmediato, tal como era, sin defensas, débil, un esclavo. Sólo la libertad le interesaba ahora para manejar su soledad a su capricho, llevarla a un cine, encerrarse con ella en cualquier parte. Levantó la mano y dio tres golpes en la puerta.

¿Había estado durmiendo el teniente Huarina? Sus ojos hinchados parecían dos enormes llagas en su cara redonda; tenía el pelo alborotado[8] y lo miraba a través de una niebla.

—Quiero hablar con usted, mi teniente.

El teniente Remigio Huarina era en el mundo de los oficiales lo que él en el de los cadetes: un intruso. Pequeño, enclenque,[9] sus voces de mando inspiraban risa, sus cóleras no asustaban a nadie, los suboficiales le entregaban los partes sin cuadrarse y lo miraban con desprecio;[10] su compañía era la peor organizada, el capitán Garrido lo reprendía en público, los cadetes lo dibujaban en los muros con pantalón corto, masturbándose. Se decía que tenía un almacén en los Barrios Altos donde su mujer vendía galletas y dulces. ¿Por qué había entrado en la Escuela Militar?

—¿Qué hay?

—¿Puedo entrar? Es un asunto grave, mi teniente.

—¿Quiere una audiencia? Debe usted seguir la vía jerárquica.

No sólo los cadetes imitaban al teniente Gamboa: como él, Huarina había adoptado la posición de firmes para citar el reglamento.[11] Pero con esas manos delicadas y ese bigote ridículo, una manchita negra colgada de la nariz, ¿podía engañar a alguien?

—No quiero que nadie se entere, mi teniente. Es algo grave.

El teniente se hizo a un lado y él entró. La cama estaba revuelta y el Esclavo pensó de inmediato en la celda de un convento: debía ser algo así, desnuda, lóbrega, un poco siniestra. En el suelo había un cenicero lleno de colillas; una humeaba todavía.

---

7. **que se imponía** *dominate*
8. **tenía el pelo alborotado** *his hair all was messed up*
9. **pequeño y enclenque** *small and weak*

10. **lo miraban con desprecio** *they look at him with contempt*
11. **para citar el reglamento** *in order to point out rules and regulations*

—¿Qué hay? —insistió Huarina.

—Es sobre lo del vidrio.

—Nombre y sección —dijo el teniente, precipitadamente.

—Cadete Ricardo Arana, quinto año, primera sección.

—¿Qué pasa con el vidrio? Era la lengua ahora la cobarde: se negaba a moverse, estaba seca, la sentía como una piedra áspera. ¿Era miedo? El Círculo se había ensañado con él;[12] después del Jaguar, Cava era el peor; le quitaba los cigarrillos, el dinero, una vez había orinado sobre él mientras dormía. En cierto modo, tenía derecho; todos en el colegio respetaban la venganza. Y sin embargo, en el fondo de su corazón, algo lo acusaba. "No voy a traicionar al Círculo,[13] pensó, sino a todo el año, a todos los cadetes."

—¿Qué hay? —dijo el teniente Huarina, irritado—. ¿Ha venido a mirarme la cara? ¿No me conoce?

—Fue Cava —dijo el Esclavo. Bajó los ojos: —¿Podré salir este sábado?

—¿Cómo? —dijo el teniente. No había comprendido, todavía podía inventar algo y salir.

—Fue Cava el que rompió el vidrio —dijo—. Él robó el examen de Química. Yo lo vi pasar a las aulas. ¿Se suspenderá la consigna?

—No —dijo el teniente—. Ya veremos. Primero repita lo que ha dicho.

La cara de Huarina se había redondeado y habían surgido unos pliegues en sus mejillas, cerca de la comisura de los labios, que estaban separados y temblaban ligeramente. Sus ojos mostraban satisfacción. El Esclavo se sintió tranquilo. Había dejado de importarle el colegio, la salida, el futuro. Se dijo que el teniente Huarina no parecía agradecido. Después de todo era natural, no era de su mundo, tal vez lo despreciaba.

—Escriba —dijo Huarina—. Ahora mismo. Ahí tiene papel y lápiz.

—¿Qué cosa, mi teniente?

—Yo le dicto. "Vi al cadete, ¿cómo se llama?, Cava, de tal sección, tal día, a tal hora, pasar hacia las aulas, para apropiarse indebidamente del examen[14] de Química." Escriba claro. "Hago esta

---

12. **se había ensañado con él** *had been merciless with him*
13. **No voy a traicionar al Círculo** *I am not going to betray the Club*

14. **apropiarse indebidamente del examen** *to take unlawful possession of the test*

declaración a pedido del teniente Remigio Huarina, que descubrió
al autor del robo y también mi participación...

—Mi teniente, yo no...

—"... mi involuntaria participación en el asunto, como testigo."   95
Fírmelo. Y escriba su nombre en letras de imprenta. Grandes.

—Yo no vi el robo —dijo el Esclavo—. Sólo que pasaba hacia
las aulas. Hace cuatro semanas que no salgo, mi teniente.

—No se preocupe. Yo me encargo de todo. No tenga miedo.

—No tengo miedo —gritó el Esclavo y el teniente levantó la   100
vista,[15] sorprendido—. Hace cuatro semanas que no salgo, mi teniente. Este sábado harán cinco.

Huarina asintió.

—Firme ese papel —dijo—. Le doy permiso para que salga hoy,
después de clase. Vuelva a las once.   105

El Esclavo firmó. El teniente leyó el papel; sus ojos bailaban en las
órbitas; movía los labios al leer.

—¿Qué le harán? —dijo el Esclavo. La pregunta era estúpida y él
lo sabía; pero había que decir algo. El teniente tenía cogida la hoja
de papel con la punta de los dedos, cuidadosamente; no quería   110
arrugarla.

—¿Ha hablado con el teniente Gamboa de esto?—. Un instante,
la animación de ese rostro sin ángulos y lampiño quedó como
suspendida; aguardaba la respuesta del Esclavo con alarma. Hubiera
sido fácil apagar la alegría de Huarina, quitarle sus aires de vencedor;   115
bastaba decir sí.

—No, mi teniente. Con nadie.

—Bien. Ni una palabra —dijo el teniente—. Espere mis instrucciones. Venga a verme después de clase, con uniforme de salida.[16]
Lo llevaré hasta la Prevención.[17]   120

—Sí, mi teniente. —El Esclavo vaciló antes de añadir: —No
quisiera que los cadetes supieran...

—Un hombre —dijo Huarina, de nuevo en posición de
firmes—, debe asumir sus responsabilidades. Es lo primero que se
aprende en el Ejército.   125

—Sí, mi teniente. Pero si saben que yo lo denuncié...

15. **levantó la vista** *raised his eyes*   *form*
16. **uniforme de salida** *full-dress uni-*   17. **Prevención** *guardroom*

—Ya sé —dijo Huarina, llevándose a los ojos el papel por cuarta
vez—. Lo harían papilla.[18] Pero no tema. Los Consejos de Oficiales
son siempre secretos.
   "Quizá me expulsen a mí también," pensó el Esclavo. Salió del   130
cuarto de Huarina. Nadie podía haberlo visto, después del almuerzo
los cadetes se tendían en sus literas o en la hierba del estadio. En el
descampado, observó a la vicuña: esbelta, inmóvil, olfateaba el aire.
"Es un animal triste", pensó. Estaba sorprendido: debería sentirse
excitado o aterrado, algún trastorno físico debía recordarle la dela-   135
ción. Creía que los criminales, después de cometer un asesinato, se
hundían en un vértigo y quedaban como hipnotizados. Él sólo sentía
indiferencia. Pensó: "estaré seis horas en la calle. Iré a verla pero no
podré decirle nada de lo que ha pasado." ¡Si hubiera alguien con
quien hablar, que pudiera comprender o al menos escucharlo!   140
¿Cómo fiarse de Alberto? No sólo se había negado a escribir en su
nombre a Teresa, sino que los últimos días lo provocaba constantemente —a solas, es verdad, pues ante los otros lo defendía—,
como si tuviera algo que reprocharle. "No puedo fiarme de nadie,
pensó. ¿Por qué todos son mis enemigos?"   145
   Un leve temblor en las manos: fue la única reacción de su cuerpo
al empujar los batientes de la cuadra y ver a Cava, de pie junto al
ropero. "Si me mira se dará cuenta que acabo de fregarlo," pensó.
   —¿Qué te pasa? —dijo Alberto.
   —Nada. ¿Por qué?   150
   —Estás pálido. Anda a la enfermería, seguro que te internan.
   —No tengo nada.
   —No importa —dijo Alberto—. ¿Qué más quieres que te in-
ternen, si estás consignado? Ojalá pudiera ponerme así de pálido. En
la enfermería se come bien y se descansa.   155
   —Pero se pierde la salida —dijo el Esclavo.
   —¿Cuál salida? Todavía tenemos para rato aquí adentro.[19]
Aunque dicen que tal vez haya salida general el próximo domingo.
Es cumpleaños del coronel. Eso dicen, al menos. ¿De qué te ríes?
   —De nada.   160
   ¿Cómo podía hablar Alberto con esa indiferencia de la consigna,
cómo podía acostumbrarse a la idea de no salir?

---

18. **Lo harían papilla.** *They would*   19. **tenemos para rato aquí dentro**
make purée out of you   *we will be here for a long time*

—Salvo que quieras tirar *contra*[20] —dijo Alberto—. Pero de la enfermería es más fácil. En la noche no hay control. Eso sí, tienes que descolgarte por el lado de la Costanera y te puedes ensartar en la reja como un anticucho.   165

—Ahora tiran *contra* muy pocos —dijo el Esclavo— Desde que pusieron la ronda.

—Antes era más fácil —dijo Alberto—. Pero todavía salen muchos. El cholo Urioste salió el lunes y volvió a las cuatro de la mañana.   170

Después de todo, ¿por qué no ir a la enfermería? ¿Para qué salir a la calle? Doctor, se me nubla la vista, me duele la cabeza, tengo palpitaciones, sudo frío, soy un cobarde. Cuando estaban consignados, los cadetes trataban de ingresar a la enfermería. Allí se pasaba el día sin hacer nada, en pijama, y la comida era abundante. Pero los enfermeros y el médico del colegio eran cada vez más estrictos. La fiebre no bastaba; sabían que poniéndose cáscaras de plátano en la frente un par de horas, la temperatura sube a trienta y nueve grados. Tampoco las gonorreas, desde que se descubrió la estratagema del Jaguar y el Rulos que se presentaron a la enfermería con el falo bañado en leche condensada. El Jaguar había inventado también los ahogos. Conteniendo la respiración hasta llorar, varias veces seguidas, antes del examen médico, el corazón se acelera y empieza a tronar como un bombo. Los enfermeros decretaban: "Internamiento por síntomas de taquicardia."   175 180 185

—Nunca he tirado *contra* —dijo el Esclavo.

—No me extraña —dijo Alberto—. Yo sí, varias veces, el año pasado. Una vez fuimos a una fiesta en la Punta con Arróspide y volvimos poco antes del toque de diana.[21] En cuarto año, la vida era mejor.   190

—Poeta —gritó Vallano—. ¿Tú has estado en el colegio "La Salle"?

—Sí —dijo Alberto—. ¿Por qué?

—El Rulos dice que todos los de "La Salle" son maricas. ¿Es cierto?   195

—No —dijo Alberto—. En "La Salle" no había negros.

El Rulos se rió.

---

20. **quieras tirar *contra*** *Unless you*   21. **toque de diana** *reveille*
want to sneak away

—Estás fregado[22] —le dijo a Vallano—. El poeta te come.

—Negro, pero más hombre que cualquiera —afirmó Vallano—.
Y el que quiera hacer la prueba, que venga.   200

—Uy, qué miedo —dijo alguien—. Uy, mamita.

"Ay, ay, ay,", cantó el Rulos.

—Esclavo —gritó el Jaguar—. Anda y haz la prueba. Después
nos cuentas si el negro es tan hombre como dice.

—Al Esclavo lo parto en dos[23] —dijo Vallano.   205

—Uy, mamita.

—A ti también —gritó Vallano—. Anímate y ven. Estoy a
punto.[24]

—¿Qué pasa? —dijo la voz ronca del Boa, que acababa de despertar.   210

—El negro dice que eres un marica, Boa —afirmó Alberto.

—Dijo que le consta que eres un marica.

—Eso dijo.

—Se pasó más de una hora rajando de ti.

—Mentira, hermanito —dijo Vallano—. ¿Crees que hablo de la   215
gente por la espalda?[25]

Hubo nuevas risas.

—Se están burlando de ti —agregó Vallano—. ¿No te das cuenta?

—Levantó la voz—. Me vuelves a hacer una broma así, poeta, y te
machuco. Te advierto. Por poco me haces tener un lío con el mucha-   220
cho.[26]

—Uy —dijo Alberto—. ¿Has oído, Boa? Te ha dicho muchacho.

¿Quieres algo conmigo,[27] negro? —dijo la voz ronca.

—Nada, hermanito —repuso Vallano—. Tú eres mi amigo.

—Entonces no digas muchacho.   225

—Poeta, te juro que te voy a quebrar.

—Negro que ladra no muerde —dijo el Jaguar.

El Esclavo pensó: "en el fondo, todos ellos son amigos. Se insultan

---

22. **Estás fregado** *You are in trouble*
23. **lo parto en dos** *I will break him in two*
24. **Estoy a punto** *I am ready*
25. **¿... hablo... espalda?** *Do you think I speak behind people's backs?*

26. **Por poco me haces tener un lío con el muchacho.** *You almost got me in trouble with the boy.*
27. **¿Quieres algo conmigo?** *Do you want anything with me?*

y se pelean de la boca para afuera, pero en el fondo se divierten
juntos. Sólo a mí me miran como a un extraño." 230

Preguntas

1. Enumere algunas de las obras de Mario Vargas Llosa
2. ¿Cómo fue calificado Vargas Llosa por Rodríguez Monegal y por qué?
3. ¿Cuál es la trama de *La ciudad y los perros*, y dónde se desarrolla?
4. ¿Qué técnicas usa extensamente el autor en *La ciudad y los perros?*
5. ¿Qué podía soportar el niño, pero que era horrible para él?
6. ¿Qué hizo el niño en la pelea con el más valiente de la clase? ¿Por qué procedió así?
7. ¿Por qué ya no tenía esperanza?
8. ¿Para qué le interesaba la libertad?
9. ¿Comó era el teniente Huarina?
10. ¿Qué le había hecho el "Círculo" al joven cadete?
11. ¿Qué hizo el cadete?
12. ¿A quién denunció el Esclavo y por qué?
13. ¿Podía fiarse el cadete de alguien?
14. ¿Comó se pasaba el día en la enfermería?
15. ¿Qué le dijo Alberto al Boa cuando éste se despertó?
16. ¿Quería Vallano pelear con el Boa?
17. ¿Qué pensó el Esclavo cuando todo ésto pasaba?

Temas

1. Diga si Ud. cree que denunciar a un compañero que ha cometido un delito es correcto o no, y explique por qué.
2. Diga como es posible que un estudiante débil se defienda de las burlas y los abusos de los más fuertes. Cite algún caso que Ud. conozca.
3. Cree Ud. que una academia militar endurece a los alumnos demasiado.

Debate

En toda institución de enseñanza hay siempre algunos alumnos que por su inferioridad física o mental, son objetos de burlas y abusos. Diga como cree Ud. que eso se puede evitar sin lastimar a nadie.

Julio Cortázar (1914–1984)

Habiendo nacido en Bruselas[1] de padres argentinos, Julio Cortazar regresó con su familia a Buenos Aires cuando tenía 4 años de edad. Vivió en la Argentina hasta 1951, fecha en que fue a París con una beca del gobierno francés, y allí permaneció hasta su muerte en 1984. Siendo muy joven publicó un libro de poemas, *Presencia* (1938) y más tarde una recreación mitológica, *Los reyes* (1949), pero no será hasta 1951, a la edad madura de treinta y siete años, que comienza seriamente su obra literaria con la publicación de una colección de cuentos que titula *Bestiario,* a la que siguen otras colecciones de cuentos entre las cuales citaremos, *Final de juego* (1956), *Historia de cronopios[2] y de famas* (1962), *Todos los fuegos el fuego* (1966), *La vuelta al día en ochenta mundos* (1967), *Paneos y meopas* (1971), *Octaedro[3]* (1974), *"Estrictamente no profesional."* *Humanario[4]* (1976), *Los autonautas[5] de la cosmopista[6] o Un viaje atemporal París-Marsella* (1983), y *Salvo el crepúsculo* (1985).

Publicó Cortazar su primera novela *Los premios* en 1960, a la que siguieron: *Rayuela* (1963), *62. Modelo para armar* (1968) y *Libro de Manuel* (1973).

En las narraciones cortas, especialmente en las primeras es evidente una fuerte influencia de Borges, pero se diferencian

---

1. **Bruselas** *Brussels, Belgium*
2. **cronopios** *Cortazar's term for free-spirited artists, whom he portrays as intuitive, impractical, and spontaneous "microbes." Cortázar first used the term in a 1952 article about a concert Louis Armstrong gave in Paris; he dubbed the jazz musician "Super-Cronopio."*
3. **octaedro** *octahedron*
4. **Humanar** *to make oneself human*
5. **autonautas** *car driver*
6. **cosmopista** *cosmos trail*

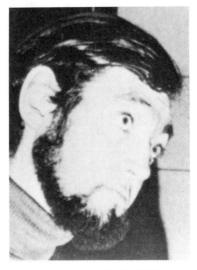

Julio Cortázar (1914–1987)

los autores en que Borges da credibilidad a sus "ficciones" con el uso de personajes reales como testigos, y con alusiones[7] a obras, o partes de obras y a bibliografías, reales o imaginarias, mientras que Cortázar da credibilidad a las suyas narrando con la mayor naturalidad y realismo los hechos más fantásticos, que son aceptados por sus personajes como absolutamente normales y ordinarios.

Tanto en sus novelas como en sus cuentos, Cortázar sustituye la realidad, el tiempo, el espacio, por lo marravilloso, lo fantástico, lo dual. A partir del relato *El perseguidor,* sus personajes buscan incansablemente[8] algo que le de sentido a la vida.

Como todos los escritores del *boom,* Cortázar se adentra[9] en las raíces más profundas del mundo hispanoamericano, usando para ello las técnicas más depuradas de la novela contemporánea, pero dándole un tono especial a su narrativa, al

7. **alusión** *reference, hint*   9. **adentrarse** *to get inside*
8. **incansablemente** *tirelessly*

mezclar con exquisita fluidez lo trágico, lo humorístico y lo maravilloso.

Rayuela fue escrita cuando el autor había pasado los 50 años de edad, reflejándose en la misma la madurez[10] y excelente formación cultural del mismo. Contiene, como cualquiera otra novela, una historia, unos personajes, una estructura, un estilo, un tono, un escenario[11] y una visión del mundo. Pero también incluye otros dos planos: a) una teoría de la literatura y en concreto de la novela contemporánea, y b) una reflexión sobre como se va escribiendo una novela. A ese efecto Morelli, el personaje que representa la voz del propio Cortazar en *Rayuela* dice: "Inevitable que una parte de la obra fuese una reflexión sobre el problema de escribirla."

Rayuela está dividida en dos partes: "Del lado de allá" y "Del lado de acá." El "lado de allá" es París, donde un grupo de jóvenes intelectuales de distintas nacionalidades se reune para discutir informalmente temas de filosofía, religión, literatura, etc. Uno de ellos, el argentino Horacio Oliveira está pasando por una crisis existencial. Vive Oliveira con la Maga, y con el pequeño hijo de esta, Rocamadour. La Maga más que un ser humano es una presencia pura de simplicidad e inocencia. Una noche muere Rocamadour, y a partir de ese instante la Maga y Horacio comienzan a alejarse, hasta separarse definitivamente. En la segunda parte, "el lado de acá" es Buenos Aires, adonde Oliveira ha regresado y vive con una antigua novia, pero pasa la mayor parte del tiempo con sus amigos Traveler y Talita, con los que trabaja, primero en un circo y después en un manicomio.[12] Pero Oliveira, que no ha podido olvidar a la Maga, comienza a verla en Talita, lo que llevará al desencadenamiento[13] de la crisis final.

Hasta aquí todo parece muy sencillo, pero la primera sorpresa la tiene el lector cuando al abrir el libro en la primera página, se encuentra con un "Tablero de dirección" en el que

---

10. **madurez** *maturity, wisdom*
11. **escenario** *scenery, setting*

12. **manicomio** *madhouse*
13. **desencadenamiento** *unchaining*

se indica que existen dos formas distintas de leer la novela, la
primera, comenzar en el capítulo primero y terminar al finalizar
el capítulo 56, sin ocuparse de los capítulos siguientes, que son
"disponibles;"[14] y la segunda sería comenzar la lectura en el
capítulo 73, y continuarla en el orden que se indica al finalizar
cada capítulo, formándose así una estructura circular que
nunca terminará, una bolsa sin fondo.

El propio Cortázar declaró que en *Rayuela,* cuenta una aventura personal, una busca autobiográfica. Podemos añadir que
es una historia y muchas historias de amores intensos y sepa-
raciones dolorosísimas, de esperanzas y de frustraciones, de
risas y de lágrimas.

De RAYUELA

Toco tu boca, con un dedo toco el borde de tu boca, voy dibuján-
dola como si saliera de mi mano, como si por primera vez tu boca
se entreabriera, y me basta cerrar los ojos para deshacerlo todo y
recomenzar, hago nacer cada vez la boca que deseo, la boca que mi
mano elige y te dibuja en la cara, una boca elegida entre todas, con   5
soberana libertad elegida por mí para dibujarla con mi mano en tu
cara, y que por un azar que no busco comprender coincide exactamente con tu boca que sonríe por debajo de la que mi mano te
dibuja.

Me miras, de cerca me miras, cada vez más de cerca y entonces   10
jugamos al cíclope, nos miramos cada vez más de cerca y los ojos se
agrandan, se acercan entre sí, se superponen y los cíclopes se miran,
respirando confundidos, las bocas se encuentran y luchan tibia-
mente, mordiéndose con los labios, apoyando apenas la lengua en
los dientes, jugando en sus recintos donde un aire pesado va y viene   15
con un perfume viejo y un silencio. Entonces mis manos buscan
hundirse en tu pelo, acariciar lentamente la profundidad de tu pelo
mientras nos besamos como si tuviéramos la boca llena de flores o

14. **disponible** *disposable*

de peces, de movimientos vivos, de fragancia oscura. Y si nos mor-
demos el dolor es dulce, y si nos ahogamos en un breve y terrible   20
absorber simultáneo del aliento, esa instántanea muerte es bella. Y
hay una sola saliva y un solo sabor a fruta madura, y yo te siento
temblar contra mí como una luna en el agua.

Íbamos por las tardes a ver los peces del Quai de la Mégisserie,[1] en
marzo el mes leopardo, el agazapado pero ya con un sol amarillo   25
donde el rojo entraba un poco más cada día. Desde la acera que
daba al río, indiferentes a los *bouquinistes*[2] que nada iban a darnos
sín dinero, esperábamos el momento en que veíamos las peceras
(andábamos despacio, demorando el encuentro), todas las peceras
al sol, y como suspendidos en el aire cientos de peces rosa y negro,   30
pájaros quietos en su aire redondo. Una alegría absurda nos tomaba
de la cintura, y vos cantabas arrastrándome a cruzar la calle, a entrar
en el mundo de los peces colgados del aire.

Sacan las peceras, los grandes bocales a la calle, y entre turistas y
niños ansiosos y señoras que coleccionan variedades exóticas *(550*   35
fr. pièce) están las peceras bajo el sol con sus cubos, sus esteras de
agua que el sol mezcla con el aire, y los pájaros rosa y negro giran
danzando dulcemente en una pequeña porción de aire, lentos pájaros fríos. Los mirábamos, jugando a acercar los ojos al vidrio,
pegando la nariz, encolerizando a las viejas vendedoras armadas de   40
redes de cazar mariposas acuáticas, y comprendíamos cada vez peor
lo que es un pez, por ese camino de no comprender nos íbamos
acercando a ellos que no se comprenden, franqueábamos las peceras y estábamos tan cerca como nuestra amiga, la vendedora de la
segunda tienda viniendo del pont-Neuf, que te dijo: "El agua fría los   45
mata, es triste el agua fría…" Y yo pensaba en la mucama[3] del hotel
que me daba consejos sobre un helecho: "No lo riegue, ponga un
plato con agua debajo de la maceta, entonces cuando él quiere
beber, bebe, y cuando no quiere no bebe…" Y pensábamos en esa
cosa increíble que habíamos leído, que un pez solo en su pecera se   50
entristece y entonces basta ponerle un espejo y el pez vuelve a estar
contento…

1. **Quai de la Mégisserie**   *pier on the*   2. **bouquinistes:**   *sellers of old books in*
right side of the Seine River, in Paris   *stalls along the Seine River.*
where animals are sold.   3. **mucama**   *servant, maid*

Entrábamos en las tiendas donde las variedades más delicadas
tenían peceras especiales con termómetro y gusanitos rojos. Descubríamos entre exclamaciones que enfurecían a las vendedoras —tan   55
seguras de que no les compraríamos nada a *550 fr. pièce*— los
comportamientos, los amores, las formas. Era el tiempo delicues-
cente, algo como chocolate muy fino o pasta de naranja mar-
tiniquesa, en que nos emborrachábamos de metáforas y analogías,
buscando siempre entrar. Y ese pez era perfectamente Giotto,[4] te   60
acordás, y esos dos jugaban como perros de jade, o un pez era la
exacta sombra de una numbe violeta... Descubríamos cómo la vida
se instala en formas privadas de tercera dimensión, que *desaparecen*
si se ponen de filo o dejan apenas una rayita rosada inmóvil vertical
en el agua. Un golpe de aleta y monstruosamente está de nuevo ahí   65
con ojos bigotes aletas y del vientre a veces saliéndole y flotando
una transparente cinta de excremento que no acaba de soltarse, un
lastre que de golpe los pone entre nosotros, los arranca a su perfección de imágenes puras, los compromete, por decirlo con una de las
grandes palabras que tanto empleábamos por ahí y en esos días.   70
    Por la rue de Varennes entraron en la rue Vaneau.[5] Lloviznaba, y
la Maga se colgó todavía más del brazo de Oliveira, se apretó contra
su impermeable que olía a sopa fría. Etienne y Perico discutían una
posible explicación del mundo por la pintura y la palabra. Aburrido,
Oliveira pasó el brazo por la cintura de la Maga. También eso podía   75
ser una explicación, un brazo apretando una cintura fina y caliente,
al caminar se sentía el juego leve de los músculos como un lenguaje
monótono y persistente, una Berlitz[6] obstinada, te quie-ro te quie-ro
te quie-ro. No una explicación: verbo puro, que-rer, que-rer, "Y
después siempre, la cópula", pensó gramaticalmente Oliveira. Si la   80
Maga hubiera podido comprender cómo de pronto la obediencia al
deseo la exasperaba, *inútil obediencia solitaria* había dicho un
poeta, tan tibia la cintura, ese pelo mojado contra su mejilla, el aire
Toulouse Lautrec[7] de la Maga para caminar arrinconada contra él. En
el principio fue la cópula, violar es explicar pero no siempre vice-   85
versa. Descubrir el método antiexplicatorio, que ese te quie-ro te

---

4. **Giotto**   *Giotto di Bondone* (1276–
1337), *Florentine painter and architect.*
5. **Por... Veneau**   *Through Varennes
Street they entered Veneau Street.*
6. **Berlitz**   *German phililogist who in-*

*vented the Berlitz system of language
teaching.*
7. **Henri de Toulouse Lautrec** (1864–
1901)   *French painter of the post-impres-
sionist movement.*

quie-ro fuese el cubo de la rueda. ¿Y el Tiempo? Todo recomienza,
no hay un absoluto. Después hay que comer o descomer, todo
vuelve a entrar en crisis. El deseo cada tantas horas, nunca
demasiado diferente y cada vez otra cosa: trampa del tiempo para   90
crear las ilusiones. "Un amor como el fuego, arder eternamente en
la contemplación del Todo. Pero en seguida se cae en un lenguaje
desaforado."
   —Explicar, explicar —gruñía Etienne—. Ustedes si no nombran
las cosas ni siquiera las ven. Y esto se llama perro y esto se llama   95
casa, como decía el de Duino,[8] Perico, hay que mostrar, no explicar.
Pinto, ergo soy.
   —¿Mostrar qué? —dijo Perico Romero.
   —Las únicas justificaciones de que estemos vivos.
   —Este animal cree que no hay más sentido que la vista y sus   100
consecuencias —dijo Perico.
   —La pintura es otra cosa que un producto visual —dijo
Etienne—. Yo pinto con todo el cuerpo, en ese sentido no soy tan
diferente de tu Cervantes o tu Tirso de no sé cuánto. Lo que me
revienta es la manía de las explicaciones, el Logos entendido ex-   105
clusivamente como verbo.
   —Etcétera —dijo Oliveira, malhumorado—. Hablando de los
sentidos, el de ustedes parece un diálogo de sordos.
   La Maga se apretó todavía más contra él. "Ahora ésta va a decir
alguna de sus burradas", pensó Oliveira. "Necesita frotarse primero,   110
decidirse epidérmicamente." Sintió una especie de ternura rencorosa, algo tan contradictorio que debía ser la verdad misma.
"Habría que inventar la bofetada dulce, el puntapié de abejas. Pero
en este mundo las síntesis últimas están por descubrirse. Perico tiene
razón, el gran Logos vela. Lástima, haría falta el amoricidio, por   115
ejemplo, la verdadera luz negra, la antimateria que tanto da que
pensar a Gregorovius."
   —Che, ¿Gregorovius va a venir a la discada? —preguntó Oliveira.
   Perico creía que sí, y Etienne creía que Mondrian.
   —Fijate un poco en Mondrian[9]—decía Etienne—. Frente a él se   120
acaban los signos mágicos de un Klee. Klee jugaba con el azar, los

---

8. **Rainer Maria Rilke** (1875–1926) *German poet, author of Duino Elegies* (1925).

9. **Pieter Cornelis Mondrian** (1872–1944) *Dutch painter of the abstract expressionist movement.*

beneficios de la cultura. La sensibilidad pura puede quedar satisfecha con Mondrian, mientras que para Klee hace falta un fárrago de otras cosas. Un refinado para refinados. Un chino, realmente. En cambio Mondrian pinta absoluto. Te ponés delante, bien desnudo,   125
y entonces una de dos: ves o no ves. El placer, las cosquillas, las alusiones, los terrores o las delicias están completamente de más.
    —¿Vos entendés lo que dice? —preguntó la Maga—. A mí me parece que es injusto con Klee.
    —La justicia o la injusticia no tienen nada que ver con esto —dijo   130
Oliveira, aburrido—. Lo que está tratando de decir es otra cosa. No hagas en seguida una cuestión personal.
    —Pero por qué dice que todas esas cosas tan hermosas no sirven para Mondrian.
    —Quiere decir que en el fondo una pintura como la de Klee te   135
reclama un diploma *ès lettres,* o por lo menos *ès poésie,* en tanto que Mondrian se conforma con que uno se mondrianice y se acabó.
    —No es eso —dijo Etienne.
    —Claro que es eso —dijo Oliveira—. Según vos una tela de Mondrian se basta a sí misma. Ergo, necesita de tu inocencia más   140
que de tu experiencia. Hablo de inocencia edénica, no de estupidez. Fijate que hasta tu metáfora sobre estar desnudo delante del cuadro huele a preadamismo. Paradójicamente Klee es mucho más modesto porque exige la múltiple complicidad del espectador, no se basta a sí mismo. En el fondo Klee es historia y Mondrian atemporalidad. Y   145
vos te morís por lo absoluto. ¿Te explico?
    —No —dijo Etienne—. C'est vache comme il pleut.[10]
    —Tu parles, coño —dijo Perico—. Y el Ronald de la puñeta, que vive por el demonio.
    —Apretemos el paso —lo remedó Oliveira—, cosa de hurtarle   150
el cuerpo a la cellisca.
    —Ya empiezas. Casi prefiero tu yuvia y tu gayina, coño. Cómo yueve en Buenos Aires. El tal Pedro de Mendoza,[11] mira que ir a colonizaros a vosotros.
    —Lo absoluto —decía la Maga, pateando una piedrita de charco   155
en charco—. ¿Qué es un absoluto, Horacio?

---

10. **C'est vache comme il pleut**   *Plata and founder of Buenos Aires*
What a mess, it is pouring down!   (1535).
11. **Pedro de Mendoza**   *Governor of La*

—Mirá —dijo Oliveira—, viene a ser ese momento en que algo
logra su máxima profundidad, su máximo alcance, su máximo sentido, y deja por completo de ser interesante.

—Ahí viene Wong —dijo Perico—. El chino está hecho una sopa   160
de algas.

Casi al mismo tiempo vieron a Gregorovius que desembocaba en
la esquina de la rue de Babylone,[12] cargando como de costumbre
con un portafolios atiborrado de libros. Wong y Gregorovius se
detuvieron bajo el farol (y parecían estar tomando una ducha jun-   165
tos), saludándose con cierta solemnidad. En el portal de la casa de
Ronald hubo un interludio de cierraparaguas comment ça va a ver
si alguien enciende un fósforo está rota la minuterie qué noche
inmunda ah oui c'est vache, y una ascensión más bien confusa
interrumpida en el primer rellano por una pareja sentada en un   170
peldaño y sumida profundamente en el acto de besarse.

—Allez, c'est pas une heure pour faire les cons —dijo Etienne.

—Ta gueule —contestó una voz ahogada—. Montez, montez,
ne vous gênez pas. Ta bouche, mon trésor.

—Salaud, va —dijo Etienne—. Es Guy Monod, un gran amigo   175
mio.

En el quinto piso los esperaban Ronald y Babs, cada uno con una
vela en la mano y oliendo a vodka barato. Wong hizo una seña, todo
el mundo se detuvo en la escalera, y brotó a capella el himno
profano del Club de la Serpiente. Después entraron corriendo en el   180
departamento, antes de que empezaran a asomarse los vecinos.

Ronald se apoyó contra la puerta. Pelirrojamente en camisa a
cuadros.

—La casa está rodeada de catalejos, damn it. A las diez de la
noche se instala aquí el dios Silencio, y guay del que lo sacrilegue.   185
Ayer subió a increparnos un funcionario. Babs, ¿qué nos dice el
digno señor?

—Nos dice: "Quejas reiteradas."

—¿Y qué hacemos nosotros? —dijo Ronald, entreabriendo la
puerta para que entrara Guy Monod.   190

—Nosotros hacemos esto —dijo Babs, con un perfecto corte de
mangas y un violento pedo oral.

—¿Y tu chica? —pregunto Ronald.

12. **rue de Babylone**   *Babylon Street in Paris.*

—No sé, se confundió de camino —dijo Guy—. Yo creo que se
ha ido, estábamos lo más bien en la escalera, y de golpe. Más arriba   195
no estaba. Bah, qué importa, es suiza.

Preguntas

1. ¿Qué influencias se ve en los cuentos de Cortázar, especialmente en los
   primeros?
2. ¿Qué buscan a partir del relato *El perseguidor,* los personajes de Cortázar?
3. ¿Qué edad tenía Cortázar cuando escribió *Rayuela?*
4. ¿Qué características del autor se reflejan en la novela?
5. ¿En cuántas partes está dividida la obra?
6. ¿Dónde tiene lugar la trama?
7. ¿Cuántas formas distintas hay para leer *Rayuela* de acuerdo con el "Tablero de dirección"?
8. ¿Que es *Rayuela?*
9. En el fragmento leído, ¿qué dibuja con el dedo el personaje que habla?
10. ¿A qué juegan los personajes cuando se miran de cerca?
11. ¿Adónde iban y que iban a ver los personajes por las tardes?
12. ¿Cuál fue el consejo de la mucama del hotel sobre un helecho?
13. De acuerdo con Etienne, ¿por qué le revienta explicar?
14. ¿Cuál es la diferencia que ve Etienne entre Klee y Mondrian?
15. ¿Qué es para Oliveira un absoluto?
16. ¿Quién es Guy Monod?
17. ¿Por qué se queja Ronald?
18. ¿Quién era y qué hizo la chica que estaba en la escalera con Guy Monod?

Temas

1. Explique la trama de *Rayuela.*
2. Explique que sentimientos le hace sentir a Ud. el párrafo leído y por qué.
3. Si Ud. ha leído un cuento de Cortazar, explique como éste cambia la
   realidad, el tiempo y el espacio.

Comparación

Compare los elementos que usan Borges y Cortázar para dar credibilidad a
sus cuentos.

Gabriel García Márquez (1928–   )

Nace Gabriel García Márquez en Aracataca, Colombia. Comenzó a estudiar bachillerato en Barranquilla y lo terminó en el Liceo Nacional de Zipaquira. En 1947 ingresa como estudiante de derecho en la Universidad Nacional de Colombia en Bogotá y mientras asiste a la universidad comienza a publicar sus primeros cuentos en el diario *El Espectador* de esa ciudad. De Bogotá se traslada a Cartagena a continuar sus estudios y allí inicia su carrera como periodista. En 1950 regresa a Barranquilla, donde colabora con los diarios *El Universal* y el *Heraldo,* escribiendo en este último una columna fija con el título "La Jirafa."[1]

En 1954 regresa a Bogotá donde colabora de nuevo en *El Espectador,* escribiendo crítica cinematográfica y reportajes.[2] Gana en 1955 el concurso nacional de cuentos, con *Un día después del sabado;* publica su primera novela *La Hoja rasca* y también la crónica *Relato de un náufrago.* Viaja a Europa como corresponsal de *El Espectador,* hasta que este diario es cerrado por la dictadura de Rojas Pinilla. Vive en París en 1956 y en 1957 viaja extensamente por la Europa Oriental. Regresa a América, a Caracas, como periodista de la *Revista Momento.* En 1958 vuelve a Colombia para casarse y publica *El Coronel no tiene quien le escriba.*

Entre 1959 y 1961 es corresponsal en Bogotá, Cuba y Nueva York de *Prensa Latina,* la agencia de noticias del gobierno de Fidel Castro. A partir de 1961 y hasta 1967 reside en México,

---

1. **"La Jirafa"** *"The Giraffe"*   2. **reportajes** *recounts*

Gabriel García Márquez (b. 1928) recibió el Premio Nobel de Literatura
1982
AP/WIDE WORLD PHOTOS

trabajando como periodista y escribiendo guiones cinemato-
gráficos, entre ellos "El gallo de oro" y "Tiempo de morir." En
1962 publica *La mala hora,* que gana el Premio Esso de
Literatura, y *Los funerales de la Mamá Grande.*
Después de publicar en 1967 *Cien años de soledad,* su obra
más conocida, se estable en Barcelona. Esta novela le da fama
mundial, habiendo ganado múltiples premios literarios internacionales, y siendo seleccionada por la crítica norteamericana
como una de las doce mejores obras de la década. Dos años
después, en 1969, publica *La increíble y triste historia de la
Cándida Erendira y de su abuela desalmada.* Ese año gana el
Premio Rómulo Gallego, que dona al Movimiento al Socialismo
(MAS). En 1973 publica *Cuando era feliz e indocumentado,* y
en 1975 *El otoño del Patriarca.* Continúa viviendo entre México

y Bogotá, escribiendo artículos políticos radicales sobre Chile, Cuba, Angola, Vietnam y Nicaragua. También durante ese tiempo, publica un libro, *Crónicas y reportajes.* En 1981 publica *Crónica de una muerte anunciada;* en 1982 obtiene el Premio Nobel de Literatura; en 1985 publica la novela *El amor en los tiempos del cólera*[3] y en 1989 publica su última novela titulada *El general en su laberinto.*

En *Cien años de soledad,* se cuenta la historia de la familia Buendía. La obra, considerada por muchos como una microvisión de hispanoamérica, y por otros como una historia de la humanidad de acuerdo con la tradición judaico-cristiana, con su génesis, éxodo, plagas, diluvio, apocalipsis[4], es sin duda todo eso y mucho más. Jugando con la realidad dentro de la fantasía y con la fantasía dentro de la realidad, el autor nos traslada a Macondo, un mundo creado por su imaginación, donde la familia Buendía pasa cien años. pero esta fantasía tiene su génesis en realidades geográficas y humanas: cerca de Aracataca, entre los pueblos Guacamayal y Sevilla, existe una finca bananera con el nombre de "Macondo," nombre con el cual el autor designará su pueblo literario. Es interesante hacer notar que para lo makondos de Africa —mencionados al fin de la novela— "macondo" significa "alimento del diablo." El coronel Nicolás Márquez Iguarán y doña Tranquilina Iguarán Cotes, abuelos del novelista darán sus nombres a Ursula Iguarán, matriarca de *Cien años de soledad,* a Petra Cotes y a otros personajes de la novela. El coronel Nicolas Márquez, tuvo que abandonar su pueblo, Riohacha por haberle quitado la vida a un individuo que durante mucho tiempo lo estuvo molestando. Se estableció en Aracataca, y allí su casa, donde pasó su niñez García Márquez, era la más cómoda, amplia, mejor y más famosa del pueblo. En *Cien años de soledad,* el patriarca de la familia Buendía tiene que abondonar su pueblo por haber dado muerte a Prudencio Aguilar que lo había ofen-

---

3. **cólera** *cholera*
4. **genesis... apocalipsis** *genesis, exo-* *dus, plagues, flood, apocalypse; monumental events recounted in the Bible.*

dido, funda Macondo y allí su casa es la más cómoda, la más amplia y la mejor y más famosa del pueblo. Dentro de este mundo mitad realidad — guerras civiles por las injusticias de los gobernantes, huelgas bananeras terminadas brutalmente por las fuerzas armadas —y mitad fantasía[5] —gitanos[6] paseando niños en alfombras que vuelan,[7] lluvia sin parar por más de tres años, sangre que corre subiendo y bajando calles, doblando esquinas, sin detenerse hasta llegar junto a la madre de la víctima — los personajes lo aceptan todo con la mayor naturalidad. Y sin embargo, es importante no olvidar, que el Macondo literario es una ficción que va desarrollando[8] el autor en obras anteriores y posteriores a *Cien años de soledad.* Es un mundo flexible que el autor usa y adapta a sus necesidades narrativas, un mundo en que todo existe y todo puede pasar, pero teniéndose siempre presente, que no es más que una ficción y que como se dice en la última página de *Cien años de soledad,* esta creación se va a deshacer en una tormenta de polvo.

De CIEN AÑOS DE SOLEDAD

Su respuesta fue terminante. En tres meses esperaba establecer su cuartel general en Macondo. Si entonces no encontraba vivo al coronel Gerineldo Márquez, fusilaría sin fórmula de juicio[1] a toda la oficialidad que tuviera prisionera en ese momento, empezando por los generales, e impartiría órdenes a sus subordinados para que   5
procedieran en igual forma hasta el término de la guerra. Tres meses después, cuando entró victorioso a Macondo, el primer abrazo que recibió en el camino de la ciénaga fue el del coronel Gerineldo Márquez.
     La casa estaba llena de niños. Úrsula había recognido a Santa Sofía   10

---

5. **y mitad fantasía**   *and half fantasy*   8. **desarrollando**   *developing*
6. **gitanos**   *Gipsies*   1. **sin... juicio**   *without trial*
7. **alfombras... vuelan**   *flying carpets*

de la Piedad, con la hija mayor y un par de gemelos que nacieron cinco meses después del fusilamiento de Arcadio. Contra la última voluntad del fusilado, bautizó a la niña con el nombre de Remedios. "Estoy segura que eso fue lo que Arcadio quiso decir", alegó. "No la pondremos Úrsula, porque se sufre mucho con ese nombre."[2] A los gemelos les puso José Arcadio Segundo y Aureliano Segundo. Amaranta se hizo cargo de todos. Colocó asientitos de madera en la sala, y estableció un parvulario con otros niños de familias vecinas. Cuando regresó el coronel Aureliano Buendía, entre estampidos de cohetes y repiques de campanas, un coro infantil le dio la bienvenida en la casa. Aureliano José, largo como su abuelo, vestido de oficial revolucionario, le rindió honores militares.

No todas las noticias eran buenas. Un año después de la fuga del coronel Aureliano Buendía, José Arcadio y Rebeca se fueron a vivir en la casa construida por Arcadio. Nadie se enteró de su intervención para impedir el fusilamiento. En la casa nueva, situada en el mejor rincón de la plaza, a la sombra de un almendro privilegiado con tres nidos de petirrojos, con una puerta grande para las visitas y cuatro ventanas para la luz, establecieron un hogar hospitalario. Las antiguas amigas de Rebeca, entre ellas cuatro hermanas Moscote que continuaban solteras, reanudaron las sesiones de bordado interrumpidas años antes en el corredor de las begonias. José Arcadio siguió disfrutando de las tierras usurpadas, cuyos títulos fueron reconocidos por el gobierno conservador. Todas las tardes se le veía regresar[3] a caballo, con sus perros montunos y su escopeta de dos cañones,[4] y un sartal de conejos colgados en la montura. Una tarde de setiembre, ante la amenaza de una tormenta, regresó a casa más temprano que de costumbre. Saludó a Rebeca en el comedor, amarró los perros en el patio, colgó los conejos en la cocina para salarlos más tarde y fue al dormitorio a cambiarse de ropa. Rebeca declaró después que cuando su marido entró al dormitorio ella se encerró en el baño y no se dio cuenta de nada. Era una versión difícil de creer, pero no había otra más verosímil, y nadie pudo concebir un motivo para que Rebeca asesinara al hombre que la había hecho feliz. Ese fue tal vez el único misterio que nunca se esclareció en

2. **se sufre... nombre**   *one suffers a lot with that name (Úrsula is believed by some to be an unlucky name)*
3. **Todas... regresar**   *Every afternoon*

he was seen to return.
4. **escopeta de dos cañones**   *double-barreled shotgun*

Macondo. Tan pronto como José Arcadio cerró la puerta del dormitorio, el estampido de un pistoletazo retumbó en la casa. Un hilo de sangre salió por debajo de la puerta, atravesó la sala, salió a la calle, siguió en un curso directo por los andenes desparejos, descendió escalinatas y subió pretiles, pasó de largo por la Calle de los Turcos, 50 dobló una esquina a la derecha y otra a la izquierda, volteó en ángulo recto frente a la casa de los Buendía, pasó por debajo de la puerta cerrada, atravesó la sala de visitas pegado a las paredes para no manchar los tapices, siguió por la otra sala, eludió en una curva amplia la mesa del comedor, avanzó por el corredor de las begonias 55 y pasó sin ser visto por debajo de la silla de Amaranta que daba una lección de aritmética a Aureliano José, y se metió por el granero y apareció en la cocina donde Úrsula se disponía a partir treinta y seis huevos para el pan.

—¡Ave María Purísima! —gritó Úrsula.   60

Siguió el hilo de sangre en sentido contrario, y en busca de su origen atravesó el granero, pasó por el corredor de las begonias donde Aureliano José cantaba que tres y tres son seis y seis y tres son nueve, y atravesó el comedor y las salas y siguió en línea recta por la calle, y dobló luego a la derecha y después a la izquierda hasta la 65 Calle de los Turcos, sin recordar que todavía llevaba puestos el delantal de hornear[5] y las babuchas caseras, y salió a la plaza y se metió por la puerta de una casa donde no había estado nunca, y empujó la puerta del dormitorio y casi se ahogó con el olor a pólvora quemada, y encontró a José Arcadio tirado boca abajo en el suelo 70 sobre las polainas que se acababa de quitar, y vio el cabo original del hilo de sangre que ya había dejado de fluir de su oído derecho. No encontraron ninguna herida en su cuerpo ni pudieron localizar el arma. Tampoco fue posible quitar el penetrante olor a pólvora del cadáver. Primero lo lavaron tres veces con jabón y estropajo, des- 75 pués lo frotaron con sal y vinagre, luego con ceniza y limón, y por último lo metieron en un tonel de lejía y lo dejaron reposar seis horas.[6] Tanto lo restregaron que los arabescos del tatuaje empezaban a decolorarse. Cuando concibieron el recurso[7] desesperado de sazonarlo con pimienta y comino y hojas de laurel y hervirlo un día 80 entero a fuego lento, ya había empezado a descomponerse y tuvi-

---

5. **llevaba... hornear**   *she was wearing her kitchen apron and house slippers*
6. **reposar... horas**   *stay there for six hours*
7. **Cuando... recurso**   *When they got the idea*

eron que enterrarlo a las volandas.[8] Lo encerraron herméticamente
en un ataúd especial de dos metros y treinta centímetros de largo y
un metro y diez centímetros de ancho, reforzado por dentro con
planchas de hierro y atornillado con pernos de acero, y aun así se 85
percibía el olor en las calles por donde pasó el entierro. El padre
Nicanor, con el hígado hinchado y tenso como un tambor, le echó
la bendición desde la cama. Aunque en los meses siguientes refor-
zaron la tumba con muros superpuestos y echaron entre ellos ceniza
apelmazada, aserrín y cal viva,[9] el cementerio siguió oliendo a pól- 90
vora hasta muchos años después, cuando los ingenieros de la compañía bananera recubrieron la sepultura con una coraza de hormigón. Tan pronto como sacaron el cadáver, Rebeca cerró las puertas
de su casa y se enterró en vida,[10] cubierta con una gruesa costra de
desdén que ninguna tentación terrenal consiguió romper.[11] Salió a 95
la calle en una ocasión, ya muy vieja, con unos zapatos color de
plata antigua y un sombrero de flores minúsculas, por la época en
que pasó por el pueblo el Judío Errante[12] y provocó un calor tan
intenso que los pájaros rompían las alambreras de las ventanas para
morir en los dormitorios. La última vez que alguien la vio con vida 100
fue cuando mató de un tiro certero[13] a un ladrón que trató de forzar
la puerta de su casa. Salvo Argénida, su criada y confidente, nadie
volvió a tener contacto con ella desde entonces. En un tiempo se
supo que escribía cartas al Obispo, a quien consideraba como su
primo hermano, pero nunca se dijo que hubiera recibido respuesta. 105
El pueblo la olvidó.
     A pesar de su regreso triunfal, el coronel Aureliano Buendía no se
entusiasmaba con las apariencias. Las tropas del gobierno abandonaban las plazas sin resistencia, y eso suscitaba en la población
liberal una ilusión de victoria que no convenía defraudar,[14] pero los 110
revolucionarios conocían la verdad, y más que nadie el coronel

---

8. **enterrar... volandas** *to bury him
quickly*
9. **echaron... viva** *they placed between them compacted ashes, sawdust
and quick lime*
10. **se enterró en vida** *buried herself
alive*
11. **ninguna... romper** *which no
earthly temptation succeeded in breaking*
12. **por la época... Judío Errante**
during the epoch in which the Wandering

*Jew passed through the town. (The Wan-
dering Jew, when asked by Jesus for help
as he carried the cross, told Him to go on.
Then Jesus told him to "go on" forever,
and legend says that he never died and is
still alive and "going on")*
13. **mató... certero** *she killed with a
perfect shot*
14. **una ilusión... defraudar** *an illusion of victory which it was not proper to
deny*

Aureliano Buendía. Aunque en ese momento mantenía más de cinco mil hombres bajo su mando y dominaba dos estados del litoral, tenía conciencia de estar acorralado contra el mar, y metido en una situación política tan confusa que cuando ordenó restaurar la torre de la iglesia desbaratada por un cañonazo del ejército, el padre Nicanor comentó en su lecho de enfermo: "Esto es un disparate: los defensores de la fe de Cristo destruyen el templo y los masones lo mandan componer." Buscando una tronera de escape[15] pasaba horas y horas en la oficina telegráfica, conferenciando con los jefes de otras plazas, y cada vez salía con la impresión más definida de que la guerra estaba estancada. Cuando se recibían noticias de nuevos triunfos liberales se proclamaban con bandos de júbilo,[16] pero él medía en los mapas su verdadero alcance, y comprendía que sus huestes estaban penetrando en la selva, defendiéndose de la malaria y los mosquitos, avanzando en sentido contrario al de la realidad. "Estamos perdiendo el tiempo," se quejaba ante sus oficiales. "Estaremos perdiendo el tiempo mientras los cabrones del partido[17] estén mendigando un asiento en el congreso." En noches de vigilia, tendido bocarriba en la hamaca[18] que colgaba en el mismo cuarto en que estuvo condenado a muerte, evocaba la imagen de los abogados vestidos de negro que abandonaban el palacio presidencial en el hielo de la madrugada con el cuello de los abrigos levantado hasta las orejas,[19] frotándose las manos, cuchicheando, refugiándose en los cafetines lúgubres del amanecer, para especular sobre lo que quiso decir el presidente cuando dijo que sí, o lo que quiso decir cuando dijo que no, y para suponer inclusive lo que el presidente estaba pensando cuando dijo una cosa enteramente distinta, mientras él espantaba mosquitos a treinta y cinco grados de temperatura, sintiendo aproximarse el alba temible en que tendría que dar a sus hombres la orden de tirarse al mar.[20]

Una noche de incertidumbre en que Pilar Ternera cantaba en el patio con la tropa, él pidió que le leyera el provenir en las barajas. "Cuídate la boca", fue todo lo que sacó en claro Pilar Ternera des-

15. **tronera de escape**   *escape hatch*
16. **se proclamaban... júbilo**   *were proclaimed with jubilant announcements*
17. **los cabrones del partido** *the cuckolds of the (other) party*

18. **tendido... hamaca**   *stretched out face up in a hammock*
19. **cuello... orejas**   *coat collars covering the ears*
20. **la orden... mar**   *the order to throw themselves in the sea*

pués de extender y recoger los naipes tres veces.[21] "No sé lo que 145
quiere decir, pero la señal es muy clara: cuídate la boca." Dos días
después alguien le dio a un ordenanza un tazón de café sin azúcar,
y el ordenanza se lo pasó a otro, y éste a otro, hasta que llegó de
mano en mano al despacho del coronel Aureliano Buendía. No
había pedido café, pero ya que estaba ahí, el coronel se lo tomó.[22] 150
Tenía una carga de nuez vómica suficiente para matar un caballo.[23]
Cuando lo llevaron a su casa estaba tieso y arqueado y tenía la
lengua partida entre los dientes. Úrsula se lo disputó a la muerte.
Después de limpiarle el estómago con vomitivos, lo envolvió en
frazadas calientes y le dio claras de huevos[24] durante dos días, hasta 155
que el cuerpo estragado recobró la temperatura normal. Al cuarto
día estaba fuera de peligro. Contra su voluntad, presionado por
Úrsula y los oficiales, permaneció en la cama una semana más. Sólo
entonces supo que no habían quemado sus versos. "No me quise
precipitar,"[25] le explicó Úrsula. "Aquella noche, cuando iba a 160
prender el horno,[26] me dije que era mejor esperar que trajeran el
cadáver." En la neblina de la convalecencia, rodeado de las polvorientas muñecas de Remedios,[27] el coronel Aureliano Buendía
evocó en la lectura de sus versos los instantes decisivos de su existencia. Volvió a escribir. Durante muchas horas, al margen de los 165
sobresaltos de una guerra sin futuro,[28] resolvió en versos rimados sus
experiencias a la orilla de la muerte.[29] Entonces sus pensamientos se
hicieron tan claros, que pudo examinarlos al derecho y al revés.[30]
Una noche le preguntó al coronel Gerineldo Márquez:

—Dime una cosa, compadre: ¿por qué estás peleando? 170

—Por qué ha de ser, compadre —contestó el coronel Gerineldo
Márquez—: por el gran partido liberal.

—Dichoso tú que lo sabes —contestó él—. Yo, por mi parte,
apenas ahora me doy cuenta que estoy peleando por orgullo.

21. Cuídate... claro Watch your mouth was all that Pilar Ternera stated clearly after dealing and picking up the cards three times
22. el coronel... tomó the colonel drank it down
23. tomó una carga de nuez vómica (nux vomica), **suficiente para matar un caballo** he drank enough poison to kill a horse
24. claras de huevos whites of eggs

25. No... precipitar I did not want to hurry
26. prender el horno light the oven
27. polvorientas... de Remedios Remedios' dusty dolls
28. al margen... futuro at the edge of the shocks of a war with no future
29. a la orilla de la muerte at the border of death
30. examinarlos... revés to examine all sides of them

—Eso es malo —dijo el coronel Gerineldo Márquez. 175
Al coronel Aureliano Buendía le divirtió su alarma. "Naturalmente", dijo. "Pero en todo caso, es mejor eso, que no saber por qué
se pelea." Lo miró a los ojos, y agregó sonriendo:
—O que pelear como tú por algo que no significa nada para
nadie. 180
Su orgullo le había impedido hacer contactos con los grupos
armados del interior del país, mientras los dirigentes del partido no
rectificaran en público su declaración de que era un bandolero.
Sabía, sin embargo, que tan pronto como pusiera de lado esos
escrúpulos rompería el círculo vicioso de la guerra. La convalecencia 185
le permitió reflexionar. Entonces consiguió que Úrsula le direa el
resto de la herencia enterrada y sus cuantiosos ahorros; nombró al
coronel Gerineldo Márquez jefe civil y militar de Macondo, y se fue
a establecer contacto con los grupos rebeldes del interior.

Preguntas

1. Enumere las obras más importantes de Gabriel García Márquez
2. ¿Qué obra le da fama mundial a García Márquez?
3. ¿Qué premio literario ganó el autor en 1982?
5. ¿Qué se cuenta en *Cien años de soledad?*
6. ¿Qué técnicas literarias usa el autor en su obra?
7. ¿Qué elementos reales existen en la obra y cuáles fantásticos?
8. ¿Cómo va desarrollando el escritor el mundo de Macondo?
9. ¿Qué no se puede olvidar nunca?
10. ¿Qué hacía José Arcadio todas las tardes?
11. ¿Qué pasó una tarde de septiembre?
12. ¿Por qué gritó Ursula y qué gritó?
13. ¿Hasta dónde siguió Ursula el hilo de sangre?
14. ¿Qué encontró en el dormitorio?
15. ¿Cuándo dejó de oler a pólvora el cementerio?
16. ¿Qué hizo Rebeca?
17. ¿Qué noticias se recibían de los liberales? ¿Qué comprendía el coronel Buendía?
18. ¿Comó estaba el coronel Buendía cuando lo llevaron a su casa? ¿Por qué estaba así? ¿Qué hizo Ursula?
19. ¿Quién era el coronel Gerineldo Márquez? ¿Qué le había dicho a Amaranta cuando ella fue a verlo a la cárcel?
20. ¿Por qué le llevaba Amaranta los bizcochos a Gerineldo Márquez?

Temas

1. Explique como fue la muerte de Jose Arcadio Buendía.
2. Diga que sabía el coronel Aureliano Buendía de las victorias de los liberales y que hizo al fin.

Debate

En *Cien años de soledad,* existen elementos reales y fantásticos, como hemos visto. Debátase que tipo de obra es más interesante para leer, una en que todo sea realidad, otra en que exista una mezcla de realidad y fantasía, u otra en la que todo sea fantasía.

Narrativa Actual
José Sánchez-Boudy (1928–)

Nació Sánchez-Boudy en la Habana, Cuba. Se recibió[1] de Doctor en Derecho[2] en la Universidad de la Habana. Criminalista, pronto vió las atrocidades jurídicas que estaba cometiendo el gobierno comunista de Fidel Castro, y salió de Cuba, estableciéndose en Puerto Rico y más tarde en los Estados Unidos, donde es profesor de español en la Universidad de Carolina del Norte en Greensboro. La obra literaria de Sánchez–Boudy es muy numerosa, pero aquí nos ocuparemos[3] solamente del cuento.

En los cuentos de Sánchez-Boudy hay un aspecto que merece especial atención: nos referimos a la presencia en los mismos de elementos del folklore cubano, en el que se refleja libremente, mejor que en ninguna otra manifestación social, la dicotomía[4] del temperamento cubano, en el que la religión y la superstición, lo alegre y lo triste, lo serio y la cómico, se mezclan para producir una maravillosa combinación. Y es esa esencia la que Sánchez-Boudy busca dentro del cuerpo social, como un hábil cirujano, para usarla como temática de sus cuentos, y es ella la que le da una calidad especial y única a los mismos.

Los cuentos de Sánchez-Boudy son breves, escritos en una prosa llena de vitalidad en la que, lo mismo que en toda su obra, aparece palpitando[5] la imagen viva de la patria perdida. En el prólogo a *Cuentos grises* el profesor Francisco Ruiz

---

1. **se recibió** *got the degree*
2. **Doctor en Derecho** *Doctor of Jurisprudence, Lawyer*
3. **nos ocuparemos** *we will pay attention*
4. **dicotomía** *dichotomy, division into two contradictory groups*
5. **palpitando** *alive*

Dr. José Sanchez-Boudy (b. 1928)
COURTESY OF THE AUTHOR

Ramón, refiriéndose a la prosa de Sánchez–Boudy dice que es una prosa "tallada a hachazos."[6]

Entre sus colecciones de cuentos, además de *Cuentos grises,* pueden citarse: *Cuentos del hombre* (1969), *Cuentos a luna llena* (1969), y *Cuentos blancos y negros* (1983).

En "Pepe el Bobo," que aparece en *Cuentos a luna llena* se narra la devoción que un niño retrasado mental siente por otro niño sano y activo, quien lo rechaza y muchas veces lo desprecia y maltrata. El niño sano se enferma de tifus. Aterrorizados por la enfermedad, los vecinos y sus hijos se alejan del enfermo y de su familia y llegan a hablar de quemar la casa para que la enfermedad no se extienda. Un día el enfermo y su madre reciben una gran sorpresa.

---

6. **tallada a hachazos**   *carved with an axe*

También es de *Cuentos a luna llena* "La angustia." Una mujer bellísima descubre horrorizada que el pecho se le está llenando de pequeñas verrugas.[7] Las oraciones en la iglesia y en la casa no la ayudan.[8] Una sirvienta la lleva a casa de un brujo[9] donde la mujer se somete a sus encantamientos.[10] El resultado de todo es sorprendente e inesperado.

PEPE EL BOBO[1]

I

Es otro de los recuerdos de mi niñez clavados como una cruz para siempre, en mi alma. Un recuerdo indeleble, nítido.[2] Un recuerdo sin borras. Todavía me parece estar viendo a Pepe el Bobo con aquella sonrisa de idiota y aquel caminar en salticos que le había dejado la meningitis.   5
    Pepe me seguía para arriba y para abajo. Eran mis años de la Loma de Chaple.[3] Aún la ciudad conservaba el tipo de aldea grande y no se había llevado el concreto y el acero las memorias de los meses que pasé en la Loma.
    Ésta estaba llena de placeres[4] donde empinábamos papalotes[5] o   10
pasábamos el día detrás de las mariposas que metíamos en unas anchas botellas de cristal blanco donde venía la mermelada que papá compraba en el campo.
    En la Loma pululaban[6] las calles con escaleras, y, junto a ellas, los grandes descampados por los que yo, con mi bicicleta, transitaba sin   15
miedo. Había sitios remotos llenos de piedras que tenían un aire misterioso. Casas enormes, como la de Pubillones,[7] con unas glorie-

---

7. **verrugas** *warts*
8. **no la ayudan** *do not help her*
9. **brujo** *wizard, sorcerer*
10. **encantamientos** *enchantments*
1. **bobo** *simpleton*
2. **indeleble, nítido** *unforgettable, clear*
3. **Loma de Chaple** *a hill in Havana,*

Cuba
4. **placeres** *empty lots*
5. **empinábamos papalotes** *we used to fly kites*
6. **pululaban... escaleras** *there used to be many streets with stairs*
7. **Pubillones** *the owner of a mansion in that part of the city*

tas,[8] pintadas de verde sus techos y unos cuartos en las azoteas[9]
terminados en cúpulas con pararrayos.[10]

Eran lugares, repito, misteriosos, en nubes, remotos, donde yo,   20
como niño, atisbaba la vida de lo desconocido. E iba por ellos y
siguiéndome como una sombra, Pepe el Bobo, con su sonrisa de
idiota y aquella leontina de saliva —como dice Mijares— colgaba
de su boca.[11]

Pero yo no quería a Pepe el Bobo. Me molestaba su persecución.   25
Odiaba su reír. Sobre todo aquel reír entrecortado, de morón que
convulsionaba su cuerpo flaco y largo, cuando él me decía, para
jorobármelos en rápido movimiento "dame tus brazos."

Me molestaba su cuerpo flaco y largo como aquellos muñequitos
de Pancho el Largo. ¡Qué rabia me daba cuando Pepe el Bobo no me   30
dejaba ni pie ni pisada![12] Yo me adelantaba entonces con la bicicleta,
lo esperaba en una esquina y le entraba a pedradas.[13] Pero Pepe el
Bobo dejaba que yo me cansara y volvía después a su persecución.

Algunas veces, tímidamente, me pedía la bicicleta. Trataba de
montarla, pero caía al suelo. Y entonces reía de nuevo, agitado,   35
tirado en el piso, junto a la máquina averiada.[14] Yo le decía cuatro
improperios[15] y le llamaba entonces, con más fuerza, "Pepe el
Bobo." Pero él no se inmutaba[16] y volvía a sonreírme.

II

Un día me enfermé muy grave. Empezó a caérseme el pelo y yo a
ponerme flaco. Mi madre, que vigilaba al pie de mi cama, una   40
mañana, después de observar una deposición,[17] se echó a llorar: "El
niño tiene tifus y se nos va a morir."

Era la época en que nadie escapaba a la enfermedad. Yo me fui
volviendo lánguido, de color de cera, chupado, mientras los dañinos
microbios seguían su obra macabra.   45

8. **unas glorietas** *with some gazebos*
9. **azoteas** *flat roof*
10. **pararrayos** *lightning rod*
11. **y aquella... de su boca** *and a slender thread of saliva hanging from his mouth*
12. **¡Qué... ni pisada!** *He made me so mad when he followed me all the time!*

13. **entraba a pedradas** *I used to throw stones at him*
14. **máquina averiada** *broken bicycle*
15. **improperios** *insults*
16. **inmutaba** *but he did not waver*
17. **deposición** *evacuation (of the bowels)*

Mi casa quedó aislada en cuanto se sospechó en el barrio la verdad. Los niños la miraban como un sitio maldito, y de lejos. Hablaban de que había que pegarle candela para purificarla. Lo habían oído de sus padres. Los vecinos huían de mis progenitores[18] como si fueran leprosos, pensando que llevaban encima el virus de 50 la terrible enfermedad, del tifus.

Mi madre, una tarde, cuando llovía torrencialmente, entró en el cuarto. No se me ha ido más de la memoria. Dio un grito. Junto a mi cama, ofreciéndome una botella anchona llena de mariposas[19] estaba Pepe el Bobo con su sonrisa y su eterna leontina de saliva. 55

LA ANGUSTIA

I

Los dedos marfileños[1] reposaron un momento sobre las cuentas nacaradas del rosario. En la cara que destacaba su blancor sobre las sombras del templo, palpitaba la angustia. Pero una angustia honda, terrible, esas angustias que salen de los más escondidos veneros,[2] esas angustias que llevan a la desesperación y a la muerte. 60

Del altar mayor se levantaba un aire de incienso. Las pedrerías de los cristales estaban opacas. Las naves laterales, vacías, se dormían envueltas en el misterio.

Se levantó. El blanco del vestido de hilo hizo un contraste chillón[3] con la negrura de la iglesia. 65

Caminaba despacio para evitar hollar con el ruido de sus zapatos la mayúscula soledad de las seis de la tarde.[4] Cuando llegó a la calle había anochecido. El invierno tropical envolvía la ciudad en un recogimiento augusto, aterciopelado.

En una esquina, junto a la puerta lateral de la iglesia, un muñón 70

---

18. **progenitores** *parents*
19. **ofreciéndome... mariposas** *offering me a wide bottle full of butterflies*
1. **dedos marfileños** *fingers as white as ivory*
2. **angustias... veneros** *anguish that*

comes from the deepest origin
3. **contraste chillón** *loud contrast*
4. **hollar... la tarde** *to break with the sound of her shoes the silence of the temple*

al aire sobresalía de un cuerpo anciano y enjuto que pedía limosna.
En otra, una negra enteca, churriosa, alargaba sus dedos pliegosos,
como garfios, buscando ávidamente las monedas.

Caminó calle abajo mostrando su deslumbrante belleza con la
altivez de una de aquellas condesas del Renacimiento. Cuando llegó   75
a su casa, dos cuadras más abajo,[5] corrió hacia el espejo, descubrió
el pecho y miró pequeños ojos de pescado[6] que entorpecían la
guapura[7] de las líneas de su cuerpo. Y la misma sensación de angustia, la que la comió en la capilla mientras rezaba, mientras pedía
por la pronta desaparición de los forúnculos rebeldes[8] la invadió.   80
Dio un grito y cubrió con las manos la abertura de los pechos.
Acudió la criada, con el lento andar de la vejez.

—Pensé que quería algo la señorita.

—No. Gracias, gracias. Márchate.

—Nada hará la señorita si no va a ver a Toribio. Nada arreglará   85
con rezar y con tanto rosario. Para Toribio, señorita, eso es cosa de
coser y cantar.[9] Los ojos de pescado los quita de un día para otro.

—Vete, vete. No vengas con tus brujerías.[10]

Volvió a su soledad. Miró para la cara y se llevó las manos hacia
ella, horrorizada. En su mente, como una daga, se había clavado una   90
imagen, la de su rostro perfecto comido por los ojos de pescado.[11]

Abrochóse el corpiño.[12] Ya en sus ojos estaba la resolución. El
rosario, de cuentas nacaradas, yacía arrojado en un rincón de la
habitación.

II

Había llegado a la costa. El auto se detuvo junto a los manglares[13]   95
y las dos mujeres comenzaron a caminar por el sendero. Aquella
angustia, la angustia de la muerte, la angustia del presagio no le
abandonaba cuando preguntó:

—¿Cuándo llegamos, María? Tengo miedo.

---

5. **dos cuadras**   *two blocks of houses*
6. **pequeños... pescado**   *many small warts*
7. **guapura**   *the beauty*
8. **forúnculos rebeldes**   *stubborn warts*
9. **cosa de coser y cantar**   *a simple thing to do*
10. **brujería**   *witchcraft*
11. **En... pescado**   *In her imagination she saw her beautiful face being eaten away by the warts*
12. **corpiño**   *brassiere*
13. **manglares**   *plantation of mangrove trees*

—No lo tenga la señorita. Pronto, en veinticuatro horas quedará 100
curada.

Bajó la cabeza. Un pensamiento le agitaba las noches y le hacía
subir el rubor a la cara:

—María, preguntó rápido, ¿tendré que desnudarme?

—Cuando más, el seno, señorita. A lo mejor hay que rociar[14] esos 105
ojos de pescado con algo.

Sintió las mejillas[15] intensamente calientes, como si unas lenguas
de fuego se las quemara. Levantó la vista del suelo y la cobardía la
paralizó: el negro brujo, retinto,[16] con el pelo cano, y mostrando a
través de la sonrisa la cara desdentada,[17] estaba junto a ella. 110
Instintivamente apretó la mano, como si el rosario estuviera allí,
pero las cuentas nacaradas habían quedado, hacía varios días, tiradas en un rincón de su habitación:

—Estaba esperando por ustedes—dijo el negro—. Veo que no
se perdieron. 115

—La niña está apurada—habló la vieja criada—. Empiece rápido
el trabajo, Toribio.

—Bueno. ¿Dónde están esos ojos de pescado? No los veo.

La idéntica sensación de calentura le volvió a las mejillas. Aunque
no estaba desnuda le pareció que el vestido caía de su cuerpo 120
virgen.

—Aquí.

—Voy a comenzar el trabajo. ¿Cuántos son?

—Diez, diez.

—Párese ahí, junto a la braza de candela[18] y mire hacia el río. Se 125
irán los ojos de pescado como las aguas hacia el mar.

Tomó uno de los carbones del anafe[19] apretándolo con un extraño
instrumento de hierro y vertió ceniza[20] en una vasija. Después
comenzó a caminar y derramó diez veces la ceniza sobre el piso.[21]
Pisó a[22] continuación uno a uno, los montones de la misma, dibujó 130

---

14. **rociar** *to sprinkle*
15. **mejillas** *sides of the face, cheeks*
16. **el negro brujo, retinto** *the black conjurer, very black*
17. **desdentada** *without teeth*
18. **braza de candela** *bonfire*

19. **Tomó... anafe** *Took one of the burning pieces of charcoal from the portable furnace*
20. **ceniza** *ashes*
21. **piso** *floor*
22. **Pisó** *Stepped on*

extraños signos con el carbón en el aire y emitió palabras extrañas
e incoherentes:
—Ya está todo. Son cien pesos, cien pesos.
—Pague, niña. Mañana no tendrá nada.
—Regresaron por el mismo camino. Le invadía una sensación de   135
incomodidad pero al mismo tiempo de esperanza. Se pasó la mano
sobre el párpado varias veces y siguió caminando. Cuando llegó a
su casa, el esquilón²³ de la iglesia tocaba un miserere.

III

—Petronila, Petronila.
Había dormido mucho. Llovía a cántaros y la habitación estaba en   140
penumbra.²⁴ De la intemperie llegaba un aire frío. Le pareció que no
distinguía bien los objetos y abrió de par en par la ventana que daba
al patio. Habían pasado las veinticuatro horas y, en su ansiedad, se
palpó los senos. El pecho le rebozó de felicidad. Los ojos de pescado
habían desaparecido. Caminó hacia el espejo con los pechos al aire.   145
Quería ver en el cristal, con delectación morosa, aquellas líneas
blancas, ágiles, desprovistas de los granos malditos.
—¡Petronila!—grito—: ¡Petronila! ¡Ay Dios mío!, ¡Dios mío!
Retrocedió espantada. Un enorme ojo de pescado, blancuzeo,²⁵
asomaba por los bordes de su ojo derecho comiéndose el negro.   150
Algunos filamentos, como garra, comenzaban a invadir el iris.
Volvió hacia el espejo y miró presa de terror.
—¡Petronila! ¡Petronila!
En la luna le pareció ver reflejada la boca desdentada del brujo.
—¡Petronila! ¡Petronila!   155
Los gritos, desde aquella mañana, se esparcieron infinitamente
por los tejados vecinos.

Preguntas

1. ¿Qué da calidad especial a la temática de Sánchez-Boudy?
2. ¿Cuál es el argumento de "Pepe el Bobo?
3. ¿Qué le pasa al niño sano?

23. **esquilón** *bell*   25. **blancuzco** *whitish*
24. **estaba en penumbra** *was dark*

4. ¿De qué hablaban los vecinos y por qué hablaban así?
5. ¿Qué descubre la mujer en "La angustia"?
6. ¿Adónde lleva la sirvienta a la mujer?
7. ¿Qué hace el brujo?
8. ¿Por qué gritó la mujer?

Temas

1. Por qué no se debe rachazar a aquellos que padecen de algún tipo de inhabilidad física o mental.
2. Elementos folklóricos en los dos cuentos.

Comparación

Compárense "Pepe el bobo" y "La angustia."

Manuel Puig (1932–   )

Nació Manuel Puig en General Villegas, provincia de Buenos Aires. En 1951 comenzó estudios en la Universidad de Buenos Aires. De allí fue a Roma, donde una beca le permitió seguir estudios de dirección cinematográfica en el Centro Sperimentale de Cinematografia, habiendo trabajado posteriormente como ayudante del director en varias cintas. En la actualidad[1] reside en México y los Estados Unidos. Hasta el presente ha publicado siete novelas, las que han sido traducidas ya a varios idiomas: *La traición de Rita Hayworth* (1968), *Boquitas[2] pintadas* (1969), *The Buenos Aires Affair* (1973), *El beso de la mujer araña* (1976), *Pubis angelical* (1979), *Maldición eterna a quien lea estas páginas* (1980), y *Sangre de amor correspondido* (1982).

El tema de la influencia que el cine produce en personajes que copian fielmente las situaciones, actitudes y modo de expresión que ven en la pantalla es recurrente en las obras de Puig. Pero es necesario añadir que esto no es tan simple como parece, ya que usando como verdaderas metáforas los temas, casi siempre cursis y ridículos de las cintas, el autor va desenvolviendo con cuidado, conjuntamente con la acción de la obra, la transformación sicológica de los personajes, lo que produce, casi siempre, un desenlace inesperado.

El esquema[3] de *El beso de la mujer araña,* a primera vista

---

1. **actualidad**   *present time*   3. **esquema**   *outline*
2. **boquitas**   *little mouths*

Manuel Puig (b. 1932)

parece de extrema simplicidad, pero no lo es, pues existe en el desarrollo de la obra una gran complejidad sicológica. En una celda de una prisión de Buenos Aires, están recluidos[4] dos prisioneros, Luis Alberto Molina un homosexual y Valentín Arregui un activista político. Haciendo uso de extensos diálogos entre los dos personajes y ayudándose con el empleo de elementos de la cultura "pop" y del argumento de varias cintas cinematográficas que el homosexual va contando a su compañero, el autor lleva a los dos hombres a una confrontación durante la cual salen a la luz emociones y sentimientos que hasta entonces habían estado ocultos, pero latentes en la personalidad de cada uno.

Confrontados por esa realidad que desconocían, se produce una profunda transformación interior en los dos personajes, que más tarde terminará en el sacrificio de uno de ellos.

4. **recluido** *incarcerated, locked up*

De EL BESO DE LA MUJER ARAÑA

Y estaba ahí cuando viene el cuidador con las llaves para darle la
carne a las fieras. El cuidador es ese viejo desmemoriado que te
conté. Irena se mantuvo a una distancia, pero miró todo. El cuidador
se acercó con las llaves, abrió la cerradura de la jaula, descorrió la
barra atravesada, abrió la puerta y echó adentro los pedazos gran-   5
dísimos de carne, después volvió a correr la barra de la puerta de la
jaula, pero se olvidó de la llave en la cerradura. Cuando no la ve,
Irena se acerca a la jaula y se guarda la llave.[1] Bueno, todo esto fue
a la tarde pero ahora ya es de noche y ya está muerto el psicoana-
lista, cuando el marido con la otra y la policía se largan para el   10
zoológico, que queda a pocas cuadras. Pero Irena ya está llegando,
a la jaula misma de la pantera. Va caminando como una sonámbula.
Tiene las llaves en la mano. La pantera está dormida, pero el olor de
Irena la despierta, Irena la mira a través de las rejas. Se acerca
despacio a la puerta, pone la llave en la cerradura, abre. Mientras   15
tanto, los otros van llegando, se oyen los autos acercándose con las
sirenas para abrirse camino entre el tráfico, aunque a esa hora ya
está casi desierto el lugar. Irena descorre la barra y abre la puerta, le
deja paso libre a la pantera. Irena está como transportada a otro
mundo, tiene una expresión rara, entre trágica y de placer, los ojos   20
húmedos. La pantera se escapa de la jaula de un salto, por un
momentito parece suspendida en el aire, delante no tiene otra cosa
que Irena.[2] No más con el mismo envión que trae, ya la voltea.[3] Los
autos se están acercando. La pantera corre por el parque y cruza la
carretera, justo cuando pasa a toda velocidad uno de los autos de la   25
policía. El auto la pisa. Bajan y encuentran a la pantera muerta. El
muchacho va hasta las jaulas y encuentra a Irena tirada en el pedregullo, ahí mismo donde la conoció. Irena tiene la cara desfigurada de un zarpazo, está muerta. La muchacha colega llega hasta

1. **se guarda la llave**   *she takes posses-*   *has nothing in front of him except Irena*
sion of the key   3. **mismo... voltea**   *it pushes Irena out*
2. **delante... que Irena**   *the panther*   *of its way*

donde está él y juntos se van abrazados, tratando de olvidarse de ese   30
espectáculo terrible que acaban de ver, y fin.

—. . .

—¿Te gustó?

—Sí...

—¿Mucho o poco?   35

—Me da lástima que se terminó.

—Pasamos un buen rato, ¿no es cierto?

—Sí, claro.

—Me alegro.

—Yo estoy loco.   40

—¿Qué te pasa?

—Me da lástima que se terminó.

—Y bueno, te cuento otra.

—No, no es eso. Te vas a reír de lo que te voy a decir.

—Dale.   45

—Que me da lástima porque me encariñé con los personajes. Y
ahora se terminó, y es como si estuvieran muertos.

—Al final, Valentín, vos también tenés tu corazoncito.

—Por algún lado tiene que salir... la debilidad, quiero decir.

—No es debilidad, che.   50

—Es curioso que uno no puede estar sin encariñarse con algo
... Es... como si la mente segregara sentimiento, sin parar...

—¿Vos creés?

—. . . lo mismo que el estómago segrega jugo para digerir.

—¿Te parece?   55

—Sí, como una canilla mal cerrada. Y esas gotas van cayendo
sobre cualquier cosa, no se las puede atajar.

—¿Por qué?

—Qué sé yo...[4] porque están rebalsando ya el vaso que las contiene.   60

—Y vos no querés pensar en tu compañera.

—Pero es como si no pudiese evitarlo,... porque me encariño con
cualquier cosa que tenga algo de ella.[5]

—Contame un poco cómo es.

---

4. **Qué sé yo** *How do I know*
5. **con cualquier... de ella** *with anything that reminds me of her*

—Daría... cualquier cosa por poder abrazarla, aunque fuera un   65
momento sólo.

—Ya llegará el día.

—Es que a veces pienso que no va a llegar.

—Vos no estás a cadena perpetua.[6]

—Es que a ella le puede pasar algo.[7]   70

—Escribile, decile[8] que no se arriesgue, que vos la necesitás.

—Eso nunca. Si vas a pensar así nunca vas a poder cambiar nada
en el mundo.

—¿Y vos te creés que vas a cambiar el mundo?

—Sí, y no importa que te rías.... Da risa decirlo, pero lo que yo   75
tengo que hacer antes que nada... es cambiar el mundo.

—Pero no podés cambiarlo de golpe, y vos solo no vas a poder.

—Es que no estoy solo, ¡eso es!... ¿me oís?[9]... ahí está la verdad,
¡eso es lo importante!... En este momento no estoy solo, estoy con
ella y con todos los que piensan como ella y yo, ¡eso es!,... y no me 80
lo tengo que olvidar. Es ésa la punta del ovillo que a veces se me
escapa. Pero por suerte ya la tengo. Y no la voy a soltar.... Yo no
estoy lejos de todos mis compañeros, ¡estoy con ellos!, ¡ahora, en
este momento!..., no importa que no los pueda ver.

—Si así te podés conformar, fenómeno.   85

—¡Mirá que sos idiota!

—Qué palabras...

—No seas irritante entonces... No digas eso, como si fuese yo un
iluso que se engaña con cualquier cosa, ¡sabés que no es así! No soy
un charlatán que habla de política en el bar, ¿no?, la prueba es que 90
estoy acá, ¡no en un bar!

—Perdoname.

—Está bien...

—Me ibas a contar de tu compañera y no me contaste más nada.

—No, mejor nos olvidamos de eso.   95

—Como quieras.

—Aunque no tendría por qué no hablar. No me tiene que hacer
mal hablar de ella.

---

6. **Vos... perpetua** *You are not here*
for life
7. **le puede pasar algo** *something
could happen to her*

8. **Escribile, decile** *Write to her, tell
her*
9. **Es que... ¿me oís?** *But I am not
alone! Do you hear me?*

—Si te hace mal no...

—No me tiene que hacer mal... Lo único que mejor no te digo es 100
el nombre.

—Yo ahora me acordé el nombre de la artista que hace de arquitecta.[10]

—¿Cómo es?

—Jane Randolph.   105

—Nunca la oí nombrar.

—Es de hace mucho,[11] del cuarenta, por ahí. A tu compañera le
podemos decir Jane Randolph.

—Jane Randolph.

—Jane Randolph en ... *El misterio de la celda siete.*   110

—Una de las iniciales le va...

—¿Cuál?

—¿Qué querés que te cuente de ella?

—Lo que quieras, el tipo de chica que es.

—Tiene veinticuatro años, Molina. Dos menos que yo.   115

—Trece menos que yo.

—Siempre fue revolucionaria. Primero le dio por...[12] bueno, con
vos no voy a tener escrúpulos... le dio por la revolución sexual.

—Contame por favor.

—Ella es de un hogar burgués, gente no muy rica, pero vos sabés, 120
desahogada, casa de dos pisos en Caballito. Pero toda su niñez y
juventud se pudrió de ver a los padres destruirse uno al otro. Con
el padre que engañaba a la madre, pero vos sabés lo que quiero
decir...

—No, ¿qué querés decir?   125

—La engañaba al no decirle que necesitaba de otras relaciones.
Y la madre se dedicó a criticarlo delante de la hija, se dedicó a ser
víctima. Yo no creo en el matrimonio, en la monogamia más precisamente.

—Pero qué lindo cuando una pareja se quiere toda la vida.   130

—¿A vos te gustaría eso?

—Es mi sueño.

—¿Y por qué te gustan los hombres entonces?

---

10. **Yo ahora... arquitecta** *Now I re-*
membered the name of the actress who
plays the architect
11. **Es de hace mucho** *It is an old*
movie

12. **Siempre fue.... Primero le dió por**
... *She was always a revolutionary. First*
she wanted to be...

—Qué tiene que ver... Yo quisiera casarme con un hombre para
toda la vida.   135
—¿Sos un señor burgués en el fondo, entonces?[13]
—Una señora burguesa.
—¿Pero no te das cuenta que todo eso es un engaño? Si fueras
mujer no querrías eso.
—Yo estoy enamorado de un hombre maravilloso, y lo único que   140
quisiera es vivir al làdo de él toda la vida.
—Y como eso es imposible, porque si él es hombre querrá a una
mujer, bueno, nunca te vas a poder desengañar.
—Seguí con lo de tu compañera, no tengo ganas de hablar de mí.
—Y bueno, como te decía, a... ¿cómo se llamaba?   145
—Jane. Jane Randolph.
—A Jane Randolph la criaron para ser una señora de su casa.
Lecciones de piano, francés, y dibujo, y terminado el liceo la Univer-
sidad Católica.
—¡Arquitectura!, por eso la asociabas.   150
—No, Sociología. Ya ahí empezó el lío en la casa. Ella quería ir
a la Facultad estatal pero la hicieron inscribir en la Católica. Ahí
conoció a un pibe, se enamoraron y tuvieron relaciones. El muchacho vivía también con los padres pero se fue de la casa, se empleó
de telefonista nocturno y tomó un departamento chico, y ahí empe-   155
zaron a pasar todo el día.
—Y no estudiaron más.
—Ese año estudiaron menos, al principio, pero después ella sí
estudió mucho.
—Pero él no.   160
—Exacto, porque trabajaba. Y un año después Jane se fue a vivir
con él. En la casa de ella hubo lío al principio pero después se
conformaron. Pensaron que como los pibes se querían tanto se iban
a casar. Y el pibe se quería casar. Pero Jane no quería repetir ningún
esquema viejo, y tenía desconfianza.   165
—¿Abortos?
—Sí, uno. Eso la afianzó más en vez de deprimirla. Vio claro que
si tenía un hijo ella misma no iba a poder madurar, no iba a poder
seguir una evolución. Su libertad iba a quedar limitada. Entró a

13. **¿Sos un señor burgués en el fon-
do, entonces?** *Then, are you, deep down, a bourgeois?*

trabajar en una revista como redactora, como informante mejor   170
dicho.

—¿Informante?

—Sí.

—Qué palabra fea.

—Es un trabajo más fácil que el de redactor, en general vas a la   175
calle a buscar la información que después se va a usar para los
artículos. Y ahí conoció a un muchacho de la sección política. Sintió
enseguida que lo necesitaba, que la relación con el otro estaba
estancada.

—¿Por qué estancada?   180

—Ya se habían dado todo lo que podían. Se tenían mucho apego,
pero eran demasiado jóvenes para quedarse en eso, no sabían bien
todavía... lo que querían, ninguno de los dos. Y... Jane, le propuso
al pibe una apertura de la relación. Y el pibe aceptó, y ella empezó
a verse con el compañero de la revista también.   185

—¿Seguía durmiendo en casa del pibe?

—Sí, y a veces no. Hasta que se fue a vivir del todo con el
redactor.

—¿De qué tendencia era el redactor?

—De izquierda.   190

—Y le inculcó todo a ella.[14]

—No, ella siempre había sentido la necesidad del cambio. Bueno,
sabés que es tarde, ¿no?

—Ya las dos de la mañana.

—Mañana te la sigo, Molina.[15]   195

—Sos vengativo.

—No, pavote. Estoy cansado.

—Yo no. No tengo nada de sueño.[16]

—Hasta mañana.

—Hasta mañana.   200

.   .   .   .

—¿Te dormiste?

—No, te dije que no tenía sueño.

—Yo estoy un poco desvelado.

---

14. **Y le... a ella.**   *And he taught every-*   *tomorrow, Molina*
thing to her.   16. **No tengo... de sueño**   *I am not at*
15. **Mañana... Molina**   *I will continue*   *all sleepy*

—Dijiste que tenías sueño.
—Sí, pero después me quedé pensando, porque te dejé colgado. 205
—¿Me dejaste colgado?
—Sí, no te seguí conversando.
—No te preocupes.
—¿Te sentís bien?
—Sí. 210
—¿Y por qué no dormís?
—No sé, Valentín.
—Mirá, yo sí tengo un poco de sueño y me voy a dormir enseguida. Y para que vos agarres el sueño te tengo una solución.[17]
—¿Cuál? 215
—Pensá en la película que me vas a contar.
—Fenómeno.
—Pero que sea buena, como la pantera. Elegila bien.[18]
—Y vos me vas a contar más de Jane.
—No, eso no sé... Hagamos una cosa: cuando yo sienta que te 220
pueda contar algo te lo voy a contar con todo gusto. Pero no me lo
pidas, yo sólo te voy a sacar el tema.[19] ¿De acuerdo?
—De acuerdo.
—Y ahora pensá en la película.
—Bueno. 225
—Chau.
—Chau.

Preguntas

1. ¿Cuál es el esquema de *El beso de la mujer araña?*
2. ¿De qué trata la primera página del fragmento que hemos leído?
3. ¿Qué hace Elena?
4. ¿Quién cuenta la película y dónde están los que hablan?
5. ¿Por qué siente lástima uno de los personajes?
6. ¿Qué tiene siempre que salir por algún lado?
7. ¿Por qué el ser humano no puede existir sin encariñarse?
8. ¿Por qué uno de los presos no quiere pensar en su compañera?

17. **Y para... solución** *And I have a solution to help you get some sleep.*
18. **Elegila bien** *Choose it well*
19. **yo solo... el tema** *I alone am going to bring up the subject*

9. ¿Qué es lo que tiene que hacer ese preso antes que nada?
10. ¿Se siente solo uno de los presos? ¿Con quién está?
11. ¿Cuál es el nombre de la artista que se menciona?
12. ¿Cuál de los dos presos habla de su compañera? ¿Qué nombre van a usar para referirse a ella?
13. ¿Cómo fue siempre la chica de quien hablan?
14. ¿Se durmieron los presos? ¿Por qué?
15. ¿Quién va a contar la película?
16. ¿Va el preso a contar más de Jane? ¿Por qué?

Temas

1. Explique por qué uno de los presos dice que no está solo. ¿Cree Ud. que es cierto lo que dice? ¿Por qué Ud. lo cree así?
2. Diga como era "la compañera" y las razones que tuvo para su rebeldía, para no desear casarse y para no tener un hijo. ¿Que cree Ud. de todo ello?
3. En opinión de Ud., en qué se diferencian las actitudes e ideas de los dos presos.

Debate

El matrimonio como elemento esencial o no esencial en la familia.

Hilda Perera (1926–   )

Nace en la Habana, Cuba. A los 17 años de edad, se da a conocer como escritora con la obra *Cuentos de Apolo,* que será traducida a ocho idiomas y que es considerada por la crítica como "pequeño clásico de la literatura cubana."

Llena de ilusiones con la revolución cubana, en 1960 publica su primera novela *Mañana es 26* que el crítico Seymour Menton ha calificado como "una de las novelas cubanas más significativas de la época post-revolucionara."

Decepcionada por el giro que toma la revolución, la escritora sale de Cuba y viene a los Estados Unidos, donde continúa su labor literaria. Publica en 1972 *El sitio de nadie,* que queda como Primer Finalista del prestigioso Premio Internacional de Novela 1972, auspiciado por la Editorial Planeta de Barcelona. En 1977 publica *Felices Pascuas,* que queda como finalista de los Premios Planeta y Nadal de literatura. En 1981 sale a la luz *Plantado,* obra testimonial sobre el presidio castrista,[1] que ha sido considerada por la crítica como una "obra de arte de envergadura"[2] y que se ha convertido en un importante aporte[3] a la lucha por la liberación de los presos polítidos cubanos. Y por último, en 1987 publica *Los Robledal,* que es seleccionada en España entre cuatrocientas treinta obras como una de las cinco finalistas del Premio Internacional de Novela Novedades-Diana.

Hilda Perera también ha escrito obras para niños: *Cuentos de*

1. **presidio castrista** *Fidel Castro's prisons*
2. **envergadura** *very important*
3. **un... aporte** *an important contribution*

Adli y Luas, Cuentos para chicos grandes que obtuvo el Premio
Lazarillo de 1972, concedido por el Instituto del Libro y el
Ministerio de Cultura de España, *Podría ser que una vez,* que
obtiene también el Premio Lazarillo de 1978; y las novelas para
niños *Mai* y *Kike.*

Entre la obras de texto para la enseñanza del idioma español
de la escritora se destacan *La pata Pita* y *La pata Pita vuelve,
Pericopín, Rana ranita, Pepín y el abuelo* y *La fuga de los
juguetes.*

La novela el *Sitio de nadie* tiene como escenario la isla de
Cuba, durante los años decisivos cuando la revolución que en
un principio se había considerado nacionalista y democrática,
se desplaza rápidamente[4] hacia un sistema dictatorial de ideología marxista-leninista. El resultado que se produce en la estructura social cubana es trágico, sobre todo en los núcleos
familiares, cuya característica más sobresaliente había sido
siempre su estrecha cohesión.[5] El país se divide entre los que
aceptan el giro que ha tomado la revolución y los que no lo
aceptan. Y lo mismo sucede dentro de la familia, cuyos miembros llegan a tomar posiciones extremas totalmente opuestas.
Y esta es la situación dentro de la cual se mueven los personajes de *El sitio de nadie,* reaccionando desde su propio
punto de vista ante los cambios que van presentándose. Unos
se sienten confundidos, indecisos, otros traicionados, y otros
aprueban los cambios con entusiasmo. Una de las características más interesante de la obra es su objetividad. La autora no
trata de dirigir a sus personajes, ellos son los que deciden su
destino final después de angustiosas reflexiones. Pero en toda
la obra, como un elemento vital, se siente la presencia del
miedo.[6] El miedo a la denuncia, a perderlo todo, a la separa-
ción, a lo desconocido. Cuando los personajes hablan, dis-
cuten, actúan, lo hacen siempre rodeados por el velo invisible
del miedo. *El sitio de nadie* es una novela en la que Hilda
Perera, utilizando para crear a sus personajes una aproxima-

---

4. **se... rápidamente** *it rapidly be-
comes*
5. **estrecha cohesión** *homogeneity,*
unity
6. **miedo** *fear*

ción muy humana y vital, sin parcialidades, da una verdadera idea de lo que es la vida en una dictadura comunista. Seleccionadas especialmente para nosotros por la autora, ofrecemos a continuación unas páginas de *El sitio de nadie*.

EL SITIO DE NADIE

¿A dónde va con esto la gente como yo? ¿Dónde se mete? ¿Qué sitio tiene? Si no puede, en el Congreso de Intelectuales y Artistas levantar feroz el brazo izquierdo y gritar hasta enronquecer martilleando[1] "¡Izquierda!, ¡Izquierda!, ¡Izquierda siempre izquierda!", ¿dónde se mete? Si uno no puede, por pudor que tiene de intelectual levantar   5
las manos zahirientes[2] y gritar con furia: "¡Fidel, Kruschov, estamos con los dos!" Eh, ¿si uno no puede? Podía Mariblanca, tres asientos al frente, darle trompones al aire[3] como una serrana y gritarlo. Pudo, en la presidencia, José Antonio, con sus ojos azules, tan elegante de inteligencia, tan franco y criollo; pudo, frente a mil voces, levantar   10
la suya hecha a seminarios y discusiones en salas de clase; pudo agresivo, contento, reverdecer gritando.[4] Pudo también el Rector Magnífico. Y yo que no pude, ¿dónde voy? Si no puedo, con las manos en alto agarrar las del vecino y cantar el bello canto enorme "Agrupémonos todos, en la lucha final,"[5] que el cuento de las manos   15
agarradas y el vaya y venga convierte en a la rueda de adultos; si no puedo, Señor, ¿dónde he de ir? ¡Si no funciono a reflejos siempre! Ah, ¡los perros de Pavlov![6] Los enormes perros gigantes, en dos pies, ¡si pudiera! A luz verde, grito; a música me paro; a tono elevado de voz, furia; a tono cínico: "¡paredón; paredón!"[7] Si no puedo, y entre yo y   20
mi acción hay tanto meditar y recuerdo y debate de conciencia y buscar libros y sacar vivencias[8] y necesidad de silencio y noche de

---

1. **gritar hasta enronquecer martilleando** *to scream repeatedly until one is hoarse*
2. **levantar las manos zahirientes** *to raise an arm in defiance*
3. *darle trompones al aire to hit the air with the fist*
4. **reverdecer gritando** *to scream with new freshness and vigor*

5. **"Agrupémonos todos en la lucha final"** *"Lets get together for the final struggle".*
6. **los perros de Paulov** *Pavlov's dogs, as the subjects of and experiment by the Russian physiologist Ivan Petrovich Pavlov* (1849–1936) *on conditioned reactions*
7. **paredón** *execution by shooting*
8. **vivencias** *personal experiences*

insomnio… Si entre yo y mi hacer hay este confuso gentío de Hamlets, todos confundidos, ¿dónde quepo, Señor? ¡Todo el mundo sabe más que yo! Todo el mundo se ha leído cuatro libros y diez consignas[9] y funciona de modo esquemático y siempre les cuadra el cartabón ideológico; y a mí, que no me cuadra, ¿dónde voy? Se llevan a Cuba, en alto, broncas voces de obreros en estampía proletaria. La gente brava está muriendo, se sacrifica, no duerme; son de granito.[10] Rugen juntos, se ensoberbecen juntos. Son haces de músculos juntos en reacción solidaria. Aman a la orden, odian a la orden, matan y mueren a la orden. "¿Alguien tiene miedo?", pregunto para que contesten. Y todos gritan: "¡Nadie!" Pregunto, por si es que estamos hechos de distinta pasta, si temen a la muerte, si dudan, si les martillea el acoso de la verdad, si tiemblan, si alguna vez se sintieron vencidos, si todavía cuando conjugan verbos dicen "yo", o si para siempre será "nosotros". De la boca les salen respuestas en consignas. Jamás dudan, no temen a la muerte, nacionalizaron la verdad íntegramente. Fusilaron por revisionista al libre albedrío.

Y yo ¿a dónde voy conmigo? ¿Dónde van los como yo? ¿En qué mundo me afinco? ¿Qué fe de adelantado y qué furor de Cortés y qué ánimo de "vida por vivir" me bebo? ¿De qué verde me nutro? ¿Con qué puñal se mata la desesperanza?

¿Será que no hay salida, José Javier, que hay que pasar por esto? ¿Será que hay que ser dócil y dejar que te ordenen "piensa esto", "siente esto", "escribe esto", "di esto"? ¿Será resabio burgués esto de discurrir por sí mismo?[11] Pero mientras llega esta saciedad tranquila de pensar todos lo mismo, yo, que estoy rumia que rumia atormentándome, ¿qué logro, qué escribo, qué grito? ¿Dónde puedo llevar a pervivir este fósil hasta que llegue el término de su supervivencia?[12] Si veo que le viene la muerte irremisible, ¿qué hago? ¿Me adapto, callo, me rebelo, muero, huyo llevándome? ¿Será que hay que quedarse solo gritando y gritando en soledad y disintiendo y dudando y sangrando de por vida y aun de por muerte hasta que pase esta jornada de consignas y reivindicaciones y desfidelicen[13] y, de

---

9. **Todo… y diez consignas** *Everybody has read four books and learned ten slogans*
10. **son de granito** *are made of stone*
11. **¿Será resabio… sí mismo?** *It is possible that thinking for oneself is a bad*

habit of the bourgeois?
12. **¿Dónde… de su supervivencia?** *Where can I take my inner most self if I am to survive?*
13. **desfidelicen** *do not follow Fidel Castro's ideas anymore*

pronto, alguien oiga al fin el grito enronquecido?[14] Es un hilillo de voz el mío, José Javier, apenas un hilillo y solo y trágico; un grito que a veces ni se reconoce a sí mismo como grito. ¿O será vagido[15] de esta muerte que llevo en mí misma? ¿Es eso, José Javier? Un gemido, una quejumbre que muriéndome cesa,[16] ¿o este "yo soy", "yo   60 pienso", "yo siento", "yo creo", "yo opino", "yo difiero", este albedrío, es grito que repetirán un día otros y otros y otros y valga la pena haber estado aullando[17] en soledad hasta entonces?

Hay que decidirse: izquierda o derecha.

Preguntas

1. ¿Dónde nació Hilda Perera?
2. ¿Cómo se da a conocer la escritora?
3. ¿Qué sentía la escritora en 1960 y que publicó?
4. ¿Por qué se decepciona Hilda Perera y qué hace?
5. ¿Qué publica en 1972?
6. ¿Cómo considera la crítica la obra *Plantado?*
7. Mencione algunas de las obras de texto de Perera.
8. ¿Cuál es el escenario de *Sitio de nadie?*
9. ¿Cómo se divide el país y por qué?
10. ¿Cómo se sienten los personajes de *El sitio de nadie?*
11. ¿Qué presencia se siente en toda la obra?
12. ¿Cómo es la novela?

Temas

1. La cuestión política en las obras de Hilda Perera.
2. Consecuencias que trajo a los personajes de *El sitio de nadie* el desplazamiento de la revolución cubana hacia un sistema dictatorial marxista-leninista.
3. El miedo como elemento característico de las dictaduras.

---

14. **alguien... enronquecido** *at last somebody is listening to the hoarse cry*
15. **vagido** *cry*

16. **Un gemido,... cesa** *A complaint that will stop when I die*
17. **aullando** *howling*

Isabel Allende (1942–   )

Aunque nacida en Lima, Perú, Isabel Allende es chilena. En su primera novela *La casa de los espíritus,* aparecen muchos datos autobiográficos, habiendo declarado la escritora al efecto:

"Me resulta difícil escribir mis datos biográficos sin repetir muchas cosas que están en *La casa de los espíritus.* Pero diré que nací en Lima por casualidad, pues soy chilena. Tuve un padre como el conde de Satigny, que desapareció sin dejar recuerdos. Mi madre fue el norte de mi infancia. Tal vez por eso me resulta más fácil escribir sobre las mujeres. Ella me dió un cuaderno para anotar la vida a la edad en que otras niñas juegan con muñecas y también me dió una pared de mi cuarto para que pintara allí las cosas que deseaba tener. Posteriormente se casó con un hombre extraordinario quien, con el tiempo, llegó a ser el mejor padre para mí. Era diplomático, así que dimos muchas vueltas por el mundo y eso me dejó para siempre el horror a los viajes...."

Desde muy joven comenzó a trabajar como periodista. Después del golpe militar contra el presidente Allende, salió con su familia de Chile y actualmente vive en Venezuela. En la novelística de Isabel Allende se observa la influencia de los grandes autores del *boom,* especialmente de Gabriel García Márquez, mezclando la realidad y la fantasía para crear un mundo donde todo puede pasar. Sus descripciones, muchas de ellas de exquisita delicadeza, llevan al lector a percibir a través de sus sentidos el mundo que la autora está creando, el canto de los pájaros, los rumores de la selva, los olores, el contraste entre las sombras y la claridad, etc. Un elemento que

Isabel Allende (b. 1942)
LUTFI ÖZKÖK

se observa también en las obras de Isabel Allende, es el contraste entre el guerrillero, idealista puro y sin faltas y el oficial del gobierno, corrupto y sádico,[1] lo mismo si en la obra se trata de una dictadura militar como en *La casa de los espíritus* o de una "democracia" como en *Eva Luna*.

Publica la autora su primera novela *La casa de los espíritus*, en octubre de 1982, habiéndose publicado la vigésima[2] novena edición en febrero de 1989; después publica *De amor y de sombra* en 1984 y en 1987 ve la luz *Eva Luna*, publicándose una cuarta impresión[3] de la misma, en febrero de 1989.

La casa de los espíritus, es la saga de la familia Trueba, desde principios de este siglo hasta la época presente. Jugando como los maestros del *boom* con la realidad y la fantasía, la autora nos introduce en un mundo en que la realidad se mezcla con lo sobrenatural y los vivos con los muertos. En la obra se sigue

1. **sádico** *sadistic*
2. **vigésimo** *twentieth*
3. **impresión** *printing*

paso a paso el engrandecimiento de una familia, logrado por la lucha incansable del patriarca Esteban Trueba, quien no se detiene ante nada para satisfacer su vanidad y el orgullo de ofrecer a su esposa, a la que ama profundamente, todo lo que ella desee. Las vidas de los hijos y nietos, legítimos e ilegítimos, van dándole continuidad a la trama de la obra. Y todo ese desarrollo se va reflejando físicamente en "la gran casa de la esquina," la casa que Trueba mandó a construir para ofrecerla como regalo a su novia el día de la boda. Lo mismo que en los miembros de la familia, todo lo que sucede va dejando su marca en los muros y habitaciones de la mansión, por donde se mueven constantemente los espíritus de los que la han ido habitando durante casi cien años.

De LA CASA DE LOS ESPÍRITUS

A fines del otoño, cuando la familia se había tranquilizado respecto a las intenciones del padre Restrepo, quien tuvo que apaciguar su vocación de inquisidor después que el obispo en persona le advirtió que dejara en paz a la pequeña Clara del Valle, y cuando todos se habían resignado a la idea de que el tío Marcos estaba realmente 5 muerto, comenzaron a concretarse los planes políticos de Severo. Había trabajado durante años con ese fin. Fue un triunfo para él cuando lo invitaron a presentarse como candidato del Partido Liberal en las elecciones parlamentarias, en representación de una provincia del Sur donde nunca había estado y tampoco podía ubicar[1] 10 fácilmente en el mapa. El Partido estaba muy necesitado de gente y Severo muy ansioso de ocupar un escaño[2] en el Congreso, de modo que no tuvieron dificultad en convencer a los humildes electores del Sur, que nombraran a Severo como su candidato. La invitación fue apoyada por un cerdo asado,[3] rosado y monumental, que fue en- 15

---

1. **ubicar**   *to find, to locate*
2. **escaño**   *seat, bench*
3. **cerdo asado**   *roasted pig*

viado por los electores a la casa de la familia del Valle. Iba sobre una gran bandeja[4] de madera, perfumado y brillante, con un perejil[5] en el hocico y una zanahoria[6] en el culo;[7] reposando en un lecho de tomates. Tenía un costurón en la panza y adentro estaba relleno con perdices, que a su vez estaban rellenas con ciruelas. Llegó acom-   20
pañado por una garrafa que contenía medio galón del mejor aguardiente del país. La idea de convertirse en diputado o, mejor aún, en senador, era un sueño largamente acariciado por Severo. Había ido llevando las cosas hasta esa meta con un minucioso trabajo de contactos, amistades, conciliábulos, apariciones públicas discretas   25
pero eficaces, dinero y favores que hacía a las personas adecuadas en el momento preciso. Aquella provincia sureña, aunque remota y desconocida, era lo que estaba esperando.

Lo del cerdo fue un martes. El viernes, cuando ya del cerdo no quedaba más que los pellejos y los huesos que roía Barrabás en el   30
patio, Clara anunció que habría otro muerto en la casa.

—Pero será un muerto por equivocación —dijo.

El sábado pasó mala noche y despertó gritando. La Nana le dio una infusión de tilo y nadie le hizo caso, porque estaban ocupados con los preparativos del viaje del padre al Sur y porque la bella Rosa   35
amaneció con fiebre. Nívea ordenó que dejaran a Rosa en cama y el doctor Cuevas dijo que no era nada grave, que le dieran una limonada tibia bien azucarada, con un chorrillo de licor, para que sudara la calentura. Severo fue a ver a su hija y la encontró arrebolada y con los ojos brillantes, hundida en los encajes color mantequilla   40
de sus sábanas. Le llevó de regalo un carnet de baile y autorizó a la Nana para abrir la garrafa de aguardiente y echarle a la limonada. Rosa se bebió la limonada, se arropó en su mantilla de lana y se durmió en seguida al lado de Clara, con quien compartía la habitación.   45

En la mañana del domingo trágico, la Nana se levantó temprano, como siempre. Antes de ir a misa fue a la cocina a preparar el desayuno de la familia. La cocina a leña y carbón[8] había quedado preparada desde el día anterior y ella encendió el fogón en el rescoldo de las brasas aún tibias. Mientras calentaba el agua y hervía la   50
leche, fue acomodando los platos para llevarlos al comedor. Em-

---

4. **bandeja** *tray*
5. **perejil** *parsley*
6. **zanahoria** *carrot*

7. **culo** *buttocks, rump*
8. **leña y carbón** *kindling and charcoal*

pezó a cocinar la avena, a colar el café, tostar el pan. Arregló dos bandejas, una para Nívea, que siempre tomaba su desayuno en la cama, y otra para Rosa, que por estar enferma tenía derecho a lo mismo. Cubrió la bandeja de Rosa con una servilleta de lino bordado por las monjas,[9] para que no se enfriara el café y no le entraran moscas, y se asomó al patio para ver que Barrabás no estuviera cerca. Tenía el prurito[10] de asaltarla cuando ella pasaba con el desayuno. Lo vio distraído jugando con una gallina y aprovechó para salir en su largo viaje por los patios y los corredores, desde la cocina, al fondo de la casa, hasta el cuarto de las niñas, al otro extremo. Frente a la puerta de Rosa vaciló, golpeada por la fuerza del presentimiento. Entró sin anunciarse a la habitación, como era su costumbre, y al punto notó que olía a rosas, a pesar de que no era la época de esas flores. Entonces la Nana supo que había ocurrido una desgracia irreparable.[11] Depositó con cuidado la bandeja en la mesa de noche y caminó lentamente hasta la ventana. Abrió las pesadas cortinas y el pálido sol de la mañana entró en el cuarto. Se volvió acongojada y no le sorprendió ver sobre la cama a Rosa muerta, más bella que nunca, con el pelo definitivamente verde, la piel del tono del marfil[12] nuevo y sus ojos amarillos como la miel,[13] abiertos. A los pies de la cama estaba la pequeña Clara observando a su hermana. La Nana se arrodilló junto a la cama, tomó la mano a Rosa y comenzó a rezar. Siguió rezando hasta que se escuchó en toda la casa un terrible lamento de buque perdido. Fue la primera y última vez que Barrabás sacó la voz. Aulló a la muerta durante todo el día, hasta destrozarle los nervios a los habitantes de la casa y a los vecinos, que acudieron atraídos por ese gemido de naufragio.

Al doctor Cuevas le bastó echar una mirada al cuerpo de Rosa, para saber que la muerte se debió a algo mucho más grave que una fiebre de morondanga. Comenzó a husmear por todos lados, inspeccionó la cocina, pasó los dedos por las cacerolas, abrió los sacos de harina, las bolsas de azúcar, las cajas de frutas secas, revolvió todo y dejó a su paso un desparrame de huracán. Hurgó en los cajones de Rosa, interrogó a los sirvientes uno por uno, acosó a la Nana hasta que la puso fuera de sí y finalmente sus pesquisas lo condujeron a la garrafa[14] de aguardiente[15] que requisó sin miramien-

---

9. **monja** *nun*
10. **prurito** *desire, urge*
11. **irreparable** *irreversible, irrepara-ble*

12. **marfil** *ivory*
13. **miel** *honey*
14. **garrafa** *decanter*
15. **aguardiente** *moonshine*

tos. No le comunicó a nadie sus dudas, pero se llevó la botella a su laboratorio. Tres horas después estaba de regreso con una expresión de horror que transformaba su rubicundo[16] rostro de fauno[17] en una máscara pálida que no le abandonó durante todo ese terrible asunto. Se dirigió a Severo, lo tomó de un brazo y lo llevó aparte.

—En ese aguardiente había suficiente veneno como para reventar a un toro —le dijo a boca de jarro—. Pero para estar seguro de que eso fue lo que mató a la niña, tengo que hacer una autopsia.

—¿Quiere decir que la va a abrir? —gimió Severo.

—No completamente. La cabeza no se la voy a tocar, sólo el sistema digestivo —explicó el doctor Cuevas.

Severo sufrió una fatiga.

A esa hora Nívea estaba agotada de llorar, pero cuando se enteró de que pensaban llevarse a su hija a la morgue, recuperó de golpe la energía. Sólo se calmó con el juramento de que se llevarían a Rosa directamente de la casa al Cementerio Católico. Entonces aceptó tomarse el láudano[18] que le dio el médico y se durmió durante veinte horas.

Al anochecer, Severo dispuso los preparativos. Mandó a sus hijos a la cama y autorizó a los sirvientes para retirarse temprano. A Clara, que estaba demasiado impresionada por lo que había sucedido, le permitió pasar esa noche en el cuarto de otra hermana. Después que todas las luces se apagaron y la casa entró en reposo, llegó el ayudante del doctor Cuevas, un joven esmirriado[19] y miope, que tartamudeaba[20] al hablar. Ayudaron a Severo a transportar el cuerpo de Rosa a la cocina y lo colocaron con delicadeza sobre el mármol donde la Nana amasaba el pan y picaba las verduras.[21] A pesar de la fortaleza de su carácter, Severo no pudo resistir el momento en que quitaron la camisa de dormir a su hija y apareció su esplendorosa desnudez de sirena. Salió trastabillando,[22] borracho de dolor, y se desplomó en el salón llorando como una criatura. También el doctor Cuevas, que había visto nacer a Rosa y la conocía como la palma de su mano, tuvo un sobresalto al verla sin ropa. El joven ayudante, por su parte,

16. **rubicundo** *rosy with health*
17. **fauno** *faun*
18. **láudano laudanum** *(medicine to induce sleep)*
19. **esmirriado** *feeble*
20. **tartamudear** *to stutter*
21. **donde... las verduras** *where the Nana used to knead the dough and cut the vegetables*
22. **trastabillando** *wavering*

comenzó a jadear de impresión y siguió jadeando en los años siguientes cada vez que recordaba la visión increíble de Rosa durmiendo desnuda sobre el mesón[23] de la cocina, con su largo pelo cayendo como una cascada vegetal hasta el suelo.   125

Preguntas

1. ¿Qué dice la escritora en relación a sus datos biográficos?
2. ¿Para qué le dió la madre de la escritora una pared de la habitación?
3. ¿Qué influencia se observa en la novelística de Isabel Allende?
4. ¿Cómo son las descripciones de Isabel Allende?
5. ¿Cuándo publica Isabel Allende su primera novela y cuál es el título de la misma?
6. ¿Qué es *La casa de los espíritus?*
7. ¿En qué clase de mundo nos introduce la autora?
8. ¿Por qué tuvo que apaciguar su vocación de inquisidor el padre Restrepo?
9. ¿A qué idea se habían resignado todos?
10. ¿Dónde Severo nunca había estado y para que lo invitaron?
11. ¿Con qué fue apoyada la invitación?
12. ¿Qué contenía la garrafa?
13. ¿Cuál era un sueño largamente acariciado por Severo?
14. ¿Qué anunció Clara el viernes?
15. ¿Para qué autorizó Severo a la Nana?
16. ¿Por qué vaciló la Nana a la puerta de la habitación de Rosa?
17. ¿Cómo olía la habitación y que supo entonces la Nana?
18. ¿Qué le había pasado a Rosa y quién estaba a los pies de la cama?
19. ¿Qué se escuchó en toda la casa y por qué acudieron los vecinos?
20. ¿Para que le bastó al doctor Cuevas echar una mirada a Rosa?
21. ¿Qué se llevó el doctor a su laboratorio?
22. ¿Qué expresión tenía el rostro del doctor cuando regresó tres horas después?
23. ¿Que le dijo el doctor Cuevas a Severo y qué tenía que hacer para estar seguro de lo que había pasado?
24. ¿Quién llegó después que las luces se habían apagado?
25. ¿Qué colocaron con delicadeza sobre el marmol donde la Nana amasaba el pan y picaba las verduras?

23. **mesón** *big table*

Tema

Compárense las ideas políticas y técnicas literarias de Isabel Allende con las de Hilda Perera: objetividad, subjetividad, realidad y fantasía, etc.

Debate

Hágase un debate defendiendo y atacando los puntos de vista políticos de Isabel Allende en contraste con los de Hilda Perera.

Apéndice 1

CORRIENTES LITERARIAS EN HISPANOAMÉRICA

Es muy difícil marcar los límites cronológicos de los distintos períodos en que se divide una literatura, pues cada uno lleva en sí elementos de los que le precedieron. Pero como es necesario hacer una división de la literatura hispanoamericana, usaremos la siguiente: Mundo Pre-colombino; Período Colonial, que incluye Renacimiento, Barroco y Noeclasicismo; Siglo XIX, incluyendo Romanticismo y Realismo; Siglo XX dividido en dos partes, de 1900 a 1960, incluyendo Modernismo; y de 1960 hasta la época presente, con el *Boom* y la Narrativa Actual.

MUNDO PRE-COLOMBINO

A la llegada de los españoles en 1492, existían en América tres grandes civilizaciones indígenas: maya, azteca e inca, que poseían conocimientos científicos y manifestaciones artísticas muchas veces a la altura de las europeas de su época. En las tres existían manifestaciones literarias importantes: un teatro, especialmente ritual, bien desarrollado; poesía lírica, épica y narraciones en prosa. Los mayas conocían la escritura, que fue en un principio ideográfica y después fonética.[1] Los conquistadores españoles destruyeron casi todos los códices mayas que existían, conservándose solamente tres, escritos en un sistema conocido solo por sus sacerdotes: el *Códice Dresdensis* en la Biblioteca Real de Dresden; el *Códice Tro-Cortesianus,* en la Biblioteca del Museo de América en Madrid; y el *Códice Peresianus* en la Biblioteca Nacional de París. También existen algunas obras escritas a mediados del siglo XVI, entre ellas el famoso *Popol Vuh,* probablemente escrito entre 1554 y 1558 por un indio educado por los españoles, quien escribió en lengua quiché, usando el alfabeto español. El *Popol Vuh* es una recopilación de

---

1. en la escritura ideográfica se representan las ideas por medio de figuras

creencias cosmogónicas y memorias históricas y legendarias. Se le conoce también como la "Biblia Maya". Los aztecas tenían poesía lírica y épica, y narraciones en prosa como *Los cantos de Huitzilopochtli,* el *Canto a Mixcoath* y el *Códice Ramírez,* que fueron trasmitidas por los cronistas del siglo XVI; y por último, los incas, a pesar de faltarles la escritura, se distinguieron en la poesía lírica y épica, que era trasmitida por cantores profesionales que, lo mismo que los juglares europeos, recitaban las obras en público.

Cristóbal Colón (1451–1506) fue el primer europeo que al relatar en su *Diario* las aventuras en que participa, y describir la gente, la fauna, la flora y el paisaje que va encontrando, comienza a hacer literatura del Nuevo Mundo. Comenzando con los romances antiguos, traídos a América por los primeros descubridores y conquistadores españoles, las tendencias literarias que van surgiendo en la península durante esos años son fielmente seguidas en el Nuevo Mundo, aunque muchas veces con bastante retraso.

PERÍODO COLONIAL

Renacimiento: El renacimiento español del siglo XVI, con sus importantes cambios, especialmente la adopción de los metros italianos, llega lentamente a Hispanoamérica, traído por las clases altas. La poesía, en un principio ruda y desaliñada, se va perfeccionando, siendo la escasez de la lírica en este período atribuída a la ausencia de la mujer española. La poesía épica, tampoco muy abundante, produce sin embargo *La Araucana,* que le ganará al autor Alonso de Ercilla y Zúñiga (1533–1596), ser considerado "el más genuino representante de la épica castellana de todos los tiempos."[2] La poesía satírica, llega durante esta época, y continuará siendo un género muy popular hasta nuestros días. El ensayo ha sido siempre uno de los género más importante de la literatura hispanoamericana. Puede decirse que Cristóbal Colón, al escribir las *Cartas sobre el descubrimiento,* cuyo tema central es América, se convierte en el primer ensayista de nuestro continente, seguido por los cronistas e historiadores de Indias. Durante estos años el teatro, en muchos casos el indígena, es usado por los misioneros españoles para instruir a los indios en la fe cristiana, y para entretenimiento de los españoles. Con respecto al cuento, ya aparecen "historias" en obras como las del Inca Garcilaso de la Vega que pueden ser consideradas fácilmente como verdaderos "cuentos." La novela no existió en Hispanoamérica hasta mediados del siglo XIX, posiblemente por las restricciones y prohibiciones que regularon desde un principio su introducción en las colonias, por la intensidad con que los

2. Emiliano Diez-Echarri y José María Roca Franquesa, *Historia de la literatura*   *española e hispanoamericana* (1950; Madrid: Aguilar, 1968) 216.

conquistadores estaban viviendo la gran aventura americana y sobre todo porque siendo la sociedad de los virreinatos una copia de la metropolitana, todo llegaba a las colonias ya hecho por los novelistas de la península.

Barroco: Durante el siglo XVII se consolida el poder español en América y se organiza la nueva sociedad en forma de pirámide, ocupando el lugar más alto el peninsular, quien controla los poderes económico, político y social. Bajo el peninsular está el criollo que aunque comienza a tener poder económico, no lo tiene ni político ni social; y por último, los escalones más bajos están ocupados por el mestizo y demás mezclas, por el indio y por el negro, en ese orden. Era una sociedad sin libertades crítica ni de pensamiento, estando todo el poder centralizado en los virreyes y otros funcionarios venidos de España. En literatura, como en todo lo demás, el único modelo lo constituía la península, aunque al final del período ya comienzan a verse indicios de una literatura independiente. Con un poder enorme, la iglesia dictaba cuales libros podían imprimirse y cuales no, cuales podían leerse y cuales no. La contrarreforma y los índices de libros prohibidos hacen que por más de cien años España y las colonias se cierren a las nuevas ideas que van surgiendo en Europa, de las que surgirá el mundo posterior. Hispanoamérica continúa durante el barroco imitando los modelos españoles en poesía épica y lírica, crónica histórica, ensayo, sátira, teatro y cuento. En la lírica, lo mismo que en la península, en el Nuevo Mundo se rompe el equilibrio anterior entre fondo y forma; los culteranistas, menosprecian el contenido en favor de la forma; los conceptistas, favorecen el fondo. En el teatro, nace en México Juan Ruíz de Alarcón (1581–1639), una de las máximas figuras del teatro español del siglo XVII, creador de la comedia moderna de caracteres en el teatro europeo. La literatura religiosa alcanza en América altas cumbres con las obras de sor Juana Inés de la Cruz (1648–1695). Durante este siglo la prosa americana continúa siguiendo los pasos de los escritores peninsulares, pero es durante el mismo que vive el primer crítico literario de Hispanoamérica, el doctor Juan Espinosa Medrano (1632–1688). A finales de este siglo comienza a notarse, tanto en la península como en América la influencia francesa. La época de esplendor de la literatura española del Siglo de Oro puede considerarse liquidada a partir de la muerte de Calderón de la Barca en 1681.[3]

Neoclasicismo: El siglo XVIII se considera como el siglo del neoclasicismo, que se consolida en España en 1737, con la *Poética* de Luzán, la *Defensa de la lengua española* de Mayans y el *Diario de los literatos de España*, marcando nuevos gustos e inquietudes. La decadencia española se había

3. **Siglo de Oro** *Baroque period lit., Golden Century*

acelerado durante el reinado de Carlos II (1665–1700) quien al morir dejó
como heredero del trono a Felipe V, nieto de Luis XIV de Francia. El
advenimiento de los Borbones al trono español es un factor que no se
puede pasar por alto al estudiar los cambios que aparecerán en la península durante esos años. Con el neoclasicismo y con la subida al trono de
la nueva dinastía, España es invadida por nuevas tendencias que llegan de
Italia y sobre todo de Francia. En la literatura hispanoamericana del siglo
XVIII se reflejarán claramente esos cambios. Ya para entonces, en el continente americano existía una aristocracia criolla que a pesar del alto grado
cultural y económico que había alcanzado, veía con creciente irritación
que se le negaba todo poder político y representación social, elementos
reservados en su totalidad para los peninsulares que llegaban a América
investidos por el gobierno español para ocupar los cargos más importantes. Como consecuencia de ésto, las nuevas ideas de la Ilustración[4]
fueron recibidas muy favorablemente. El *neoclasicismo* llega con retraso a
Hispanoamérica y toda la literatura de ese período se caracterizará por la
intención política y social, alcanzando el ensayo gran importancia. Ejemplo de ensayista es Simón Bolívar (1783–1830) que une en una persona al
guerrero y al hombre de letras. Su *Carta de Jamaica* se considera como el
monumento más importante del pensamiento político hispanoamericano.
Durante este período surge en las colonias la novela, de intención didáctica, agudizada por un tono satírico. Aunque se viene considerando el
Periquillo Sarniento (1816) de Lizardi como la primera novela hispanoamericana, se han señalado como antecedentes de la misma *El lazarillo de ciegos y caminantes* (1773), atribuida a Alonso Carrió de la Vande-
ra, conocido como "Concolorcorvo," y el *Siripo* (1789), de Manuel José de
Lavardén. Pero es necesario apuntar que esta última fue estrenada y considerada siempre como obra teatral y no como novela, y que el *Lazarillo,*
con todos los méritos que tiene, cae mejor en la categoría de libro de viajes
que en la de novela propiamente dicha. En el teatro neoclasicista hispanoamericano, que tiene, como el peninsular, gran influencia francesa, se
pueden señalar dos vertientes, la primera no produce nada de valor, y la
segunda imita el teatro clásico. Pero al mismo tiempo comienza a surgir un
teatro popular, satírico y de costumbres que a veces usa la escena como
vehículo para llevar al pueblo el mensaje independentista. Este teatro, que
bien pudiéramos llamar de protesta, llega a consolidarse y se convierte a
principios del siglo XIX en importante tribuna política.

---

4. **Ilustración** *The term applied to the
classicism that dominated Spain in the
XVIII Century, especially during the reign
of Carlos III (1759–1788). The name
comes from the classical literature and*
*contemporary French neoclassical writ-
ings which served as a model for literary
expression and attitudes toward life and
art.*

SIGLO XIX

Romanticismo: Triunfa en España en 1835 con el estreno de *Don Alvaro,*[5] pero cronológicamente había llegado primero a América, pues ya en 1820 el poeta cubano Heredia escribía versos que se ajustaban a esa tendencia; y en América duró más que en los países europeos, extendiéndose hasta fines del siglo. Llega a una Hispanoamérica que, con excepción de Cuba y Puerto Rico, había logrado la independencia de España. Desde un principio, los románticos americanos aspiran a la creación de una literatura americana, con carácter propio y original, separada de todo lo español, con insistencia en la temática americana, especialmente el culto a la naturaleza. Comenzó por la poesía lírica, extendiéndose rápidamente a los otros géneros. Son los años del "indianismo" en el que se exalta la figura del indio. Hay dos formas principales de romanticismo americano, la primera de exaltación y abandono de la forma, que degenera muchas veces en vulgaridad; la segunda de rectificación y superación de la anterior.

Realismo: A los fenómenos sociales que explican el realismo europeo: industrialización creciente; arribismo político y social; lucha de clases, producto de los conflictos entre capital y trabajo; proceso de corrupción moral; y problemas de índole religiosa, económica, política, etc, hay que añadir, los propios de Hispanoamérica: lucha del elemento natural con el extranjero; diferencias raciales; esclavitud, indianismo; choque del hombre con la naturaleza que acaba por vencerlo; problemas en las grandes ciudades, anarquías y gobiernos dictatoriales; despotismo caciquil; y sirviendo de fondo, la geografía americana: pampa, selva, costas, montañas y ríos inmensos; tierras fertilísimas y tierras inhóspitas.[6] A partir de la segunda mitad del siglo XIX nacerán en Europa y llegaran rápidamente a América las tendencias socialistas y también la doctrina marxista, contenida en el *Manifiesto comunista* (1848) de Marx y Engels. Lo mismo que en Europa, aparece en Hispanoamérica la novela naturalista, en la que las leyes de la herencia y circunstancias ambientales llevan a los personajes a un determinismo ciego.

SIGLO XX: 1900–1960

Modernismo: El período de 1895 a 1910, representa un intenso deseo de renovación artística, espiritual y filosófica en todo el mundo. En España, ese deseo de renovación será muy fuerte, ya que en medio de crisis

5. Diez-Echarri y López Franquesa, 616

6. Diez-Echarri y Roca Franquesa, 1125–1126

políticas y económicas, ocurre en 1898 el "desastre nacional," la derrota en la guerra con los Estados Unidos a consecuencia de la cual España pierde todas las colonias que le quedaban en América y Asia. Durante años se venía preparando en Hispanoamérica una verdadera revolución literaria en la que mezclándose las distintas corrientes europeas con las nativas se llegaría a una nueva actitud frente al arte. El modernismo señalará la primera vez que una corriente literaria vaya de América a España, ejerciendo en la lírica peninsular una gran influencia. Surge negando las normas neoclásicas, por lo que en un principio se le calificó de "decadente," pero posteriormente llega a producir una verdadera renovación de la literatura, caracterizándose por su refinamiento, revolución métrica, exotismo, fantasía, paganismo, pesimismo y por su devoción a los poetas primitivos, entre ellos principalmente Góngora.[7] Y aunque los principales escritores del modernismo sean poetas, el movimiento también llegará a la prosa. En el ensayo se arriba a un cambio que hace la prosa más agradable y fluida, combinando cultura, elegancia y sensibilidad en la forma, con profundidad en el pensamiento; en el cuento y en la novela las corrientes criollista, realista, naturalista y modernista, y la preocupación social y política se mezclan en los relatos, pero poniéndose más interés en la forma que en la trama.

A partir de 1910, la poesía se va separando del modernismo, haciéndose más íntima y subjetiva, distinguiéndose en ella la poesía femenina, con Gabriela Mistral, Alfonsina Storni y Juana de Ibarbourou. En 1921 Borges comienza a difundir los nuevos movimientos europeos de vanguardia, los que posteriormente abandona. El chileno Vicente Huidobro, llevará a España el primer movimiento de vanguardia, el "creacionismo," regresando después a Chile. Al vanguardismo seguirán el surrealismo o poesía mágica y la poesía realista o comprometida.

Aunque la novela sea el género más popular y fuerte en Hispanoamérica, el ensayo ha sido intensamente cultivado en este siglo, existiendo algunos autores que pueden compararse con los mejores de todos los tiempos, habiendo aumentado su temática con miras universal.

La literatura hispanoamericana se ha distiguido mucho en este siglo en el cuento, bien sea el de tendencia realista o bien el que cae en la tendencia llamada del "realismo mágico."

Durante la primera mitad del siglo XX surgen distintos tipos de novelas: la *regionalista;* la *de la tierra,* llamada también *telúrica,* en la que el hombre se enfrenta a las fuerzas destructoras de la naturaleza, en la selva, en el llano, en la pampa; la *indigenista* en la que el indio no sigue siendo la

---

7. **Luis de Góngora y Argote** (1561–1627), *Spanish poet*

figura romántica pintada en la novela *indianista,* sino que ahora se presenta en toda su miseria, explotado y despojado de todo lo que por derecho le pertenece, objeto del abuso de terratenientes, de industriales y de empresas extranjeras, todo ello con la bendición de los gobiernos, casi siempre dictatoriales, y de la iglesia; *la de tesis o comprometida,* de protesta social y de linea marxista y eminentemente anti-norteamericana, que denuncia las desigualdades económicas y las condiciones miserables en que se obliga a vivir al campesino y al obrero, así como la entrega de las riquezas naturales nacionales a las compañías extranjeros, especialmente las norteamericanas.

SIGLO XX: DESPUÉS DE 1960

Como se vió anteriormente, ya para fines del siglo XIX y principios del XX la literatura hispanoamericana se ha independizado de la española llegando, sobre todo en la novela y el cuento, a su mayoría de edad con obras que, especialmente a partir del "boom" de los años 60, dejarán sentir su fuerte influencia en todo el mundo civilizado.

El boom: del "boom" se habla extensamente en páginas 363-367.

Narrativa actual: Un nuevo tipo de literatura va apareciendo en Hispanoamérica en los años recientes. Sin abandonar las técnicas literarias popularizadas por los maestros del "boom," estos/as escritores/as producirán una narrativa más subjetiva y experimental, apartándose en general —con excepción de Gabriel García Márquez y de Isabel Allende— de las ideas marxistas y revolucionarias anteriores. En estos años van a surgir las obras del exilio cubano, de escritores/as que huyeron de Cuba, y de escritores/as que nacieron en el exilio, de padres cubanos. Además de los que hemos introducido en esta obra, podemos citar a: Armando Valladares *Sin esperanza* (1985), en la que el autor hace un recuento de los 23 años que pasó como prisionero político en Cuba, y las torturas a que fue sometido; Severo Sarduy *De dónde son los cantantes, Cobra* y *Colobrí,* de narrativa experimentalista y barroca; Carlos Alberto Montaner *Perromundo* y Guillermo Cabrera Infante *Tres tristes tigres.* Entre los escritores cubanos que escriben dentro de Cuba, citaremos a José Lizama *Paradiso* y *Opiano Licario;* y a Cesar Leante *Muelle de caballería* y *Los guerrilleros negros.* Autores de otros países hispanoamericanos que se distinguen durante estos años son Alfredo Bryce Echenique (peruano) *Un mundo para Julius* y *La vida exagerada de Martín Romaña;* Néstor Sánchez (argentino) *Siberia blues;* Juan José Arreola (mexicano) *La Feria;* José Donoso (chileno) *El obsceno pájaro de la noche;* Salvador Garmendía (venezolano) *La mala vida;* Luis Rafael Sánchez (puertorriqueño) *La guaracha del Macho Camacho.*

Apéndice 2

TÉRMINOS LITERARIOS ÚTILES
AL ESTUDIANTE

Acción: Los sucesos arreglados en sucesión temporal y enlazados entre sí de manera que vengan a formar un solo conjunto. Ver *Trama*

Alegoría: Expresión simbólica de ideas abstractas por medio de figuras sensibles: Un esqueleto con una guadaña en la mano es una alegoría de la muerte.

Aliteración: Unión de palabras conteniendo la misma letra: El ruido con que rueda la roca en la tempestad.

Alusión: Referencia a otra obra de literatura o de arte, a una persona, a un hecho, a un símbolo, etc.

Ambiente: Circunstancias que rodean a las personas o cosas en una obra. *Atmósfera*

Antítesis: Se hace resaltar la idea principal contraponiendo ideas o palabras: Las manos llenas de oro se alzan pidiendo limosna.

Apóstrofe: Se dirige la palabra a seres ausentes, inanimados o muertos: Tierra de mi patria, te llamo en mi dolor

Atmósfera: Todo lo que surge del proceso de creación artística y que hace reaccionar al narrador, contribuirá a la formación de la atmósfera.

Clímax: Momento culminante cuando los conflictos llegan a su máxima intensidad, haciéndose inminente el resultado de la lucha entre fuerzas opuestas.

Concatenación: Cada frase empieza con la última palabra de la precedente: El gato al rato, el rato a la cuerda, la cuerda al palo.

Conjunción: Repite la conjunción copulativa: Y el hombre llegó y la saludó y salió.

Desenlace: El conflicto ha terminado, se ha llegado a la terminación de la trama, estableciéndose la armonía.

Diálogo: Conversación entre dos o

más personajes, que alternativamente manifiestan sus ideas y afectos.

Épica: ver *Poesía épica.*

Escenario: Las circunstancias físicas y algunas veces espirituales que rodean la acción cuando tiene lugar, el tiempo, y la forma de vivir y las condiciones físicas y mentales de los personajes.

Escritor/a: Persona concreta de carne y hueso que escribe la obra.

Estilo objetivo: El autor solamente describe lo que sucede, sin analizar los acontecimientos ni dar opinión.

Estilo subjetivo: Carácter especial que, en cuanto al modo de expresar los conceptos, da un autor a su obra, y que es el sello de su personalidad literaria.

Exposición: Conjunto de la información contenida en la obra de los antecedentes o causas de la acción.

Expresionismo: Tendencia literaria e ideológica nacida en Alemania alrededor de 1910. Presenta los objetos y acontecimientos del mundo exterior no como son, sino como los percibe el/la autor/a o el personaje, de acuerdo con sus emociones y estado mental. Exagera y rompe el orden de sucesión del tiempo.

Fluir de la conciencia: Es el libre fluir de los pensamientos, percepciones, juicios, sentimientos, asociaciones y recuerdos, como vienen a la mente en un momento determinado, sin ser expresados en frases gramaticales, ni en forma

lógica ni en orden narrativo. Uno de los mejores ejemplos es la obra *Ulysses* (1914–1921) del escritor irlandés James Joyce (1882–1941). Ver *Monólogo interior.*

Hipérbole: Exageración o disminución de una verdad para hacer que la misma resalte: El hombre parece un castillo.

Imprecación: Desear males a otros: Ojalá Dios te castigue.

Impresionismo: Término literario que viene de la escuela de pintura francesa de fines del siglo pasado de ese nombre. Consiste en presentar la realidad como es percibida, atendiendo más a la impresión que la misma produce que a su verdadera naturaleza.

Ironía: Se da a entender lo contrario de lo que se dice: Con todo afecto le das una buena paliza.

Leitmotiv: Motivo central, dominante en una obra. También puede ser el tema o temas favoritos de un/a escritor/a.

Metáfora: Se traslada el significado verdadero de una palabra en otro significado figurado en virtud de una comparación: La palabra zorro aplicada a un hombre astuto.

Metateatro: El teatro dentro del teatro.

Metonimia: Se designa una cosa con el nombre de otra con la que guarda relación de causa a efecto o viceversa: No tener corazón por ser cruel, el laurel por la victoria.

Mimesis: Representación, imitación de una persona generalmente con el objeto de burlarse de la misma.

Monólogo interior: Una de las técnicas literarias usadas para presentar el fluir de la conciencia de un personaje o del/la autor/a.

Narrador/a: El ente ficticio, creado por el/la autor/a, que narra una obra. Quien habla en el texto no es el/la escritor/a, sino el/la narrador/a.

Narrador/a en tercera persona: Este/a narrador/a no es un personaje en la narración, pero cuenta desde dentro de la misma utilizando la tercera persona.

Narrador/a protagonista: El/La escritor/a narra con un yo, el del/ de la narrador/a, y éste/a habla de lo ocurrido, contando lo que le ha pasado, lo que siente, piensa, hace, lo que observa y a quien observa. Si es objetivo/a, solo dice sus acciones y observaciones; si es subjetivo/a dejará traslucir sus pensamientos y sentimientos. La acción será la actividad del narrador/a protagonista, pero a veces parece que ni ve ni entiende lo que está pasando. Otras veces usará el monólogo interior o el fluir de la conciencia.

Narrador/a testigo: Situado/a dentro de la trama, solo sabe lo que oye y lo que ve. Usa la primera persona. Cuenta como testigo/a las aventuras de otros personajes más importantes que él/ella en la narración.

Narrador/a-cuasi omnisciente: Solo sabe lo que cualquier ser humano podría observar, pero puede seguir a los personajes a todas partes, aún a las más

inaccesibles. Observa reacciones y confrontamientos, elige lo que debe verse y oirse y usa la tercera persona.

Narrador/a-omnisciente: Como un dios, lo sabe todo, hasta los más recónditos pensamientos y secretos de los personajes.

Nudo: Enlace o trabazón de los sucesos que precede la catástrofe o el desenlace en la obra literaria.

Onomatopeya: Emplear palabras para imitar el sonido de las cosas que expresan: El repiquetear de las amatralladoras.

Paradoja: Emplear expresiones o frases que envuelven contradicción para dar más énfasis al pensamiento: Muero porque no muero; Mira al avaro, en sus riquezas, pobre.

Personaje: Cada uno de los seres humanos, sobrenaturales o simbólicos, ideados por el/la autor/a y que como dotados/as de vida propia toman parte en la acción de la obra literaria. Puede ser principal, que cumple funciones decisivas en el desenvolvimiento de la acción, y que frecuentemente cambia en su estado de ánimo y en su personalidad; o puede ser secundario, que no cambia, y cumple funciones subordinadas.

Personaje dinámico: Se manifiesta a través de sus acciones. Lo vemos desarrollarse.

Personaje estático: No cambia, el/la narrador/a nos informa de él/ella.

Personaje chato (flat): Que no tiene ningún aspecto dominante.

Personaje redondo (round): Posee facetas dominantes.

Personificación: Dar a animales y cosas atributos humanos; persona determinada que representa un suceso, sistema, opinión. En el drama *La Numancia* Cervantes personifica España como una mujer; Lutero personifica la Reforma. En retórica *Prosopopeya.*

Poesía épica: Epica viene de la palabra griega *epos* que significa palabra, narración. Poesía épica es una narración poética, generalmente extensa, de acción grande y pública y de interés para todo un pueblo. En ella toman parte personajes heroicos, e interviene lo sobrenatural o maravilloso.

Poesía lírica: Expresa los sentimientos que agitan el alma del/la poeta.

Retruécano: Se repite una frase invirtiendo el orden de algunas palabras: Un hombre feliz es un feliz hombre.

Romance: Canción épico-lírica de fondo heroico. Su composición métrica, por lo general consiste de un número indeterminado de estrofas con el mismo número de sílabas (versos parisílabos). Los hay de ocho sílabas que son los propiamente llamados *romances,* los de menos de ocho se llaman *romancillos* y los de once llevan el nombre de *heroicos* porque no suelen emplearse sino en la épica. El romance es la composición más usada en la métrica española.

Sinécdoque: Se designa un todo con el nombre de una parte o viceversa: el pan por los alimentos; las ruedas por el automóvil.

Soneto: Composición métrica que consta de catorce versos de once sílabas (endecasílabos).

Tema: Tesis o doctrina de una obra didáctica. En general, el tópico que se desarrolla o discute en una obra. En *Don Quijote* un tema es el de la realidad-fantasía; en Huckleberry Finn es "freedom vs. social restraint".

Tono: Carácter o modo particular de la expresión y del estilo de una obra literaria según el asunto que trata o el estado de ánimo que pretende reflejar. El tono puede ser alegre o triste, formal o íntimo, serio o irónico, etc. Ver *Atmósfera.*

Trama: Es la marcha de la acción desde el principio hasta el fin, conectando los sucesos y ordenándolos en relación de causa a efecto. Para Aristóteles en su *Poética,* la trama es una combinación de incidentes en una acción completa, unitaria, que la mente puede captar de una vez, debiendo constar de principio, medio y fin. E. M. Forster en su obra *Aspects of the Novel* (1927), distingue entre *"acción* (story), los sucesos arreglados en sucesión temporal y enlazados entre sí de manera que vengan a formar un solo conjunto"; y *"trama* (plot), los sucesos arreglados en relación de causa a efecto". Recientemente, en *Teoría y técnica del cuento* (1979), Enrique Anderson Imbert sostiene que, "la acción y la trama son inseparables. Toda acción narrada, por sencilla que parezca, ofrece una trama. Los hilos de la acción se entretejen en una trama". (En inglés "Ballad.")

Tropo: Empleo de las palabras en sentido figurado.

Vanguardia: Diversas tendencias que aspiran, en los últimos veinte años del siglo XIX, a romper con el pasado romántico, realista y naturalista.

Vulgarismo: Palabra o frase usada por las clases bajas sin educación.

Vocabulario

This vocabulary is intended to supplement the rather copious notes which accompany the text. Words of high frequency and easily recognizable cognates have been omitted. The gender of nouns has not been indicated for masculines in **-o** and feminines in **-a.** The first person singular of most verbs that end in **-cer** or **-cir** is irregular (conocer cono**zco**); the **zco** ending is included in the entry. The few abbreviations will be easily recognized:

adj.	adjective	*m.*	masculine
dim.	diminutive	*n.*	noun
f.	feminine	*pl.*	plural
inf.	infinitive	*com.*	same for *masc.* and *fem.*

abad *m.* abbot

abajo down, downward; **los de—** the underdogs

abalanzar to rush impetuously, to pounce on, to sway

abanico fan

abarcar to embrace, include

abastar to supply, outfit

abatimiento *m.* discouragement

abatir to discourage, cast down

abeja bee

abertura opening

abismado, -a plunged into gloom, downcast

abismo abyss, depths

abnegación *f.* self-denial

abogacía legal profession

abogado lawyer

abolido, -a destroyed

abominar to abominate, detest

abonar to fertilize, support

abono fertilizer

aborrecer (zco) to hate

aborrecible abhorrent

aborto *m.* abortion

abrasilerado, -a brazilianized

abrazo *m.* hug, embrace

abreviar to cut short, to be brief

abrigo *m.* overcoat

abrillantado, -a gleaming, shining

abrumado, -a overwhelmed

abrumador, -ora oppressive
abrumar to crush, to overwhelm
abstener to refrain from
abstinencia abstinence
abuelo grandfather, ancestor
abulia *f.* boredom
abunda abundant(ly)
aburrir to bore
abyección *f.* abjection, depths
acabamiento end, completion
acabar to end, finish, come to an
   end; —**de** + inf. to have just
   finished
acacia acacia, locust
acaecer to happen, to occur
acallar to silence
acariciador, -a one who fondles
   and caresses
acariciar to caress, to pat
acaso perhaps, perchance
acatamiento awe, respect,
   appearance
acceso attack, access, association
acechar to spy
aceite *m.* oil
aceitunado, -a olive colored
acendrado, -a refined, pure
acequia drain, ditch
acera sidewalk
acerado, -a sharp, cutting
acercamiento *m.* approach
acercar to bring up or near
acercarse to approach
acero steel
acertar (ie) to hit upon,
   succeed, guess correctly, verify
acicate *m.* goad, incentive, spur
acierto sureness, rightness
aclarar to become bright, clear;
   to explain
acobardado, -a fearful, cowardly
acodarse to draw near, lean

acoger to grasp, receive
acogido, -a gathered
acometer to rush, hasten; to
   carry out, perform; to attack,
   undertake
acometida attack
acomodado, -a well-off
acomodo adjustment
acongojar to afflict; to grieve
acontecimiento event,
   happening
acoplar to collect, to couple
acordado, -a harmonious
acordar (ue) to agree, decide
acordarse (ue) —**de** to
   remember
acorde *m.* chord
acorralado, -a intimidated
acorralar to corner
acorrer to succor, help
acoso, -a harassed
acostado, -a lying down
acostumbrar to be accustomed
   to
acrecentamiento increase
acrecido, -a filled with
acreedor *m.* creditor
actitud *f.* attitude
actual present
actualmente at present
acuarela watercolor
acudir to rescue, come to the
   assistance of; to hasten
acueducto aqueduct
acusador, -a accusing; *n.*
   accuser
acusar to accuse
acusarse to show, to prove
adelantado, -a ahead, advanced
adelantar to advance, lead,
   move forward
adelantarse to approach

adelante forward, further, ahead;
  de ahí— henceforth, hereafter;
  más— later *(on)*
adelanto advance, progress
adelgazado, -a thin, pale
ademán *m.* attitude, gesture
además besides
adentrar to penetrate
adentro inside, within
adherir (ie) to attach
adhesión *f.* attachment
adiposo, -a fatty
adivinar to guess, foresee
admiración *f.* surprise, wonder,
  admiration
adolorido, -a sorrowful
adorno decoration, adornment,
  ornament
adquirir (ie) to acquire
adueñarse to seize, take
  possession
adular to praise
advenedizo newcomer, upstart
advenimiento advent, coming
advertir (ie) to observe, notice
advertirse (ie) to be warned; to
  recognize
aeropuerto *m.* airport
afán *m.* zeal, attempt, desire
afanar to hurry, to press
afecto *m.* affection
afeitar to shave
afeminado, -a effeminate
aferrado, -a obstinate
afianzar to strengthen, confirm,
  grasp
afianzarse to steady oneself
aficionado, -a fond *(of)*
afilado, -a slender, sharp
afiliado supporter, party member
afinar to refine, tune
afinazar to polish

aflicción *f.* affliction, sorrow
afligir to afflict, grieve
aflojar to let go, relax
afluir to pour
afrentar to insult
afuera outside; suburb
afueras *f. pl.* outskirts
agacharse to crouch *(down)*
agarrar to clutch, grab, seize
agasajar to treat well, honor
agazapar to seize, grab
agazaparse to crouch, squat
agigantar to make extra large,
  enlarge, expand
agiotista *m.* usurer
agitar to shake, move, agitate,
  excite
aglomerado, -a accumulated
agobiante exhausting
agonizante agonizing, dying
agostado, -a parched, withered
agotar to exhaust, waste
agradar to please
agradecido, -a appreciative
agradecimiento appreciation,
  gratitude
agrandar to enlarge
agrandecimiento growth
agrario, -a agrarian, rural
agravado, -a exaggerated
agravar to grow worse
agregado combination, group
agregar to add
agreste rustic, wild, rough
agriedad *f.* sourness, bitterness
agrietar to crack
agrio, -a rough, bitter
aguada water supply
aguadora woman bringing
  water
aguaitar to spy on
aguantar to endure

aguardar to wait, await
aguardiente *m.* brandy, liquor
agudeza sharpness
agudizado, -a sharpened
agudo, -a sharp, keen
agudo, -a sharp, piercing
agüero omen
aguijar to spur *(a horse)*
aguijonear to spur on
águila eagle
agujerear to riddle, sprinkle
agujeta shoestring
ahogar to stifle, smother, drown
ahogarse to drown
ahorros *m. pl.* savings
airado, -a wrathful, angry
aislado, -a isolated
aislamiento isolation
ajar to spoil, disfigure
ajeno, -a another's, foreign
ajustar to adjust
ala wing
alabar to praise
alabarda halberd *(a type of weapon)*
alacrán *m.* scorpion
alambicado, -a subtle, complicated
alambrado wire fence
alambre *m.* wire; —**de púa** barbed wire
alambreras *f. pl.* wire screens
alarde *m.* ostentation, display
alardoso, -a ostentatious, showy
alargado, -a tall, extended
alarido yell, outcry
alazán *m.* bay *(horse)*
alba dawn
albear to gleam white
albergue *m.* shelter
alborotado, -a mussed up
alboroto *m.* uproar

albur *m.* monte *(card game)*
alcabala *f.* sales tax
alcaide *m.* commander, mayor
alcalde *m.* mayor
alcaldía mayoralty, office of mayor
alcance *m.* capacity, talent, reach, power
alcanzar to reach, achieve, overtake; to succeed in
alce *m.* rest, respite
alcoba bedroom
alcor *m.* hill
aldea village
aldeano, -a villager, peasant
alegar to allege
alejar to push off, drive away, isolate
alejarse to go off
alelado, -a dazed, dumbfounded
alentar (ie) to inspire
aleta *f.* blade, small wing
alféizar *m.* embrasure *(of a window)*, sill
algo something, a bit
algodón *m.* cotton
alhaja jewel
alhajita little jewel
alharaca ado, outcry
aliado, -a ally
aliento breath, courage, spirit
alimento *f.* food
alineación *f.* alignment
alinearse to align oneself with, take the side of
aliviarse to soothe oneself
alivio relief, betterment
aljaba quiver
allá there; **más—de** beyond, through
allegar to gather, assemble
allende beyond, besides

alma soul
almacén *m.* warehouse
almidón *m.* starch
almirante *m.* admiral
almo, -a life-giving, inspiring
almohada pillow
almohadilla small pillow
almohadón *m.* pillow
almorzar (ue) to lunch *(on)*
almuerzo lunch
alojamiento *m.* lodging
alquimia chemistry, alchemy
alrededores *m. pl.* environs, surroundings
altanero, -a haughty
alterado, -a changed
alternativamente alternately
Alteza Highness *(royalty)*
altisonante high-sounding
altivez pride, arrogance
altivo, -a haughty, proud
alto, -a lofty, aristocratic
altura *f.* high sea, height
alucinante dazzling
alumbrar to light up
alzar to raise, uplift
alzarse to rise
amaestrar to train *(an animal)*
amago hint, empty promise
amamantar to suckle
amanecer (zco) to dawn
amanecer *m.* dawn, daybreak
amarfilado, -a ivory
amargamente bitterly
amargar to embitter, give a bitter taste
amargo, -a bitter
amargor *m.* bitterness
amargura bitterness
amarrado, -a lashed, tied
amarrar to tie
amasar to knead, blend

ambiente *m.* surroundings, background, atmosphere
ámbito space
ambivalencia ambivalence, duality
ambos, -as both
amedrentado, -a frightened
amenaza threat
amenazar to threaten
ametrallar to machine-gun
amigable amiable, pleasant
aminorar to diminish
amistad *f.* friendship
amo master, employer
amoldarse to be molded, outline
amonestar to warn, admonish
amorío love affair
amotinado, -a mutinous
amparo protection, aid, help
amplio, -a ample, full
amueblado *m.* furniture
anaranjado, -a orange-colored
anca haunch
ancho, -a wide, *n. m.;* width
anciano, -a old, ancient
ancla *f.* anchor
anclar to anchor, be anchored
andamio *m.* platform
andar to walk, go, travel, traverse
andas *f. pl.* bier, litter
andén *m.* railway platform
anécdota anecdote
anegar to drown
ánfora vase, cup
angosto, -a narrow, tortuous
angustia anguish, pain
angustiante afflicted
anhelante eager, yearning, panting
anhelo desire, urge
anillado, -a ringed, bejewelled
ánima soul

animado, -a animated, lively
animalito little creature
animar to incite, animate
ánimo spirit, courage
aniquilado, -a destroyed
aniquilamiento *m.* annihilation
anochecer *m.* nightfall
anonadado, -a overwhelmed, stunned
anormal abnormal
ansia longing, anxiety, desire, zeal
ansiar to long *(for)*
ansiedad *f.* anxiety
ansioso, -a anxious, eager
antaño yesteryear, formerly
antebrazo forearm
antecámara antechamber
antecedentes *m. pl.* antecedent
antecesor *m.* ancestor, precursor
anteojos *m. pl.* eyeglasses
antigualla ancient custom
antiguamente long ago, formerly
antiguo, -a ancient, old
antinomia antimony *(in chemistry, a crystalline element);* paradox
antojar to take a fancy, have the whim to do
antojo whim
antorcha torch
anudar to knot, to join
anular to cancel
anunciar to announce
anuncio *m.* sign
apacible mild, peaceful
apaciguar to calm
apagado, -a extinguished
apagar to put out, extinguish, silence, stifle
apañar to fill, to load
aparato device, apparatus

aparecer (zco) to appear
aparejado, -a prepared
aparejar to make ready; to outfit
aparejo preparation
apartar to drive off, separate
apartarse to withdraw, go away
apasionamiento *m.* enthusiasm
apearse to dismount, get out of *(a vehicle)*
apedrear to stone, throw stones at
apego *m.* fondness, attachment
apenas hardly, scarcely, the minute that
apercibir to alert
apertura *f.* opening, escape
apestarse to annoy
apetecer (zco) to desire, hunger
apetecible desirable
apiadar to move, pity
apiadarse —**de** to take pity on
aplaudidor *m.* applauder
aplicar to apply
aplomo aplomb, self-possession
apocado, -a diminished
apocalipsis *m.* apocalypse
apocar to lessen; to be used up
apoderarse (de) to seize, capture
apodíctico, -a apodictic, indisputable, unarguable
apogeo height, peak
aportar to bring, carry forth
aposentar to lodge, live
aposento room, apartment
apostar (ue) to bet
apóstol *m.* apostle
apotrarse to become confused
apoyar to lean, rest
apoyarse to depend on, lean on
apreciable worthy of esteem, noticeable, noteworthy

aprendiz *m.* apprentice
aprendizaje *m.* apprenticeship
aprestar to prepare
apresurarse to hasten
apretar (ie) to press, fit tight over
apriesa = **aprisa** in haste
aprobar to approve, pass
apropiarse to take
aprovechar to take advantage of, make use of
áptero, -a wingless
apuntar to point out
apurado, -a pressing, dangerous
apurar to drain, swallow
apurarse to worry, hurry
apuro difficulty
aquietar to calm
aquilatar to weigh the merit of
ara slab, table *(of an altar)*
arabesco *m.* curved designs
araña *f.* spider
araucano, -a Araucanian Indian
arbolado, -a wooded
arboladura *f.* mast and spars *(of a ship)*
arboleda grove, forest, cluster of trees
arbusto shrub, bush, brush
arcabuco rough thicket
arcabuz *m.* blunderbuss *(a type of gun)*
archivo archive, record
arco arc, arch, archway, bow, hoop, stave; **—galvánico** arc light
arder to burn, blaze
ardiente hot, torrid, ardent
ardientemente ardently
arduo, -a difficult
arena sand
argamasa mortar

argentado, -a silvery
argentino, -a silver; Argentinian, Argentine
argüir to argue
argumento plot
ario, -a Aryan
arisco, -a wicked, vicious, surly
arma weapon
armada fleet
armar to arm, load; to assemble
armiño ermine
armónico, -a harmonious
aro hoop
arpa harp
arpegio arpeggio
arqueado, -a nauseated
arquetípico, -a archetypical
arrancamiento upheaval
arrancar to pull out, wrench out, tear, seize, bring forth
arranque *m.* outburst
arrastrar to pull, be pulled; to draw, to drag
arrea herd; **peón de—** common herdsman
arrear to insist, urge; to drive *(animals)*
arrebatar to carry away
arrebol *m.* red sunset
arreglar to arrange, fix
arremeter to attack
arremolinar to crowd, rush, mill around
arrestar to precipitate
arresto *m.* boldness
arriba up, upward
arriesgar to risk
arrimar to bring close *(to)*
arrimarse to move close
arrimo support, good place, foothold, shelter
arrinconado, -a distant, remote

arrobador, -ora entrancing
arrobamiento ecstasy
arrobo ecstasy
arrodillar to kneel
arrojado, -a fearless
arrojar to throw
arrojarse to rush, throw oneself
arrollar to roll, coil *(up)*, crush
arroyo brook, stream
arruga furrow, wrinkle
arrugado, -a wrinkle
arrugar to wrinkly
arrullar to lull to sleep; to fondle
arte *m.* or *f.* cunning
artesa dough trough
articular to articulate, formulate, connect
artificio artifice, means
ascensor *m.* elevator
asegurar to assure
asegurarse to be assured, calmed
asemejar to resemble
asentar (ie) to hone, sharpen
asentir (ie) to agree
aserrar (ie) to saw
asesinado, -a assassinated
asesinato *m.* assassination
asesino assassin
asesor *m.* advisor
aseveración *f.* statement
asientito *m.* *(little)* stool
asiento seat, site
asilenciarse to grow silent
asilo asylum, shelter
asimismo likewise, so, too, in a similar manner
asir to seize, cling
asistente *m.* attendant, assistant
asistir to be present; to witness
asociar to associate with
asolear to strike with sun

asomar to lean toward, approach
asomarse to appear
asombrar to surprise
asombrarse to be surprised
asombro surprise
asombroso, -a astounding
asomo approach, slight amount
asonancia assonance
asonante assonant, possessing rhyme of vowels but not of consonants
asordado, -a deafening
aspecto appearance
aspereza harshness
áspero, -a harsh, rough
astilla *f.* chip, splinter
astro star
astrologías *f. pl.* astrological computations
astuto, -a clever
asunto subject, matter
asustadizo, -a easily frightened, nervous
asustado, -a frightened
asustar to frighten, scare
atajar to cut off, interrupt
atar to tie, bind
atardecer *m.* twilight
atemporalidad *f.* timelessness
atender (ie) to take heed
ateneo athenaeum, a school in ancient Rome for the study of arts, a literary or scientific association
aterciopelado, -a velvety
aterido, -a stiff with cold
aterrado, -a terrified
aterrador, -ora frightening
aterrante terrifying
aterrar to terrify
aterrizar to land

atiborrado, -a stuffed with, filled with

Atila Attila *(the Hun)*

atizar to rouse, stir

atolondrado, -a stupid

atónito, -a astonished, dazed

atornillado, -a screwed on

atraer to attract

atrapar to trap, catch

atrás back, behind

atrasado, -a backward

atravesado, -a laid crosswise

atravesar (ie) to cross, pierce through, intercept, traverse

atreverse to dare

atrevido, -a bold, daring

atropellada stumble, fall

atropellar to knock down; to push forward

atropello *m.* excess

atroz fierce, dreadful, atrocious

aturdido, -a confused, dazed

audaz bold, audacious

audiencia *f.* interview

augusto, -a noble, august

aula *f.* classroom

aullar to howl

aullido howl

aumentar to increase, augment

aura aura, air, dawn

áureo, -a golden

aurora dawn

auscultar to listen to

ausentarse to be absent

ausente absent

austro south wind

auto religious play

autóctono, -a autochthonous, native

autogénesis *f.* autogenesis, spontaneous generation

autopsia *f.* autopsy

auxiliar *m.* helper

auxilio help, aid

avaro, -a greedy, miserly

avasallador, -a conquering, overwhelming

avasallante captivating

ave *f.* bird

aventajado, -a profitable

aventajar to take advantage of, gain superiority over

avergonzar (ue) to shame

averiguar to ascertain, to find out

avestruz *m.* ostrich

avezado, -a experienced, trained

avidez *f.* eagerness

ávido, -a avid, eager

avión *m.* airplane

avisar to notify, inform

aviso notice

avistar to look at

avivar to incite

axila *f.* armpit

ayudante *m.* aid

ayudar to assist, help

ayuntamiento municipal council

azada spade

azahar *m.* orange blossom

azar *m.* chance, hazard, accident

azor *m.* hawk, goshawk

azorado, -a upset, disturbed

azotar to lash, whip

azote *m.* lash

azotea flat roof

azúcar *m.* sugar

azucena lily

azufre *m.* sulphur

azul blue

azulado, -a bluish

azuloso, -a bluish, blue

azur *m.* azure *(sky)*

azuzar to sic *(on)*, urge on

bacante *f.* bacchante, followers of Bacchus
bachillerato *m.* bachelor's degree
bacía metal basin, shaving dish
badajo clapper *(of a bell)*
bahía bay
bailar to dance
bajar to lower, go down
bajel *m.* bark, boat
bajo, -a low, short; **por lo—** on a low scale, down, under
bala bullet, shot
balandra *f.* sloop
balanza *f.* scales
balaustrada balustrade
balazo shot
balbucear to stammer
balde: de— free
ballesta crossbow
bálsamo balsam, magic drug
bananal *m.* banana plantation
bananero, -a banana
bañar to bathe
banco bench, seat
bandada band
bandera flag
bandolero *m.* brigand
barba beard
bárbaro barbarian, savage
barbecho fallow land
barbería barbershop
barbilla *f.* chin
barboquejo strap, chin strap
barco *m.* ship
bardo bard
barra *f.* bar *(of a door)*
barrera barrier, fence
barriga belly
barril *m.* jug
barrilla small staff, little bar
barrio district, quarter
barroco, -a baroque

barrote *m.* ban
basca *f.* nausea
base *f.* base, foundation
bastarse to suffice, be enough
batea *f.* tray, boat
batiente *m.* door
batirse to struggle
batista *f.* cambric *(a light woven fabric)*
bautizar to baptize
baya berry
beatificación *f.* beatification *(act of conferring sainthood)*
beato, -a beatific
bebida drink
beca *f.* scholarship
begonias *f. pl.* begonias *(flowers)*
belicoso, -a warlike
bellaco, -a knavish, wicked
belleza beauty
bello, -a lovely, beautiful
bendición *f.* blessing
bendito, -a blessed
beneficiar to benefit, derive benefit
beneficio benefit, profit
benéfico, -a beneficent, benevolent
benemérito, -a worthy
Benjamín youngest child
bergantín *m.* brigantine
bermellón *m.* vermillion
beso kiss
bestia beast, animal, beast of burden
bestiario *m.* bestiary, beast tale
bibliotecario librarian
bicéfalo, -a two-headed
bien haya blessings on
bien *m.* good, goodness
bienaventurado, -a fortunate, lucky

bienaventuranza blessing, happiness
bienestar *m.* wellbeing, comfort
bienhechor *m.* benefactor
bienvenida *f.* welcome
bifurcar to fork, to branch
bigote *m.* mustache
billar billiards
billete *m.* note, ticket
bimestral bimonthly
biombo screen
bizcocho biscuit
blanca *f.* coin, farthing
blanco, -a white
blancura whitness
blandir to brandish
blando, -a mild, soft, gentle
blanquear to become white, whiten, whitewash
blanquecino, -a whitish
blusa shirt, blouse
bobachón, -ona stupid
bocadito morsel
bocado mouthful, bit
bocanada gust, puff
bodega wine cellar, warehouse, vault
bodegón *m.* taproom
bofetada blow, slap
bogar to row, sail
bohío hut
bolas *f. pl.* An Indian weapon made of lengths of rope with a heavy stone fastened to each end
bolazo bola blow, bola throw
boliadoras (boleadoras) *f. pl.* throwing ropes of the bolas
bolita little ball
bolsa *f.* market
bolsillo *m.* pocket
bombilla bulb *(electric)*
bonzo bonzo, Buddhist monk

borbotar to pour out, utter
borbotón *m.* bubbling
bordado *m.* embroidery
borde *m.* edge
borrachera drunken spree, binge
borracho, -a drunk(en)
borrar to erase, remove
borrascoso, -a stormy
borrica female burro
borroso, -a hazy, blurred
bosque *m.* forest, woods
bosquecito small grove
bostezar to yawn
bostezo yawn
botadero ford, passing place
botellita small bottle
botica drugstore, apothecary shop
botonadura set of buttons
bóveda vault
bramar to roar
brasa *f.* live coals
bravo, -a fierce, wild
brea *f.* pitch, tar
breña bramble, thicket
bribón *m.* rogue, crook, scoundrel
bribonazo big rascal
brillar to gleam, shine, flash
brillo brilliance, shine
brin *m.* denim, light canvas
brinco jump
brindar to offer
brío spirit, determination
brioso, -a lively, spirited
brisa breeze
británico, -a British
brochazo brush-stroke, streak
bronce *m.* bronze
broncíneo, -a bronze-like
broquel *m.* shield
brotar to spring, sprout, stem

brote *m.* bud, germ
brujo wizard, witch
bruñido, -a burnished, polished
brusco, -a sudden, crude
brutazo big brute
bruto, -a crude, stupid
búcaro vase
bucle *m.* curl
bucólico, -a bucolic
buey *m.* ox
bufón *m.* buffoon, jester
buhonero peddler
bullicio uproar, confusion
bullicioso, -a noisy
bulto shape, bulk, bundle, package; **a——** by guess, haphazardly
buque *m.* boat
burdo, -a coarse
burgués, -a bourgeois *(a member of the middle class)*
burla joke; **hacer——de** to make fun of
burlar to fool, trick
burrito *m.* small burro
bursátil stock market
buscar to look for, seek
busto chest, bust
butaca *f.* armchair

cabal complete, perfect
cabalgadura mount
caballeresco, -a chivalrous, gentlemanly
caballería *f.* cavalry
caballero cavalier, gentleman
caballo horse
cabaña hut, hovel
cabecear to nod
cabecera head
cabellera hair, head of hair

cabello hair
caber *(pret.* **cupo)** to fit, fall to, come to
cabezal *m.* bolster
cabizbajo, -a head down
cabo end, tip; **en todo——** everywhere; **al——** finally
cabra goat
cabritillo, -a kid
cachorro, -a cub
cacique *m.* chief, rural boss, political boss
cadalso scaffold
cadáver *m.* corpse
cadena *f.* chain
cadencia cadence, rhythm
cadera hip
cadete *m.* cadet
caduco, -a frail
caer *(irreg.)* to fall
cafetera coffee pot
cafetines *m.* coffee shops
caída fall
caja box
cajón *m.* drawer
cala *f.* hold *(of a ship),* inlet, port of call
calamar *m.* squid
calarse to size oneself up
calcetín *m.* sock
calcinado, -a burned
cálculo *m.* calculation
caldera pot for boiling, kettle
caldo broth
calentar *(ie)* to heat
calidad *f.* quality
cálido, -a fervent, warm
caliente hot
calificar to classify, term, qualify, explain, characterize
cáliz *m.* chalice, cup, calyx
callado, -a silent

callar to be silent, hush; **tan
callando** so silently
callejón *m.* lane, alley
calor *m.* heat, warmth
calumnia *f.* libel
calumniar to speak evil of,
slander
caluroso, -a hot
calvo, -a bald
calzada highway, causeway
calzoncillo drawers
calzones *m. pl.* breeches
camarero waiter, steward
camarote *m.* stateroom
cambalache *m.* exchange, barter
caminar to travel
camino road, trail
camisa shirt
camisón *m.* nightshirt
campana *f.* bell
campanario *m.* bell tower
campanilla bell
campesino, -a rustic
campestre rural, country
camposanto cemetery
can *m.* dog
canapé *m.* sofa
canas *f. pl.* gray hairs
candente red-hot, white-hot
candidatura candidacy
cándido, -a candid, innocent,
simple, white
candorosamente honestly,
candidly
canela cinnamon
canoa canoe
caña *f.* cane, bamboo, sugarcane
cañón cannon, any cylindrical
tube or pipe
canon *m.* canon, rule
cañonazo *m.* cannon shot
canonización *f.* canonization

canoso, -a grayhaired
cansancio *m.* fatigue
cántaro water pitcher, water jar
cantería stonework
cantidad *f.* quantity, amount
cantor *m.* singer
caos *m.* chaos
capa cape, cloak; **so—de**
under the cloak of
capaz capable
caperucita small hood
capilla chapel
capitalito little sum
capitanía captaincy
capítulo chapter *(of a book,
political party, or religious order)*
caporal *m.* cattle-keeper,
corporal
capricho *m.* caprice, whim
captar to capture
cara face
caracol *m.* seashell, snail
caramelo caramel candy
carátula mask, face
carbón *m.* charcoal
carcajada laugh, peal of laughter
cárcel *f.* jail
cárdeno, -a grayish-purple
cardo thistle
carecer (zco) to lack
carga load, burden, charge
cargado, -a loaded
cargamento *m.* cargo
cargar to carry, load; to crowd,
push toward, weigh upon, pull
down
cargo *m.* position, question,
accusation, charge
caricatura *f.* caricature, comic
strip
caricia caress, flattery
cariño affection

caritativamente charitably
carmín *m.* carmine, red, rouge
carne *f.* flesh, meat
carnear to slaughter
carrera career, race, run, flight
carro cart, wagon
carroza carriage
cartel *m.* sign, poster
cartera billfold
cartón *m.* cardboard
cartuchera cartridge belt
casa hose, business, firm
cascada *f.* waterfall
cáscara *(piece of)* bark, hull
casco hoof
casero, -a household
casilla hut, cabin
caso matter, case
casta breed
castaño chestnut *(tree or the color of)*
castellano Castilian, Spaniard; coin
castigar to punish
castigo punishment
castillo *m.* castle; —**de proa** forecastle *(of a ship)*
castizo, -a pure, native
casto, -a chaste
castrista pertaining to Fidel Castro or his regime
casualidad *f.* chance, coincidence
catalán, -ana Catalan, from the region of Cataluña in Spain
catar to look, regard
catedrático professor
cauce *m.* channel
caudal *m.* capital, amount of money, volume
caudillo chieftain
cauteloso, -a wary, cautious

cautivar to captivate
cautivo, -a captive
cavado, -a hollow
caverna cave, cavern
cavilación *f.* complaint, hesitation, worry
cazador *m.* hunter; as adj. (**-or, -ora**) hunting
cazuela earthen pot
cecina dried beef
ceder to yield, give way
ceguera blindness
ceiba ceiba tree
ceja eyebrow
celaje *m.* cloud effects
celda *f.* cell in a penitentiary or in a convent
célebre famous
celeridad *f.* rapidity, haste
celeste heavenly, celestial
cellisca *f.* sleet, sleet storm
celofán *m.* cellophane
celos *m. pl.* jealously
celosamente zealously
cenar to sup, eat supper
ceniciento, -a ashen
ceñido, -a clinging
ceñir (i) to gird *(on)*, put on; to cling; to bind; to crown
cenit *m.* zenith
ceniza ash(es)
centelleante gleaming, sparkling
centellear to sparkle
centenar *m.* hundred
centinela sentinel
centuplicar to multiply a hundred-fold
cerca fence, near, close by
cercano, -a nearby, neighboring, coming
cerco circle, circumference, fence

cereza cherry
cernerse (ie) to hover
cero *m.* zero
cerradura *f.* lock
cerrazón *f.* dark clouds, cloudy
weather
cerro hill
cerrojillo latch
cerrojo bolt
certero, -a accurate, sure
certeza certainty, exactitude
cerveza *f.* beer
cerviz *f.* nape of neck
cetro scepter
cicatriz *f.* scar
ciclo cycle
cíclope *m.* Cyclops
ciegamente blindly
ciego: a ciegas in the dark
cielito popular dance and song
of the Pampa
cielo heaven, sky
ciénaga mudhole, marsh
ciencia science, knowledge
cierraparaguas to close an
umbrella
cierzo north wind
cifrar to place
cima treetop
cimitarra scimitar
cincha girth, cinch
cine *m.* movie, cinema
cinematógrafo movie theater
cínico, -a cynical
cinismo cynicism
cinta *f.* film
cinto belt
cintura waist
cinturón *m.* belt
circo *m.* circus
circuito circuit, enclosure
circundar to surround

circunstancia circumstance,
happening
cirio candle, taper
cirugía *f.* surgery
cirujano *m.* surgeon
cisne *m.* swan
citación *f.* quotation
citado, -a cited, quoted
citar to quote
ciudadanía citizenship
ciudadano citizen
civil civil, civilian, worthless
clamar to cry *(out)*, to shout
claridad *f.* brightness, clarity
clarín *m.* bugle, horn, trumpet
claro, -a bright, clear; **a la clara**
openly
claustro cloister
clavar to nail, fix
clave *m.* clavichord
claveteado, -a trimmed with
studs
clavo nail
cliente *m.* or *f.* customer
clientela clientele
cobarde *m.* coward
cobardía cowardice
cobertizo *m.* shed
cobertor *m.* bedspread
cobijar to cover, hide
cobrar to succeed
cobro protection
cocer (ue) to bake, cook
cochino, -a swinish, filthy
cocinera cook
coco boogyman, boogybear
codicia desire, eagerness,
covetousness, greed
cofia hood, cap
cofre *m.* chest
coger to catch, pick up, pluck,
gather, grasp

cogido, -a holding
cohetes *m. pl.* firecrackers
cohibido, -a restrained, inhibited
cojín *m.* cushion
cojo, -a lame, limping
col *f.* cabbage
cola tail
colación *f.* precinct, district
colcha quilt
colchón *m.* mattress
colega *m.* colleague
colegio *m.* highschool
cólera anger
colérico, -a choleric, furious
colgado, -a hanging
colgarse to hang
colilla *f.* cigarette butts
colina hill
colmado, -a overwhelmed
colmillo eyetooth; **escupir por los—s** to boast
colocar to place, put
colonia *f.* colony
colono *m.* colonist
colorante *m.* dye
colorido color
coloso colossus
columpiar to sway, swing
comandancia *f.* command
comarca district, position
comarcano, -a neighboring, bordering
combatiente *m.* warrior
combo, -a crooked, bent, bulging
comeder to play at
comedero, -a edible
comercio *m.* market
cometer to commit
comida food, dinner
comino *m.* cumin
comisario *m.* commisioner

comisionar to commission
comisura *f.* juncture
cómoda bureau
cómodo, -a comfortable
compadecer to pity
compadre *m.* friend, companion
comparecer (zco) to appear
compás: a— in time
compatriota *com.* fellow citizen
compendio compendium
complacer to please
complejo, -a complex
cómplice *m.* accomplice
componer to compose
comportamiento *m.* behavior
compostura *f.* composure
comprobado, -a proven
comprometer to compromise
comprometido, -a compromised, at stake
compromiso engagement, difficult situation
compuerta gate, mine door
común common
comunidad *f.* community, district
concebir (i) to conceive, to hit upon
concertar (ie) to agree
concierto agreement, plan
conciliador, -a conciliatory
concluir to conclude
concreción *f.* concretion, growth
concretar to make firm, make concrete
concretarse to limit oneself
concurso *m.* gathering
condenado, -a damned, condemned
condenar to condemn
condiscípulo, -a fellow student
condolido, -a sympathetic, sorry

cóndor *m.* condor
conejo *m.* rabbit
conferencia *f.* lecture
confesado, -a confessed, admitted
confianza confidence, trust
conformarse to get along, be in harmony with, conform to
conforme agreeable, in due proportion, in harmony with
confundirse to become confused, become mixed up
congraciarse to ingratiate oneself
conjunto entirety, whole, mixture
conjurado, -a conspiring
conmover (ue) to move, stir, disturb, shake
cono cone, hill
conocedor *m.* knowing, expert
conocimiento knowledge, acquaintance
conocimiento *m.* consciousness
conque so
conquista conquest
conquistador *m.* conqueror
conquistar to conquer
consagración *f.* consecration
consagrar to dedicate
consciente conscious
conseguir (i) to obtain, accomplish
conseguir to bring about
consejero, -a counselor, adviser
consejo advice
consentido, -a spoiled, pampered
consentir (ie) to agree
consigna *f.* assignment
consignado, -a registered
constituir to constitute, appoint

consuelo consolation
consulta *f.* appointment
consumir to accomplish
consumo consumption
contagio contagion
contar (ue) to count, relate; **—con** to count on, have at one's disposal, to say, be *(so many years)* old
contener to withhold, contain
contenido content
contienda fight
contingente *m.* contingent, band, following, share
contorno outline, contour, surrounding, form, shape
contrabandista *m.* smuggler
contradecir to contradict, oppose
contradicho, -a contradicted, opposed
contraer to contract; **—nupcias** to marry
contramar *m.* countertide; sea wall, dike
contraposición *f.* opposite side, counterposition
contrariedad *f.* annoyance
contratiempo misfortune, disappointment
convenible convenient, suitable
convenio agreement
convenir to be fitting, behoove, agree
conventual pertaining to the convent
convertir (ie) to convert, turn
convertirse (ie) to become
convidar to invite
convocar to call together, gather
convulsivo, -a convulsive
copa cup, glass, foliage, top

coraje *m.* anger, rage
coraza *f.* metal plate
corbata necktie
cordón *m.* cordon, rope, belt
cordura wisdom
corneta cornet, bugle
coro chorus, group
corona crown, ring
coronar to crown
coronel *f.* colonel
corpus *m.* body
corredor *m.* hall, corridor
correndido, -a flowing, loosened
correntón, -a flowing, loosened
correría wandering, raid
correspondencia relationship
corresponder to reciprocate
corresponsal *m.* correspondent
corriente current
corromper to corrupt, spoil, rot
corrompido, -a corrupted
corsé *m.* corset
cortadura cut, papapet
cortar to cut
cortarse to separate oneself from
corte *f.* court
cortejar to court
cortejo procession
cortesano, -a courtly
corteza bark, rind, shell
cortina curtain
cosecha harvest, crop
cosquillas *f. pl.* curiosity
costado side
costal *m.* sack, knapsack
costear to go around the side of, to skirt
costilla rib
costra *f.* crust
costumbre *f.* custom, routine, worldly habits

costumbrista *m.* and *f.* critic of manners and customs
costura sewing
costurera *f.* dressmaker
cotidiano, -a daily, everyday
coz *f.* kick; **dar coces en** to kick against
crear to create
crecer to grow, increase
crecida flood, freshet
creciente *f.* flood, swollen water
creciente increasing
crecimiento *m.* increase
creencia *f.* belief
crepitación *f.* crackling
crepúsculo twilight, late afternoon, early dawn
crespo, -a curly
cría breeding
criado servant
criar to raise (*cattle*, etc.), bring up
criatura creature, baby, young child
criba sieve
crin *f.* mane (*of a horse*)
criollo, -a a person of European descent born in the New World
crisálida chrysalis
cristal *m.* glass
cristalizar to crystalize
criterio criterion, judgment
crónica chronicle
cronológico, -a chronological
crudo, -a raw
crujiente crinkly
crujir to crackle
cruz *f.* cross; wither (*of a quadruped*); **en—** crosswise
cruzar to cross
cuaco horse (*Mexico*); yucca flower

cuaderno notebook
cuadra quarter, block
cuadrar to suit, be convenient
cuadrarse to be pleasant
cuadrilla squad, body of troops
cuadrito little picture
cuadro picture, sketch, canvas
cuajar to curdle, succeed, materialize, become full of people
cual *(such)* as, like, just as
cualquier any
cualquiera whatever, whichever
cuantioso, -a great, quantitative
cuanto: en—a in regard to, in respect to
cuartel *m.* barracks, quarter
cuarteta, -a quatrain, four-line stanza
cuartilla scrap
cuarzo quartz
cubano, -a Cuban
cubierta *f.* deck
cubo *m.* square
cubrir to cover
cuchillada knife slash, cut
cuchillo knife
cuello neck
cuenta account(ing); **darse—** to be aware, to realize
cuentista *m.* or *f.* storyteller
cuentística short-story writing
cuero leather, hide, whip; **en—s** stark naked
cuerpo body, corps, source
cuervo raven, crow
cuesta hill
cuidado care; **tener—** to be careful
cuidar to care for, be careful of
cuilones *(Aztec word for)* wretches

cuitado, -a suffering, anxious
culebra snake
culminar to climax, reach a peak, culminate
culpa blame
culta *f.* cult
cultivo culture
culto, -a cultured, highly educated
culto worship, faith
cumbre *f.* top, summit, peak, height
cumpleaños *m. pl.* birthday
cumplidamente completely
cumplimiento fulfillment
cumplir to fulfill, perform, reach
cuna lineage, cradle, origin
cundir to increase
cúpula *f.* coupling *(of words or parts of words)*
cura *m.* priest
curar to cure, care for
curato parish, curacy
cursar to go through, study *(over)*
curso course
custodiar to keep watch over, guard

chalchipuis jadelike jewels
chalet *m.* cottage, house
chalupa *f.* shallop, a small open boat
chambón, -a awkward
chamuscado, -a blackened
chapalear to splash
charca pool
charco puddle
charlatán *m.* quack *(deceitful person)*
charro peasant, cowboy

chau goodbye
chichihuite *m.* *(a kind of)* basket
chicle *m.* chewing gum
chico, -a little; n. boy, girl
chicuelo *m.* kid
chileno, -a Chilean
chimenea fireplace, chimney
chiminango tropical tree
chinesco, -a Chinese
chino, -a Chinese
chiquito, -a child
chirca euphorbia, tropical tree
chiripa *m.* loose-fitting breeches
chirrido squawking, squeaking, croaking
chispa spark
chispeante sparkling
chispear to give off or emit sparks
chisporrotear to emit sparks, sputter
chocar to shock, crash
chochera dotage, old age
cholo *m.* halfbreed
choluteca Cholulan
choque *m.* clash, noise, hitting
chorriar = **chorrear** to drench

dado, -a given, well-fitted
dado die, block
daga dagger
dalia dahlia
dar to give, hit, strike, open; —**en** to fall upon; —**se con** to associate with; —**se cuenta (de)** to realize, be aware; **te da por** you take a notion to; —**de suyo** to consider one's own
dato fact

de que as soon as
debajo under
deber ought, must, *n. m.* duty
debido, -a due, owed
débil weak
debilidad *f.* weakness
debilitarse to be weakened
decadencia decadence, decline
decaído, -a decayed, ruined, decadent
decididamente definitely
decidido, -a determined
décima ten-line poetic composition
declinar to decline, sink, end; to set
dedo finger
defecto lack
defender to defend, to forbid
defensa *f.* defense
definido, -a defined
definitivo, -a final
deforme deformed
degollar to destroy, behead
degüello throat-cutting, massacre
deicidio *m.* killer of a god
deiforme godlike
dejar to let, allow, leave; —**de** to leave off, stop, cease; —**en pie** to leave standing
delación *f.* accusation
delantal *m.* apron
delantera vanguard, advance troops, headstart
delator *m.* informer
deleitar to delight
delgado, -a thin
delicadeza scrupulousness, care, delicacy
delincuente overdue
delineador *m.* portrayer, delineator

delinear to picture
delirante maddening, raving
delito crime
demanda demand, search
demás de = **además de**
demás rest
demasía excess
demasiado, -a too much
demencia madness
demiurgo demiurge, creative god
demonio demon, devil
demorar to delay
denigrar to denigrate, blacken
denso, -a tightly packed, concentrated
dentadura false teeth
dentrada = **de entrada** first attack
denuedo audacity, boldness
denuncia denunciation
denunciar to squeal on, inform on
departamento *m.* apartment
deposición *f.* testimony
depósito *m.* reservoir
deprender = **aprender** to learn
deprimir to weaken, depress
depuración *f.* purification
depurado, -a refined
derecha right
derecho, -a straight, direct
derecho *m.* law
deriva drift; **a la—** aimlessly drifting
derramar to scatter, shed, pour out, overflow, spatter
derredor : en— around
derrocar to cast down, knock over, upset
derrota defeat, rout; route, road
derrotar to defeat
derrumbadero precipice, crag

desabrido, -a peevish, harsh
desafiar to defy, challenge
desafío challenge
desaforado, -a outrageous
desagradecido, -a unappreciative
desahogado, -a roomy, comfortable
desahogarse to unburden oneself, grow calm
desairado, -a slighted, in a sorry state
desairar to slight, insult, anger
desalentado, -a discouraged
desalmado, -a soulless
desamor *m.* coldness, hatred
desamparar to abandon, forsake
desangrarse to bleed
desaprobación *f.* disapproval
desarmado, -a unarmed
desarrapado, -a ragged
desarrollo development
desazón *f.* displeasure, uneasiness, vexation, unfitness
desbandarse to disband, vanish
desbaratado, -a ruined
desbaratar to upset
desbarrancado, -a thrown over a precipice
desbocado, -a runaway
desbordante overflowing
descabezado, -a beheaded
descalabrado, -a broken-headed, crushed
descalabrarse to hurt one's head
descalzo, -a barefooted
descampado *m.* open country
descanso rest
descarar to peel *(the bark off)*
descarga *f.* discharge *(of a gun)*
descarnador *m.* scraper
descarnar to scrape

descolgar (ue) to remove from a hanger
descomer to have a bowel movement
descomponerse to become decomposed, rotten
descompuesto, -a disarrayed
descomún uncommon
desconcertado, -a upset, shaken
desconfianza *f.* distrust
desconfiar to mistrust
desconocer to overlook, be ignorant of
desconocido, -a unknown, strange
desconsolado, -a disconsolate, unhappy
descorchar to uncork
descorrer to push back
descorriendo unraveling, unwinding
descote *m.* bare neck, décolléte
describir to describe, trace
descubierto, -a uncovered
descubrimiento discovery
descubrir to reveal, discover, uncover
descuidado, -a careless, unaware
descuidar to be careless; to make careless, lull
descuido carelessness
desde since
desdén *m.* disdain
desdeñar to disdain, scorn
desdeñoso, -a disdainful, scornful
desdicha misfortune
desdichado, -a unlucky, unfortunate
desdoblarse to bend over
desembarcar to disembark
desembocar to come out, emerge

desemejante unlike
desempeñar to redeem, pay the pawn for; to perform, carry out
desencadenar to unleash, to unchain
desenfrenado, -a unbridled
desengañar to disillusion, undeceive
desengaño disillusion, disappointment
desenlace *m.* outcome
desenvolverse to develop, grow
desesperación *f.* despair
desfallecer (zco) to fail; to die down; to grow depressed
desfilar to march, pass by
desfondado, -a with the bottom broken out
desgajado, -a uprooted
desgarrado, -a ripped, torn
desgarrador, -ora heart-rending
desgarrar to tear apart
desgaste *m.* weariness
desgracia misfortune
desgraciadamente unfortunately
desgraciado, -a unlucky, unfortunate
deshacer to wear out, destroy
deshebrar to unravel
deshecho, -a shattered, ransacked
deshilachar to tatter, shred
deshogar to relieve, unburden, give rein to
deshojar to tear off leaves *(petal, sepals)*
desierto, -a empty; *n. m.* desert, wilderness
desigual inconsistent
deslinde *m.* demarcation, boundary mark
desliz *m.* slip, misbehavior
deslizarse to slip

desmantelado, -a delapidated
desmayar to faint, wilt
desmayarse to faint, languish
desmedrado, -a decayed
desmemoriado forgetful one
desmentir (ie) to deny
desmoronar to ruin
desmoronarse to fall apart
desnudez *f.* nakedness, bareness
desnudo, -a naked, bare, unclothed
desolar (ue) to make desolate, to abandon
despachar to dispatch, put to death
despacho *m.* dispatch, office
desparcir to disperse
desparcirse to scatter
desparejo, -a uneven
despecho spite
despedazar to tear up, split into pieces
despedida farewell
despedir (i) to send away, send forth
despedirse de to take leave of
despegar to run over
despejar to clear, rid, solve
despeñadero cliff
despeñado, -a rushing precipitously downward, dashing headlong
despeñar to hurl down
desperdicio *m.* waste
despertador *m.* awakener, alarm clock
despertar (ie) to awaken
despiadado, -a pitiless
despicar to satisfy
desplegar (ie) to unfold, spread, display
desplomarse to collapse
despojar to deprive, despoil, rob

despojo plunder, spoil; —s spoils, remains
desposeer to dispossess
desprecio *m.* scorn
desprender to detach, shed
desprenderse to be detached, emerge
desprolijo, -a careless
desquiciado, -a unhinged, upset, toppled
destacar to bring out, to stand out, —se to be outlined, stand out
destellante sparkling
destello gleam, flash
desterrado, -a exiled
destierro banishment, exile
destino fate
destreza skill
destrozo ruin, particle
destruir to destroy
desuso disuse
desvanecerse to vanish
desvarío wildness, raving
desvelado, -a wide awake
desvelo watchfulness, wakefulness
desventaja disadvantage
desventurado, -a unfortunate
desvergüenza abuse
desviación *f.* deviation
desviar to turn away from, divert from
detallado, -a detailed
detalle *m.* detail
detener to stop, arrest
detenerse to stop
detenida delay
detenido, -a checked, stopped, gradual
determinación *f.* obstinacy
deuda debt
deudo, -a relative

devolver (ue) to return, give back, restore
diablura devilish trick, devilry, mischief
diáfano, -a translucent, clear
diamante *m.* diamond
diamantino, -a diamondlike
diantre *m.* devil
diario *m.* diary; —**de a bordo** ship's log
diatriba invective, insult, diatribe
dibujar to draw, sketch, outline
dibujo *m.* sketch
dicha happiness
dicho saying
dichoso, -a blessed, happy
dicotomía *f.* dichotomy
dictadura *f.* dictatorship
dictaminar to pass judgment, dictate
dictar to inspire, dictate
diestro, -a right *(hand),* dexterous
difundir to scatter
difunto, -a dead, defunct
digno, -a worthy
dilación *f.* delay
dilatado, -a extended, far-flung
dilatar to dilate, make wide, spread
dilema *m.* dilemma, problem
diligencia effort, diligence, business, effort, persistence
diluvio *m.* flood
dinámica dynamics
dinamismo *m.* vigor, dynamism
diosa goddess
dirigente *m.* leader
discípulo follower
discontinuidad *f.* lack of logical sequence
disculparse to pardon oneself

discurrir to wander, travel
discurso reasoning, speech
discutible questionable
diseminar to spread abroad, scatter
disentir (ie) to dissent, argue
disertar to discuss, discourse on
disforme deformed, misshapen
disfrutar to enjoy
disgregación *f.* disintegration
disgregar to disintegrate
disgusto unpleasantness, displeasure
disimulado, -a feigned, false, pretended
disimular to pretend
disimulo dissimulation, craft
disipar to dissipate, blow away
disminuir to diminish, grow smaller
disolver (ue) to dissolve
disparado, -a hurled, swift, headlong
disparar to fire *(a gun),* discharge, shoot
disparatar to talk nonsense
disparate *m.* mistake
dispensar to excuse
disperso, -a detached, scattered
disponer to dispose, make ready
dispuesto, -a comely, graceful, ready; **bien—** well, in good health
disputar to dispute, fight with
distinguir to make out, perceive, distinguish
distinto, -a different
disuelto, -a dissolved
diurno, -a daily
divagación *f.* wandering about
divertir (ie) to have a good time, amuse

divinizar to make divine
divisar to see, discern, make out
do = **donde**
doblado, -a doubled, heavy
doblar to turn, fold, turn around
docto, -a learned
doctorcito *m.* diminutive of doctor
doctrina doctrine, instruction
doctrinar to indoctrinate, teach
doler (ue) to ache, pain
doliente pained, grievous
dolor *m.* grief, pain
dolorido, -a pained, hurt, heart-sick, griefstricken
domar to hold in check, hold back, tame
dominador *m.* master
dominar to dominate, control
dominio domain, control, realm
don *m.* gift, talent
donaire *m.* joke, whim
donar to give
doncella maid, maiden
dondequiera wherever, anywhere
doquiera everywhere
dorado, -a golden
dorar to gild, adorn with gold
dormida sleeping site *(archaic)*
dormido, -a sleepy, sleeping
dormitorio dormitory, bedroom
dotado, -a gifted, endowed, possessed
dotar to endow
ducha *f.* shower
duda hesitation, doubt
dudar to hesitate, doubt
duelo sorrow, grief; duel
dueña duenna, lady-in-waiting, mistress, ruler
dueño owner, master

dulce sweet, gentle
dulcedumbre *f.* gentleness
duplicar to double
duradero, -a lasting
durar to last
duro, -a hard, harsh; *n.* dollar

ebrio, -a drunk, intoxicated
ebúrneo, -a creamy white
echar to cast, throw, thrust, put, pour; —**mano a** to lay hands on, attack; —**de ver** to notice
ecuménico, -a ecumenical, universal
Edén *m.* Eden, paradise
edénico, -a pertaining to the Garden of Eden
edificar to construct
editorial *f.* publishing house
educativo, -a educational
efervescente sprightly
eficacia efficiency
eficazmente justly
egipcio, -a Egyptian
egregio, -a eminent
eje *m.* axis, center
ejecutar to execute, exert
ejemplar *m.* example, pattern
ejemplificar to exemplify
ejemplo example
ejercicio use, exercise
ejercitar to exercise, perform
ejército army
ejidal, -a pertaining to public land
elegir (i) to choose, elect, select, pick
elevar to raise
elogio eulogy, praise
eludir to avoid
embajador *m.* ambassador

embandadero, -a flag-bedecked
embarazado, -a obstructed
embarazar to hinder, impede
embarcación *f.* vessel
embargar to seize, attach
embargo: sin— nevertheless
embebecido, -a enchanted,
 astounded, overwhelmed
emborracharse to become
 drunk
embozar to muffle *(up)*
embrollado, -a entangled,
 twisted, confused
embutir to shrink
emisario emissary
emocionar to move, stir *(by
 emotion)*
empalidecer (zco) to grow pale
empañar to blur, soil, cloud
empaque *m.* solemness,
 seriousness
empastar to cover with weeds
empedrado cobblestone
 pavement
empellón *m.* shove, push
empeñar to pawn
empeñarse to insist; to take the
 trouble to
empeño perseverance, insistence,
 effort, attempt
empeorar to grow worse
empequeñecer (zco) to
 diminish, dwarf
empequeñecimiento diminution
empero however, yet
empezar (ie) to begin
empinado, -a lifted, raised up
empíreo, -a empyrean,
 paradisical, celestial, divine
empírico *m.* he who relies on
 experiment
emplear to use, employ

empleo object, tool
emplumado, -a feathered
empozarse to be dammed up
emprender to undertake
empresa enterprise, undertaking
empréstito *m.* government loan
empujar to push
empuñadura handle
empuñar to clutch, hold tightly,
 clasp, brandish
emular to imitate
enagua petticoat
enajenar to enrapture
enano, -a dwarf
enarcar to arch
encadenar to chain *(together)*
encajar to contain, fit
encaje *m.* lace
encaminar to put on the road,
 guide
encaminarse to travel, make
 one's way
encantar to enchant, delight
encanto charm
encargar to entrust, commission
encargarse to take charge of
encariñarse to grow angry
encarnar to incarnate, penetrate,
 embody
encarnizado, -a lustful
enceguecer to blind
encender (ie) to light up, kindle,
 become aroused, become
 animated
encerrar (ie) to enclose, lock,
 contain
encía gum
encima on top
enclenque sickly
encogido, -a timid
encogimiento contraction,
 shrinking

encolerizar to become angry
encorvado, -a bent over
encrespar to swirl
encrucijada crossing, crossroads
encubrir to hide, conceal
encuentro meeting
endemoniado, -a possessed by demons
enderezar to straighten up
endulzar to sweeten
endurecimiento *m.* hardening
enemistad *f.* enmity
enfadar to annoy, anger
enfadarse to become angry
enfermar to fall sick
enfermedad *f.* illness
enfermería *f.* infirmary, sick ward
enfermero, -a nurse
enfermizo, -a sickly
enfrentarse to confront
enfurecer to become infuriated
enfurecerse (zco) to grow furious
engalanado, -a adorned
engañar to deceive
engañarse to be mistaken, fool
engaño deceit, deception, illusion, trick
engañoso, -a tricky, deceptive
engarzar to set *(a jewel)*
engendrar to produce, propagate
engolfado, -a adrift, absorbed
engreído, -a conceited, vain
enhiesto, -a erect, upright
enhorabuena well and good, all right, congratulation
enjugar to wipe off
enlazar to join, entwine, combine
enloquecer (zco) to go mad

enloquecido, -a crazy
ennegrecido, -a blackened
enojarse to become annoyed
enredadera climbing vine
enredar to join, catch, entangle, trap
enrojecerse to become red
enrojecido, -a reddened
enronquecer (zco) to become hoarse
ensalmo incantation, magic
ensañado, -a angry, enraged
ensañarse to become merciless
ensancharse to extend, widen, spread
ensartado, -a stabbed, run through, strung
ensartar to penetrate
ensayar to experiment, try
ensayista *m.* essayist
ensayo attempt, effort, experiment, essay
enseña *f.* colors
enseñanza learning, lesson, teaching, instruction
enseñar to teach, show
ensillar to saddle
ensimismamiento self-absorption
ensortijado, -a in ringlets
ensueño dream, vision
entenebrido, -a dark, shadowy
enterar to inform
enterarse to be aware of
enternecerse to grow sentimental
enterrador *m.* grave digger
enterramiento burial place
enterrar (ie) to bury, inter
entibiar to warm
entidad *f.* entity, unit
entierro *m.* funeral

entornar to half-open
entrambos, -as both
entrañable deep, sincere, most affectionate, profound *(affection)*
entrañas *f. pl.* feelings, heart, entrails
entreabierto, -a half open
entreabrir to open halfway
entrecejo brow
entrecortar to interrupt
entrega delivery; **por—s** in serial form
entregar to deliver, procure, devote, hand over, place in the hands of, surrender
entremedias in mid ranks
entremeter to interpose
entretenerse to entertain oneself
entrever to see *(dimly),* half see
entrevero cavalry battle
entrevista interview
entristecerse to grow sad
entronizar to enthrone
enturbiarse to be confused, disturbed
enviado envoy
enviar to send, dispatch
envidiar to envy
envite *m.* push
envolver (ue) to wrap, enclose, involve
envuelto, -a wrapped, clothed, surrounded
epopeya epic poem
equilibrar to balance
equívoco, -a equivocal, confused, ambiguous
era age, era
ergo therefore *(Latin)*
erguir to erect
erguirse to rise
erizar to stand up, rise

errabundo, -a wandering
errado, -a in error
errante wandering
errar (ie) to miss, make a mistake; yerra fuego, misses fire
esbelto, -a svelte, slim, graceful
esbozar to sketch, draw
esbozo sketch
escala ladder
escalera stair
escalinata *f.* front steps, stone steps
escalofriante chilling, hair-raising
escalón *m.* step *(of a stairway)*
escamado, -a decorated with
escampar to clear
escaparate *m.* show window
escarcha frost
escarlata scarlet
escarmenar (ie) to comb *(wool, etc.)*
escarnecido, -a ridiculed
escasear to be scarce
escasez *f.* scarcity
escaso, -a scant, scarce
escena scene, setting
escenario stage, scene
escéptico, -a skeptical
esclarecerse to be solved
esclarecido, -a illustrious, prominent
esclavitud *f.* slavery, enslavement
esclavo, -a slave
Escocia Scotland
escoger to choose, select
escombra *f.* rubbish
escombro garbage pile, rubbage heap, rubble, slag
esconder to hide
escopeta gun

escotilla *f.* hatchway

escribano scribe, notary, secretary; —**de ración** secretary of supplies

escribiente *m.* stenographer

escritorio *m.* office desk

escrúpulo *m.* scruple

escrupuloso, -a scrupulous, nice

escrutar to scrutinize

escuadra squad, gang

escuadrón *m.* swarm, multitude, squadron

escudilla bowl

escudo shield, coat of arms

escudriñador, -ora scrutinizing, searching

escudriñar to search

esculpir to carve, sculpt

escupir to spit

escurrirse to slip *(away)*

esfera *f.* sphere, heavens

esforzar (ue) to force, encourage

esfuerzo effort, vigor, force, strength, endeavor

esfumado, -a to fade away

esgrimir to grasp, wield

eslabón *m.* link

esmeralda emerald

espacio interval, delay

espada sword

espadaña cattail, reed

espalda back, shoulder

españolización *f.* Hispanization

espantarse to be frightened; to be surprised

espanto fright, terror

espantoso, -a frightening

esparcir to spread, scatter

especia spice

especiar to spice, to prick *(the memory)*

especie *f.* kind, type, species, sort

espectador spectator

espectro specter, ghost

espejo mirror

espera wait; **en**— waiting

esperanza hope

esperpéntico, -a nonsensical

espeso, -a thick, heavy

espesura thicket

espeto penetration

espiga head *(of grain)*, rivet

espolvorear to dust, sprinkle

esponjar to fluff up; to sponge

espuela spur

espuma foam

espumita bit of foam

espumoso, -a foamy, frothy

esquema *m.* plot

esquife *m.* skiff

esquina corner

esquinado corner

esquivar to avoid

estación *f.* season

estadio *m.* furlong

estallar to burst forth

estampa *f.* appearance

estampido *m.* explosion

estampilla *f.* seal, stamp

estancado, -a stagnated

estancia room, dwelling; stay, sojourn; ranch, estate

estandarte *m.* standard

estatal state *(pertaining to the state)*

estatura height, stature

estepa steppe, arid plain

esterilidad *f.* sterility

estético, -a aesthetic

estilo style, kind

estimable highly esteemed

estimación *f.* worth, rank, esteem
estío summer
estirar to stretch, straighten out
estirón *m.* jerk, tug
estirpe *f.* race, stock, family, lineage
estocada thrust, stab; **a—s** with stabbing
estofa class, quality
estorbar to hinder
estragado, -a damaged
estrategia strategy
estrechamente closely, tightly
estrechar to clasp *(hands),* to press, to hold out
estrecho, -a narrow
estrella star
estrellado, -a starry, full of stars
estrellar to scatter, break
estremecerse to tremble, shudder
estremecido, -a trembling
estrépito *m.* clang, noise, din
estrepitoso, -a boisterous, noisy
estribar to rest, be based
estropajo *m.* scrubbing brush
estruendo noise, din
estruendoso, -a crashing, noisy
estrujar to crumple, crush
estuche *m.* jewel case
estufa stove
estupor *m.* amazement, uproar
etapa stage, step
eternizado, -a petrified
ética ethics
étnico, -a ethnic, racial
etnólogo ethnologist
evangelio scripture, gospel
evasión *f.* escape
evocar to evoke
exacerbar to irritate, embitter
exaltarse to be uplifted, exalted

excelencia: por— outstanding
Excelsior higher, upward
excitación *f.* excitement
excremento *m.* excrement
exégesis *f.* exegesis, analysis, interpretation
exención *f.* exemption
exigencia demand, request
exigente demanding
exigir to require, demand, ask
existencialista existentialist
éxito success
éxodo *m.* exodus
expediente *m.* way, manner, method
experiencia experiment, experience
experimentar to experience
expiración *f.* breath
explanar to explain
exponer to explain
expresión *f.* enthusiasm
expresionista *m.* devotee of expressionism
expresivo, -a affectionate
exprimir to express, spit out
exprimirse to be drawn or milked
expuesto, -a exposed
expulsar to expel
extender (ie) to draw up a contract
extensión *f.* extent
exterminio *m.* extermination
extraer to extract
extrañamente strangely
extranjero, -a foreign
extraño, -a strange, foreign
extraviarse to get lost
extremo extreme, end, boundary, care, attention; **con—** greatly
exutorio, -a issue

fabla = **habla** speech
fábrica *f.* factory
fabricante *m.* manufacturer
fabricar to build, make, construct, manufacture
fábula fable, story, tale
facciones *f. pl.* features
factible feasible
facultad *f.* faculty, school
fajado, -a wrapped around
fajina task, capture
falaz false, deceptive
falda skirt
fallar to pass judgement on
fallecer (zco) to die
falsía falseness
falta lack, fault, failure
faltar to lack
falto, -a lacking, devoid
familiar *m.* familiar, domestic, creature or object from which a witch or wizard draws power
fandango fandango *(a dance);* confusion
fango swamp
fangoso, -a muddy
fantasma *m.* ghost
fardaje *m.* pile of bundles
fardo bundle
farol *m.* lamp post
fárrago *m.* hodgepodge
farsa *f.* farce
farsante *m.* comedian
fastidiar to annoy, bother, upset
fatigar to fatigue, weaken
fatigoso, -a labored, weary, wearisome
fauces *f. pl.* narrows
faz *f.* face
fe *f.* faith, faithfulness, religion; **hacer—** to be believed, leave no room for doubt, **a—** in truth, in good earnest

fealdad *f.* ugliness
febril feverish
fecha date
fechoría mischief
fecundación *f.* fertilization
fecundidad *f.* fertility
fecundo, -a fertile, fecund, fruitful
fehaciente authentic
feliz happy
femenil feminine
fenecer (zco) to die
fenómeno phenomenon, great, fabulous
ferino, -a savage, wild
feroz ferocious
férreo, -a *(of)* iron
ferrocarrilero, -a railroad
fertilísimo, -a most fertile
férvido, -a fervid, boiling
festín *m.* party
fiarse to trust
fibra fiber
ficticio, -a fictional
fiduciario, -a trusteeship
fiebre *f.* fever
fiel faithful
fieltro felt
fiera *f.* wild beast
fiereza wildness
fiero, -a fierce, wild
figurado, -a figurative
figurar to depict
figurarse to imagine
fijar to fasten, to make firm or stable, to determine, **—se** to notice
fijeza firmness, steadfastness
fijo, -a fixed, staring, continuous
fila row, rank
filántropo *m.* philanthropist
filarmónico musician
filmar to film

filólogo *m.* philologist

fin *m.* end, goal, purpose; **a—de** in order to

financiera *f.* financier

finar to end, die

finca *f.* plantation

fincar to rest on, be based on

fingir to pretend, simulate

fino, -a fine, delicate, slim

firmamento firmament, vault of the sky

firmar to sign

firme firm; **tierra—** dry land, firmly

firmeza firmness, strongness

fisonomía physiognomy, face

flácido, -a soft

flaco, -a weak

flacura leanness

flanco side *(of a body)*

flaquear to grow weak

flecha arrow

fleco fringe, ragged edge

fletar to charter

flojo, -a weak, loose

floreado, -a flowered

florecer (zco) to flower, develop, flourish, thrive, blossom

florecido, -a blossoming

florecimiento *m.* flowering

florero vase

florido, -a florid, flowery, in its prime

flota fleet

flotar to float

fluctuar to fluctuate

fluir to flow; *n. m.* flowing, flow

foco electric light, center, source

fofo, -a soft, pudgy

fogoso, -a fiery, spirited

follaje *m.* plants, foliage

folleto *m.* pamphlet, newspaper, broadside

fomentar to encourage

fonda *f.* restaurant

fondear to cast, anchor

fondo depth, bottom, background

forajido outlaw, bandit

forjador *m.* blacksmith, forger

forma shape

formación *f.* rearing, upbringing

fornido, -a robust, stout, husky

fortalecer (zco) to become strong, strengthen oneself

fortaleza fortress, strength

forzar (ue) to force, rape

fósforo *m.* match

fracasar to fail

fracaso failure

fracaso *m.* failure

fraccionamiento break-up, fractional division

fragor *m.* din, uproar

fragua forge

franciscano, -a Franciscan

franco, -a full, complete

frasco *m.* flask

frase *f.* phrase, subject, sentence

fraterno, -a brotherly, fraternal

fray *m.* brother *(priest)*

frazada *f.* blanket

fregar to rub, to bother *(slang)*

frenesí *m.* franzy

frenético, -a frantic, wild

freno bit, brake

frenología phrenology, skull study

frente *m.* or *f.* front, forehead; **hacer—a** to face; **de—** directly, straight

fresa strawberry

fresco, -a fresh, cool

frescor *m.* coolness
fresquito, -a fresh
frondoso, -a leafy, luxuriant, verdant, lush
frontera border, frontier
fronterizo, -a border
frotamiento friction
frotarse to rub
fructificar to make fruitful
frustrarse to thwart, turn aside
fruto fruit, success
fucsia fuchsia
fuente *f.* source
fuera out, beyond, outside; —**de** besides; **lo de**— outside material, **por**— on the outside; **¡fuera!**— get out!, out!
fuerza force, power
fuga *f.* loss
fugar to flee
fugaz fleeting
fulgente gleaming, glowing
fulgor *m.* gleam, glint
función *f.* duty
funcionamiento function, working
funcionario official, officers
fundamento basis, foundation
fundar to found, establish; to decide; to discover, create
fundir to fuse, melt together
fúnebre dismal, funeral
funesto, -a dread, fatal, foreboding
furia fury, anger
furibundo, -a raging, infuriated
fusilado, -a executed by shooting
fusilamiento *m.* execution by shooting
fusilar to shoot
fusilería *f.* riflemen

fusión *f.* fusion, mixture, joining
fusta whiplash, small scouting boat

gabán *m.* overcoat
gabinete *m.* boudoir
gajo branch *(of a tree)*, part of a bunch of grapes torn off
galán *m.* lover, young man
galante gallant, romantic
galanteo gallantry
galardón *m.* reward, surprise
galería gallery, hauling way *(in a mine)*
galgo greyhound
galleta *f.* sea biscuit, cookie, slap
gallo *m.* rooster
galpón *m.* hut
galvánico, -a galvanic, electric
gama gamut, scale
gamuza chamois
gana will, desire; **tener**— or **ganas de** to desire, to feel like; **de buena**— gladly; **tenerle gana** or **ganas a** to wish to have a fight with
ganado herd, flock, domestic animals
ganador *m.* winner
ganancia gain, booty, advantage
ganar to win
garabatito little curve
garabato *m.* hook
garbo elegance
garganta throat
garra claw
gasa gauze
gaseoso, -a carbonated
gastar to waste, spend
gatillo trigger
gato cat

gayina = **gallina** hen
gélido, -a cold, frigid
gemelos *m. pl.* twins
gemido groan, moan
gemir (i) to groan
género genre, literary type, kind, race
génesis *f.* genesis, origin
genialidad *f.* temperament
genio wit, spirit, genius, nature, temper
genovés, -esa Genoese
gentil noble, gallant; *n. m.* pagan, gentile
germen *m.* seed, germ
gesto mien, face, gesture
gigante *m.* giant
gigantesco, -a gigantic
Ginebra Geneva, Switzerland
gira (jira) expedition, trip
girar to whirl, turn
giratorio, -a revolving
giro turn of phrase
glauco, -a yellowish
gobierno government, rule
goce *m.* pleasure, joy, enjoyment
goleta *f.* schooner
golfo *m.* gulf
golondrina swallow
golosina tidbit, treat
golpe *m.* blow; **de—** suddenly, knock
golpear to beat, strike, knock
golpecito tap
gongorismo gongorism *(an elaborate poetic style)*
gorro cap, cloche *(hat)*
gota drop
gótico, -a Gothic
gozar to enjoy; **—de** to enjoy, possess
gozoso, -a joyful

grabarse to engrave, be engraved; to be fixed
gracia grace
grácil graceful, slender
gracioso, -a fine, delightful
grado degree
grama grass
gramilla grass
granada grenade
granadero grenadier, soldier
grandeza grandeur, greatness
granero *m.* granary
grasa *f.* grease
gratuitamente freely
grávido, -a heavy
graznido squawk
griego, -a Greek
grieta crack
grillo cricket
gris gray
grita shouting, outcry
grito shout
grosero, -a coarse, rough, rude, crude
grueso, -a thick, heavy, large, fertile; **en—** in thickness
grulla crane
gruñido grunt
gruñir to groan
guadual *m.* sandy areas, dune, sand hill; bamboo grass; bog, bamboo forest
guapeza *f.* good looks
guapo, -a handsome
guarda *m. or f.* guard, keeper
guardapolvo duster
guardar to guard, keep
guarecer to protect, shelter
guarecerse to take refuge
guarida lair, den
guarnición *f.* garrison, turret
guatemalteco, -a Guatemalan

guay alas
guedeja long lock of hair
guerra war
guerrero, -a warrior, military
guerrillero guerrilla leader
guillotina *f.* guillotine
guión *m.* outline
guirnalda garland
guisar to cook
gusanillo worm, scoundrel, rascal
gusanito *m.* small red worms
gusano worm, silkworm

haber *m.* salary, credits *(in newspaper work)*
haber to have; to be
hábil skillful, clever
habilidad *f.* ability
habilitación *f.* financing
hábito habit, religious garb
habituado, -a acclimated, habituated, used *(to)*
hacedor *m.* maker, manager
hachazo hatchet *(axe)* blow
hacia toward
hacienda homestead, property, ranch
hada fairy; —**madrina** fairy godmother
hado fate
halagador, -ora flattering, pleasant
halcón *m.* falcon
hallar to find
hamaca hammock
hambre *f.* hunger, hunger pangs
harina flour, paste
harto, -a sufficient, plenty of
hastío *(bored)* dissatisfaction, satiety

haz *m.* sheaf, bundle
hazaña deed, exploit, feat
hechizo charm
hecho, -a made, composed, like
hecho fact, deed, event, action, work
hechura physical make-up
helar (ie) to freeze, chill
helénico, -a Hellenic, Greek, Grecian
hembra female, woman
hemisferio hemisphere
henchir (i) to swell
herbazal *m.* grassland
heredar to inherit
herida wound
herido, -a wounded
herir (ie) to wound, strike
hermano *m.* cousin; **primo**— first cousin
hermético, -a hermetic, sealed, difficult to understand
hermosura beauty
herrado, -a iron-clad, branded *(cattle)*
hervir (ie) to boil, seethe
hielo ice
hierba grass
hierro iron
hígado *m.* liver
higuerón *m.* tropical tree *(of the fig family)*
hilar to spin *(thread)*
hilo thread
hilvanar to string together
himno hymn
hincar to swell; —**de** to be filled with
hipopótamo *m.* hippopotamus
hipostático, -a supportive
hipsipila butterfly
hocico muzzle *(of an animal)*

hogar *m.* home, hearth
hoguera *f.* bonfire
hoja leaf, blade, page of a book
hojear to leaf through *(a book)*
holgar (ue) to enjoy, take delight in
holgarse (ue) to enjoy oneself
holgazanería laziness
holgura breadth
hollar to tread, tread upon
hollín *m.* soot
hombro shoulder
honda sling
hondamente deeply
hondo, -a deep, serious
hondura *f.* depth
honra honor
honradamente honorably
honradez *f.* honor, honesty
horadar to pierce
hormigón *m.* concrete
horno *m.* oven
horrendo, -a horrible, horrendous
horripilante horrifying, hair-raising
horroroso, -a horrifying
hosco, -a sullen, gloomy
hospitalario, -a hospitable
hospitalidad *f.* hospitality
hoyanco *m.* hole, grave in potter's field
huecamente vainly
hueco, -a hollow
huelga *f.* strike
huella footprint, track, trace
huellas *f. pl.* footprints
huerto grove, orchard, garden
hueso bone
huesped *m.* guest
hueste *f.* host, troops
huevo egg

huida flight
huir to flee
huizachal *m.* grove of huizache *(wild acacia)* trees
humanidad *f.* humanity, mankind
humanista *m.* scholar, humanist
humeante smoking
humear to smoke
húmedo, -a damp, humid, moist
humildísimo, -a most humble
humillado, -a humiliated
humo smoke
hundir to sink, submerge, plunge
huracán *m.* hurricane
hurfano, -a orphan
hurgar to incite, stir
hurtar to steal

ibero, -a Iberian
idear to think up, devise
idolatría idolatry
ídolo idol
ignominioso, -a ignominious, shameful
ignorado, -a unknown
ignorar to be ignorant of
ignoto, -a unknown, unforeseen
igualdad *f.* equality
igualmente equally
ijar *m.* flank
ilícito, -a illicit, unlawful
iluso, -a deluded
iluso *m.* visionary person
ilusorio, -a unreal
ilustre famous, illustrious
ilustrísimo, -a most illustrious
imagen *f.* image
imaginería images, sacred images

imantarse to be magnetized
imbécil *m.* imbecile
imbuir to imbue with
impar odd, uneven
impartir to send
impasible impassive, unfeeling
impeler to impel
imperar to hold sway, impose itself
imperecedero, -a everlasting
imperio empire
impermeable *m.* raincoat
impertinencia impertinence, folly
impertinencilla little folly
imperturbable imperturbable, unpertubable, unshakable
imperturbado, -a unperturbed, undisturbed
ímpetu *m.* impetus, drive, stirring
impetuosidad *f.* swiftness
impiedad *f.* impiety
impío, -a impious
implorar to pray
imponente imposing
imponer to enforce, impose, occupy, limit
importar to be important
importuno, -a foolish
impregnado, -a impregnated, filled
impresionante impressive
impreso, -a printed
imprevisible unforeseeable
imprevisto, -a unforeseen
imprimir to fix, imprint
impulso impetus, impulse
inagotable endless
inapelable stubborn, invincible
inaudito, -a unheard of
inaugurar to inaugurate, begin
inca *m.* Inca Indian

incaico, -a Incan
incalificable unspeakable
incansable tireless
incansablemente tirelessly
incapaz incapable
incendiar to set on fire, burn
incendiario *f.* burning
incendio fire, conflagration
incertidumbre *f.* uncertainty
incidencia incident, incidence, unimportant feature
incienso *m.* incense
incisivo, -a incisive, penetrating
incitar to incite, urge, persuade
inclinación *f.* calling, inclination
inclinar to bend
inclinarse to be inclined, disposed, to lean toward
ínclito, -a illustrious
inclusive inclusively
incógnito, -a unknown
inconmensurable incommensurable, beyond measure
inconmovible unmovable
inconsciente unconscious
inconveniente *m.* mishap, objection
incorporar to put on one's feet, pull together; to incorporate
incorporarse to sit up, join
increíble unbelievable
increpar to chide, rebuke
inculcar to impress
inculto, -a uncultivated, growing wild
indebidamente illegally
indecisivo, -a undecided
indígena native
indignamente unworthily
indignar to make angry or indignant
indigno, -a worthless, unworthy

indiscutible obvious,
unquestionable
individuo individual
indología Indianology *(a word
coined by José Vasconcelos to
help express his theories on race)*
inducir (zco) to induce
indudable certain, doubtless
ineludible unavoidable,
irresistible
inerme defenseless
inesperado, -a unexpected
inestable unstable
inexhausto, -a unexhausted
inexistente non-existent
infame infamous
infamia *f.* infamy, crime
infando, -a frightful,
unmentionable
infantil childish
infatigable untiring
infeliz unhappy, wretched
inferir (ie) to inflict
infiel unfaithful; *n. m.* infidel
infierno hell
infinidad *f.* infinity
infinitamente infinitely
infinito, -a numerous
infinito *m.* infinite, vastness
beyond measure
inflar to inflate
informante reporter
informe *m.* information, data,
mess, report
infructuoso, -a fruitless, useless,
unfruitful, in vain
ingeniero *m.* engineer
ingenio wit, learning, intelligence
ingenioso, -a ingenious, clever
ingenuo, -a ingenuous, innocent
ingrato, -a ungrateful
ingresar to enter, enroll

ingreso *m.* entry, way
iniciador *m.* beginner, initiator,
founder
inicuo, -a iniquitous, evil
injuria injury, insult
injusto, -a unjust
inmanente immanent,
indwelling
inmarchito, -a fadeless,
unfading
inmigratorio, -a migratory
inminencia imminence
inmortal immortal
inmóvil motionless
innato, -a innate
innovativo, -a innovative
inolvidable unforgettable
inquebrantable unbreakable
inquietar to make restless, cause
restlessness
insaciable unending, insatiable
inscribir to enroll in
insensatez *f.* insensitivity
insensato, -a senseless
insensible unfeeling, without
senses
insigne famous, notable
insignia standard, badge,
insignia
insinuante artful, suggestive
insólito, -a unusual
insondable fathomless, abysmal
instalarse to settle
instancia request, entreaty
insuflar to breathe into, inflate
intacto, -a untouched
integrar to form
intentar (ie) to try
intentar to try
intento effort
intercambio interchange
interés *m.* interest *(on a loan)*

internado, -a boarding
internar to admit, to let in
intervenir to take part in; to intervene, interrupt
intimidad *f.* intimacy, subjectivity
intrincado, -a intricate
intrínseco, -a intrinsic
intruso *m.* intruder
inundado, -a flooded
inusitado, -a unusual
inutilizado, -a useless
invalidar to make helpless
invasor *m.* invader
inventar to invent, to think up
inversión *f.* investment
invocar to summon
ira ire, anger, wrath
iracundo, -a wrathful
iris *m. pl.* rainbows
irlandés, -esa Irish
irradiar to gleam; to shed
irrecuperable irrecoverable, irretrievable
irreductible irreducible, unquenchable
irrumpir to burst
itinerario *m.* route
izquierdo, -a left

jabón *m.* soap
jacal *m.* hut, shack
jactar to boast
jactarse de to boast about
jade *m.* jade
jaguar *m.* jaguar
jamás never
jamón *m.* ham
jamona a fat and middle-aged woman
jaqueca headache
jarabe *m.* syrup, sweet drink

jaula cage
jayán *m.* peasant, robust yokel, big brute
jazmín *m.* jasmine
jefe *m.* chief, boss, leader
jerárquico, -a regular
jerigonza *f.* jargon
jerónimo, -a *n. m.* Hieronymite, a member of the order of St. Jerome
jesuita *m.* Jesuit
jineta a short lance
jinete *m.* rider, horseman, cavalryman
jira expedition, trip, tour
jirón *m.* shred, scrap
jondazo = **hondazo** blow with a sling
jorongo poncho
joya jewel
joyero jeweller, jewel box
júbilo glee, joy, delight
judaico, -a Jewish
juego gambling
juez *m.* judge
jugar to play with
jugarreta tricky deal
juglar *m.* troubadour
jugo juice
jugoso, -a juicy, substantial
juicio judgment, sense
juncal *m.* bed of rushes, canebrake
junta junta, group
juntar to join, combine, gather
juntarse to meet, be joined
juntito, -a quite close
junto, -a together, joined
jurar to swear
justicia justice
juventud *f.* youth; **en plena—** in full flower of youth

juzgado court, tribunal
juzgar to judge, decree
kentia kentia *(palm tree)*
labio lip
labor *f.* work, task; needlework; design
labrado, -a hewn, fashioned
labranza farming; **—s** fields
labrar to cultivate; to carve, make
labriego peasant
ladera slope, hillside
lado side, direction
ladrar to bark *(as a dog)*
ladrido bark(ing)
ladrillo brick
ladrón *m.* robber
lágrima tear
lagrimón *m.* a large tear
laguna lagoon, lake
lamentable lamentable
lámina *f.* copper plate, leaf, sheet, strip
lámpara lamp
lampiño, -a beardless
lana wool
lancear to spear, lance
lancero lancer
languidez *f.* languishing, slowing up
lanza lance, spear
lanzar to throw, hurl, to utter
lanzarse to throw oneself into
largar to release, let fly at; to stretch out
largarse to depart for
largo, -a long; a la larga in the long run
largo, -a tall, generous
lástima pity

lastimado, -a wounded
lastimar to hurt, torture, wound
latente latent, hidden
latino Latin scholar
laurel *m.* laurel *(tree)*
lauro laurel
lazazo whiplash
lazo tie, noose, lasso
lebrel *m.* greyhound
lecho bed, couch
lectura *f.* reading
ledo, -a gay, merry, cheerful
lego lay brother
legua league
legumbre *f.* vegetable
lejano, -a distant, far away
lejía *f.* lye
lejos far away; **de—** from afar
lelo simpleton
leña wood, firewood
lengua tongue, language
lenguaje *m.* language, speech
lentitud *f.* slowness
leona lioness
letargo *m.* lethargy
letra handwriting
levantador *m.* lifter
levantamiento *m.* uprising
levantar to raise, left
levantarse to get up
leve light, slight
levitón *m.* heavy frock coat
ley *f.* rule, law, religious faith
leyenda legend
libélula dragonfly
liberal generous
libertinaje *m.* licentiousness
librar to free
librote *m.* tome
liceo school, upper-level secondary school
lícito, -a legal, lawful

líder *m.* leader
lidiar to fight, battle, struggle
lienzo canvas
ligar to tie, unite
ligeramente slightly
ligereza speed, quickness
ligero, -a light, quick, slight, swift, rapid
limadura filings, metal dust
limbo isolation; **en el—** isolated
limón *m.* lemon
limonero lemon tree
limosna alms
limpiar to wash, clean, wipe
limpio, -a clean, pure, penniless, broke; **poner en—** to make a final copy from a rough draft; **sacar en—** to conclude, infer
linaje *m.* lineage, class, line, family
lindo, -a handsome, pretty
línea line
lingüista *m.* and *f.* linguist
lío *m.* fight
liquidar to liquidate, pay off
lira lyre, song
lirio lily
lirismo *m.* lyricism
lisonja flattery
listón *m.* ribbon
litera *f.* bunk
literario, -a literary
litoral *m.* seashore
liviandad *f.* licentiousness
liviano, -a light
loa poem of praise
lobo, -a wolf
lóbrego, -a lugubrious, gloomy
loco, -a mad, crazy; **tener por—** to consider crazy
locura madness

logrado, -a well-realized, successful
lograr to succeed, attain, reach, succeed in, win, accomplish, achieve
logrero, -a profiteering
loma low hill
lomo back *(of an animal)*
longura length
losa flagstone, pavingstone
lozano, -a luscious, voluptuous
lucecita small light, spark
lucero bright star
lucha struggle, fight, battle
luchador *m.* fighter
lúcido, -a illustrative
luciérnaga firefly
lucir (zco) to shine, show off
lucro wealth
luego then, immediately, presently; **—que** as soon as
lugar *m.* place, village, situation
lúgubre gloomy
lujo luxury
lumbre *f.* light, fire
luminoso, -a bright
lustre *m.* luster
luto mourning
luz *f.* light; **primeras luces** early dawn

llama *f.* flame
llama llama, beast of burden
llaneza flat expanse, plainness
llano, -a flat; *n. m.* plain
llanto weeping, crying, flood of tears
llanura plain
lleno, -a full; **de lleno** completely, entirely
llorar to weep, cry

lloroso, -a weeping, tearful
llover (ue) to rain, send down
  rain upon
lloviznar to drizzle
lluvia *f.* rain

macabro, -a macabre
machete *m.* machete, cane knife
macollal *m.* reedbed, clump of
  bushes
madeja skein, threadlike branch
madera wood
maderamiento woodwork
maderas *f. pl.* boards of a ship's
  deck
maderero, -a lumber dealer,
  lumberman
madero log
madrina godmother
madrugada dawn, early
  morning; **—de** *m.* at daybreak
madrugador, -ra early riser
madurar to ripen, mature; to
  reach the age of maturity
madurez *f.* maturity, ripeness,
  wisdom
maduro, -a ripe, mature; wise
maese *m.* master
maestría mastery
maestro master, teacher
magestad (majestad) *f.* majesty
magisterio mastery, teaching
  profession
magistrado magistrate
magnánimo, -a magnanimous,
  generous
magnetizar to magnetize
mago, -a magian, magical;
  magician
magro, -a lean, thin, meager
maíz *m.* corn

majadería annoyance
malacara sullen, gloomy
malcriado, -a impolite
maldito, -a accursed
maletín *m.* handbag
maleza thicket, underbrush
malón *m.* Indian raid
maltratar to mistreat, damage
maltrato mistreatment
malva mallow
manazo slap, large hand
manceba maiden; mistress,
  concubine
mancebo youth, young man,
  bachelor
mancha blot, stain, cloud
manchar to stain
manchita *f.* little stain
mandato mandate, command,
  rule, power
mandíbula jaw
mandil *m.* apron
mando *m.* command
mandoble *m.* two-handed slash
  or cut, sword
manejado, -a managed, set in
  order
manejar to manage, manipulate
manejo use, handling,
  manipulation
manes *m. pl.* shades, manes *(of
  horses)*
manga sleeve; **—de agua**
  squall, shower; **—de viento**
  whirlwind; **—marina**
  waterspout; **andar—por**
  hombro to be disorderly;
  de—ancha indulgent; **en—de**
  camisa in shirt sleeves;
  tener—ancha to be
  broad-minded
mango handle, Indian mango;
  —de escoba broomstick

manía *f.* mania
manicomio *m.* insane asylum
manifiesto manifest, clear
maniobra maneuver
manjar *m.* dish *(of food)*
mano hand, forefoot of an animal
mansedumbre *f.* meekness, gentleness
manso, -a tame, gentle
manta blanket
mantener to maintain, keep, sustain
manto mantle, cloak
maravilloso, -a wonderful, marvelous
marca mark, stamp, brand; marker, stencil, label, tag; **de—mayor** of high quality, first class, superior
marcar to mark, impress, stamp; **—el compás** to beat time, keep time
marchito, -a withered, faded
marcial martial, warlike
marco frame
marea tide, beach; **contra viento y—** against all odds
mareante navigator, sailor; causing seasickness
mareo seasickness
marfil *m.* ivory
marfileño, -a ivorylike
marido *m.* husband
marillento, -a yellowish
marinero sailor
marino sailor
mariposa butterfly
mármol *m.* marble
marmóreo, -a marmoreal
marrón maroon
Marte Mars, god of war
martillo hammer

martiniqueso, -a from Martinique
mártir *m.* martyr
mas but
más more, plus; **—allá** beyond
masa mass, paste, dough
mascar to chew, chomp at
máscara mask
masón *m.* freemason
mástil *m.* mast
mastín *m.* mastiff
masturbarse to masturbate
matanza *f.* killing, slaughter
matar to kill, wound
mate dull
materno, -a maternal, mother
matiz *m.* color, nuance
matorral thicket
matricular to register, enroll; to be firmly fixed
mayoral *m.* chief, leader, overseer, foreman
mayorazga *f.* owner *(woman)*, or wife of owner, of an entailed estate
mayorazgo *m.* right of primogeniture, first-born son
mayordomo butler, steward overseer
mazo *m.* mallet, maul, wooden hammer; bundle, bunch; clapper of a bell
mazonería stonework, stone masonry, relief or relievo-work
mecer to rock
media middle; **entre—s** in the middle
medianoche midnight
mediar to be half over, reach the halfway point
medicacho quack doctor
medida measure, proportion

medido, -a measured out, realized

medievo, -a medieval

medio, -a half, middle, medium; **de a—s** completely; *n. pl.* means

mediocridad *f.* mediocrity

mediodía noon, south

mediquete *m.* quack

medir (i) to measure, scan

meditabundo, -a thoughtful

medroso, -a fearful

mejilla cheek

mejoramiento improvement

mejorar to make better

melena mane, locks *(of hair)*

mellizo *f.* twin

membrillo quince

membrudo husky, strong

mendicante *m.* beggar

mendigar to beg for, solicit

menear to sway, wave

menester necessary

menguar to lessen; to lack, need

menos less; **venir a—** to come down in the world

menoscabar to damage

menospreciar scorn, to defame

menosprecio scorn

mensaje *m.* message

mensual monthly

mentar (ie) to mention

mente *f.* mind

mentido, -a false, deceptive

mentiroso, -a lying

mentón *m.* chin

menudo, -a small, little, small coins; **a menudo** often

mercadería merchandise

mercado market

meritorio, -a meritorious, worthy

mero, -a mere, just

mesón *m.* inn

mestizaje *m.* mixture of races, intermixture

mestizo, -a mestizo, a person of mixed races

meta *f.* goal

metafórico, -a metaphoric

meter to put, place

meterse to enter

metonimia *f.* metonymy

metro meter (39.37 *inches*)

mezcla mixture, blending

mezclar to mix

mezquita mosque

mezquite *m.* mesquite *(a desert plant)*

microscópico, -a microscopic

microvisión *f.* microvision

miedo fear

miedoso, -a frightening

miel *f.* honey

mientras while, as long as

mies *f.* grain

milagrero, -a miracle-working

milagroso, -a miraculous

milenio millenium *(a period of 1000 years)*

militar *m.* soldier

Minerva goddess of wisdom and war

minuciosamente meticulously

minuciosidad *f.* minuteness

minucioso, -a minute, very small

minúsculo, -a tiny

mira object, goal, intent

mirada look, glance, view

mirador *m.* lookout, window, balcony

mirto myrtle

miseria misery

misericordiosamente mercifull-y, pityingly

misión *f.* mission

mismo, -a very, same

mitad *f.* half

mito myth

mixto, -a mixed, combined

mnemotécnico, -a mnemonic, of assistance to the memory

mobiliario furniture

mocetón *m.* strapping young man

moderar to slow down, moderate

mofa jeering, mockery

mojado, -a wet, damp

moler (ue) to grind, mill

molestar to trouble, bother, annoy

molesto *m.* bothered

momia mummy

monada monkeyshine

monarca *m.* monarch

monería coin

mongol *m.* Mongol

monja nun

monje *m.* monk

mono, -a monkey

monogamia *f.* monogamy, being married to one person

monólogo *m.* monologue

monorrimo, -a monorhyme, a poem in which all the lines have the same end rhyme

monstruosamente monstrously

monstruoso, -a monstrous

montado mounted

montaña mountain, forested region

monte *m.* mountain, forest, woods

montón *m.* heap, crowd, pile; —**de cajas** pile of boxes

montuno, -a pertaining to the highland; rustic, boorish

montuoso, -a mountainous, hilly

montura riding horse, mount; saddle; —**de gala** very best saddle; *(jewelry)* setting

morada dwelling

morador *m.* dwelling, dweller, inhabitant

morar to dwell

morder to bite

moreno, -a brown, dark, brunette

moribundo, -a dying

morisco, -a Moorish

moro, -a Moorish, Moor

mortal fatal, deadly

mortífero, -a deadly

mortificante vexing

mortuorio, -a funeral, of the dead

mostrador *m.* counter

mostrar (ue) to show

mostraza *f.* mustard

mote *m.* motto, device; nickname

motín *m.* mutiny, insurrection, riot, uproar

mozo, -a waiter, young man *(woman),* manservant, porter; **buen—** **(buena moza)** good-looking

muceta short cape worn by doctors; *(Rom. Cath.)* cape worn by high dignitaries

muchedumbre *f.* multitude

mucílago mucilage, pomade

mudable changeable, fickle

mudar to change

mudo, -a mute, silent

mueca grimace

muela molar, tooth

muelle *m.* dock, soft, easy

muestra sign, indication

mugir to bellow

mugriento, -a dirty

mulita little mule

múltiple multiple, numerous
mundial world-wide
muñeca *f.* doll
muralla wall
murmullo murmur
muro wall
músculo muscle
mustio, -a withered, cross
  (disposition)
mutismo silence, muteness

nacarado, -a mother-of-pearl
  colored
nacer to be born
naciente arising, new; being
  born
nacimiento birth, origin, source
nada nothing; **la—**
  nothingness
naftalina *f.* naphthalene
nanita granny
naranjado, -a, anaranjado, -a
  orange-colored
naranjo orange tree
nariz *f.* nose
natal native
natural native *(person)*
naturaleza nature
naturalidad *f.* naturalness
naufragio shipwreck, failure
náufrago shipwrecked *(person)*
nauseabundo, -a nauseous,
  loathsome; foul, sickening
náutico, -a nautical
navaja razor, long knife
nave *f.* ship
navegante *m.* seafarer, sailor
navegar to sail
navío ship
neblina *f.* fog, mist
necesitado, -a needy

necio, -a foolish, stupid
negar (ie) to deny
negarse a (ie) to refuse
negociante *m.* engaged in trade;
  dealer, merchant, business man
  (woman)
negocio *m.* business
negrear to turn black, be
  blackened
nelumbo lotus
neto, -a neat, pure
nevado, -a snow-covered, snowy
  white
nicho niche
nido nest
niebla fog, mist
nieto, -a grandchild
nieve *f.* snow
nigromántico, -a necromancer,
  magician, magician
nimbo nimbus, halo
niñez *f.* childhood
nítido, -a clear, sharp
nivel *m.* level, judgment
nobleza nobility, nobleness,
  noblesse
nocivo, -a noxious, harmful,
  injurious
nómada nomadic, wandering
nomás = no más
nopalera bed of prickly pear
  cactus
noramala = en hora mala
  unluckily
noticia notice, information
novelado, -a novelized
novelesco, -a novelesque,
  novelistic
novia bride, fiance
novio groom, fianc; **estar de—**
  to be engaged
novísimo, -a very new

nube *f.* cloud
nublado, -a cloudy, clouded
nublar to cloud
nublarse to become clouded
nuca *f.* nape of the neck
nudo knot, tangle, knotty point; crisis of a drama; —**en la garganta** lump in one's throat, great affliction
Nuestro Señor God, Our Lord
nueva news
nutrir to nurture, nourish

obcecado, -a blinded
obedecer (zco) to obey
obenques *m. pl.* shrouds, shifters
obispo bishop
objetivo objective, plan
obrar to work, act; —**bien** to act virtuously
obscurecer to obscure, cloud, dim; to tarnish, confuse, shade
obscuro, -a dark, mysterious; **hacerse**— to grow dark
obsequiar to treat, entertain, pay attention to, make presents to; to court, woo; to make a gift of
obstante in the way of; **no**— not withstanding, nevertheless
obstinación *f.* stubbornness
obstinado, -a obstinate, determined
ocasión *f.* reason, opportunity, occasion
ocaso west, setting of any heavenly body, decadence, decline
occidental occidental, western
occidente *m.* west
ocio case, leisure, idleness

octosílabo, -a eight syllables
ocultar to hide, conceal
oculto, -a hidden
oculto, -a Orphic, occult
ocurrencia occurrence, incident, happening, idea; witticism
odiar to hate
odio hatred, hate
odre *m.* wine skin, sack
oferta offer, bribe
oficialidad *f.* body of officers
oficio profession, trade
ofrecer to offer
oído ear
oír to hear
ojazo big eye
ojera dark circle *(under the eye)*
ola wave
oleada wave
óleo holy oil, oil
oler (ue) to smell, sniff
olfatear to sniff
olfato *m.* sniffing
olímpico, -a Olympian
olla pot
olor *m.* scent, odor
oloroso, -a odorous, aromatic
olvidar to forget
olvido forgetting, oblivion
ombligo navel
onanista *m.* onanist
onda wave
ondulación *f.* heaving, wave
ondulante wavering
opaco, -a opaque, cloudy
oponer to oppose
oprimir to press; to oppress
oprobio disgrace, shame
optar to choose, select
opuesto, -a opposite
oral oral
orbe *m.* globe, world

órbita *f.* socket, orbit
ordenado, -a ordained
ordenar to arrange, put in order; to order; to ordain, confer holy orders on; to arrange; to be ordained
oreja *(outer)* ear
organismo organism, cell
orgía *f.* orgy
orgullo pride
orgulloso, -a proud
orientado, -a arranged
origen *m.* origin
orilla bank, shore, edge, border
orillar to skirt
orinar to urinate
orla border
oro gold
ortiga nettle, thorn
orto sunrise
orzar to turn
osado, -a bold, daring
osar to dare
oscilar to oscillate, sway
oscurecer to grow dark, wane
oscuro, -a dark, obscure; **—tapado** completely black *(a horse)*
óseo, -a bony
oso bear
ostentar to show off
otorgar to authorize
otro, -a other, another; **al—día** the other day
ovación *f.* ovation
ovalado, -a oval, round
oveja sheep
ovillo *m.* skein, ball of yarn; ball or heap of mixed or tangle things; **hacerse un—** to hunch oneself into a bunch

pabellón pavilion, summer house; flag; external ear
pacer to graze, to pasture; to gnaw, nibble, eat away
padecer (zco) to suffer, endure
pago payment, district; **de—en—** from district to district
país *m.* country
paisaje *m.* landscape
paja straw; **—picada** trifle
pájaro bird
paje *m.* page
pajizo straw sack
paladín *m.* paladin, hero
paleta artist's pallet
palidez *f.* paleness, pallor
pálido, -a pale
palillo small stick, toothpick
pallo, -a a Pallau Indian of Chile
palma palm
palmada slap *(on the back)*
palmear to clasp
palo stake
paloma dove
palote *m.* drumstick, down-stroke in penmanship
palpitante vibrating, palpitating
pampa pampa, grassy plain, *m.* Pampa Indian
pan *m.* bread, bed *(of plants)*
panadería *f.* bakery
pañal *m.* diaper
panal *m.* honeycomb
pandórico, -a of Pandora
pánico, -a of Pan, panic
paño cloth, towel
panoplia panoply
pantalla *f.* screen *(of a cinema)*
pantalón *m.* trousers
pañuelo handkerchief

papa *m.* native priest, pope; *f.* potato

papel *m.* paper, role; **hacer—de** to play the part of

papeleta pawn ticket

par even, par; **a la—de** equally, abreast, beside; *n. m.* pair, equal

parábola parabola, parable

paradigma *m.* example, paradigm

paradoja *f.* paradox

paradójico, -a paradoxical

paraguas *m.* umbrella

parar to stop, detain; **—la oreja** to prick up one's ears; to prepare, establish; **no—en pelillos** not to stop at trifles

parcha passion flower

parcial partial

parecer (zco) to seem, to appear; **al—** apparently

parecer *m.* attitude, opinion

paredón *m.* thick wall

pareja *f.* married couple, couple

parejo, -a equal; **a—de** even with

parentesco relationship, connection

pariente *m.* relative

parir to give birth, bear

parlanchín, -ina chattering

parlar to speak *(gushingly),* chatter

párpado eyelid

parricidio parricide, murder

parsimonioso, -a economical, sober, moderate, prudent

parte *f.* part; *m.* communication

partida departure, group, outfit

partidario member of a political party, supporter

partir to depart

parvulario *m.* kindergarten

pasada happening, event

pasado past

pasar to happen; to experience; to pass; to arrive at, reach

paseo *m.* stroll

pasillo passage, corridor

pasito little step

paso trouble, incident, strait, way, path, step, pace; **salir al—** to come out to meet

pasta *f.* paste, dough

pastel *m.* pie

pasto grass, pasture

pata leg, foot, pan

patada kick

patán *m.* simpleton, yokel

patata *f.* potato

pateadura *f.* kicking, stamping of the feet; severe reprimand

patear to tramp, kick, stamp the foot

paternidad *f.* fatherhood; **su—** your paternalness *(title for an abbot)*

patético, -a pathetic

patitieso, -a paralyzed, dead, stunned

patria country, native land

patriarca *m.* patriarch

patrón *m.* boss, proprietor, owner

patrona patron saint

patronizado, -a patronized

paulatinamente gradually, by degrees, little by little

paulatino gradual, slow, by degrees

pausademente slowly
pausado, -a slow
pauta *f.* model, pattern, instrument for ruling paper
pavo turkey; —**real** peacock
pavor *m.* fear, dread, terror
pavoroso, -a fearful, terrifying
payador *m.* Gaucho folksinger
pecado sin
pecador, -a sinner
pecaminoso, -a sinful
pecar to sin
pecera *f.* aquarium
pecho chest, breast, bosom; **a**— take to heart, take seriously
pedacería splitting up, splintering
pedantesco, -a pedantic, pedestrian, dull
pedazo piece
pedernal *m.* flint, stone
pedimiento petition, claim
pedir (i) to request, demand
pedo *m.* flatulence
pedregoso, -a stony
pedregullo rocky soil
pegar to take *(a jump)*, to stick; to strike; to deal *(cards)*
peinado coiffure, hair dressing, hairdo
peinar to comb, dress
peine *m.* comb
peineta *f.* ornamental comb
peje fish, cunning, crafty fellow
pejerry *m.* pejerrey *(a small tasty fish)*
pejiguera *f.* bother, too mucho trouble for nothing
pela *f.* whipping; **dar una**— give a whipping to
peladera *f.* alopecia, baldness
peladero *m.* bare, barren spot;

place where hogs are skinned and fowl are plucked
peladilla, *f.* sugar almond, small pebble
pelado -a plucked, bared, stripped, hairless, treeless, penniless
pelador plucker, peeler, stripper
peladura *f.* peelings
pelagallos *m.* = **pelagatos** *m.* ragamuffin, poor wretch
pelagra *f.* pellagra, a nervious disorder affecting the skin
pelagroso -a pertaining to or suffering from pellagra
pelambre *f.* hair
pelar to cut or pull out hair, to trick, cheat, rob; **duro de**— exceedingly difficult, hard to crack,
pelarse to get one's hair cut
peldaño *m.* step *(of a house)*
pelea fight; scuffle, quarrel
pelear to fight, struggle, quarrel, toil
peligro danger
pellejo *m.* hide, skin, rawhide, pelt, wine skin; one's life; **jugarse el**— to risk one's life; **arrancar el**— to speak ill or gossip about; **salvar el**— to save one's skin, life
pellejudo -a with flabby or superfluous skin
pelliza *f.* pelisse, fur cloak
pellizcar to pinch, nip, prune, clip; to gripe, pilfer
pelmazo an awkward fellow
pelo hair
peluquería barber shop
pena grief, distress
penacho crest, plume

peñasco large rock, crag
peñascoso, -a craggy
pender to hang
pendimiento, -a hanging; *n. f.*
slope
péndulo pendulum
penetración *f.* penetration,
understanding
penetrante penetrating
penetrar to enter, penetrate
pensador *m.* thinker
pensamiento thought, opinion
pensativo, -a thoughtful
penúltimo, -a penultimate, next
to the last
penumbra *f.* twilight
peón *m.* peon, worker
peplo peplum *(the short skirt of*
Greece)
percance *m.* mischief, misfortune
perder (ie) to lose, ruin
perdición *f.* ruin, destruction
pérdida loss, privation, damage
perdidamente desperately;
uselessly, completely, totally lost,
ruined
perdurable lasting
perdurar to endure, hold out; to
be perpetuated
perecer (zco) to perish
peregrinación *f.* pilgrimage
peregrino -a peregrine,
travelingrare, odd, handsome
perejil parsley, showy dress or
apparel
perenal perennial
pereza *f.* laziness, sloth, slowness
perezoso -a lazy, indolent,
slothful, idle
perfidia -a perfidy
pérfido -a perfidious,
treacherous

perfume *m.* perfume, odor,
fragrance
pergamino *m.* parchment,
vellum, diploma
pericia -a skill, expertness
perico parakeet, periwig; **—de**
los palotes John Doe
perilla *f.* small pear, goatee;
de— to the purpose
perilustre very illustrious, very
distinguished
periódico *m.* newspaper
periodista *m.* journalist
periodístico, -a newspaper
periquillo parrot
perjudicar to damage, hurt,
injure, impair
perjurar to commit perjury
perjuro -a perjured, forsworn
perlas: venirle a uno de— to
suit one exactly
permanecer to remain
permitido, -a permitted, allowed
perno *m.* bolt
perpetuamente perpetually
perplejo, -a perplexing
perro dog
perseguidor *m.* pursuer
perseguir (i) to pursue, to
follow
perseverar to continue
personaje *m.* protagonist,
character
pertenecer (zco) to belong to
pertenencia *f.* ownership
pesa weight
pesadamente heavily
pesadilla nightmare
pesadumbre *f.* sorrow
pesar to grieve, weigh, depress,
sadden; *m.* sorrow; **a—de**
in spite of

pesaroso, -a grieved, sorrowful, regretful, sorry, sad
pescado fish *(dead)*
pescuezo neck
peso weight, measure, grief
pesquería fishing center
pesquisa investigation, search
pestaña eyelash
pestañear to blink
peste *f.* plague, pestilence; foul smell; corruption of manners
petaca cigar case; covered chest
petirrojo *m.* redbreast *(bird)*
pez *m.* fish *(live)*
piadoso, -a pious, in pity
piafar *m.* stamping
piapi *m.* papa, father
pica pike, speak
picacho peak, crag
picado, -a pricked, carved
picar to touch, bite, sting; to spur; **—en** to become something of a *(an)*
picardía mischief, crookedness, trick
picaresco, -a picaresque, roguish
pícaro picaro, rascal, rogue; *adj.* roguish
pico beak, peak, corner; **a—** straight
piedad *f.* piety, pity
piedra stone, jewel
piel *f.* hide, skin
pierna *f.* leg
pieza *f.* piece, play, work of literature, selection, room, part
pillaje *m.* pillage
pillo, -a roguish, tricky
pimienta *f.* pepper
pimpollo bud, sprout
piña pineapple
pingo nag

pingüe *m.* fat, profitable, plentiful
pino pine tree
pinta dot
pintar to paint, describe
pinto, -a varicolored
pintoresco, -a picturesque
pintura painting, paint
pipa pipe *(for smoking)*, barrel
pirámide *f.* pyramid
piropo flattery
pirueta pirouette, caper
piruetear to pirouette
pisada footprint, track
pisar to trample, to run over *(as by an auto)*, to walk on, tread on
piscador *m.* harvester, cotton picker, picker
pista track
pistoletazo *m.* pistol shot; **dar un—** to shoot with a pistol
pitada *f.* blow of a whistle
pitanza *f.* daily food, low salary
pitillo *m.* cigarette
pizarra slate, blackboard
pizca mite, jot, whit
placentero, -a pleasant
placer *m.* pleasure
plaga *f.* plague
plagado, -a infested
plancha *f.* sheet
plano plain, flat
planta plant, foot, sole of foot, track, footprint
plata silver, money
plátano banana
platear to cover with silver, make silvery, lighten
plática chat, conversation
platillo *m.* pan
playa beach

plazo term.
plebe *f.* common people
plegar (ie) to fold
plenamente fully
pleno, -a full
pliego fold, page
pliegue *m.* pleat, fold
plomo lead; **a—** perpendicular
pluma feather, pen
plumón *m.* feather
pluscuamperfecto pluperfect
tense
población *f.* population, town
poblado village, town
poblar (ue) to fill, cover; to
populate, be populated by
pobreza poverty
pocito pool
poder (ue) to be able,
poder *m.* power
poderío power
poderoso, -a powerful
podre *f.* corruption, pus, rotten
substance
polémica polemic, debate
polo pole
polvareda cloud of dust
polvo dust, gunpowder, face
powder
pólvora gunpowder
polvoriento, -a powdery
pompa pomp, ostentation
pomposo, -a pompous, wordy
pómulo cheekbone
ponderar to ponder, think; to
praise
poner to put; to pretend, make
up; **—nombre** to name
poniente *m.* west, setting *(of the
sun)*
porcelana porcelain, porcelain
bowl

porfía insistence, stubborness
porfiado, -a persistent, stubborn
portasierra small saw
portátil portable
pórtico portico, porch
porvenir *m.* future
posada *f.* inn
posar to rest; to alight
poseer to possess
positivismo positivism
positivista *m.* and *f.* positivist
poste *m.* post
postrado, -a prostrate,
downtrodden
postre *m.* and *f.* end, dessert
postrero, -a last
postura posture, stance
potable potable, drinkable
potencia power
potrero cattle or horse lot
potro colt
pozo well, shaft
preadanismo *m.* before Adam
preámbulo preamble, evasion
precario, -a precarious,
dangerous
precavido, -a cautious
preceder to precede
precepto precept, rule
preciar to esteem, prize
preciarse to boast about, be
proud of
precio price
preciosidad *f.* lovely thing
precipicio precipice
precipitadamente hastily
precisamente precisely
precisar to be specific, to be
precise
**precolombiano, -a
(precolombino, -a)**
pre-Columbian

precoz precocious, early
predecesor *m.* predecessor, ancestor
predecir to predict
predestinado predestined one, betrothed one
predicar to preach, urge, exhort
predilecto, -a preferred, favorite
preeminencia preeminence
pregón *m.* proclamation
pregonar to proclaim, announce
preguntar to question, ask
prejuicio prejudice
premio prize, reward
prenda article, part of clothing, darling, jewel
prendedor *m.* brooch
prender to set fire to, capture, seize, take
prenderse to cling, be attached to
prendido, -a held, arrested
preocupado, -a to be worried
preocupar to worry
preocuparse to worry about
preparativo preparation
presa seizure, imprisonment, prize, prisoner, prey
presagio foreboding
presciencia foreknowledge
prescindir to dispense *(with)*
presenciar to witness
presentimiento foreboding
presentir (ie) to foresee
presidio prison, jail
presionado, -a pressured
preso, -a arrested, captured; *n. m.* prisoner, captive
préstamo loan
prestar to loan, lend
prestigio *m.* prestige
prestigioso, -a renowned, famous

presto, -a quick, quickly
presumido, -a arrogant, conceited
presunción *f.* presumption, forwardness, assumption
presurosamente quickly
presuroso, -a hasty
pretender to try, seek to
pretendida sweetheart, girl friend
pretendiente *m.* suitor, pretender
pretenso, -a *(irregular past participle of pretender);* the girl who is courted
pretérico preterit
pretérito, -a past
pretil *m.* tile, railing
prevención *f.* guardhouse
prevenido, -a cautious, foreseeing
prevenir to warn; to prepare, make ready
prever to foresee
primaveral springlike, spring
primogénito, -a elder, first-born
primor *m.* charm, beauty; **que—de** what a charming
primordial primordial, earliest
primoroso, -a lovely, excellent
principal important; *n. m.* noble, leader, chief
príncipe *m.* prince, leader
principiar to begin
principio beginning; **al—** in the beginning
prisa haste
prisión prison, chain
prisionero, -a prisoner, captive
prismático, -a prismatic, many-hued
prístino, -a original, pristine
privar to deprive

pro: en—de in behalf of
probado, -a proved
probeta *f.* test tube
procedencia origin
proceder to originate, come from
proceloso, -a tempestuous
proceso progress
proconsulado proconsulate
procurar to try
prodigioso, -a prodigious, amazing
producir (zco) to produce
proeza prowess, skill, ability
profecía *f.* prophesy
profesar to profess, take vows
profesión *f.* profession
prófugo, -a fugitive
profundo, -a deep
progente fertile
promesa promise
prometedor, -ora promising
prometido, -a fiancé, fiancée
promoción *f.* advancement
pronto soon, suddenly
propagar to propagate, increase, multiply
propicio, -a suitable, favorable
propietario, -a property owner, proprietor
propio, -a own, self
proponer to propose; to plan
proporción *f.* opportunity, proportion
proporcionar to bestow
propósito proposal, plan, purpose, objective, belief
prosaísmo prosaic quality
prosapia lineage
proscrito, -a exile
proseguir (i) to proceed, continue
prósperamente prosperously

protagonista *m.* hero, principal character
provenir to come from, stem from
providencia fortune, providence; Providence, Divine Providence
provocar to bring on, anger
proyectil *m.* projectile
proyecto project, plan
prudencia prudence
prueba proof, test
púa barb
publicitario, -a advertising
puchero pot stew
puchuela trifle
pudiente powerful
pudor *m.* modesty
pudrirse to be harassed
pueblo people, nation
puente *f.* or *m.* bridge
puentecito little bridge
pueril childish
puerto port, harbor, haven, refuge
puesto *m.* stall, post, job, place, spot; **—que** since
pujante mighty
pulido, -a polished, cultured
pulir to polish
pulmón *m.* lung; **a pleno—** loudly
pulpería general store and tavern *(in the Pampa)*
pulque *m.* pulque *(a fermented drink from the maguey plant)*
pulso wrist; **a puro—** by sheer strength
pulverizar to crush, pulverize
puñado handful
puñal *m.* dagger
puñalada blow, stab of dagger
pundonor *m.* honor, pride
puño fist, hand

punta   point, peak, top, corner, toe
puntada   hint, stitch
puntapié *m.*   kick
puntería   aim
puntuar   punctuate
purgante *m.*   purgative
purísimo, -a   most pure, immaculate
puritano, -a   Puritan
púrpura   purple
purpúreo, -a   purple
pusilánime   pusilanimous, meanspirited, cowardly
pútrido, -a   putrid, rotten

quebrada   gorge, ravine
quebrantar   to break, weaken, crush, fail
quebrar (ie)   to break
quechua *m.*   Quechuan *(the language of the Incas)*
quedarse   to stay, remain
quehacer *m.*   task, chore
quejar   to complain
quejumbroso, -a   complaining
quemar   to burn
querer   to love; to want; **sin—** without wanting to, involuntarily
querida   mistress, beloved, paramour; **—mío** or **mía**   my dearest, love
queso   cheese
quieto, -a   still, quiet
quijada   jawbone
quijotesco, -a   Quixotic
químico, -a   chemical
quinta   farm, country place
quisquilloso, -a   touchy, fastidious

quitar   to take off, take away, remove
quizá(s)   perhaps

rabia   anger, rage, fury; **dar—a** to enrage, drive wild
rabiar   to rave
rabioso, -a   angry
racha   gust
racimo   bunch, cluster
radicar   to be rooted in
radioso, -a   radiant
ráfaga   gust
raíz *f.*   root
ralear   to thin *(out)*
ralo, -a   thin
rama   branch *(of a tree)*
ramo   floral spray, branch
rana   frog
ranchear   to sack, pillage
ranchería   settlement, hamlet
ranchero, -a   rancher
rancho   camp, ranch
rancio, -a   rancid, old
rapsodia   song, rhapsody
rapto   rapture, abduction
raptor *m.*   robber, thief
ras: al—de   against, flush with
rascar   to scratch
rasgar   to tear, rend
rasgo   characteristic, trait
raso, -a   common; satin
raspada   scrape, scratch
raspador   scraper
rastreado, -a   tracked
rastreador *m.*   tracker
rastro   trail, track, trace, vestige
rastrojal *m.*   stubble field
rasura   shaving
rasurado, -a   clean-shaven

rasurar to shave
rato moment
ratón *m.* mouse
raudal *m.* torrent, stream
raudo, -a swift
rayano, -a bordering
rayar to cut, slash, stripe, streak; to line up, form a line
rayita *f.* ray of light
rayo lightning, ray, thunderbolt
rayuela *f.* hopscotch, small line
raza *f.* stock, bond
raza race *(of people)*
razón *f.* reason, justice
razonable reasonable, sensible
real *m.* encampment; a coin of small denomination; royal
realce *m.* emphasis, polish
realismo realism
realizar to accomplish
reanimarse to come to life
reanudar to resume
rebatir to strike, repel
rebosamiento overflowing, spontaneous
rebosar to overflow
recabar to succeed in getting
recamado, -a embroidered in relief
recámara *f.* dressing room
recargo increase
recatarse to act modestly
recato caution, prudence, modesty
recaudo safety; **ponerse en—** to take precautions; **a buen—** wellguarded, safe
rechazar to reject, refuse
rechazo *m.* rejection
rechinado *m.* grating, creaking
rechinar to squeak, creak

recinto *m.* enclosure
recio, -a strong, fierce, heavy, forthright
reclamación *f.* claim
reclamar to claim
reclamo urging
recoger to gather, receive, take refuge
recogido, -a gathered, assembled, rolled up
recóndito, -a hidden
reconocer (zco) to examine
reconocimiento recognition
reconquista reconquest
reconvención *f.* reproach
recopilación *f.* abridgment
recordar (ue) to remember, to remind
recorrer to go over, traverse, pass through
recortar to trim
recostar (ue) to lean against
recostarse (ue) to stretch out
recreo *m.* recreation, play
recto, -a direct
rector *m.* president, rector
recuerdo memory, recollection
recular to withdraw, recoil, fall back
recurrir to have recourse
recurso *m.* resort, recourse
red *f.* net
redacción *f.* editorial staff
redactar to write up, edit
redactor, -a editor
redimir to redeem
redondearse to become round, to swell up
redondez *f.* roundness
redondilla redondilla, a four-line stanza
redondo, -a round

reducir (zco)   to reduce, to conquer
referir (ie)   to refer, narrate, relate
refistolero, -a   caretaker
reflejo   reflection, gleam
reforzar (ue)   to reinforce, emphasize
refregarse (ie)   to rub against
refugirse   to take refuge
refundir   to rejoin, recast
refutar   to refute
regalar   to present, offer, give as a present
regalo   gift, treat
regañar   to growl, snarl, scold, reprehend
regaño *m.*   snarl, growl, scolding, reprimand
regar (ie)   to sprinkle, irrigate
regateo   haggling, bargaining
regazo   lap
régimen *m.*   rule, regime
regio, -a   royal, regal
regir (i)   to rule, rule over
regirse (i)   to control oneself
registrar   to search
registro   record
regla   rule, custom
reglamento *m.*   regulation
regocijar   to rejoice
regocijo   gladness
regreso   return
rehusar   to refuse
reina   queen
reinado   reign
reinar   to rule
reino   kingdom, realm
reír   to laugh
reja   grill, window grating, railing
relación   speech, story
relámpago   flash of lightning, quick person or action

relampagueante   flashing, lightning
relampaguear   to flash, lighten, sparkle
relato   account, relation, tale
releer   to reread
relieve *m.*   prominence, outstanding feature; **de—**   in relief
religioso, -a   religious; *n. m.* monk
relinchar   to neigh, whinny
relleno *m.*   landing *(of stairs)*
reloj *m.*   watch
remate *m.*   height, peak
remedar   to mimic, imitate
remedio   remedy, recourse, help
remedir (i)   to remeasure, scan again
rememorar   to recall
remitido, -a   provided for
remitir   to be referred
remo   oar
remolino   eddy, whirlpool
renacer (zco)   to be reborn
renacimiento   rebirth, renaissance
rencor *m.*   rancor, anger
rencoroso, -a   bearing grudges, spiteful
rendir (i)   to render, to offer
rendirse (i)   to become weary
renegar (ie)   to curse, foreswear
reñir (i)   to complain, scold
renombre *m.*   reputation, fame
renovador, -ora   renewer
renovar (ue)   to renew
renta   income
renunciar   to renounce, give up
reo   criminal
reojo: de—   suddenly
reparar   to stop; **—en**   to notice
repartimiento   distribution

repartir to divide, share
repelido, -a repulsed
repente *m.* sudden movement or impulse; **de—** suddenly
repentino suddenly
repercutir to re-echo, rebound
repertorio repertory, collection
repetir (i) to repeat
repicar to ring *(bells);* prick again, flatter oneself
repique *m.* lively, pealing, ringing of bells
repleto, -a replete, full
réplica reply, retort, argument, objection
replicar to reply, answer, respond, contradict, argue
repliegue *m.* fold, crease, hidden crevice, convolution
reponer to reply
reponerse to recover, pull oneself together
reportaje *m.* reporting
reportar to carry off, refrain, forbear
reposado, -a calm
reprender to reprehend, rebuke
reprensión *f.* reprimand, reproach
reprimirse to check, repress
reprochar to reproach
repudio repudiation
requerir (ie) to entreat, request, demand, require
resaca undertow, backwash
resbalar to slip, slide
resbalar to trip over, slip down
rescatado, -a ransomed,
rescatar to ransom, rescue, redeem
rescate *m.* ransom, exchange, rescue
rescoldo *m.* ember

reseco, -a dry, dried out
reseda mignonette, a fragrant flowering herb
resguardo defense
residir to reside
resolver (ue) to solve
resolver to sum up
resonancia tone, resonance
resonar (ue) to sound, resound; *n. m.* noise
resoplar to breathe, snort
resorte *m.* means, resilience, resources, spring
respeto respect, regard
respetuoso, -a respectful
respiración *f.* breathing
resplandeciente resplendent
resplandor *m.* gleam, light
resquicio crack, fissure, chance
restar to remain
restaurar to restore
restaurarse to be restored, refreshed
restos *m. pl.* remains *(of the body)*
restregar to scrub hard
resucitar to come to life
resuello breath, panting
resuelto, -a resolved, determined, bold
resultado *m.* result
resultar to turn out to be
resumen: en— in short
resurgir to shine again
retaguardia rearguard
retener to retain, hold
retinto, -a dark
retirada retreat, hiding place
retirar to withdraw, pull back; **—el paso** to draw back
reto challenge
retoque *m.* rearrangement
retor *m.* vain talker

retorcerse (ue) to twist, writhe
retorcido, -a twisted
retorno recurrence
retorta *f.* retort
retozar to frolic
retraído, -a reserved
retratable manageable
retratar to portray
retratarse to conduct oneself, to be reflected in
retrato picture, painting
retroceder to go back, draw back, withdraw
retumbar to rumble, resound
retumbo rumble
revelar to reveal
reventado, -a smashed
reventar (ie) to break, crush, smash, explode, sprout
reverberar to reverberate, reflect
revés: al— backward, inside out, opposite
revestir (i) to dress
revisar to rewrite, revise
revista journal, magazine, review, parade; **pasar—** to review, examine, go over
revivir to revive, live again
revolcar (ue) to wallow, writhe
revolver (ue) to stir; to roll back
revuelo *m.* cloud, commotion, disturbance, flight
revuelta *f.* return, revolution, revolt
revuelto, -a mixed, upset, whirling, restless
rezar to pray
riachuelo brook, small stream
ribazo slope
ribera bank *(of a stream)*
rienda rein
riente laughing

riesgo risk
riflero rifle-wielder
rincón *m.* corner
riñón *m.* kidney
riqueza *f.* wealth
riquísimo, -a richest
risueño, -a smiling
ritmo rhyme, rhythm
rito *m.* rite
rizado curling
rizo curl
robar (or **robarse**) to steal, plunder
roble *m.* oak
robo robbery, pillage, theft
robusto, -a robust, strong
roca *f.* rock
rocalloso, -a rocky
rociado, -a sprinkled
rocín *m.* nag, hack
rocío dew
rodar (ue) to roll, go around, circulate, wander
rodear to surround
rodeo rodeo, round-up, evasion
rodilla knee
roer to gnaw
rogar (ue) to beg, beseech
rojizo, -a ruddy, reddish
romance *m.* ballad
rompecabezas *m.* puzzle, problem
romper to break
roncar to roar
ronco, -a hoarse
ronda *f.* night patrol
rondar to go around, encircle
ropa clothing
ropero *m.* clothes closet, wardrobe
rosa rose, pink
rosado, -a rosy pink

rosal *m.* rosebush
rosario rosary
rostro face, countenance
roto, -a broken, torn
rozar to brush, graze, clean up
rubí *m.* ruby
rubio, -a blond
rubricar to mark, make one's mark
rudamente crudely
rudeza stupidity, crudity
rudo, -a crude, rough
rue *f.* street *(French)*
rueca spinning wheel
rueda wheel
ruego request, prayer, plea
rugiente roaring
rugir to roar
ruido noise
ruin mean, low, base, vile, petty
ruina ruin
rumbo course; **—a** toward
rumor *m.* sound, noise, murmur
rumorarse to be said or rumored, be circulating as a rumor
rumoroso, -a murmuring
ruptura rupture, break
ruso, -a Russian

sábana sheet
sabandija insect, crawling thing, vermin
saber to know, taste; **según mi leal—y entender** to the best of mi knowledge
sabiduría learning, knowledge, wisdom
sable *m.* saber, sword
sabor *m.* taste, flavor
saborear to savor, linger over

sabroso, -a delightful
sacar to extract, draw, draw out, pull out; to take out, to withdraw, to dispossess, exclude, produce; to take *(a photo)*; to publish; **—de quicio** to exhaust one's patience, drive crazy; **—el cuerpo** to play safe; **—la cara** to present oneself as an interested party; **—ventaja de** to profit by
sacerdote *m.* priest
saciar to satiate, satisfy
saco sack, coat; **no echar en—roto** not to forget, not to ignore; **entrar, meter, or poner, a—** to plunder, loot
sacramento sacrament
sacrificar to sacrifice, put to death
sacrificio sacrifice
sacro, -a sacred, holy
sacrosanto, -a very holy
sacudida jolt, jar, blow, shot
sacudir to shake
sagacidad *f.* sagacity, wisdom
sagaz wise, learned, clever sagacious
sagrado, -a scared
sajón, -a Saxon, Anglo-Saxon
sal *f.* salt
salado, -a salty, brackish
salar to preserve with salt
salida *f.* development, exit
saliente notable, outstanding
salmo psalm
salobre salty
salomónico, -a Solomonlike
salón *m.* room, parlor
salpicado, -a splattered, sprinkled
salpicadura splotch

salteado, -a ambushed
saltear to ambush
salto *m.* leap
salud *f.* health
saludable healthful
saludo bow
salvaje savage
salvajina *f.* wild animal
salvamente safety
salvar to save
salvavidas *m. pl.* life preserver
salve hail *(the Latin greeting)*
salvedad *f.* reservation, exception, qualification
salvia sage *(the herb)*
salvo save, except; **poner en—** to put in a safe place, seek safety; **—que** but, except
saña *f.* wrath, anger, fury
sanción *f.* sanction, approval
sangre *f.* blood
sangriento, -a bloody
sanguijuela leech
sanguinario, -a bloody
santidad *f.* holiness
santo, -a holy
saqueado, -a sacked
sarape *m.* sarape
sarmiento, -a mangy
sartal *m.* string
sastre *m.* tailor
sastrería tailor shop
satisfacer to satisfy
satisfecho, -a satisfied
sauce *m.* willow
sauceda *f.* or **saucedal** *m.* willow thicket
sazón *f.* time, season
sazonar to season
sea(n)... sean(n) whether... or
secamente dryly, curtly
secar to dry up

seco, -a dry, sharp, harsh, crackling
secta sect
secundarse to support one another
sed *f.* thirst
seda silk
sedentario, -a sedentary
sediento, -a thirsty
seducir (zco) to seduce, charm
seductor, -ora seductive, charming
segregar to segregate, separate
segueta hacksaw
seguida: en— at once, immediately
seguir (i) to follow
seguridad *f.* certainty, assurance, safety
seguro, -a safe, assured
sello seal, stamp
selva forest
semana week, septennate *(a period of seven days)*
semblante *m.* face, countenance, features
sembrar (ie) to plant, seed, sow
semejante similar, such a, fellow *(man)*
semejanza likeness, appearance
semejar to seem
semilla seed
seña *f.* sign, token, gesture, signal
senado senate
señal *f.* sign, mark, token, landmark, trace, track, scar; **—de peligro** signal of distress, danger signal; **—de tráfico** traffic sign; **en—de** in proof of; **ni—** not a trace

señalado, -a outstanding, distinguished, noted

señalar to stamp, mark, point out, make known; to name, set, fix, determine, appoint; to mark with a wound, especially in the face; **—con el dedo** to point with the finger; **—se** to distinguish oneself, to excel

sencillez *f.* simplicity

sencillo, -a simple

senda path

sendero path, route

seno breast, bosom

señor sir, master; **el Señor** the Lord, God

Señora Our Lady *(the Virgin Mary)*

señorío realm

sensato, -a sensible

sensible sensitive, perceptible

sensitivo, -a sensitive, sentimental

sentar (ie) to seat; **—mal** to misbecome, not to suit

sentenciar to sentence

sentenciosamente wisely

sentido, -a deep-felt, painful; *n. m.* feeling, meaning, sense

sentir (ie) to feel, suffer, regret; to hear

septentrión *m.* north

sepulcro grave, sepulchre

sepultado, -a buried

sepultar to bury

sepulto, -a buried

sepultura tomb

ser *m.* life, being; **—humano** human being

ser to be

seráfico, -a angelic, seraphic

serenar to calm, make calm

sereno, -a calm, clear, fair, cloudless, unruffled

sereno *m.* night watchman; **al—** exposed to night dew

serpiente *f.* serpent, snake; Satan

serranía mountain country

serranilla *f.* = **serrana** bucolic poem

serrano -a mountaineer, highlander

servidumbre *f.* servants or attendants; slavery; **—de vía** right of way

servil servile

servilleta napkin

servir (i) to serve, help, work

sesgo, -a slanting; **al—** obliquely

seso brain, sense

seta = **secta**

sibila sybil, prophetess

sicológico, -a psychological

sien *f.* temple *(forehead)*

sierra sierra, mountain range

siglo century

significado significance, meaning, definition

siguiente following, next

silbar to whistle, hiss

silbo whistling

silla chair, seat, throne, saddle

sillón *m.* armchair

silogismo syllogism

silueta *f.* silhouette

silvestre wild

sima chasm, abyss

simbiosis *f.* symbiosis, association, relationship

simbolista symbolist *(participant in poetic movement of late nineteenth century)*

simiente *f.* seed

simpatía friendship
simulación *f.* imitation
sindical syndical, trade union
sinfonía symphony
siniestra left
siniestro, -a sinister
sinsabor *m.* unpleasantness
sintaxis *f.* syntax
sintetizar to synthesize, sum up
síntoma *m.* symptom
sinuoso, -a sinuous, curving
siquiera even
sirte *f.* rocky shoal, quicksand
sirviente *m.* servant
sitio place, spot
soberano, -a sovereign, supreme;
   n. m. sovereign *(coin)*
soberbio, -a arrogant,
   overproud, magnificent, superb
sobina *f.* wooden pin, peg
sobón -a given to excessive
   fondling and caressing; sly, lazy
sobrar to exceed, surpass, be
   more than
sobre over, in addition, besides,
   envelope *(for letters)*
sobrecogido, -a seized, taken
   aback
sobredicho, -a above-mentioned
sobremesa sitting at table after
   dinner
sobrenatural supernatural
sobreponerse to rise above,
   exceed
sobretodo cloak, overcoat
sobrevivir to survive, occur
sobrino, -a nephew, niece
socarronería craftiness
socorrer to succor, assist
sofocar to suffocate
soga rope, hangman's noose

solar *m.* house, solar, of the sun
soldadesca soldiery,
   undisciplined troops
soldadura soldering
soleado, -a sundrenched
soledad *f.* solitude
soler (ue) to be accustomed
solicitación *f.* demand
solicitar to seek, ask, request
solícito, -a careful
solicitud *f.* request; **en—de**
   asking for
solidarizarse to be united
solitario, -a solitary
soliviantar to induce, persuade
sollado *m.* lowest deck
sollozante sobbing
sollozar to sob
sollozo sob
solo, -a alone, only; **a—s**
   alone, by oneself
soltar (ue) to let loose, free
soltero, -a unmarried man,
   unmarried woman
sombra shadow, shade
sombreado, -a shadowed,
   shaded
sombrerazo large hat
sombrilla parasol
sombrío, -a gloomy, dark,
   sombre
someter to subdue, submit,
   undergo
son *m.* sound, note, Cuban
   dance
soñador, -ora dreamy
sonámbulo, -a sonambulist,
   sleepwalker
sonante sounding, rattling
soñar (ue) to dream
sonar (ue) to resound, sound

sonido *m.* sound
soñolientamente sleepily
soñoliento, -a sleepy
sonoro, -a deep, loud, sonorous, resounding
sonreír to smile
soplo puff *(breeze)*, gust
sopor *m.* sleep
soporoso, -a sleep-producing, soporific
soportar to bear, endure
sorber to sip
sórdido, -a sordid
sordo, -a deaf, dull, secret
sorprender to surprise
sorprendido, -a surprised
sorpresa surprise
sortear (ue) to draw lots
soslayo, -ya oblique, slanting; **de—** from the corner of the eye
sospechado, -a suspected
sospechar to suspect
sospechoso, -a suspicious, untrustworthy
sostener to maintain, sustain
sostenerse to sustain oneself
soto grove, thicket
suave gentle, soft
suavidad *f.* softness, gentleness
súbdito subject *(of a ruler)*
subidísimo, -a extreme, very great
súbito, -a sudden; **de—** suddenly
subjetivo, -a subjective, personal
sublevado *m.* uprising
substraer to subtract, remove, take off, deduct; **—se** to withdraw oneself, to elude
subsuelo subsoil

subyugar to subjugate
suceder to succeed, follow, be the successor; to happen, occur, come to pass, come about
sucedido *m.* happening, event
sudario shroud
sudor *m.* sweat, perspiration
suegro father-in-law
sueldo salary, pay
suelo ground, soil, floor, bottom
suelto, -a *(let)* loose, free, careless, unencumbered
suerte *f.* luck, casting of magical lots, magic, chance; **de—que** so that
sufrimiento suffering
sufrir to suffer, endure
sugerir (ie) to suggest
suizo, -a Swiss
sujeción *f.* pressure, subjection
sujeto, -a supported, held
sulfato *m.* sulphate
suma sum, total
sumamente most, extremely
suministrar administrate
superar to surpass, overcome
superficie *f.* surface
superpuesto, -a superimposed
suponer to suppose
surco furrow
surgimiento growth, emergence
surgir to rise from, surge, pour forth, issue forth
surquerío forrowed or plowed land
surrealista surrealist
susceptibilidad *f.* susceptibility
suscitar to stir up, originate
suspender to postpone, suspend, hang up, stop, delay, interrupt discontinue; to surprise,

astonish; to suspend from office;
to adjourn; **—pagos** to stop
payments
suspiro *m.* sigh, breath;
ladyfinger (cake); **exhalar el
último—** to breathe one's last
sustentar to undergo
sustituir to substitute
susto *m.* fright
sutil subtle
sutileza subtlety, fineness,
slenderness
suyo: de— by nature

tabernero *m.* barkeeper
tabla plank, board
tajamar *m.* dam, dike
tajante cutting, sharp
tajar to cut, rip
tajo cut
tal such, such a
talismán *m.* talisman
talismánico, -a like a talisman
talle *m.* figure, stature
taller *m.* workshop
tallo stem
tamañito, -a so small, very small
tamaño, -a so big, as big
tamaño size; **—natural** full
size
tambor *m.* drum
tan as, so, so much, as well, as
much; **—siquiera** even, ever
so; **—solo** only, merely
tanda *f.* turn, rotation, task; gang,
batch, group
tanto so much, as much, very
great; *pl.* **tantos, -as** many, as
many, so many; **en—que**
while; **por—** for that reason,
therefore; **entre—** in the

meantime; **no ser para—** not
to be so bad; **otro—** as much,
as much more; **—peor** so
much the worse; **—uno como
otro** both of them
tapa cover, top
tapar to cover up, cover over,
stop up
tape *m.* and *f.* an Indian
tapera cabin
tapia wall
tapiz *m.* tapestry
tapizado, -a tapestried
tarde *f.* afternoon, evening; late;
de—en— from time to time
tarea task, work
tarima platform, bench
tasa measure, sin, however many
tasajear to make mincemeat *(of)*
tateluco, -a inhabitant of
Tateluca, Guatemala
tatuaje *m.* tatooing
taza cup
tazón *m.* bowl
tea firebrand, torch
techo roof, ceiling
techumbre *f.* roof
teclado keyboard
técnica *f.* technique
tedio *m.* tedium
tejado *m.* roof
tejer to weave
tejido, -a woven
telón *m.* curtain *(in a theater)*
tema *m.* theme, fixed idea,
persistence
temblar (ie) to tremble; *n. m.*
tremor, trembling
temblor *m.* trembling
tembloroso, -a trembling
temeroso, -a fearful, timid
temible fearful

temor *m.* fear

tempestad *f.* tempest

templado, -a moderate, temperate, on an even keel, mild

templar to temper, soften

temporada spell, season, while

temprano, -a early

tenaz firm, harsh, tenacious, insistent

tendencia *f.* political leaning

tender (ie) to extend, to stretch out, tend

tendido, -a spread

tenebroso, -a shadowy, dismal, dark

teniente *m.* lieutenant

teñir (i) to stain, dye

tentación *f.* temptation

tentador, -ora tempting

tentar (ie) to feel, grope, try out, tempt, investigate

teoría theory

tepetal *m.* quarry or pit from which tepete *(a yellow stone)* is dug

terciopelo velvet

terco, -a hard-headed, harsh, obstinate

término term, end; **en primer—** in the first place

terno trio, set of three

ternura affection, tenderness

terreno, -a earthy, of the earth

terreno area, terrain

terrón *m.* piece, lump, cube

terso, -a smooth

tesis *f.* thesis

testa head

testamento will, testament

testigo *m.* witness

testimonio testimony, proof

teule *m.* *(Aztec for)* god

tez *f.* skin, complexion

tibio, -a mild, soft, lukewarm

tiburón *m.* shark

tienda shop, tent

tiento care

tierno, -a tender, young, soft

tieso, -a stiff

tiesto pot

tijeretazo scissor snip

timbalero drummer

timbre tone

tiniebla twilight, shadow

tino feel, knack; **al—** gropingly, blindly

tinta *f.* color, hue, tint, ink

tinte *m.* tint, color, shade

tintero inkwell

tintinear jingling

tintorería dry-cleaning establishment

tintura dye, dying, tinting; tinge

tirado, -a rapid, thrown, drawn along

tirador *m.* sharpshooter, shot

tiranía *f.* tyranny

tiránico, -a tyrannical

tirano *m.* tyrant

tirar to shoot, throw, drag

tiritar to shiver

tiro shot

tirón *m.* pull, shove

tirotear to shiver

tiroteo firing, burst of shot

tisú *m.* silver cloth

titubear to stumble, stagger

título title

tlaxcalteco, -a pertaining to the Tlascalan Indians

toalla towel

tobillo heel

tocado hairdressing, coiffure

tocador *m.* dressing table

tocante, -a in regard *(to)*
tocar to touch, to play *(an instrument)*
todo, -a all, every; **del—** completely, wholly
toldo awning, hill, peak
tomo volume, tome
tonadilla light tune
tonante thundering
tonel *m.* barrel
tónico, -a healing, tonic
tontería nonsense, foolish thing
tonto, -a stupid, dense, foolish
topar to meet, come upon, find
toque *m.* stroke, touch
torbellino whirlwind
torcer to twist
tormenta *f.* storm
tormento torture
tornar to turn; **—a** to do again
torno: en— around
torpe dull
torpeza *f.* dullness
torre *f.* tower
torreón *m.* fortified tower
tostado, -a tanned by the sun, roasted
trabado, -a fastened, stuck
trabajar to work
tractor, -ora pulling, traction
traducir (zco) to translate
traer to bring, bear, contain, wear
trago swallow, gulp
traición *f.* treachery
traicionado, -a betrayed
traicionar to betray
traidor, -ora treacherous; *n. m.* traitor
traje *m.* clothing, suit, dress
trama *f.* woof of cloth, plot
trampa trap, trick

trance *m.* critical moment
transcendental extended, important
transcurrir to pass
transcurso passage, course, turning
transitable practicable
transitar to traverse
tránsito *m.* transit, passing
transmudal to transform, move
transportado, -a transported
transportador *m.* carrier
trapecito trapezoid, trapezium *(a geometric figure)*
trapera *f.* ragpicker
trapisondista playful, tricky
trapito small cloth; **—s** rags
tras behind, beyond, after
trascendencia importance, transcendancy
trasero, -a slow, going behind, hind, rear, buttock, rump
traslación *f.* migration, removal, change of place
trasladar to transport
trasnochador *m.* night owl; one who goes to bed late or not at all
trastabillar to stumble, reel, waver
trastornar to upset; to turn upside down; to confuse, agitate
trastorno *m.* disturbance, upsetting, confusion, trouble
trasudar to sweat
tratado treatise, treaty
tratamiento treatment
tratar to treat, deal with
trato trade, business, conversation, treatment
través: a—de by means of, across

travesaño crosspiece
travesura mischief, prank
trayectoria trajectory, passage
traza plan
trazar to plan, design, outline
trecho space, interval, while; **a
poco—** quickly; **de—en** and
a—s at certain intervals
tregua truce; **sin—** without
respite
tremebundo, -a frightful
tremedal *m.* bog, swamp
tremolante waving
tremoroso, -a swaying
trémulo, -a trembling
trepadora climbing vine
trepar to climb
tribu *f.* tribe
tribunal *m.* court, tribunal
trino warbling, trill
tripa gut, string *(of a violin)*
triscar to stamp the feet; to frisk,
gambol, romp
triunfal triumphal
triunfar to triumph
triunfo triumph
trocar (ue) to change, mix,
confuse, exchange
trocarse (ue) to be changed,
transformed or reformed
troje *m.* granary
trompa trumpet
trompo spinning top, dolt, chess
piece
tronco tree trunk
trono throne
tropa *m.* troop, pack, herd
tropel *m.* mad rush, charge,
crowd
tropezar (ie) to come upon, run
into
trovador *m.* troubadour, poet

trozo piece, bit, excerpt, section
trueno thunder
trunco, -a cut off, truncated,
short
tubo *m.* tire, pipe
tul *m.* tulle *(a sheer net fabric)*
tullir to cripple
tumba tomb
tumbar to knock off, knock
down
tunante *m.* rascal, rou
tupido, -a dense, thick
turba *f.* mob
turbación *f.* confusion
turbado, -a troubled, disturbed
turbio, -a cloudy
turno turn
tutelaje *m.* tutelage
tutubiar = titubear to stagger,
stumble

ubérrimo, -a most fertile
ubre *f.* udder
ufano, -a conceited, boastful,
proud
ultimar to put an end to
ultraísta ultraist *(a highly
advanced literary movement of
the twentieth century)*
ultrajar to outrage, insult
umbral *m.* threshold
umbrío, -a gloomy, dark
uña nail *(of finger),* claw
uncioso, -a unctuous, soothing
undoso, -a wavy
unidad *f.* unity
unir to unite, join
universitario, -a pertaining to a
university
untar to anoint, to oil

urbanidad *f.* manners, sophistication, civility

urca *f.* *(naut.)* hooker, dogger; storeship

urca *f.* = **orca** a kind of dolphin

urdir to conspire, plot

urgencia *f.* urgency, exigence, obligation

urgir to be urgent, be important, urgent

usado, -a usual, customary

usar to use, practice

usufructuar the legal right of using and enjoying the fruits or profits of something belonging to another; the right to use or enjoy something

usura *f.* usuary, gain, profit

usurero usurer, pawnbroker, profiteer; moneylender

usurpar to usurp

utensilio utensil, tool

útil useful

utilidad *f.* profit

vacada herd of cows

vaciado, -a empty

vacilación *f.* hesitation, vacillation

vacilar to vacillate, hesitate

vacío void, emptiness, vacuum

vagabundo vagabond, wanderer

vagar to wander

vaho *m.* fume, vapor

valentía bravery

valentón, -ona boastful

valer to be worth; to help, be of avail

valerse to take advantage of, to use

valiente valiant, brave

valioso, -a valuable

valor *m.* valor, value, worth, meaning

vanguardia vanguard *(a term applied to numerous "new" poetic and literary innovations in the late nineteenth and early twentieth centuries)*

vanidad *f.* vanity, foolishness, trivial matter

vapor *m.* steam

vaqueta sole leather

vara rod *(a unit of measure)*

varear to knock off fruit with a pole, to cudgel, whip, beat; to prick with a goad; to measure or sell by the yard

varilla staff, rod; spindle, pivot; wand

varita little stick

varón *m.* man, male

vasallo vassal

vate *m.* poet

vaticinio *m.* prediction

vecino, -a neighboring; *n. m.* neighbor

vega plain, meadow

vegetal vegetable, plant

vegetar to vegetate

vejez *f.* old age

vela *f.* candle, sail

velada family gathering, evening entertainment

velar to veil

velero *m.* sailboat

vellón *m.* fleece

velludo, -a hairy

velo veil, shadow

veloz swift, rapid

vena vein; **estar en—de** to be inspired to

venado game, deer
vencedor, -ora victorious; *n. m.* conqueror
vencer to conquer
vendedor, -a vendor
vender to sell, betray
veneciano, -a Venetian
veneno *m.* poison
veneración *f.* veneration, respect
venganza vengeance
vengar to avenge
vengativo, -a vengeful
venir to come; **—a menos** to come down in the world
venta inn, unsheltered spot
ventanal *m.* *(large)* window
venturoso, -a lucky, fortunate
ver to see; **tener que—** to have to do (with)
verbosidad *f.* verbosity, wordiness
verdor *m.* greenness, freshness, youth
verdoso, -a greenish
verdugo executioner
verdura greenery, verdure
vereda path
vergonzoso, -a shameful
vergüenza shame, embarrassment
verosímil realistic, plausible
versión *f.* story
verso *m.* poem, verse
verter (ie) to pour, shed
vértigo *m.* dizziness
vestir (i) to dress, don
vez *f.* time; **en—de** instead of
vía way, route, direction, means
viaje *m.* voyage, trip
viajero traveler, voyager
vianda food, viands, meal, vegetables

víbora viper, serpent
vibrante vibrant, lively
vibrar to vibrate, to wave
vicuña *f.* vicuna *(a wild animal related to the llama)*
vid *f.* vine
videncia *f.* clairvoyance, perception
vidriera glass window
vidrio *m.* glass
viento wind
vientre *m.* belly, abdomen, womb
viga beam
vigilancia vigilance
vigilar to watch *(over)*, guard
vigor *m.* vigor, strength
vil vile, base
villa town, villa, city
viña vineyard
vinagre *m.* vinegar
vinatería wine-shop
vinculación *f.* bond
violáceo, -a violet colored, purplish
violador *m.* violator, infringer
violar to violate, break, infringe; to ravish, rape; to profane, desecrate; to spoil, to tarnish
violento -a violent, impulsive, irascible
viril virile, strong
virrey *m.* viceroy
virtud *f.* virtue
viruelas *f. pl.* smallpox
visible visible, presentable
visionario, -a visionary
viso elevated spot, outlook, lustre, gleam, flash, aspect, appearance: colored slip worn under a transparent frock

vísperas *f. pl.*   vespers; **en—de**
    on the eve of
vista   sight, gaze
vitualla   victuals, food
vituperioso, -a   vituperative
viuda   widow
viudo   widower
viva   shout, cry
vívido, -a   vivid, living, alive
viviente   living
vivo, -a   alive; **carne—**   raw
    meat
vocablo   word, term
vocal *f.*   vowel
vocear   to cry out, shout
volar (ue)   to fly
volcán *m.*   volcano
voltear   to roll over; to turn over;
    to turn, revolve, overturn
voluntad *f.*   will, good will,
    benevolence; disposition;
    willingness
vomitivo *m.*   emetic, inducing
    vomiting
voz *f.*   voice
vuelo   flight
vuelta   turn; **dar una—**   to take
    a turn, traverse
vulgar   common, everyday,
    ordinary
vulgo   *(the uneducated)* rabble,
    common herd

vuvia *f.*   a South American
    pronunciation of lluvia

yacer (zco)   to lie
yegua   mare
yelmo   helmet
yerba   herb, grass, plant,
    vegetation
yermo, -a   deserted, empty
yerno   son-in-law
yerro   mistake, sin
yerto, -a   rigid, stiff, motionless,
    limp
yugo   yoke
yunta   team, pair

zalamero, -a   coaxing, flattering
zanja   basket, bramble, chasm
zanjita   ditch
zapateado, -a   tapped with the
    feet; abused
zapateado *m.*   tap dance
zaquizamí *m.*   stucco ceiling
zarpar   to weigh anchor
zarpazo *m.*   clawing
zarzal *f.*   blackberry thicket
zenit *m.*   zenith
zodíaco   signs of the zodiac

Mapa de Hispanoamérica del siglo XX